AF816129

सामाजिक विचारक

कॉम्टे से मुकर्जी तक

SOCIAL THINKERS

सामाजिक विचारक
कॉम्टे से मुकर्जी तक
SOCIAL THINKERS

लेखक
ज्योति वर्मा

डिस्कवरी पब्लिशिंग हाउस
नई दिल्ली–110 002

प्रथम संस्करण: 2007
Reprint: 2011

© लेखक

ISBN: 978-93-5056-680-0

प्रकाशक
डिस्कवरी पब्लिशिंग हाउस
4831/24, अन्सारी रोड, दरियागंज
नई दिल्ली—110 002
दूरभाष—23279245
फैक्स—23253475
e-mail: dphbooks@rediffmail.com
dphtemp@indiatimes.com

Printed At :- Dynamic Printers,Delhi

प्राक्कथन

आज भारत तथा अन्य सभी देशो में समाजशास्त्र का एक महत्वपूर्ण स्थान है। स्नातक एवं स्नातकोत्तर स्तरों के अतिरिक्त यह विषय आई॰ए॰एस॰, पी॰सी॰एस॰ स्तर की परिक्षाओं के लिए भी परिक्षार्थीयों के लिए एक लोकप्रिय विषय है। यह पुस्तक भारतीय समाज की पृष्ठभूमि पर लिखी गई है। यह पुस्तक विद्यार्थीयों को अविधारणाऐं समझाने मे सहायक सिद्ध होगी। यह पुस्तक बी॰ए॰ प्रथम वर्ष के छात्रों के लिए विश्वविद्यालय अनुदान आयोग द्वारा निर्धारित नवीन पाठ्यक्रमानुसार लिखी गई है। इस पुस्तक में स्नातक स्तर पर समाजशास्त्र का, उसमे प्रयोग होने वाली प्रमुख अवधारणाओं का तथा उसके केन्द्रीय विषय–मानव समाज के विभिन्न पक्षों का प्रारिम्भक परिचय सरल व स्पष्ट भाषा में सजोया गया है। किसी भी विषय की परिचयात्कम पाठ्य पुस्तक पूर्णत: मौलिक नही हो सकती क्योकि उसका उदेश्य विद्यार्थीयों को उस विषय से सम्बन्धित मूल अवधारणाओं और इन अवधारणाओं के प्रणेता विधानों का परिचय देना होता है। हम उन समस्त विधानों के श्रेणी है जिनके विचार प्रत्यक्ष तथा अप्रत्यक्ष रूप मे इस पुस्तक को सार्थक रूप देने मे सहायक होते है। विभिन्न विश्वविद्यालयों मे समाजशास्त्र के अध्ययन मे लगे अपने विद्वान सहयोगी साथियों से विन्रम निवेदन है कि सदैव की भाँति हमारे इस प्रथम संस्करण का भी निष्पक्ष मूल्यांकन करे और अपने सुझावों से हमको अनुगृहित करें।

–लेखक

विषय-सूची

1

कार्ल मार्क्स–इतिहास की भौतिकवादी व्याख्या और मार्क्सवादी पद्धति
(Karl Mark—Materialistic Interpretation of History and Marxian Method)

प्रस्तावना (Introduction)

कार्ल मार्क्स द्वारा प्रस्तुत एक महत्वपूर्ण सिद्धान्त इतिहास की भौतिकवादी व्याख्या या आर्थिक व्याख्या है जिसे 'ऐतिहासिक भौतिकवाद' भी कहा जाता है। मार्क्स ने द्वन्द्वात्मक भौतिकवाद की सहायता से अपने समाजवाद को एक वैज्ञानिक निश्चयात्मकता प्रदान की और इसका प्रयोग ऐतिहासिक एवं सामाजिक विकास की व्याख्या करने के लिए किया। इतिहास की द्वन्द्वात्मक भौतिकवादी व्याख्या को ही उसने 'ऐतिहासिक भौतिकवाद' (Historical Materialism) या 'इतिहास की भौतिक व्याख्या' का नाम दिया।

मार्क्स द्वारा प्रतिपादित इस सिद्धान्त के नामकरण पर विचार प्रकट करते हुए प्रो. वेपर ने लिखा है, "इतिहास की भौतिकवादी व्याख्या के सिद्धान्त के अन्तर्गत मार्क्स ने जो बात कही है, उसके लिए यह नाम भ्रमपूर्ण है। इस सिद्धान्त को भौतिकवाद नहीं कहा जा सकता, क्योंकि भौतिक शब्द का अर्थ चेतनाहीन पदार्थ से होता है जबकि इस सिद्धान्त में मार्क्स ने जो बात नहीं की है। इस सिद्धान्त के अन्तर्गत मार्क्स ने सामाजिक परिवर्तन की बात कहते हुए यह कहा है कि यह परिवर्तन आर्थिक कारणों से होता है। अत: मार्क्स के सिद्धान्त का नाम **'इतिहास की आर्थिक व्याख्या'** होना चाहिए। कोल (Cole) भी इसे 'इतिहास की आर्थिक व्याख्या' के नाम से सम्बोधित करने के ही पक्ष में हैं।

कार्ल मार्क्स आधुनिक एवं वैज्ञानिक साम्यवाद तथा अधिकांश समाजवादी विचारधाराओं के सर्वमान्य जनक हैं वैसे तो साम्यवाद की चर्चा अति प्राचीन है।

और मार्क्स के पहले प्लेटो, सेंट साइमन, फोरियर, लुई ब्लॉक, राबर्ट आवेन आदि विद्वानों ने भी राष्ट्रीय सम्पति के उचित वितरण तथा विभिन्न वर्गों में सहयोगी सम्बंध पर बल देते हुए समाज की नई व्यवस्था की योजना प्रस्तुत की थी। परन्तु, इन समाजवादी विचारकों के विचार मुख्यत: राजनीतिक अथवा धार्मिक आधारों पर आधारित थे।

मार्क्स ने ही सर्वप्रथम साम्यवाद को न केवल एक नवीन और मौलिक रूप प्रदान किया बल्कि उसे ऐसे सुदृढ़ वैज्ञानिक आधार पर प्रतिष्ठित किया जो कि दिन प्रतिदिन दृढ़तर ही होता जा रहा है। आज शायद ही कोई ऐसा देश हो जहां इस 'वाद' के मानने वाले लोग न हों। समग्र संसार के श्रमिक और क्रान्तिकारी आन्दोलन मार्क्स के प्रभावशाली विचारों से प्रभावित हुए हैं। इसलिए उन्हें 'अन्तर्राष्ट्रीय सर्वहारा के महान अपितु, युग प्रवर्तक विचारकों में से हैं। ई. स्तेपानोवा का तो दावा है कि मार्क्सवाद 'मानवता को पथ-प्रर्दशक ध्रुव तारे की भांति, कम्युनिज्म का रास्ता दिखा रहा है।

इतिहास की भौतिकवादी व्याख्या का अर्थ एवं परिभाषा

इतिहास की भौतिकवादी अवधारणा का प्रयोग मार्क्स ने अपने वैज्ञानिक समाजवाद के प्रतिवादन एवं पुष्टि की दृष्टि से किया। मार्क्स से पूर्व इतिहास की व्याख्या आदर्शवादी दृष्टिकोण के आधार पर की जाती थी। उदाहरण के लिए, **अगस्ट कॉम्टे** ने मानव के बौद्धिक विकास के आधार पर समाज के विकास को भी तीन स्तरों में विभाजित किया। इस प्रकार से हीगल ने भी मानवीय इतिहास को विचारों का ही इतिहास माना। मार्क्स ने इन विचारों का खण्डन किया। उसने हीगल से भिन्न अपने विचारों को भौतिकवादी जामा पहनाया तथा इतिहास की आर्थिक या भौतिक व्याख्या प्रस्तुत की। हीगल मानते हैं कि सम्पूर्ण जगत् में एक निरपेक्ष विचार की अभिव्यक्ति होती है तथा विचारों में परिवर्तन आता है। मार्क्स ने हीगल के विपरीत ऐतिहासिक घटनाओं की व्याख्या भौतिक पदार्थों के आधार पर की है। वे कहते हैं कि विचार पर्यावरण को प्रभावित नहीं करते वरन् पर्यावरण ही विचारों को प्रभावित करता है।

ऐतिहासिक भौतिकवाद एक दार्शनिक विज्ञान के रूप में सामाजिक विकास के सामान्य नियमों, पहलुओं एवं प्रवृत्तियों पर अपना ध्यान केन्द्रित करता है। यह सामाजिक जीवन के सामाजिक चेतना से सम्बन्धों का ही उल्लेख करता है तथा प्रत्येक समस्या की व्याख्या इसी सह-सम्बन्ध द्वारा की जाती है। **कार्ल मार्क्स** ने इसकी परिभाषा करते हुए लिखा है, "ऐतिहासिक भौतिकवाद एक दार्शनिक विज्ञान

है जिसका सम्बन्ध जीवन के सार्वभौमिक नियमों से भिन्न सामाजिक विकास के विशिष्ट नियमों से है।"

एम. सिदोरोव के शब्दों में, "ऐतिहासिक भौतिकवाद वह दार्शनिक विद्या है जो अखण्ड व्याख्या के रूप में समाज का तथा उस व्यवस्था के कार्य और विकास को शामिल करने वाले मुख्य नियमों का अध्ययन करती हैं। संक्षेप में, "यह सामाजिक विकास का दार्शनिक सिद्धान्त है।"

स्टालिन के शब्दों में–"ऐतिहासिक भौतिकवाद समाज के इतिहास का विज्ञान है।"

ऐतिहासिक भौतिकवाद की मुख्य बातों का उल्लेख मार्क्स ने अपनी प्रसिद्ध कृति 'जर्मन विचारधारा' विचारधारा (German Ideology) में किया। मार्क्स उन इतिहासकारों से सहमत नहीं है कि प्राकृतिक या भौगोलिक पर्यावरण ही मानव के सामाजिक जीवन और उसके विकास के लिए उत्तरदायी है। यद्यपि इनका प्रभाव मानव जीवन पर पड़ता है किन्तु इन्हें निर्णायक कारक नहीं कह सकते। इसी प्रकार से जनसंख्यात्मक कारक भी वास्तविक कारक नहीं हैं जो इतिहास और मानव के सामाजिक जीवन को तय करते हैं। मार्क्स कहता है कि वास्तविक कारक तो आर्थिक कारक ही हैं जो इतिहास को बनाते हैं। मार्क्स के विचार में इतिहास राजा–महाराजा, रानी–महारानी तथा सेनापतियों और विजेताओं की कहानी और उनकी गाथाओं का गान मात्र नहीं है। उनके अनुसार इतिहास की सभी घटनाएं आर्थिक अवस्थाओं में होने वाले परिवर्तनों का परिणाम मात्र हैं। किसी भी समाज, कोई भी राजनीतिक संगठन और उसकी न्याय–व्यवस्था को समझने के लिए उसके आर्थिक ढांचे का ज्ञान, प्राप्त करना नितान्त आवश्यक है। मानवीय क्रियाएं नैतिकता, धर्म, प्रकृति, जनसंख्या और राष्ट्रीयता से प्रभावित नहीं होती वरन् केवल आर्थिक कारकों से प्रभावित होती हैं। मार्क्स के ही शब्दों में, "सभी सामाजिक, राजनीतिक तथा बौद्धिक सम्बन्ध, सभी धार्मिक तथा कानूनी पद्धतियां, सभी बौद्धिक दृष्टिकोण जो इतिहास के विकासक्रम में जन्म लेते हैं, वे सब जीवन की भौतिक अवस्थाओं से उत्पन्न होते हैं।"

मार्क्स के सिद्धान्त में आर्थिक निर्धारणवाद केन्द्रीय स्थिति बनाए हुए है। यह "ऐसा केन्द्र बिन्दु है जिसके चारों ओर व्यक्त एवं विवेचित किए गए विचार घूमते हैं।" सामाजिक जीवन, समाज तथा सामाजिक संस्थाओं के अध्ययन के लिए इतिहास की भौतिकवादी व्याख्या का सिद्धान्त उसके द्वन्द्वात्मक भौतिकवाद के सिद्धान्त का ही विस्तार है।

मार्क्स के भौतिकवाद की मुख्य सामग्री मानव तथा उसके द्वारा प्रयोग किए जाने वाले वे यन्त्र हैं, जिनके द्वारा व्यक्ति अपना पोषण करता है। मार्क्स से पूर्व हॉब्स भी भैतिकवादी था परन्तु, दाकर भौतिकवाद यान्त्रिक होने के स्थान पर दार्शनिक अधिक था। लॉक ने सम्पत्ति को मुख्य केन्द्र माना परन्तु उसने उत्पादक क्रियाओं के स्थान पर वैध स्वामित्व पर बल दिया।

हीगल और टॉकबिले ने भी मान के मनोविज्ञान पर औद्योगिक संगठन के प्रभाव को अंकित तो किया परन्तु उन्होंने उसे अपने सिद्धान्तों का केन्द्र नहीं माना। मार्क्स और ऐंजिल्स पहले दो दार्शनिक हैं जिन्होंने यन्त्रों की 'निर्धारित करने की क्षमता' को महत्व दिया।

इन्होंने आर्थिक अवस्थाओं को महत्वपूर्ण बताकर उनकी अन्य अवस्थाओं जैसे–सांस्कृतिक, राजनीतिक, सामाजिक, धार्मिक,आदि अवस्थाओं पर प्रभाव डालने तथा उनको निधारित करने की क्षमता पर बल दिया हैं।

मार्क्स की ऐतिहासिक भौतिकवाद की इस महान् खोज ने विश्व–इतिहास के समस्त दृष्टिकोण में वास्तविक क्रान्ति ला दी, उसे एक झटके के साथ मोड़ दिया। इस खोज ने इतिहास को एक विज्ञान बना दिया। मार्क्स ने अपनी इतिहास की भौतिकवादी व्याख्या में समस्त मानवी इतिहास की दो आधारभूत बातों का उल्लेख किया है:

(a) जीवित रहने के साधनों जैंसे –भोजन, वस्त्र और आवास का उत्पादन, तथा

(b) सन्तानों को जन्म देना (प्रजनन) जिससे कि समाज व्यवस्था बनी रहे।

मार्क्स के ऐतिहासिक भौतिकवाद (आर्थिक निर्धारण) की व्याख्या

मार्क्स के ऐतिहासिक भौतिकवाद या आर्थिक निर्धारणवाद के प्रमुख पहलुओं को हम इस प्रकार व्यक्त कर सकते हैं :

(1) **भौतिक मूल्यों की आवश्यकता :** मानव ही इतिहास का निर्माता है। वह इतिहास का निर्माण तभी कर सकता है जब उसका जीवन और अस्तित्व बना रहे। मानव के अस्तित्व और जीवन के लिए यह जरूरी है कि उसे भोजन, वस्त्र और आवास की सुविधाएं प्राप्त हों जिन्हें मार्क्स **आवश्यक भौतिक मूल्य** कहता है।

(2) भोजन, वस्त्र एवं आवस अर्थात् भौतिक मूल्यों को जुटाने के लिए मानव को उत्पादन करना होता है।

(3) उत्पादन का कार्य उत्पादन की प्रणाली (Mode of Production) पर निर्भर है। इस उत्पादन के औजार, श्रम, उत्पादन की शक्ति और कौशल आदि को गिनते हैं।

(4) मार्क्स भी हीगल की भाँति इतिहास की अनिवार्यता में विश्वास करते हैं। वे मानते हैं कि इतिहास का निर्माण मनुष्यों के प्रयत्नों से सर्वथा स्वतन्त्र रूप में होता है। इतिहास के प्रवाह को मानव प्रयत्नों द्वारा रोका नहीं जा सकता। इस प्रवाह में विभिन्न युगों के उत्पादन की शक्तियों के अनुकूल जिस प्रकार के सम्बन्धों की आवश्यकता होगी, वे अवश्य अवतरित मानव के वश में यह है कि वह उनके आने में देर कर दे या उन्हें शीघ्र ले आए।

(5) **इतिहास का काल विभाजन :** मार्क्स यह मानते हैं कि इतिहास की प्रत्येक अवस्था वर्ग संघर्ष का इतिहास है। इतिहास की प्रत्येक घटना, प्रत्येक परिवर्तन आर्थिक शक्तियों का परिणाम है। मार्क्स ने उत्पादन सम्बन्धों एवं आर्थिक प्रणालियों के आधार पर इतिहास को पांच युगों में बांटा है :

(a) आदिम साम्यवादी युग,

(b) समाजवादी युग।

(c) पूंजीवादी युग,

(d) दासत्व युग, और

(e) सामन्तवादी युग,

इनमें से तीन युग बीत चुके है, चौथा चल रहा है और पांचवां अब आने को है।

(a) **आदिम साम्यवादी युग :** यह इतिहास का प्रारम्भिक युग था। इस युग में पत्थर के औजार और धनुष-बाण उत्पादन के मुख्य साधन थे। मानव मछली मारकर शिकार करके और कन्दमूल-फूल एकत्रित करके जीवनयापन करता था। उत्पादन के साधनों पर सामूहिक स्वामित्व था, निजी सम्पत्ति जैसी चीज नही थी। सब समाज समान थे तथा शोषण की स्थिति नहीं थी, इसलिए ही मार्क्स इसे साम्यवादी अवस्था कहता है।

(b) **समाजवादी युग :** पूंजीपतियों के शोषण को समाप्त करने के लिए श्रमिक वर्ग में चेतना आएगी, वे क्रान्ति करेंगे और पूंजीपतियों को उखाड़ फेंकेंगे। इस संघर्ष में श्रमिकों की ही विजय होगी वे समाजवाद की स्थापना करेंगे और श्रमिकों का अधिनायकत्व कायम

होगा। उत्पादन के साधनों पर राज्य का सामूहिक अधिकार होगा, तब शोषक और शोषित नही होंगे और वर्गविहीन समाज की स्थापना होगी। इस युग में व्यक्ति को अपनी योग्यता के अनुसार कार्य करना होगा और उन्हें आवश्यकता के अनुरूप वस्तुएं मिलेंगी।

मार्क्स के समाजवादी समाज की अवस्था रूस, चीन और पूर्वी-यूरोपीय देशों में ही आयी है, शेष में नहीं। मार्क्स इतिहास की आर्थिक व्याख्या के आधार पर पूंजीवाद का अन्त और साम्यवाद के आगमन की सम्भावना व्यक्त करता है। वह कहता है कि प्रत्येक युग कुछ व्यक्ति ऐसे होते हैं जिनके पास उत्पादन के साधन होते हैं और शेष साधनविहीन। इन दोंनों वर्गो में सदैव संघर्ष होता रहा है जो साम्यवादी युग में आकर समाप्त हो जाता है और वर्गविहीन समाज की स्थापना हो जाती है।

(c) **पूंजीवादी युग :** इस युग का प्रादुर्भाव औद्योगिक क्रान्ति में शुरू हुआ जिसने उत्पादन के साधनों में आमूल-चूल परिवर्तन ला दिए। पूंजीपति उत्पादन के नवीन साधनों जैसे कारखानों एवं मशीनों का स्वामी हो गया और श्रमिकों द्वारा उत्पादन का कार्य कराने लगा। छोटे-छोटे उद्योग-धन्धे नष्ट हो गए क्योंकि वे कारखनों में बने माल से प्रतिस्पर्द्धा नहीं कर सकते थे। अतः कुटीर उधोगो में लगे व्यक्ति भी कारखानों में श्रमिकों के रूप में सम्मिलित हो गए। इस प्रकार समाज की सम्पत्ति मुट्ठी भर पूंजीपतियों के हाथों में केन्द्रित हो गई और समाज में पूंजीपति एवं श्रमिक दो स्पष्ट वर्ग पनपे जो अपने-अपने हितों को लेकर परस्पर संघर्षरत हैं। इस युग में श्रमिकों का शोषण अन्य युगों से तीव्र हुआ। पूंजीवादी व्यवस्था के अनुसार ही राज्य व्यवस्था, कला, नैतिकता, साहित्य और दर्शन में भी परिवर्तन हुआ।

(d) **दासत्व युग :** धीरे-धीरे भौतिक परिस्थितियों में परिवर्तन हुआ। अब व्यक्ति पशुपालन एवं कृषि कार्य करने लगा, दस्तकारी का उदय हुआ निजी सम्पत्ति के विचार ने जन्म लिया और श्रम विभाजन पर पनपा। जिन व्यक्तियों का भूमि और उत्पादनों के साधनों पर अधिकार था, वे दूसरों को अपना दास बनाकर उनसे बलपूर्वक काम कराने लगे। इस प्रकार दासत्व युग में स्वतन्त्रता और समानता समाप्त हो गई, समाज में स्वामी और दास दो वर्ग बने तथा दासों का शोषण प्रारम्भ हुआ और वर्ग-संघर्ष होने लगा।

(e) **सामन्तवादी युग :** इस युग में उत्पादन के साधनों पर राजाओं और सामन्तों का अधिकार हो गया, विशेषतः भूमि पर। छोटे-छोटे किसान जिन्हें अर्धदास किसान (Serfs) कहा जाता था, सामन्तों से भूमि लेकर उन पर खेती करते थे किसान दास तो न थे किन्तु, उन पर कई नियन्त्रण लाद दिए गए थे। उन्हें सामन्तों के यहां बेगार में खेती करनी होती थी और युद्ध के समय उनकी सेना में सिपाही के रूप में लड़ना पड़ता था। इन सबके बदले में सामन्त उन्हें निर्वाह के लिए कुछ वेतन या भूमि दे देता था। इस युग में शोषण भयंकर था, अतः शोषक और शोषितों में वर्ग-संघर्ष निरन्तर चलता रहा।

(6) एक उत्पादन प्रणाली एक विशेष प्रकार के सम्बन्धों को जन्म देती है जो दूसरे प्रकार की उत्पादन-प्रणाली से भिन्न होते हैं। उत्पादन-प्रणाली और उत्पादन शक्ति ही मानव के सामाजिक, राजनीतिक, धार्मिक व बौद्धिक जीवन की क्रियाओं को तय करती है, उसी पर मानव की सरकार, कानून, कला, साहित्य और धर्म का स्वरूप निर्भर होता है।

(7) जब उत्पादन-प्रणाली और उत्पादन की शक्ति में परिवर्तन होता है तो मानव की सामाजिक, धार्मिक, राजनीतिक, बौद्धिक सभी क्रियाओं में परिवर्तन आ जाता है। यही कारण है कि जब हस्त-चालित यन्त्र थे तो सामन्तवादी समाज था और जब वाष्प-चालित यन्त्र आए तो पूंजीवादी समाज ने जन्म लिया।

(8) उत्पादन-प्रणाली व उत्पादन की शक्ति में परिर्वतन द्वन्द्ववाद की प्रक्रिया से होता है और तब तक होता है जब तक कि उत्पादन की सर्वश्रेष्ठ अवस्था नहीं आ जाती। यह अवस्था समाजवाद की स्थापना पर ही आती है जो इतिहास के विकास का अन्तिम चरण है। इस तरह मार्क्स का ऐतिहासिक भौतिकवाद, वेपर के शब्दों में , "एक आशावादी सिद्धान्त है जिसमें मानव की विजय होती है"

मार्क्स द्वारा प्रस्तुत इतिहास की भौतिकवादी (आर्थिक) व्याख्या की आलोचना

मार्क्स द्वारा प्रस्तुत इतिहास की भौतिकवादी (आर्थिक) व्याख्या के सिद्धान्त की निम्नांकित आलोचनाएं की जाती है :

(1) **आर्थिक आधार पर सभी ऐतिहासिक घटनाओं की व्याख्या असम्भवः** मार्क्स ने सभी ऐतिहासिक घटनाओं की व्याख्या आर्थिक तत्वों के आधार पर की है किन्तु यह उचित नहीं है। गौतम बुद्ध का संन्यास, मराठों का

पतन, भारत विभाजन, अरब-इजरायल युद्ध, पद्मिनी का जौहर आदि घटनाओं की आर्थिक व्याख्या नहीं की जा सकती।

(2) **संयोग के तत्व की उपेक्षा :** मार्क्स ने इतिहास की अपनी व्याख्या में संयोग के तत्व को भुला दिया है। यदि जयचन्द्र ने पृथ्वीराज चौहान से द्वेष के कारण गौरी को भारत पर आक्रमण के लिए आमन्त्रित न किया होता तो भारत का इतिहास दूसरा होता। यदि 1917 में जर्मन सरकार लेनिन को रूस में लौटने की अनुमति दे दी तो शायद रूस में जार का शासन आज भी चल रहा होता यदि इंग्लैण्ड की महारानी ऐलिजाबेथ प्रथम ने विवाह किया होता और उसके सन्तान होती तो इंग्लैण्ड का एकीकरण नहीं हो सकता था।

(3) मार्क्स का यह कहना भी उपयुक्त नहीं कि आर्थिक शक्ति के द्वारा ही राजनीतिक शक्ति प्राप्त होती है। स्थिति इसके विपरीत भी हो सकती है।

(4) **इतिहास के कालक्रम अनुपयुक्त :** मार्क्स ने मानव इतिहास को 5 युगों में बांटा है। उनके इस क्रम से कई विद्वान सहमत नहीं हैं। वे पूंजीवाद के बाद साम्यवादी युग आने की बात कहते हैं। किन्तु रूस और चीन में जहां साम्यवाद है, वह उस प्रकार के पूंजीवादी युग के बाद नहीं आया जिसकी कल्पना मार्क्स ने की है। ये दोनों ही कृषि-प्रधान देश थे न कि औद्योगिक दृष्टि से पूर्ण विकसित देश।

(5) **आर्थिक तत्व पर अत्यधिक और अनावश्यक बल :** मार्क्स ने सामाजिक, राजनीतिक, सांस्कृतिक एवं वैधानिक ढांचे में परिवर्तन के लिए आर्थिक तत्वों को उत्तरदायी माना है जो अतिश्योक्तिपूर्ण है। उसने भौगोलिक, जनसंख्यात्मक और समाजिक तत्वों की अवहेलना की है जबकि इन सभी का सामाजिक परिवर्तन लाने में महत्वपूर्ण हाथ होता है।

(6) **इतिहास का राज्यविहीन समाज पर आकर रुकना सम्भव नहीं :** मार्क्स का यह कहना भी अनुपयुक्त है कि इतिहास का विकास राज्यविहीन समाज के निर्माण पर रुक जाएगा। परिवर्तन तो प्रकृति का नियम है, जिस द्वन्द्ववाद के कारण अन्य युग बदले, उसी आधार पर यह युग भी तो परिवर्तित होगा किन्तु मार्क्स ने इसका कहीं कोई उल्लेख नहीं किया।

कार्ल मार्क्स : वर्ग-संघर्ष (Karl Mark : Class Struggle)

वर्ग-संघर्ष को समझने से पूर्व सम्बन्ध में मार्क्स के विचार जानना आवश्यक है। वर्ग को परिभाषित करते हुए **लेनिन** लिखते हैं, "वर्ग लोगों के ऐसे बड़े समूहों

को कहते हैं जो सामाजिक उत्पादन की इतिहास द्वारा निर्धारित किसी पद्धति में अपने-अपने स्थान की दृष्टि से, उत्पादन के साधनों के साथ अपने सम्बन्ध (जो अधिकांश मामलों में कानून द्वारा निश्चित तथा निरूपित होता है) की दृष्टि से, श्रम के सामाजिक संगठन में अपनी भूमिका की दृष्टि से, और फलस्वरूप सामाजिक सम्पदा के जितने हिस्से के वे मालिक होते हैं, उसके परिणाम तथा उसे प्राप्त करने के तौर-तरीके की दृष्टि से एक-दूसरे से भिन्न होते हैं।"

इस परिभाषा में लेनिन ने वर्ग की निम्नांकित विशेषताओं का उल्लेख किया है:

(i) वर्ग लोगों के बहुत बड़े समूह को कहते हैं;

(ii) प्रत्येक वर्ग का सामाजिक उत्पादन की इतिहास द्वारा निर्धारित पद्धति में एक स्थान होता है;

(iii) सामाजिक समूह का उत्पादन के साधनों से सम्बन्ध होता है;

(iv) श्रम के सामाजिक संगठन में उसकी भूमिका होती है;

(v) प्रत्येक वर्ग का सामाजिक सम्पदा प्राप्त करने का अपना तौर-तरीका होता है।

मार्क्स कहते हैं कि इतिहास में अब तक जितनी भी सामाजिक व्यवस्थाएं रही हैं, उनमें सम्पत्ति का वितरण और समाज का वर्गों एवं श्रेणियों में विभाजन इस बात पर निर्भर रहा है कि समाज में क्या और कैसे उत्पादन हुआ तथा उपज का विनिमय कैसे हुआ? मार्क्स वर्गों का आधार सामाजिक या धार्मिक नहीं मानता, उसके अनुसार तो वर्गों का आधार आर्थिक ही रहा है। वे लिखते हैं, "सामाजिक वर्ग ऐतिहासिक परिवर्तन की इकाइयां तथा आर्थिक व्यवस्था द्वारा समाज में निर्मित श्रेणियां दोनों ही हैं।"

मार्क्स ने वर्ग की अवधारणा का उल्लेख वर्ग संघर्ष की व्याख्या के दौरान किया है। आपकी मान्यता है कि मानव इतिहास में मानव समूह (Human Groups) सदैव ही संघर्षरत रहे है, इन संघर्षरत मानव समूहों को ही आप वर्ग कहते हैं। **रेमण्ड एरन** कहते हैं कि मार्क्स ने वर्ग की कहीं भी स्पष्ट व्याख्या नहीं की है, किन्तु उनकी कुछ विशेषताओं का अवश्य उल्लेख किया है। वर्गो की एक विशेषता यह है कि इन्हें प्रमुखतः दो भागों में बांट सकते हैं–शोषक एवं शोषित जोकि परस्पर एक-दूसरे के विरोधी हैं। इनकी **दूसरी** विशेषता यह है कि इनकी प्रवृति दो ध्रुवों में केन्द्रीकरण की है (Tendency Towards a Polarization into Two Blocks, and Only Two)। इस प्रकार मार्क्स सभी समाजों का विभाजन दो वर्गों में करता है जो परस्पर संघर्ष करते रहते हैं। वर्तमान पूंजीवादी युग भी इससे मुक्त नहीं है। इसमें भी दो वर्ग हैं–एक बुर्जुआ और दूसरा सर्वहारा। इन वर्गों के उत्पन्न होने के

कारण आर्थिक है। एक वर्ग (बुर्जुआ) के हाथ में सम्पूर्ण उत्पादन प्रणाली है और दूसरा इन साधनों से रहित है। मार्क्स द्वारा इन वर्गों के संघर्ष पर अत्यधिक जोर दिये जाने के कारण ही उनके समाजशास्त्र को वर्ग संघर्ष का समाजशास्त्र कहा गया है। ऐतिहासिक नाटक में और विशेषरूप से पूंजीवाद में वर्ग ही प्रमुख पात्र हैं, वर्ग संघर्ष ही इतिहास को गति प्रदान करने वाली शक्ति है।

रेमण्ड एरन कहते हैं कि मार्क्स का वर्ग क्या है? इसको कहीं परिभाषित तो नहीं किया हैं, किन्तु फिर भी उनकी रचनाओं में कई स्थानों पर इसका उल्लेख किया गया है। उनकी अमर कृति '**दास कैपीटल**' के तीसरे खण्ड के अन्तिम अध्याय में जिसका कि शीर्षक 'सामाजिक वर्ग (Social Classes) रखा गया है, में मार्क्स ने वर्ग की व्याख्या की है। इस अध्याय में मार्क्स ने तीन वर्गों का उल्लेख किया है, जो आय के तीन विभिन्न स्त्रोतों से सम्बद्ध है: साधारण श्रम शक्ति के स्वामी, पूंजी के स्वामी तथा भू-स्वामी, जिनके आय के साधन क्रमश: मजदूरी, लाभ एवं भूमिकर हैं। इस प्रकार वेतनभोगी श्रमिक, पूंजीपति एवं भूस्वामी आधुनिक समाज के तीन बड़े वर्गों का निर्माण करते हैं जो उत्पादन की पूंजीवादी व्यवस्था पर निर्भर है।

इस प्रकार मार्क्स ने वर्गों की व्याख्या उनकी आर्थिक संरचना के आधार पर की है जिसके पीछे उसके वैज्ञानिक उद्देश्य रहे हैं। स्वंय मार्क्स ने अपने अन्तिम दिनों में यह लिखा कि उसने वर्ग और वर्ग संघर्ष की अवधारणा बुर्जुआ इतिहासकारों, विशेषरूप से फ्रांसीसी-इतिहासकारों से ली थी, किन्तु वर्ग सिद्धान्त के बारे में उसके योगदान को निम्नांकित तीन प्रतिस्थापनाओं (Propositions) के अन्तर्गत रखा जा सकता है :

(i) वर्गों का अस्तित्व उत्पादन के विकास की कुछ निश्चित ऐतिहासिक अंवस्थाओं से जुड़ा है।

(ii) वर्ग संघर्ष अवश्यम्भावी रूप से सर्वहारा वर्ग (Proletariat) की तानाशाही की ओर ले जाता है।

(iii) यह तानाशाही सभी वर्गों के विनाश तथा वर्गविहीन समाज की प्राप्ति में एक संक्रमणकालीन अवस्था है।

मार्क्स ने '**दास कैपीटल**' में पूंजीवादी व्यवस्था में दो बड़े समूहों के केन्द्रीकरण के रूप में दो वर्गों का उल्लेख किया है जबकि अन्य रचनाओं में आपने यह बताने का प्रयत्न किया है कि वे कौन से सामूहिक समूह थे जिन्होंने ऐतिहासिक परिस्थितियों मे राजनीतिक घटनाओं को प्रभावित किया। वर्ग के बारे में मार्क्स द्वारा प्रकट किये गये अब तक के विचारों से ज्ञात होता है कि आपने वर्ग के बारे में राजनीतिक और समाजशास्त्रीय सिद्धान्त प्रस्तुत किये। मार्क्स का मौलिक विचार यह था कि

पूंजीवादी समाज में श्रमिकों एवं पूंजीपतियों में अपने–अपने स्वार्थों को लेकर टकराव पाया जाता है जो कि ऐतिहासिक विकास के साथ–साथ सरल रूप धारण करता जाता है। मार्क्स समाज में वर्गों की बहुलता (Plurality of Classes) के प्रति भी सचेत थे। मार्क्स वर्ग तथा सामान्य सामाजिक समूहों को एक ही नही समझ लेने के प्रति भी हमें आगाह करता है। मार्क्स ने समाज में केवल दो वर्गों, पूंजीपति एवं श्रमिक वर्ग का उल्लेख अपने निश्चित राजनीतिक एवं ऐतिहासिक उद्देश्यों की प्राप्ति के लिए किया है। ये दोनों ही वर्ग समाज कैसा होना चाहिए, के बारे में परस्पर विरोधी धारणाएं रखते हैं, उनमें *सामुदायिक चेतना और सामान्य क्रिया की इच्छा* पायी जाती है। उपर्युक्त सम्पूर्ण विवेचन से स्पष्ट है कि मार्क्स ने वर्ग की धारणा को तीन दृष्टि से देखा है:

(1) **आर्थिक दृष्टि से :** जिसमें वर्गों का निर्माण आय के स्रोतों के आधार पर होता है और इस दृष्टि से प्रत्येक समाज में दो वर्ग पाये जाते हैं, पूंजीपति एवं श्रमिक जो परस्पर संघर्षरत रहते हैं और इस वर्ग संघर्ष का अन्त एक वर्गविहीन और समाज की स्थापना के रूप में होगा।

(2) **ऐतिहासिक दृष्टि से :** मार्क्स ने मानव इतिहास में पाये जाने वाले विभिन्न वर्गों, उनकी प्रकृति और संख्या का तथा राजनीतिक घटनाओं में उनके प्रभाव का उल्लेख किया है।

(3) **मनोवैज्ञानिक दृष्टि से :** मार्क्स वर्गों में पायी जाने वाली एकता और चेतना तथा उनकी क्रिया शक्ति को महत्व देता है। उनका विश्वास है कि सर्वहारा वर्ग एक क्रान्तिकारी वर्ग है जो भविष्य में पूंजीवाद को समाप्त कर देगा और नये समाज की स्थापना करेगा जिसमें राज्य नहीं होगा, उत्पीड़न, असमानता तथा श्रमिकों का शोषण भी नहीं होगा और समानता का साम्राज्य होगा।

मार्क्स वर्गों का आधार सामाजिक या धार्मिक नहीं मानते, आपके अनुसार तो वर्गों का आधार आर्थिक ही रहा है। वे लिखते हैं, "सामाजिक वर्ग ऐतिहासिक परिवर्तन की इकाइयों तथा आर्थिक व्यवस्था द्वारा समाज में निर्मित श्रेणियां दोनों ही हैं।" मार्क्स कहते हैं कि साधारण: व्यक्ति एक सामाजिक प्राणी है, किन्तु अधिक स्पष्ट रूप में वह एक 'वर्ग–प्रणाली' (Class Animal) है। प्रत्येक युग में जीविकोपार्जन के लिए कोई न कोई साधन अवश्य ही प्रचलित रहे हैं। साधनों की भिन्नता के कारण ही मनुष्य विभिन्न वर्गों में विभाजित रहे है तथा उनमें वर्ग चेतना भी पायी जाती है। इस प्रकार मार्क्स के अनुसार वर्ग का जन्म उत्पादन के साधनों पर निर्भर है। जैसे–जैसे उत्पादन के साधनों मे परिवर्तन होता जाता है वैसे ही नये वर्गों का

जन्म भी होता है इस प्रकार एक युग में प्रचलित उत्पादन की प्रणाली ही उस समय के वर्गों की प्रकृति को तय करती है। मार्क्स की व्याख्या के अनुसार *वर्ग ऐसे लोगों के समूह को कहेंगे जो अपनी जीविका एक ही ढंग से कमाते हों।* इस प्रकार सामाजिक वर्गों का आधार आर्थिक है।

विभिन्न समाजों में वर्ग (Classes in Various Societies)

मार्क्स कहता है कि अब तक तो ज्ञात इतिहास है, उसक सभी युगों और समाजों में वर्ग व्यवस्था सदैव विद्यमान रही है। उसने कहा है कि आदिम साम्यवादी समाज से लेकर अब तक के सभी समाजों में हमें वर्ग देखने को मिलते हैं। हम यहां मार्क्स द्वारा वर्णित विभिन्न समाजों में वर्ग व्यवस्था का उल्लेख करेंगे।

(1) दासत्व युग में वर्ग (Class in Slave Society)

धीरे-धीरे भौतिक परिस्थितियों में परिवर्तन हुआ और दास-मूलक समाज की स्थापना हुई। इस युग में मनुष्य कृषि कार्य, पशुपालन और दस्तकारी करने लगा। समाज में निजी सम्पत्ति के विचारों का उदय हुआ और श्रम-विभाजन भी पनपने लगा। यह युग अपने पूर्व युग से बिल्कुल भिन्न था क्योंकि सामाजिक उत्पादन के साधनों पर सामूहिक स्वामित्व के स्थान पर कुछ ही लोगों का स्वामित्व हो गया। उत्पादन के साधनों जैसे–भूमि, श्रम, औजार, पशुओं, बीजों, आदि पर समुदाय के कुछ लोगों का स्वामित्व था। इनका अपना एक वर्ग बन गयाजिसे दास-स्वामी कह सकते हैं। दूसरी ओर कुछ ऐसे लोग थे जिनके पास उत्पादन के साधन भूमि, पशु और औजार नहीं थे, उनके पास केवल व्यक्तिगत उपभोग की कुछ चीजें ही होती थीं इन्हें समाज के सम्पन्न वर्ग ने अपना दास बनाया और उनसे बलपूर्वक काम लिया जाने लगा। दास-स्वामी वर्ग परजीवी वर्ग था जो उत्पादन के साधनों, मकानों एवं सम्पत्ति का स्वामी था। इस वर्ग में दासों को खरीदने की भी क्षमता थी। यही वर्ग उत्पादन कार्य का संगठनकर्ता भी था। दासों द्वारा उत्पादित अतिरिक्त वस्तुएं ही इस वर्ग की सम्पत्ति का मुख्य स्रोत थीं। ये लोग दासों को पशुओं की भांति खरीद या बेच सकते थे, मार सकते थे। इस युग में दास स्वतन्त्र नहीं था। सम्पूर्ण रूप से वह अपने मालिक पर आधारित था। इस प्रकार दासत्व युग में दासों और उनके स्वामियों के दो अलग-अलग वर्ग बन गये। स्वामियों ने दासों का शोषण किया, सम्पत्ति कुछ ही लोगों के हाथों में क्रेन्द्रित होने लगी जिससे कि वे आर्थिक और राजनीतिक दृष्टि से शक्ति सम्पन्न हो गये। वे दासों से जबरन काम लेने लगे और पहले की भांति अब लोग स्वेच्छा से मिल-जुलकर काम नहीं करते थे। इस प्रकार मार्क्स के अनुसार दासत्व युग में ही पहली बार वर्गों का उदय हुआ।

इस समाज ने पूर्व समाज की अपेक्षा बहुत आर्थिक उन्नति की। इस युग में नगरों का निर्माण हुआ। व्यापार का विकास हुआ, कृषि और उत्पादन के लिए धातुओं के औजार बनाये गये, लोहे के हथियारों तथा रणकौशल से सुसज्जित बड़ी-बड़ी सेनाएं खड़ी की गयीं, विलासिता की वस्तुओं का निर्माण हुआ तथा हस्तशिल्प का पर्याप्त विकास हुआ। इस प्रकार दासत्व युग में दास और मालिक दो वर्गों का उदय हुआ।

(2) सामन्ती समाज में वर्ग (Class in Feudal Society)

सामन्ती समाज में भी दो वर्ग थे: एक तरफ सामन्त (Feudal Lords) और दूसरी तरफ अर्द्धदास किसान (Serfs)। सामन्तों के पास उत्पादन के साधन और विशेषत: भूमि थी, यही लोग सत्ताधारी थे। अर्द्धदास किसान सामन्तों के अधीन थे और उनसे खेती का कार्य करवाया जाता था। यद्यपि इनकी स्थिति पूर्णरूप से दासों जैसी तो नहीं थी, किन्तु इन पर अनेक प्रकार के प्रतिबन्ध थे। भूस्वामी सामन्त ही अर्द्धदास किसानों के श्रम के संगठनकर्ता और उनके द्वारा उत्पादित अतिरिक्त वस्तुओं का अधिकांश भाग वे स्वयं हड़प जाते थे। अर्द्धदास किसान सामन्तों के यहां खेती करते, घरों पर कार्य करते और युद्ध के समय उनकी सेना में सिपाहियों के रूप में लड़ते। इस युग में निजी सम्पत्ति की धारणा प्रबल हुई। सामन्तों के द्वारा किसानों का शोषण भी हाता रहा और इन दो वर्गों में संघर्ष पूर्व समाज की तुलना में अधिक स्पष्ट था।

(3) आदिम साम्यवादी समाज में वर्ग (Class in Primintive Communal Society)

यह इतिहास का प्रथम युग है। इस युग में लोग गोत्र पर आधारित कबीलों और समुदायों में रहते थे। एक गोत्र और कबीले का एक भू-क्षेत्र और भाषा होती थी। उत्पादन क साधनों पर किसी व्यक्ति विशेष का नहीं वरन् सम्पूर्ण गोत्र या कबीले का स्वामित्व होता था। उत्पादन और वितरण का साम्यवादी तरीका प्रचलित था। सब लोग मिलकर उत्पादन का कार्य करते थे। सामूहिक श्रम के कारण उत्पादन के साधनों और उत्पादित वस्तुओं पर समूह के सभी लोगों का संयुक्त स्वामित्व होता था।

व्यक्तिगत अधिकार के अभाव के कारण न तो कोई किसी का शोषण करता था और न ही कोई वर्ग व्यवस्था थी। समाज में श्रम-विभाजन लिंगभेद क आधार पर पाया जाता था, इसलिए स्त्री और पुरुष भिन्न-भिन्न कार्यों को सम्पन्न करते थे। इस प्रकार से आयु-भेद के आधार पर भी बालक, युवा और वृद्धों में भी श्रम-विभाजन

पाया जाता था। इस प्रकार इस युग में उत्पादन के साधनों पर संयुक्त स्वामित्व के कारण वर्ग व्यवस्था नहीं पनपी थी यद्यपि आयु एवं लिंग-भेद के आधार पर श्रम-विभाजन पाया जाता था।

(4) पूंजीवादी समाज में वर्ग (Class in Capitalistic Society)

इस समाज की स्थापना मशीनों के अविष्कार तथा बड़े-बड़े उद्योग-धन्धों के कारण हुई। इस समाज में उत्पादन के साधनों पर पूंजीपतियों का अधिकार होता है तथा उत्पादन का कार्य श्रमिकों के द्वारा कराया जाता है। मार्क्स श्रमिक वर्ग को सर्वहारा वर्ग कहता है और पूंजीपति वर्ग को बुर्जुआ वर्ग। सर्वहारा वर्ग पूंजीपति वर्ग का विरोधी होता है, किन्तु साथ ही उसकी एक आवश्यक शर्त भी होती है। सर्वहारा वर्ग के पास उत्पादन के साधन नहीं होता, अतः वह पूंजीपति को अपना श्रम बेचकर अपनी जीविका अर्जित करता है। पूंजीपति वर्ग सर्वहारा वर्ग की मजबूरी का फायदा उठाता है और शोषण करता है। प्रारम्भ में पूंजीपति वर्ग एक प्रगतिशील वर्ग था, किन्तु धीरे-धीरे शक्तिशाली उत्पादक शक्तिशाली उत्पादक शक्तियों के विकास के कारण पूंजीपति वर्ग भी अधिक शक्तिशाली हो गया और उसने उत्पादन को संगठित करने के बजाय सामाजिक प्रगति को अवरुद्ध किया। आधुनिक पूंजीवादी समाज जो कि सामन्ती समाज के विध्वंस से पैदा हुआ है, में वर्ग-संघर्ष समाप्त नहीं हुआ वरन् उसके पुराने रूपों के स्थान पर नये रूप विकसित हो गये, उत्पीड़न की पुरानी अवस्थाओं के स्थान पर नयी अवस्थाएं और संघर्ष के पुराने रूपों के स्थान पर नये रूप खड़े कर दिये गये।

इस प्रकार मार्क्स यह मानते हैं कि आर्थिक उत्पादन के प्रत्येक स्तर पर समाज में दो वर्ग विद्यमान रहे हैं। दासत्व युग में दास और उनके स्वामी, सामन्ती युग में सामन्त और अर्द्धदास किसान और वर्तमान पूंजीपति युग में पूंजीपति और सर्वहारा वर्ग विद्यमान रहे हैं। प्रत्येक समाज में इन दो वर्गों की प्रमुख विशेषता यह रही है कि एक के हाथों में उत्पादन के साधन केन्द्रित रहे हैं और दूसरा इनसे वंचित रहा है। इसी आधार पर प्रथम वर्ग दूसरे वर्ग का शोषण करता रहा है तथा ये वर्ग अपने-अपने हितों को लेकर परस्पर संघर्षरत रहे हैं। इस प्रकार सभी समाजों में सदैव शोषक और शोषित दो वर्ग रहे हैं जिन्होंने समाज में वर्ग संघर्ष को जन्म दिया।

वर्ग संघर्ष (Class Struggle)

वर्ग संघर्ष की अवधारणा मार्क्स के महत्वपूर्ण विचारों में एक है। मार्क्स ने वर्ग-संघर्ष की अवधारणा **ऑगस्टिन थोरे** से ली थी, किन्तु इसकी पूर्ण विवेचना

मार्क्स ने ही की। मार्क्स यह मानते हैं कि इतिहास के प्रत्येक युग और प्रत्येक समाज में दो विरोधी वर्ग रहे हैं– शोषक और शोषित वर्ग और ये दोनों वर्ग परस्पर संघर्षरत रहे हैं। इनके संघर्ष से ही समाज के विकास की प्रक्रिया आगे बढ़ती रही है और समाज का एक युग या अवस्था समाप्त होकर उनका स्थान दूसरा युग या अवस्था लेती रही है। प्रत्येक समाज में व्यक्तियों के हितों में परपस्पर विरोध पाया जाता है। अन्य शब्दों में समाज में विभिन्न वर्ग होते हैं और उनके अपने-अपने हित होते हैं जिन्हं लेकर उनमें विरोध और संघर्ष पाया जाता है। वे कौन से हित हैं जिन्हें लेकर समाज के विभिन्न वर्ग परस्पर संघर्षरत रहते हैं? इसका उत्तर देते हुए मार्क्स कहते हैं कि वे हित हैं–उत्पादन के साधन और उन पर स्वामित्व। अन्य शब्दों में आर्थिक हितों की पूर्ति के लिए समाज के वर्गों में संघर्ष पाया जाता है। मार्क्स कहते हैं–जब शोषक वर्ग की शोषणनीति असहनीय हो जाती है और उत्पीड़न बढ़ जाता है तो दोनों वर्गों में संघर्ष स्पष्ट हो जाता है। मार्क्स ने अपनी प्रसिद्ध कृति **'कम्युनिष्ट घोषणा-पत्र'** में लिखा है, "अब तक के सभी समाजों का इतिहास वर्ग संघर्ष काही इतिहास है। स्वतन्त्र व्यक्ति तथा दास, कुलीन वर्ग तथा साधारण जनता, सामन्त तथा अर्द्धदास किसान, श्रेणीपति तथा दस्तकार, एक शब्द में शोषक तथा शोषित, सदा एक-दूसरे के विरोधी हाकर कभी प्रत्यक्ष तो कभी अप्रत्यक्ष किन्तु अनवरत युद्ध करते रहे हैं। इस संघर्ष का अन्त हर बार या तो समाज के क्रान्तिकारी पुनर्निर्माण में या संघर्षरत वर्गों के सर्वनाश में हुआ है।" इस कथन से स्पष्ट है कि मार्क्स सभी समाजों में वर्ग और वर्ग संघर्ष को एक ऐतिहासिक सत्य के रूप में प्रस्तुत करते हैं।

यद्यपि मार्क्स ही पहले व्यक्ति नहीं हैं जिन्होंने वर्ग संघर्ष का उल्लेख किया है। उनसे पहले भी पूंजीवादी इतिहासकारोंने वर्ग संघर्ष के ऐतिहासिक विकास का और पूंजीवादी अर्थशास्त्रियों ने वर्गों की आर्थिक संरचना का उल्लेख किया था। वर्ग एवं वर्ग संघर्ष के सन्दर्भ में मार्क्स ने तीन नयी बातें दीं–

(i) विभिन्न वर्गों का अस्तित्व उत्पादन के विकास के किसी ऐतिहासिक क्रम विशेष के साथ ही जुड़ा होता है।

(ii) वर्ग संघर्ष का चरमोत्कर्ष आवश्यक रूप से सर्वहारा वर्ग का अधिनायकत्व होता है

(iii) अधिनायकत्व की यह अवस्था अपने आप में सभी वर्गों के उन्मूलन और वर्गहीन समाज की ओर संक्रमण करने की एक अवस्था होती है।

मार्क्स की वर्ग संघर्ष की धारणा अपने समय की इंग्लैण्ड की परिस्थितिकयों पर आधारित है। मार्क्स के समय में इंग्लैण्ड के कारखानों में भारी मात्रा में उत्पादन

हो रहा था। पूंजीपति अधिक धनी होते जा रहे थे और निर्धन लोगों में निर्धनता बढ़ती जा रही थी। पूंजीपति श्रमिकों का खूब शोषण कर रहे थे। पूंजीपतियों का राजनीति और सरकार में भी पूर्ण प्रभुत्व था, वे अपने हितों की रक्षा से सम्बन्धित कानून बनवा रहे थे तथा सरकार को अपने इशारों पर चलाकर सर्वहारा वर्ग का शोषण कर रहे थे। इस शोषण को देखकर ही मार्क्स पूंजीवादी व्यवस्था के कट्टर शत्रु एवं साम्यवाद के पक्षधर बन गये थे।

संघर्ष, पूंजीपति और सर्वहारा वर्ग का अर्थ : मार्क्स इतिहास को राजा महाराजा और युद्धों की कहानी नहीं मानता है वरन् वह इसे आर्थिक वर्गों और उनके संघर्ष की कहानी मानता है। उसके लिए 'वर्ग संघर्ष' इतिहास को समझने की कुंजी है। मानव इतिहास का सही अध्ययन आर्थिक इतिहास का अध्ययन है। आर्थिक हितों के आधार पर ही वर्गों का निर्माण और पतन होता है। वर्ग संघर्ष से ही समाज के विकास का क्रम जुड़ा हुआ है। मार्क्स के वर्ग संघर्ष की धारणा में संघर्ष तथा पूंजीपति और सर्वहारा वर्ग की अवधारणाएं भी महत्वपूर्ण हैं अत: उन्हें समझ लेना आवश्यक है:

(1) **संघर्ष :** संघर्ष का तात्पर्य निरन्तर युद्धरत रहने से नहीं है। इसका तात्पर्य है कि समाज में एक वर्ग ऐसा अवश्य होता है जिसकी आवश्यकताओं की पूर्ति न होने से वह असन्तुष्ट रहता है और इस असन्तोष को वह हड़ताल तथा असहयोग आदि कई रूपों में प्रकट करता है। जब यह असन्तोष असहनीय हो जाता है तो वह क्रान्ति का रूप ले लेता हे जिसमें शोषक वर्ग पराजित होता है और शोषित वर्ग की विजय होती है।

(2) **पूंजीपति :** पूंजीपति वह व्यक्ति होता है जिसका उत्पादन के साधनों जैसे–भूमि, कल-कारखानों, कच्चे माल, पूंजी और कार्य पर स्वामित्व होता है। यह वर्ग समाज का शक्तिशाली और ऐश्वर्य सम्पन्न वर्ग होता है। उत्पादन, कीमत, वितरण, क्रय-विक्रय पर इसके पास निर्णायक शक्ति होती है। अपने लाभ को बढ़ाने के लिए यह श्रमिक और उसके परिवार का शोषण करता है। यह वर्ग अतिरिक्त मूल्य को हड़पने वाला परोपजीवी होता है जो सामाजिक आश्यकताओं की पूर्ति के लिए नहीं वरन् अपने लाभ के लिए ही उत्पादन करता है।

(3) **सर्वहारा वर्ग :** यह वर्ग उद्योगों में श्रम कर अपनी आजीविका कमाता है। इसके पास उत्पादन के अपने साधन नहीं होते वरन् पूंजीपति को अपना श्रम बेचकर ही यह जीवनयापन करता है। यह वर्ग पूंजीपति वर्ग जिसे मार्क्स बुर्जुआ वर्ग कहता है, की दया पर निर्भर है। यह अपनी मजदूरी

स्वयं निर्धारित नहीं कर सकता वरन् बुर्जुआ की इच्छा और बाजार मूल्य से ही यह तय होती है। यह अपनी पसन्द का जीवन भी व्यतीत नहीं कर सकता।

पूंजीवादी युग में वर्ग संघर्ष की तीव्रता

आधुनिक पूंजीवादी समाज की उत्पत्ति सामन्तवादी समाज के ध्वंस पर हुई है। इस युग में वर्ग संघर्ष बहुत ही स्पष्ट और तीव्र हो गया है। पूंजीवादी व्यवस्था में उत्पादन फैक्ट्री प्रणाली द्वारा होता है तथा उत्पादन बड़ी मात्रा में होता है। द्वन्द्ववाद के सिद्धान्त के अनुसार पूंजीवादी समाज में भी दो वर्ग उत्पन्न हुए–एक बुर्जुआ और दूसरा सर्वहारा। दोनों वर्गों को अर्थात् पूंजीपति और श्रमिक वर्ग को एक–दूसरे की आवश्यकता है।

श्रमिकों के अभाव में पूंजीपतियों के कारखाने बेकार पड़े रह जायेंगे और यदि पूंजीपति श्रमिकों को कारखाने में काम न दें तो वे भूखे मर जायेंगे। दोनों वर्ग एक–दूसरे के पूरक होते हुए भी अपने–अपने हितों को लेकर परस्पार संघर्षरत रहते हैं। पूंजीपति उत्पादन के यन्त्रों का स्वामी होने से श्रमजीवियों पर कार्य की शर्तें लगाता है, वह अपने लाभ के लिए उत्पादन करता है और अपने लाभ बढ़ाने के लिए ही श्रमिकों का शोषण करता है, वह श्रमिकों के कार्य के घण्टे बढ़ा देता है, उन्हें कम मजदूरी देता है, मार्क्स इसे ही पूंजीपति के हाथों में दमन और अत्याचार का यन्त्र कहता है। दूसरी ओर, इस व्यवस्था में श्रमिकों की बड़ी दयनीय स्थिति होती है।

यदि श्रमिक वर्ग पूंजीपति द्वारा लगायी गयी शर्तों को स्वीकार नहीं करता तो उसे तथा उसके परिवार को भुखमरी और बेरोजगारी का सामना करना पड़ता है। मार्क्स कहता है कि दोनों वर्गों को एक–दूसरे की आवश्यकता होते हुए भी अपने–अपने हितों को लेकर दोनों में परस्पर संघर्ष होता है। पूंजीपति सदा ही अपने लाभ को अधिकाधिक बढ़ाना चाहता है और ऐसा करने के लिए वह श्रमिकों के हितां को तिलांजलि दे देता है, उनका शोषण करता है।

दूसरी ओर श्रमिक वर्ग अपनी दशा सुधारने के लिए, अच्छा वेतन प्राप्त करने और काम के घण्टे कम करने के लिए पूंजीपतियों के विरुद्ध क्रान्ति की गर्जना करते हैं। इस क्रान्ति के परिणामस्परूप पूंजीवाद में ही अपने विनाश के बीज मौजूद हैं। मार्क्स कहता है, जिन शस्त्रों से बुर्जुआओं ने सामन्तवाद का अन्त किया, वे ही शस्त्र अब सम्पत्तिशाली वर्ग के विरुद्ध प्रेरित हो रहे हैं। इस प्रकार मार्क्स के अनुसार *पूंजीवाद की प्रकृति ही ऐसी है कि वह अपनी कब्र स्वंय खोदता है* (Capitalism digs its own grave)।

वर्ग संघर्ष सिद्धान्त की आलोचना
(Criticism of Class Struggle Theory)

मार्क्स ने वर्ग संघर्ष के सिद्धान्त का जितना प्रबल समर्थन किया है, आलोचकों ने उसकी उतनी धज्जियां उड़ायी हैं। इस सिद्धान्त की अग्रांकित आलोचनाएं की जाती हैं :

(1) **सामाजिक जीवन में संघर्ष की अपेक्षा सहयोग अधिक :** मार्क्स सामाजिक जीवन मं संघर्ष को अधिक महत्व देते हैं जबकि सहयोग से ही सामाजिक जीवन चलता है। सहयोग के अभाव में मानव जीवन कभी का समाप्त हो चुका होता है। यदि मालिक और मजदूर परस्पर सहयोग न करें तो उत्पादन सम्भव नहीं है, यहां तक कि संघर्ष के लिए भी दोनों विरोधियों का सहयोग आवश्यक है। अत: सहयोग ही मूल है, न कि संघर्ष। **क्रोपोत्कीन** और **टार्डे** ने भी मानव-प्रगति के लिए वर्ग संघर्ष की अपेक्षा वर्ग सहयोग को महत्वपूर्ण माना है।

(2) **समाज में केवल दो वर्ग ही नहीं :** मार्क्स ने केवल दो ही वर्गों की कल्पना की है जबकि समाज में एक तीसरा वर्ग भी है जिस **'मध्यम वर्ग'** या **'बुद्धिजीवी वर्ग'** कहते हैं। इसमें हम प्रोफेसर, डॉक्टर, इंजीनियर, प्रबन्धक, टेक्नीशियन, आदि को गिनते हैं जिन्होंने समाज के विकास में सर्वाधिक महत्वपूर्ण और निर्णायक भूमिका निभायी है। मार्क्स ने इस वर्ग का उल्लेख न करने की भारी भूल की है। **सारोकिन** कहते हैं कि मार्क्स ने जिन दो वर्गों की चर्चा की है, उनकी कहीं कोई स्पष्ट परिभाषा भी नहीं दी है। फ्रांसीसी श्रमिक संघवादी **सोरल** (Sorel) ने तो मार्क्स द्वारा वर्णित वर्गों को **'एक अमूर्त कल्पना'** माना है।

(3) **सामाजिक और आर्थिक वर्ग एक ही नहीं :** मार्क्स ने सामाजिक और आर्थिक वर्गों को एक ही मान लेने की त्रुटि की है। समाजशस्त्री आर्थिक आधारों के अतिरिक्त, धर्म, शिक्षा, आयु योग्यता, आदि के आधार पर भी समाज में वर्ग विभाजन करते हैं। मार्क्स दोनों वर्गों को एक ही मानकर अपने राजनीतिक उद्देश्य की पूर्ति करना चाहता था।

(4) **क्रान्ति श्रमिक वर्ग नहीं बुद्धिजीवी वर्ग के द्वारा सम्भव :** मार्क्स का मत है कि श्रमिक वर्ग क्रान्ति द्वारा समाज को बदल डालेगा, किन्तु इतिहास यह बताता है कि सभी क्रान्तियों के सूत्रधार बुद्धिजीवी लोग ही रहे हैं। इस बात को लेनिन ने भी स्वीकार किया था।

(5) **समस्त इतिहास नहीं :** मार्क्स का यह मत भी त्रुटिपूर्ण है कि अब तक का समस्त इतिहास वर्ग संघर्ष का इतिहास है। प्रथम और द्वितीय विश्व–युद्ध दो वर्गों के बीच नहीं अपितु, दो विराधी राष्ट्रों के बीच हुए थे। इसी प्रकार से लोगों में वर्ग भावना के स्थान पर राष्ट्रीय भावना के आधार पर विरोध पाया जाता है।

(6) **मार्क्स द्वारा चित्रिण वर्ग संघर्ष के परिणाम सत्य सिद्ध नहीं :** मार्क्स ने बताया कि वर्ग संघर्ष के कारण समाप्त होगा और साम्यवाद आयेगा। उसने पूंजीवाद के सुधार की कल्पना नहीं की, किन्तु इंग्लैण्ड, अमरीका और दुनिया के दूसरे देशों के श्रमिकों की स्थिति में बहुत सुधार किया गया है, वहां श्रमिक वर्ग की समृद्धि में वृद्धि हुई है, उन्हें अनेक सुविधाएं प्राप्त हैं, इससे उनका असन्तोष दूर हुआ है। ऐसा करके पूंजीपतियों ने श्रमिकों का समर्थन प्राप्त कर लिया है।

(7) मार्क्स ने कहा था कि श्रमिक वर्ग की क्रान्ति निकट और पूंजीवाद अपने विनाश के लिए पक चुका है। मार्क्स ने यह कहा कि क्रान्ति सर्वप्रथम औद्योगिक देशों में होगी, किन्तु मार्क्स की यह धारणा भी गलत सिद्ध हुई। किसी भी औद्योगिक देश में श्रमिक क्रान्ति नहीं हुई और साम्यवाद सबसे पहले रूस व चीन में आया जो कृषि प्रधान देश हैं।

मार्क्स साम्यवादी राष्ट्रों को श्रमिकों के स्वर्ग मानते हैं तथा वे साम्यवाद को ऐसी व्यवस्था मानते हैं जहां "प्रत्येक व्यक्ति को उसकी आवश्यकताओं के अनुसार तथा प्रत्येक व्यक्ति से उसकी क्षमता के अनुसार" वाला सिद्धान्त लागू होगा, किन्तु मार्क्स का साम्यवाद व्यावहारिक धरातल पर सफल नहीं रहा है। जिन देशों में साम्यवादी शासन स्थापित हुआ उनमें से अधिकांश देशों, विशेषरूप से पूर्वी यूरोप के देशों एवं रूस में साम्यवादी शासन की दीवारें 1980–90 में ढह गयी तथा वहां प्रजातन्त्र का श्री गणेश हुआ है। यूरोप में साम्यवादी सरकारों के भूलुंठन की प्रक्रिया का शुभारम्भ पोलैण्ड से हुआ।

धीरे–धीरे यह चिनगारी हंगरी, चैकोस्लो- वाकिया, बुल्गारिया, पूर्वी जर्मनी, रूमानिया के शासनों को ध्वस्त करती हुई रूस जा पहुंची। 11 नवम्बर, 1989 को पूर्वी और पश्चिमी जर्मनी को बांटने वाली बर्लिन की दीवार तोड़ दी गयी इसके साथ ही साम्यवाद का खोखलापन भी स्पष्ट हो गया। इन सभी देशों मे साम्यवादी दल की तानाशाही के स्थान पर बहुदलीय एवं प्रजातन्त्रीय शासन की या तो स्थापना हो चुकी है या स्थापित होने की प्रक्रिया में है। चोन भी इस परिवर्तन की प्रक्रिया

को प्रारम्भ कर चुका था, किन्तु जून 1989 में उसका सैनिक दमन क दिया गया। देखना यह है कि वह भी कब तक साम्यवाद को अपने सीने से चिपकाये रखता है। बहरहाल, साम्यवादी शासन अर्द्ध-शताब्दी तक जनसामान्य को अपना दर्शन समझाकर अपने प्रति निष्ठावान न बना सका अतः स्पष्ट है कि मार्क्सवादी शासन का बह जाना एक अनिवार्यता बन गयी है।

इन कमियों के बावजूद भी मार्क्स का वर्ग संघर्ष का सिद्धान्त एक महत्वपूर्ण सिद्धान्त है। इस सिद्धान्त ने सर्वहारा वर्ग को उस दासता से मुक्ति पाने का उपाय बताया जिसमें अभी तक शोषित वर्गों का उत्पीड़न होता रहा है। वर्ग संघर्ष की धारणा का मूल्याकंन करते हुए **प्रो. कैरयू हण्ट** ने लिखा है, "मार्क्स का यह विचार है कि मनुष्यों के समस्त झगड़े वर्ग संघर्ष से उत्पन्न होते है, यद्यपि आम लोगों को यह विश्वास दिलाने में कि उनका दुर्भाग्य पूंजीवादी व्यवस्था के कारण है जो सर्वहारा वर्ग की विजय के साथ ही समाप्त हो जायेगा, युक्ति महत्व रखता है, किन्तु एक वैज्ञानिक धारणा के रूप में मिथ्या है।"

पूंजीवाद के विनाश के कारण

वर्ग संघर्ष के आधार ही पर मार्क्स यह कहता है कि **पूंजीवादी की प्रकृति आत्मनाशी है**। लाभ की प्रवत्ति, अतिरिक्त मूल्य को हड़प जाना, पूंजी का केन्द्रीकरण श्रमिकों में बढ़ती हुई बेरोजगारी एवं निर्धनता, श्रमिकों का शोषण, पूंजीपतियों द्वारा श्रमिकों के प्रति अन्याय एवं अत्याचारपूर्ण व्यवहार, मांग से अधिक पूर्ति, अधिक उत्पादन, बाजार का माल से पट जाना, आर्थिक संकट, यातायात और संचार के साधनों का विकास, श्रमिक वर्ग में चेतना और सहयोग की भावना उत्पन्न होना, आदि ये सभी कुछ ऐसे कारक हैं जो मिलकर पूंजीवाद की कब्र तैयार करते हैं। हम यहां उन कारकों का संक्षेप में उल्लेख करेंगे जो पूंजीवाद के विनाश तथा पूंजीवादी व्यवस्था में वर्ग संघर्ष की तीव्रता के लिए उत्तरदायी हैं :

(1) **श्रमिकों में एकता का उदय एवं वर्ग-चेतना का विकास** : पूंजीवाद व्यवस्था में बड़े -बड़े कारखानें एक स्थान पर केन्द्रित हो जाते है। उद्योगों का स्थानीयकरण, श्रमजीवियों के संघर्ष के लिए वरदान सिद्ध होता है। असंतुष्टि श्रमिक परस्पर मिलते हैं, एक-दूसरे के सुख-दुख की चर्चा करते है तथा उनमें संगठन, अनुशासन और सहयोग की भावना पैदा होती है। जो संघर्ष पहले वे व्यक्तिगत स्तर पर कर रहे थे, अब वे स्थानीय, राष्ट्रीय और अन्तराष्ट्रीय स्तर पर करने लगते हैं। उद्योगों का केन्द्रीकरण श्रम संगठनों को जन्म देता है, संगठित श्रमिक पहले हड़तालों द्वारा सामाजिक जीवन को ठप्प करने की कोशिश करते हैं और बाद में क्रान्ति द्वारा पूंजीवाद

को उखाड़ कर उसके स्थान पर साम्यवादी व्यवस्था को स्थापित करते हैं। मार्क्स ने क्रान्ति की रणनीति (Strategy) का विस्तार से उल्लेख नहीं किया है फिर भी शक्ति और हिंसा इसके मुख्य आधार है जैसा कि मार्क्स ने कहा है कि बल एक नये समाज को अपने गर्भ में धारण करने वाले प्रत्येक पुराने समाज की दाई है।

(2) **व्यक्तिगत तत्व की समाप्ति :** पूंजीवादी उत्पादन व्यवस्था में श्रमिक का वैयक्तिक चरित्र समाप्त हो जाता है और एक प्रकार से उसका यन्त्रीकरण हो जाता है। इस प्रणाली में श्रमिक स्वाभिमान खोकर यन्त्रों का केवल दास मात्र बन जाता है और अपनी सृजनात्मक शक्ति को भी हानि पहुंचाता है। अपनी इस पतनावस्था से अन्ततः श्रमिक वर्ग में चेतना का उदय होता है और वह पूंजीवाद के विनाश हेतु कटिबद्ध हो जाता है।

(3) **अन्तर्राष्ट्रीय श्रमिक आन्दोलन का जन्मदाता :** पूंजीवादी व्यवस्था में उत्पादित वस्तुओं की खपत के लिए राष्ट्रीय एवं अन्तर्राष्ट्रीय बाजारों की खोज की जाती है। इसमें यातायात और संचार के साधनों का तीव्र विकास किया जाता है। यातायात और संचार के साधनों में वृद्धि का एक परिणाम यह होता है कि विभिन्न राष्ट्रों के श्रमिक समीप आते हैं, संगठित होते हैं। जो संघर्ष पहले स्तर तक सीमित था, वह अब अन्तर्राष्ट्रीय बन जाता है और तब श्रमिक इस नारे को बुलन्द करता है

–"दुनिया के मजदूरो एक हो।"

उनके उद्देश्यों की पूर्ति वर्तमान समाज व्यवस्था (पूंजीवादी व्यवस्था) को बलपूर्वक खत्म करके ही हो सकती है, कम्युनिस्ट क्रान्ति के डर से शासक वर्गों को कांपने दो। मजदूरों के पास खोने के लिए अपनी बेड़ियों के सिवाय और कुछ नहीं है, किन्तु, जीतने के लिए उनके सामने सारी दुनिया है। मार्क्स का विश्वास था कि विश्व के सभी श्रमिक मिलकर पूंजीवाद के विरुद्ध एक ऐसी अन्तर्राष्ट्रीय क्रान्ति का श्रीगणेश करेंगे जो पूंजीवाद की जड़ें खोखली करके समाजवादी की स्थापना करेगा। इस प्रकार उपर्युक्त कारणों से पूंजीवाद स्वतः अपने विनाश की ओर बढ़ता जाता है। मार्क्स कहते हैं कि बुर्जुआ स्वयं सर्वहारा वर्ग को उनसे लड़ने के यन्त्र प्रदान करता है। श्रमजीवी वर्ग की क्रान्ति के बाद श्रमजीवी वर्ग का अधिनायकतन्त्र स्थापित हो जायेगा जिसमें शनैः-शनैः पूंजीवादी वर्ग के अन्तिम अंश भी समाप्त कर दिये जायेंगे और उसके पश्चात एक वर्गविहीन और राज्यविहीन समाज की स्थापना होगी, इसका उल्लेख कम्युनिस्ट

घोषणा-पत्र में किया गया है। संक्षेप में हम यहां मार्क्स द्वारा बताये गये उस कार्यक्रम का उल्लेख करेंगे जिसके द्वारा वह साम्यवाद की स्थापना करना चाहता है।

(4) **व्यक्तिगत लाभ के लिए उत्पादन :** पूंजीवादी व्यवस्था में उत्पादन समाज के हित और उपभोग को दृष्टि में रखकर नहीं किया जाता है वरन् व्यक्तिगत लाभ के लिए किया जाता है। परिणामस्वरूप समाज की मांग और उत्पादन में सामंजस्य स्थापित नहीं हो पाता है और पूंजीपति सिर्फ अपने लाभ के लिए सब कुछ करने को तत्पर रहते हैं।

(5) **विशाल उत्पादन, एकाधिकार एवं पूंजी का संचय :** पूंजीवादी व्यवस्था में फैक्ट्री प्रणाली द्वारा तीव्र गति से और बड़ी मात्रा में उत्पादन किया जाता है जिस पर थोड़े से पूंजीपतियों का एकाधिकार होता है। अत: हाथों में पूंजी का केन्द्रीकरण और एकाधिकार होता है, व्यक्तिगत स्वतन्त्रता नष्ट हो जाती है, बड़े पूंजीपतियों द्वारा छोटे और मध्यमवर्गीय पूंजीपतियों की सम्पत्ति का हरण आरम्भ हो जाता है। चूंकि छोटे-छोटे और मध्यमवर्गीय पूंजीपतियों द्वारा उत्पादित वस्तुएं बाजार में बड़े पूंजीपतियों द्वारा उत्पादित सस्ती वस्तुओं की प्रतिद्वन्द्विता में टिक नहीं सकती हैं। इसलिए उन्हें अपनी मिलें व कारखाने बन्द करने पड़ते हैं तथा उत्पादन कार्य बड़े-बड़े उद्योगपतियों के हाथ में केन्द्रित हो जाता है। ये छोटे और मध्यमवर्गीय पूंजीपति भी श्रमिकों की श्रेणी में आ जाते हैं और श्रमिकों की संख्या में वृद्धि होती जाती है। मार्क्स कहता है कि जों पूंजीपति पूंजी का संचय करने में असफल रहते हैं, वे सर्वहारा वर्ग में शामिल हो जाते हैं। इस प्रकार पूंजीपति वर्ग अपने विनाश के लिए स्वयं श्रमजीवी वर्ग को बलशाली बनाता है।

(6) **आर्थिक संकटों एवं श्रमिकों के कष्टों में वृद्धि:** पूंजीवादी उत्पादन प्रणाली समय-समय पर अनेक आर्थिक संकटों तथा श्रमिकों के कष्टों में वृद्धि करती है। पूंजीपतियों के हाथों में धन का संचय होने से श्रमिकों की गरीबी में वृद्धि होती है, उनका व्यक्तित्व नष्ट हो जाता है, उनकी स्थिति यन्त्र में उपकरण जैसी हो जाती है और वे वस्तुमात्र बनकर रह जाते हैं। इस व्यवस्था में बेरोजगारी बढ़ जाती है, मजदूरी की दर कम हो जाती है, श्रमिकों का दमन और शोषण बढ़ता जाता है। इस व्यवस्था में उत्पादन श्रमिक वर्ग की क्रय शक्ति से अधिक होता है। बाजार में माल तो खूब होता है लेकिन उसे खरीदने के लिए श्रमिकों के पास पैसे नहीं

होते हैं। बाजार में माल भर जाता है, किन्तु खरीद के अभाव में पूंजीपति को कारखाने बन्द करने पड़ते हैं, अथवा बने हुए माल से नष्ट करके कृत्रिम कमी पैदा करनी पड़ती है, इस तरह अस्थायी आर्थिक संकट जन्म लेते हैं। पूंजीवाद की इन्हीं प्रवृतियों के कारण श्रमिक वर्ग एवं सामान्य जनता में घोर असन्तोष व्याप्त होता है। अन्त में वह समय आ जाता है जब श्रमिकों के पास सिवाय अपनी बेड़ियों को तोड़ने के कुछ भी शेष नहीं रहता है। सर्वहारा वर्ग का विद्रोह आरम्भ हो जाता है, वे संगठित होकर क्रान्ति करते हैं जिसमें सर्वहारा वर्ग की विजय अवश्यम्भावी है। व्यक्तिगत पूंजी जो इस सारी दुर्दशा के लिए उत्तरदायी होता है, उसकी मौत का बिगुल बज जाता है। सम्पत्ति के हरण करने वालों का ही हरण हो जाता है, इस प्रकार आर्थिक संकट और श्रमिक असन्तोष पूंजीवाद की मौत के लिए खुला आमन्त्रण है।

(7) **अतिरिक्त मूल्य को पूंजीपतियों द्वारा हड़प लेना :** पूंजीवाद में उत्पादन सामाजिक आवश्यकताओं की पूर्ति के लिए नहीं वरन् व्यक्तिगत लाभ के लिए किया जाता है, अतः पूंजीपति अतिरिक्त मूल्य को अपने पास रख लेता है जबकि न्याय की दृष्टि से यह मूल्य श्रमिकों को मिलना चाहिए। अतिरिक्त मूल्य वह मूल्य है जो श्रमिक द्वारा उत्पादित माल की वास्तविक कीमत और वस्तु की बाजार की कीमत का अन्तर होता है। पूंजीपति यह अन्तर श्रमिकों से छीनकर स्वयं हड़प जाता है और उनका शोषण करता है।

साम्यवादी दल का कार्यक्रम (Programme of Communist Party)

मार्क्स साम्यवादी नहीं है, वे कार्य में विश्वास करते हैं, उनका समाजवाद एक रचनात्मक कार्यक्रम है। साम्यवाद के उद्देश्य को प्राप्त करने के लिए मार्क्स ने एक सुनिश्चित, सुचिन्तित और विवेकपूर्ण कार्यक्रम बताया है। इस कार्यक्रम की रूपरेखा हमें साम्यवादी दल के घोषणा-पत्र में मिलती है। इस कार्यक्रम की प्रमुख विशेषताएं और चरण इस प्रकार हैं:

(1) **शक्ति और हिंसा का प्रयोग :** मार्क्स ने क्रान्ति की नीति की विस्तृत व्याख्या नहीं की फिर भी इसमें शक्ति और हिंसा का बोलबाला होगा। क्योंकि पूंजीपति शाासक वर्ग शान्ति और स्वेच्छा से कभी भी सत्ता को नहीं छोड़ेगा, अतः मजदूर वर्ग को सत्ता में आने के लिए हत्या, हिंसा और शक्ति का प्रयोग करना होगा। गृह-युद्ध के द्वारा सर्वहारा वर्ग बुर्जुआ वर्ग से उत्पादन के यन्त्रों को छीन लेगा। इस प्रकार मार्क्स नये समाज के जन्म के लिए बल प्रयोग को आवश्यक मानते हैं।

मार्क्स कहता है कि क्रान्ति ही परिवर्तन का एकमात्र साधन नहीं है। जिन देशों में प्रजातान्त्रिक संस्थाएं परिपक्व हैं, जैसे--इंग्लैण्ड और अमरीका वहां शान्तिपूर्ण तरीकों से भी परिवर्तन सम्भव है।

(2) **सर्वहारा वर्ग के अधिनायक वर्ग द्वारा समाजवादी वर्ग की स्थापना:** समाजवादी कार्यक्रम के अन्तर्गत श्रमिक वर्ग की तानाशाही या अधि-नायकवाद की स्थापना की जायेगी। चुनाव या अन्य संवैधानिक साधनों द्वारा अथवा हिंसा और क्रान्ति द्वारा श्रमिक वर्ग राजनीतिक सत्ता पर अपना नियन्त्रण कायम करके अपनी स्थिति को सुरक्षित बनायेगा जिसमें उत्पादन के सभी यन्त्रों का समाजीकरण होगा, समाज में शोषक व शोषित नहीं रहेंगे और संघर्ष का स्थान सहयोग ले लेगा, किन्तु यह सब एक दिन में नही होगा। बुर्जआ आदतें और स्वभाव शताब्दियों की उपज है। अतः उसे एक दिन में समाप्त नहीं किया जा सकता है। सारी पूंजीवादी संस्कृति को जीवन के नवीन ढंग में बदलना होगा इसलिए संक्रान्तिकालीन स्थिति में पूंजीवादी संस्कृति के अन्तिम अवशेषों को समाप्त किया जायेगा और इसके लिए श्रमिक वर्ग राज्य की शक्ति का उपयोग करेगा क्योंकि पूंजीवाद के अवशेष अवसर मिलने पर प्रति क्रान्ति कर सकते है।

(3) **श्रमजीवी संगठनों (साम्यवादी दलों) का निर्माण :** साम्यवादी घोषणा-पत्र में श्रमिकों को सर्वप्रथम प्रजातन्त्र की लड़ाई जीतने के लिए कहा गया है। इस उद्देश्य की प्राप्ति के लिए श्रमिकों को अपने आप को एक संगठित वर्ग क रूप में गठित होने के लिए कहा गया है जिसके द्वारा वे अपने को एक शासक के रूप में प्रतिष्ठित करें, इसके लिए उन्हें राष्ट्र में राजनीतिक दलों का निर्माण करना चाहिए और राष्ट्रीय संसदों में बहुमत प्राप्त करना चाहिए और यदि ऐसा सम्भव न हो ता हिंसा द्वारा सत्ता ग्रहण कर लेनी चाहिए।

कम्युनिस्ट घोषणा-पत्र में अत्यन्त उन्नतिशील देशों के लिए समाजवादी की स्थापना के लिए निम्नांकित उपाय बताये गये है:

(1) उत्तरोत्तर बढ़ता हुआ भारी आय-कर।

(2) कारखानों में बाल-श्रमिकों पर प्रतिबन्ध एवं सभी बालकों की निःशुल्क शिक्षा।

(3) यातायात तथा संचार के साधनों का राज्य के हाथों में केन्द्रीकरण।

(4) साख तथा बैंकों पर राज्य का एकाधिकार और इस तरह एक राष्ट्रीय बैंक की स्थापना।

(5) देश से भागे हुए और देशद्रोहियों की सम्पत्ति जब्त कर ली जाये।

(6) सबसे समान रूप से काम लेना, औद्योगिक सेवाओं की विशेषकर कृषि के लिए स्थापना।

(7) कृषि का उद्योग के साथ सम्मिश्रण।

(8) राज्य के कारखानों एवं उत्पादन के साधनों का विस्तार।

(9) भूमि पर व्यक्तिगत स्वामित्व का अन्त एवं भूमि के सभी प्रकार के लगान का सार्वजनिक कार्यों के लिए उपयोग।

(10) उत्तराधिकार के अधिकारों का अन्त।

कार्य-पद्धति : उपर्युक्त कार्यक्रम का सफल बनाने के लिए और क्रान्ति की तैयारी के लिए मार्क्स ने निम्नांकित कार्य-पद्धति का उल्लेख किया है :

(1) विभिन्न देशों की परिस्थितियों के अनुसार साम्यवादी कार्यक्रम निर्धारित किये जायें। यदि देश परतन्त्र है तो साम्यवादी अन्य दलों के साथ मिलकर उसकी स्वतन्त्रता के संघर्ष में भाग लें और जो देश स्वतन्त्र हैं, वहां चुनाव में बहुमत प्राप्त कर सत्ता हथियाने का प्रयत्न करें। साम्यवादियों का उद्देश्य किसी भी प्रकार से सर्वहारा वर्ग की अधिनायकता स्थापित करना और पूंजीवाद का विध्वंस करना है।

(2) श्रमिकों के नेतृत्व में शोषितों और निर्धन व्यक्तियों का संगठन बनाया जाय, क्योंकि केवल श्रमिक वर्ग क्रान्तिकारी आदोंलन का नेता हो सकता है। सम्पत्तिहीन होने के कारण इस वर्ग को वर्तमान व्यवस्था बनाये रखने के प्रति कोई रुझान नहीं होता है।

(3) छात्रों में साम्यवादी सिद्धातों का प्रचार कर उन्हें साम्यवाद का अनुयायी बनाया जाये क्योंकि वे उत्साही होते हैं, और क्रान्ति में गहरी रुचि रखते हैं।

(4) जन-आन्दोलन को निरन्तर जारी रखा जाये और सरकार के विरुद्ध जनता की सहानुभूति तथा विश्वास पाने का पूरा प्रयत्न किया जायेगा।

इस प्रकार मार्क्स का कार्यक्रम विकासवादी और क्रान्तिकारी दोनों ही है। वह वर्तमान प्रणाली क शव पर हिंसा और क्रान्ति के बल पर नयी व्यवस्था स्थापित करना चाहता है। नयी व्यवस्था में सभी व्यक्तियों की समानता होगी, उनसे उनकी योग्यता के अनुसार कार्य लिया जायेगा और आवश्यकता के अनुसार दिया जायेगा। धीरे-धीरे समाजवादी समाज साम्यवादी में बदल जायेगा, इस समाज में दमन और

शक्ति दोनों का अन्त हो जायेगा, राज्य का लोप हो जायेगा, कोई वर्ग नहीं होंगे। समाज का संगठन स्वैच्छिक समुदायों के रूप में होगा।

मार्क्सवादी पद्धति (Marxian Method)

मार्क्स ने अपनी इतिहास की आर्थिक व्याख्या के आधार पर यह सिद्ध करने का प्रयत्न किया था कि पूंजीवादी का अन्त और साम्यवाद का आगमन निश्चित है। उसका विश्वास था कि इतिहास की शक्तियां साम्यवाद के पक्ष में हैं और पूंजीवादी समाज जैसे ही परिपक्वावस्था को प्राप्त होगा, वैसे ही उसका पतन अनिवार्य हो जाएगा। किन्तु मार्क्स ने नियतिवादी नहीं है और उसका कथन है कि इसके आधार पर साम्यवाद की प्रतीक्षा में चुपचाप नहीं बैठ जाना चाहिए। उसके लिए सक्रिय प्रयत्न किया जाना चाहिए।

मार्क्स के अनुसार वर्ग संघर्ष ही सामाजिक परिवर्तनों की पूंजी है और पूंजीवादी व्यवस्था में पूंजीपतियों द्वारा निरन्तर शौषित होते रहने से श्रमिक वर्ग में क्रान्तिकारी भावनाएं आ जाती है, अतः पूंजीवाद का अन्त कर साम्यवाद की स्थापना करने की ऐतिहासिक जिम्मेदारी इसी वर्ग पर है और वही समाजवादी क्रान्ति का नेतृत्व करेगा।

परिवर्तन की पद्धति के सम्बन्ध में मार्क्स का विश्वास था कि पूंजीवाद का अन्त और साम्यवाद की स्थापना शान्तिपूर्ण तरीकों से नहीं की जा सकती। पूंजीपति वर्ग कभी भी अपनी इच्छा से सम्पत्ति और उत्पादन के साधनों पर से स्वामित्व छोड़ना नहीं चाहेगा, इन साधनों पर उसका अधिकार समाप्त करने के लिए बल और शक्ति का प्रयोग करना ही होगा। **'साम्यवादी घोषणापत्र'** में मार्क्स और ऐंजिल्स लिखते हैं,

"साम्यवादियों को अपने विचारों और उद्‌देश्य को छिपाने से घृणा है। वे खुले तौर पर घोषणा करते है कि उनके लक्ष्य की प्राप्ति वर्तमान सामाजिक व्यवस्था का बलपूर्वक उन्मूलन करके ही की जा सकती है। यदि शासक वर्ग साम्यवादी क्रान्ति से कांपता है तो उसे कांपने दो। श्रमिकों के पास अपनी बेड़ियों के अतिरिक्त खोने के लिए और कुछ नहीं है और जीतने के लिए सारा विश्व पड़ा है।"

मार्क्स और ऐजिल्स का कथन था कि क्रान्ति के लिए श्रमिक वर्ग को एक लम्बी तैयारी करनी होगी। सर्वप्रथम उसके द्वारा अपने आपको एक वर्ग के रूप में संगठित किया जाना चाहिए। इसी दृष्टि से उसके द्वारा श्रमिक संघों के निर्माण में सक्रिय योग दिया गया था। 1864 का प्रसिद्ध **'साम्यवादी घोषणापत्र' 'कम्युनिस्ट लीग'** (Communist League) नाम की पार्टी का घोषणापत्र था और 1864 में उसके

प्रत्यनों से ही 'अन्तर्राष्ट्रीय श्रमिक संघ (Internatinal Workingmen's Association) की स्थाना हुई, जो 'प्रथम अन्तर्राष्ट्रीय' के नाम से प्रसिद्ध है। श्रमिक वर्ग चेतना जाग्रत कर और विशाल संगठनों की स्थापना कर राष्ट्रीय तथा अन्तर्राष्ट्रीय स्तर पर संघर्ष चलाया जाना चाहिए। उनके द्वारा वेतन-वृद्धि, काम के घण्टों में कमी और काम की परिस्थितियों के सुधार के लिए आन्दोलन किया जाना चाहिए।

इन आन्दोलनों से श्रमिक वर्ग को कुछ सुविधाएं प्राप्त होंगी ही, किन्तु इन आन्दोलनों का महत्व सुविधाएं प्राप्त करने की दृष्टि से नहीं वरन् इस दृष्टि से है कि इन आन्दोलनों के द्वारा श्रमिक वर्ग को पूंजीवादी व्यवस्था के विरुद्ध अन्तिम संघर्ष के लिए तैयार करने का कार्य किया जाता है। श्रमिक क्रान्ति की सफलता के लिए मार्क्स का निर्देश है कि प्रत्येक देश में श्रमिक के द्वारा समाज के अन्य सभी वर्गों को संघर्ष में अपने साथ लेकर चलने का प्रयत्न किया जाना चाहिए। मार्क्स का यह विचार उसकी व्यावहारिकता का ही परिचय देता है।

मार्क्स की कुछ रचनाओं से यह भी संकेत मिलता है कि वह हर अवस्था में क्रान्ति और बल प्रयोग को आवश्यक नही मानता था। अपने बाद के जीवन में वह यह सोचने लगा था कि शक्ति प्रयोग के बिना भी पूंजीवादी व्यवस्था को समाप्त किया जा सकता है। 1872 ई. में हेग के अन्तर्राष्ट्रीय सम्मेलन में मार्क्स ने कहा था,

"हम इस बात को स्वीकार करते हैं कि विभिन्न देशों की संस्थाओं, आचार-विचार तथा रुचियों को भी ध्यान में रखा जाना चाहिए और हम इस बात से इनकार नहीं करते कि इंग्लैण्ड और अमेरिका की तरह ऐसे देश हैं और यदि मैं हालैण्ड को भी उनमें सम्मिलित कर लेता, जहां कि श्रमिक शान्तिपूर्ण तरीकों से अपने उद्देश्यों को प्राप्त कर सकते हैं। किन्तु सब देशों में ऐसा नहीं हो सकता।"

इस प्रकार कुछ देशों में उसके द्वारा शान्तिपूर्ण तरीकों से पूंजीवाद के अन्त की आशा की गई है किन्तु यह बात अपवादस्वरूप है और सामान्यतया उसका विचार यही है कि पूंजीवाद के विनाश हेतु बल-प्रयोग और क्रान्ति जरूरी है। मार्क्स के शब्दों में, "*बल एक नवीन समाज को जन्म देने वाले प्रत्येक पुराने समाज की दाई है।*"

मार्क्स अपने दर्शन में क्रान्तिकारी पद्धति पर ही अधिक जोर देता है, जिसे आलोचकों द्वारा अत्यधिक अनुचित कहा गया है। यह आवश्यक नहीं है कि क्रान्ति के मार्ग को अपनाने से वांछित लक्ष्य प्राप्त हो ही जाए। हिंसा को अपनाने का परिणाम असभ्यता और बर्बरता होता है और इस बर्बरता के आधार पर शान्तिपूर्ण, न्यायपूर्ण तथा व्यवस्थित समाज की स्थापना नहीं की जा सकती है। **लास्की** कहते

हैं कि "*पूंजीवादी का अन्त साम्यवाद में न होकर ऐसी अराजकता में हो सकता है जिससे साम्यवादी आदर्शों से असम्बद्ध कोई निरंकुशवाद निकले।* **पोपर** का तो यही तक कहना है कि, "*व्यावहारिक राजनीति के दृष्टिकोण से हिंसात्मक क्रोन्ति की भविष्यवाणी मार्क्सवाद का सम्भवतः सबसे अधिक हानिकारक तत्व है।*"

मार्क्सवादी धारणा यह है कि उचित साध्य की प्राप्ति के लिए सभी प्रकार के साधन अपनाए जा सकते हैं, किन्तु राजनीति को नैतिकता से पृथक् करने का यह विचार स्वंय साम्यवादी अवस्था के लिए अत्यधिक अनिष्टकर है। **जोसेफ ई. डेवीज** ने मार्क्सवाद की इस त्रुटि के सम्बन्ध में कहा है, "*यह एक गम्भीर और मूलभूत त्रुटि है, जिससे वर्तमान सरकार को सदैव ही भय बना रहेगा।*"

पद्धति की दृष्टि से तो मार्क्सवाद निश्चित रूप से दोषपूर्ण है और मार्क्सवाद की तुलना में प्रजातान्त्रिक विकासवादी समाजवाद का मार्ग निश्चित रूप से श्रेष्ठ है। **प्रो. जोड** ठीक ही लिखते हैं कि

"*यह सोचने का पर्याप्त आधार है कि मन्द गति से प्राप्त सुधारों की नीति, जिसका प्रतिपादन विकासवादी समाजवादियों ने किया है क्रान्ति और वर्ग संघर्ष की विधियों की अपेक्षा, अधिक स्थायी और फलदायक है, भले ही वह उतनी विस्मयजनक न हो।*

मार्क्सवादी कार्यक्रम

अपने लक्ष्य की प्राप्ति अर्थात पूंजीवाद हा अन्त कर उसके स्थान पर साम्यवादी समाज (वर्गविहीन और राज्यविहीन समाज) की स्थापना के लिए कार्ल मार्क्स के द्वारा जो कार्यक्रम बताया गया गया है, उनके तीन चरण हैं :

(a) पूंजीवादी व्यवस्था के विरुद्ध क्रान्ति।

(b) सर्वहारा वर्ग के अधिनायकवाद की स्थापना।

(c) राज्यहीन और वर्गविहीन समाज की स्थापना।

प्रथम चरण

पूंजीवादी व्यवस्था के विरुद्ध क्रान्ति : मार्क्सवादी कार्यक्रम के इस प्रथम चरण की विवेचना मार्क्सवादी पद्धति के रूप में की जा चुकी है।

द्वितीय चरण

सर्वहारा वर्ग के अधिनायकवाद की स्थापना : कार्ल मार्क्स का विचार यह नहीं था कि क्रान्ति के बाद एकदम ही अन्तिम आदर्श (साम्यवाद) की स्थापना हो जाएगी। उसका कथन है कि अन्तिम आदर्श की प्राप्ति के पूर्व समाज को एक

'**संक्रमणकालीन** अवस्था (Transitional Period) से गुजरना होगा, और वह अवस्था है सर्वहारा वर्ग का अधिनायकवाद। इस अवस्था में श्रमिक वर्ग राज्य की शक्ति पर अपना अधिकार कर लेगा और वह राजनैतिक शक्ति के बल पर पूंजीवाद के अवशेष तत्वों को नष्ट कर देगा, उत्पादन के साधनों पर समाज का स्वामित्व स्थापित करेगा और वर्ग–विहीन तथा राज्य–विहीन समाज के निर्माण का मार्ग प्रशस्त करेगा।

उसके अनुसार सर्वहारा वर्ग के अधिनायकवाद के द्वारा निम्न कार्यक्रम अपनाया जाना चाहिए :

(1) एक बड़ी योजना बनाकर राज्य के सभी उद्योग-धन्धों तथा उत्पादन के साधनों का विस्तार यिा जाए, परती पड़ी हुई तमाम जमीन को आबाद किया जाए और जमीन को अधिक उपजाऊ बनाया जाए।

(2) कृषि–कार्य का उद्योग–धन्धों के साथ सम्बन्ध स्थापित किया जाए, देश की आबादी को शहरों और ग्रामों में उचित रूप से बांटकर नगरों और ग्रामों के भेद को धीरे–धीरे मिटा दिया जाए।

(3) भगोड़ों और विद्रोहियों की सम्पत्ति जब्त कर ली जाए।

(4) सार्वजनिक पाठशालाओं में सभी बच्चों के लिए मुफ्त शिक्षा की व्यवस्था की जाए। बच्चों के कारखानों में काम लेने की वर्तमान प्रथा को बिलकुल समाप्त कर दिया जाए। पढ़ाई–लिखाई का सम्बन्ध औद्योगिक उत्पादन के साथ जोड़ा जाए।

(5) आय कर इस तरह लगाया जाए कि आय के साथ–साथ वह भी काफी मात्रा में बढ़ता जाए।

(6) राज्य की पूंजी से राष्ट्रीय बैंक खोलकर लेन–देन का सम्पूर्ण कार्य राज्य के हाथों में क्रेन्द्रित कर दिया जाए। बैंकों पर राज्य का एकाधिकार हो।

(7) प्रत्येक व्यक्ति के लिए कार्य करना अनिवार्य हो। उद्योग–धन्धे तथ विशेष रूप से खेतीबाड़ी को चलाने के लिए लोगों को संगठित किया जाए।

(8) डाक–तार तथा यातायात के साधनों पर राज्य का पूरा अधिकार स्थापित किया जाए।

(9) भूमि के रूप में सम्पत्ति की व्यवस्था का अन्त किया जाए और भूमि के समस्त लगान का उपयोग सार्वजनिक कार्य के लिए किया जाए।

(10) उत्तराधिकार की प्रथा बिल्कुल समाप्त कर दी जाए।

तृतीय चरण

साम्यवादी समाज की स्थापना : मार्क्सवादी कार्यक्रम का तृतीय चरण साम्यवादी समाज की स्थापना है जिसके निम्नलिखत तीन लक्षण हैं :

(अ) **वर्गविहीन और राज्यहीन समाज :** साम्यवादी व्यवस्था में जब सभी समान होंगे, तो अब तक की व्यवस्थाओं के अन्तर्गत विद्यमान विरोधी वर्ग समाप्त हो जाएंगे और उनके स्थान पर केवल एक ही वर्ग होगा– कामगारों का वर्ग। स्वाभाविक रूप से यह समाज एक वर्गहीन समाज होगा।

मार्क्सवादी विचारधारा राज्य को एक स्वाभाविक संगठन और वर्गीय शोषण का एक साधन मानती है। इसलिए जब तक कि दो विरोधी वर्ग और उनमें संघर्ष की प्रवृत्ति विद्यमान हैं तब तक तो राज्य का अस्तित्व रहेगा लेकिन वर्गविहीन समाज में इस बात पर जोर दिया गया है कि वर्गहीन समाज में राज्य की समाप्ति के लिए कोई प्रयत्न नहीं करना होगा वरन् राज्य स्वतः ही समाप्त हो जाएगा। ऐंजिल्स ने इस स्थिति का विवेचन करते हुए लिखा है, "*वर्गविहीन समाज में दमन करने योग्य कोई तत्व न होने से राज्य की दमनकारी शक्ति की आवश्यकता नहीं होती है। राज्य का अन्त नहीं किया जाता है, अपितु, इसकी व्यवस्था स्वयमेव प्लान होकर समाप्त हो जाती है।*"

मार्क्सवाद के अनुसार साम्यवादी अवस्था में वर्गभेद तथा शोषण का अन्त हो जाएगा इसलिए राज्य की आवश्यकता नहीं रहेगी। अतः इस अवस्था में सेना, पुलिस, न्यायालय और जेलखाने कुछ भी नहीं होंगे। सभी लोग सामाजिक जीवन के उन प्राथमिक नियमों का पालन करने के अभ्यस्त हो जाएंगे, जिनसे वे शताब्दियों से परिचित हैं और जिन्हें अगणित बार उपदेशों में दुहराया गया है। वे इन नियमों के ऐसे अभ्यस्त हो जाएंगे कि उनके द्वारा इन नियमों का बल-प्रयोग, नियन्त्रण, शासन और दबाव के बिना ही स्वतः पालन किया जाएगा।

(ब) **सभी व्यक्तियों की पूर्ण समानता :** साम्यवादी समाज की प्रथम विशेषता है कि यह सभी व्यक्तियों की पूर्ण समानता पर आधारित है। सर्वहारा वर्ग के अधिनायकवाद में कार्य सम्पन्न करने वाले व्यक्तियों को प्राप्त होने वाले वेतन और सुविधा में उचित अन्तर होगा। इस प्रकार सर्वहारा वर्ग का अधिनायकवाद पूर्ण समानता में नहीं, वरन् 'सापेक्षिक समानता (Relative Equality) में विश्वास करता है। लेकिन साम्यवादी व्यवस्था में सभी व्यक्ति पूर्ण समान होंगे और मानसिक श्रम करने वाले व्यक्तियों–कलाकार,

वैज्ञानिक, प्रबन्धक, प्रशासक, चिकित्सक और अधयापक का वेतन और जीवन तथा सामाजिक स्तर शारीरिक श्रम करने वाले व्यक्तियों, श्रमिकों और कृषकों के बराबर ही होगा। इस सामाजिक व्यवस्था का आधारभूत नियम '*प्रत्येक व्यक्ति द्वारा उसी योग्यतानुसार कार्य और इस कार्य के बदले में उसे आवश्यकतानुसार प्राप्ति*' (Each according of his ability and each Aaccording to his needs) होगा।

(स) **तकनीकी दृष्टि से उन्नतिशील समाज :** मानवीय इतिहास का प्रारम्भिक युग भी साम्यवादी युग रहा है लेकिन आदिम साम्यवाद और सर्वहारा वर्ग के अधिनायकवाद के बाद स्थापित होने वाले इस साम्यवाद में एक महत्वपूर्ण अन्तर यह होगा कि आदिम समाज छोटा और आखेटी या चरावाही अर्थात् अपेक्षाकृत अविकसित समाज था जबकि मार्क्स का साम्यवादी समाज तकनीकी दृष्टि से उन्नतशील समाज होगा। इसमें बुर्जुआ तकनीकी को तो अपनाया जाएगा, किन्तु बुर्जुआ प्रणाली के दोष नहीं रहेंगे। साम्यवादी समाज समानता के साथ-साथ पूर्ण प्राचुर्य (Absolute Abundance) और सम्पन्नता का समाज होगा।

मार्क्स के अनुसार साम्यवादी समाज मानवीय जीवन की अन्तिम अवस्था होगी। जिस द्वन्द्ववाद के आधार पर मानवीय इतिहास में अब तक विकास होता रहा है, वह द्वन्द्ववादी प्रक्रिया साम्यवादी समाज में आकर रुक जाती है।

2

अलगाव (विमुखन)
(Alienation)

प्रस्तावना (Introduction)

अलगाव के अर्थ, परिभाषा, विशेषताएं, कारण, परिणाम तथा ऐरिक फ्रॉम के विचार आदि का सविस्तार उल्लेख अध्याय **'नियमहीनता एवं अलगाव'** में है। यहां अलगाव के बारे में कार्ल मार्क्स के विचारों का वर्णन है।

अलगाव के सिद्धान्त की विवेचना मार्क्स ने अपनी प्रारम्भिक रचना **'आर्थिक दार्शनिक पाण्डुलिपि'** में 1844 में तथा अपनी प्रसिद्ध कृति **'दास कैपिटल'** के प्रथम खण्ड में वस्तुओं का जादू-टोना और उसका भेद तथा मशीनें और आधुनिक उद्योग शीर्षक नामक अध्यायों में की है। दर्शनशास्त्र के क्षेत्र में हीगल ने अलगाव पर विचार व्यक्त किए थे और मार्क्स ने हीगल से ही यह धारणा ग्रहण की थी, यद्यपि उनके विचार हीगल के विचारों के बिल्कुल विपरीत थे। जहां हीगल का अलगाव का सिद्धान्त दार्शनिक और आदर्शवादी है, वहीं मार्क्स का व्यावहारिक एवं भौतिक जगत् से सम्बन्धित। मार्क्स ही वह पहला व्यक्ति था जिसने अलगाव की अवधारणा को समाजशास्त्रीय अन्वेषण का शक्तिशाली अस्त्र बनाया। मार्क्स के लिए मानव जाति का इतिहास केवल वर्ग संघर्ष का ही इतिहास नहीं है वरन् मानव के बढ़ते हुए अलगाव का इतिहास भी है। मार्क्स के विचारों में अलगाव की अवधारणा का केन्द्रीय स्थान समाज की सभी संस्थाओं जैसे धर्म, अर्थव्यवस्था एवं राजनीति, आदि को नियन्त्रित करता है।

मार्क्स का मानना है कि मानव इतिहास के दो पक्ष हैं :

प्रथम यह व्यक्ति का प्रकृति पर अधिकाधिक नियन्त्रण का इतिहास है और **दूसरा** यह व्यक्ति के अधिकाधिक अलगाव का सिद्धान्त भी है। कार्ल मार्क्स के अनुसार अलगाव व्यक्ति की वह दशा है जिसमें उसके अपने कार्य एक पराई शक्ति

बन जाते हैं जो कि उसके द्वारा शासित न होकर उससे ऊंची शक्ति द्वारा, जो उसके विरुद्ध है शासित होते हैं। मार्क्स के अनुसार अलगाव कोई आत्मिक अथवा निरी प्राकृतिक प्रक्रिया नहीं है वर्न् एक निश्चित ऐतिहासिक अवस्था में मानवीय शोषण के कारण उत्पन्न दु:ख, गरीबी, अन्याय और अज्ञान का प्रतिफल है। अलगाव आधुनिक पूंजीवादी उत्पादन व्यवस्था की देन है। वर्तमान पूंजीवादी व्यवस्था में व्यक्ति की अपने द्वारा उत्पादित वस्तुओं, श्रम और सामाजिक सम्बन्धों से विलग हो जाने के कारण कार्य के प्रति अरुचि हो जाती है।

प्राचीन समय में मनुष्य अपने हाथों और सामान्य औजारों से उत्पादन किया करता था न कि मशीनों से, इसलिए उसका उत्पादन के साधनों और उत्पादित वस्तुओं और ग्राहकों से सीधा सम्बन्ध होता था। उत्पादन करने पर उसे एक मानसिक सन्तोष मिलता था, किन्तु वर्तमान पूंजीवादी व्यवस्था में उत्पादन के उपकरण, मशीन और कारखाने पूंजीपति के होते हैं। उत्पादन के लिए जरूरी कच्चा माल, पूंजी और उत्पादित की हुई वस्तु, आदि सभी पर पूंजीपति का स्वामित्व होता है। उत्पादन की प्रक्रिया पर श्रमिक का कोई स्वामित्व नहीं होता, इसलिए वह उत्पादन के औजारों, उपज और उत्पादन की प्रक्रिया के प्रति उदासीन होता है, अत: वह इन सबसे अलगाव की भावना महसूस करता है। इस प्रकार पूंजीवादी व्यवस्था श्रमिकों में अलगाव महसूस करता है। इस प्रकार पूंजीवादी व्यवस्था श्रमिकों में अलगाव की भावना उत्पन्न करती है। श्रमिक के श्रम और उपज में अरुचि धीरे-धीरे उसे अन्य सामाजिक क्रिया-कलापों और सम्बन्ध से भी पृथक् कर देती है।

अलगाव के स्वरूप (Forms of Alienation)

मार्क्स ने अलगाव के निम्नांकित चार प्रमुख आर्थिक-सामाजिक स्वरूपों का उल्लेख किया है :

(1) **उत्पादन की प्रक्रिया के प्रति अलगाव :** पूंजीवादी व्यवस्था में उत्पादन के साधनों और कारखानों पर श्रमिकों का नहीं वरन् पूंजीपतियों का स्वामित्व रहता है। शोषण पर आधारित इस व्यवस्था में उत्पादन का उद्देश्य केवल मुनाफा कमाना होता है। साधनहीन मेहनतकश लोग सिर्फ इसलिए श्रम करते हैं कि वे जीवित रह सकें अन्यथा, श्रम के प्रति उनकी कोई रुचि नहीं होती। उत्पादन में कौन से औजार काम में लाए जाएंगे, कौन सी वस्तु का उत्पादन होगा, वस्तु का मूल्य क्या होगा, उसे कब, कहां और कैसे बेचा जाएगा, इन सब बातों से मजदूर का कहीं कोई सम्बन्ध नहीं होता क्योंकि इस बारे में सारे निर्णय पूंजीपति के होते हैं। ऐसे वातावरण में अलगाव की भावना उत्पन्न होना स्वाभविक ही है। मार्क्स के अनुसार

अलगाव इस प्रकार सामाजिक और आर्थिक परिस्थितियों की उपज है। मशीनों की उन्नति मानव श्रम को काफी कुछ अनावश्यक बना देती है। मशीन मजदूर वर्ग के विरुद्ध पूंजी की लड़ाई में सबसे जबरदस्त हथियार होती है। श्रम के साधन सदा मजदूर के हाथ से रोटी छीन लेते हैं और मजदूर की उपज ही उसके रास्ते का एक शस्त्र बन जाती है। मशीनें मजदूरों के दुःख-दारिद्रय को बढ़ाती हैं। मजदूरों में गरीबी, दासता, अज्ञानता, पाशविकता और मानसिक पतन की वृद्धि होती जाती है।

(2) **स्वयं के प्रति अलगाव :** पूंजीवादी व्यवस्था में श्रम-विभाजन के कारण श्रमिक को जीवनपर्यन्त एक ही प्रकार का कार्य करना पड़ता है, जिससे श्रम के प्रति उसी अरुचि बढ़ती जाती है। वह अने श्रम को अन्य वस्तुओं की भांति बेचने को मजबूर हो जाता है। श्रम के उपकरण ही श्रम को मार गिराते हैं। वह अपना जीवन वस्तुओं पर लगा देता है और उसका जीवन अपना न रहकर वस्तु के अधीन हो जाता है। उसके शरीर और मस्तिष्क का ह्रास होता है और उसकी शारीरिक एवं मानसिक शक्ति कमजोर होती जाती है। श्रम और श्रम की उपज मजदूर के लिए एक परायी वस्तु बनकर उस पर हावी हे जाती है। पराएपन की यह भावना श्रमिक को अपने आप से भी अलग कर देती है। वह अपने आपको मूल्यहीन, विकृत और शक्तिहीन समझने लगता है। इस प्रकार श्रमिक अपने आप से ही अलगाव महसूस करता है।

(3) **साथियों और समुदाय के प्रति अलगाव :** पूंजीवादी उत्पादन व्यवस्था में व्यक्ति अपने प्रति ही नहीं वरन् अपने साथियों, परिवार और समुदाय से भी अलगाव महसूस करता है। जब व्यक्ति को उदासीन होकर अपने आप का सामना करना पड़ता है तो उसे अन्य व्यक्तियों का भी सामना करना पड़ता है। अन्य व्यक्ति भी उसके प्रति उदासीन हो जाते हैं जिसके फलस्वरूप वह सामाजिक जीवन से दूर हटता जाता है। अपने मित्र, पड़ोसियों, परिवार के सदस्यों और समुदाय के अन्य लोगों से दूर हटता जाता है। शोषण व्यवस्था व्यक्ति के जीवन को निष्क्रिय बना देती है और व्यक्ति अपने आप को अकेला, निरीह और सब लोगों से पृथक महसूस करता है। वह मुद्रा और उत्पादन के साधनों का दास बन जाता है।

मार्क्स के अनुसार वर्तमान पूंजीवादी व्यवस्था और उसकी सामाजिक एवं आर्थिक परिस्थितियां व्यक्ति में उत्पादित वस्तुओं, उत्पादन की प्रक्रिया, स्वयं अपने तथा अपने साथियों, परिवार और समुदाय के प्रति अलगाव

उत्पन्न करती हैं। ऐसी परिस्थितियां जो अनैतिक साधनों से निजी सम्पत्ति के एकीकरण और मानवीय श्रम के शोषण के कारण उत्पन्न होती हैं, व्यक्ति में विवशता, अज्ञानता, साधनहीनता और शक्तिहीनता उतपन्न करती हैं। मार्क्स के अलगाव की यह धारणा आज समाजशास्त्रीय चिन्तन की एक महत्वपूर्ण अवधारणा बन गयी है।

(4) **उत्पादित वस्तुओं के प्रति अलगाव :** पूंजीवादी व्यवस्था में श्रमिक अपने द्वारा उत्पादित वस्तु के प्रति भी अलगाव रखता है क्योंकि उसने उस वस्तु के सम्पूर्ण उत्पादन की प्रक्रिया में केवल एक भाग ही अदा किया है, इसलिए वह दावे के साथ यह नहीं कह सकता कि वही एकमात्र उस वस्तु का निर्माता है। उस वस्तु के बेचने और खरीदने पर भी उसका कोई नियन्त्रण नहीं होता, यही कारण है कि श्रमिक अपने द्वारा उत्पादित वस्तु से भी अपना अलगाव महसूस करता है।

मार्क्स की अलगाव की अवधारणा को सी. राइट मिल्स ने आधुनिक व्यावसायिकों एवं नौकरशाही के मैनेजरों पर भी लागू किया। मेलविन कोहन (Melvin Kohn) ने भी इस अवधारणा का परीक्षण–श्रमिक द्वारा उत्पादित वस्तु पर अपने नियन्त्रण एवं कार्य की प्रक्रिया दोनों पर किया।

फ्रांसिस अब्राहम के अनुसार, संक्षेप में मार्क्स की अलगाव की अवधारणा में अनेक बिन्दु सम्मिलित हैं जैसे–व्यक्ति का स्वंय से एवं प्रकृति से अलगाव या विरक्ति, शक्तिहीनता या राजनीतिक अलगाव, धार्मिक अलगाव, श्रमिक का उत्पादन की प्रक्रिया एवं उत्पादित वस्तु से अलगाव, विरक्त श्रम (Estranged Labour) मार्क्स की अलगाव की अवधारणा का पुनरावर्ती विचार (Recurrent Theme) है।

3

दुर्खीम : धर्म, समाज, श्रम-विभाजन और सामाजिक तथ्य
(Durkheim : Religion, Society, Division of Labour and Social Fact)

प्रस्तावना (Introduction)

दुर्खीम ने जितने भी समाजशास्त्रीय सिद्धान्त प्रतिपादित किए हैं, उनकी झलक आपकी अन्तिम कृति '**धार्मिक जीवन के प्रारम्भिक स्वरूप**' (*The Elementary Forms of Religious Life*) में देखी जा सकती है। इस ग्रन्थ के माध्यम से ही आपने 'धर्म के समाजशास्त्र' और 'ज्ञान के समाजशास्त्र' की नींव रखी। इस ग्रन्थ के बारे में **रेमण्ड ऐरन** लिखते है, "यह सर्वाधिक महत्वपूर्ण है क्योंकि यह सर्वाधिक विस्तृत है, सर्वाधिक मौलिक है, मेरे विचार से यह ऐसी कृति भी हैं जिसमें दुर्खीम की प्रेरणा सर्वाधिक स्पष्ट होती है।" धर्म के प्रारम्भिक स्वरूपों के अध्ययन के द्वारा दुर्खीम ऐतिहासिक विधि के द्वारा सामजिक घटनाओं के विश्लेषण क महत्व को प्रदर्शित करते हैं। इस विधि के द्वारा दुर्खीम ने धर्म की उत्पत्ति, धर्म की रचना और प्रकृति को समझने का प्रयत्न किया है। धर्म प्रारम्भिक स्वरूपों का अध्ययन धर्म के समाजशास्त्र की स्थापना के साथ-साथ ज्ञान और विचार के सामाजिक स्रोत की भी व्याख्या करता है। धार्मिक जीवन को वैचारिक जीवन के रूप में प्रस्तुत कर दुर्खीम ने ज्ञान की सामाजिकता को स्पष्ट करने का प्रयत्न किया है।

'धार्मिक जीवन के प्राम्भिक स्वरूप' नामक ग्रन्थ में दुर्खीम ने आदिम समाजों में प्रचलित विश्वासों और कृत्यों का विश्लेषण करके *गोत्र एवं टोटम व्यवस्था को प्राचीन धार्मिक व्यवस्था का आधार बताया है। इसमें आपने ऑस्ट्रेलिया की अरूण्टा जनजाति में पायी जाने वाली टोटम व्यवस्था का उल्लेख किया है।* इस कृति में दुर्खीम ने अपने 'समूहवाद' एवं 'समाजशास्त्रवाद' का भी प्रयोग किया है।

'धर्म के प्रारम्भिक स्वरूप' नामक ग्रन्थ तीन भागों में विभक्त है–

प्रथम भाग में कुल चार अध्याय हैं। पहले अध्याय में धर्म की परिभाषा दी गयी है और दूसरे तथा तीसरे अध्याय में धर्म के प्रचलित सिद्धान्त आत्मावाद और प्रकृतिवाद की आलोचना की गयी है। चतुर्थ अध्याय में टोटमवाद को धर्म के प्रारम्भिक रूप में दर्शाया गया है।

ग्रन्थ के **दूसरे भाग** में कुल नौ अध्याय हैं जिनमें टोटम की अवधारणा, मनुष्य और पशु के रूप में टोटम, गोत्र प्रेतात्मा एवं देवताओं, आदि की व्याख्या की गयी है। इस भाग में टोटम से सम्बन्धित विश्वासों और मान्याताओं की विस्तृत विवेचना की गयी है।

ग्रन्थ के **तीसरे भाग** में धार्मिक संस्कारों और अनुष्ठानों का वर्णन है। इस भाग में कुल पांच अध्याय हैं जिनमें विरक्ति और निषेध, बलि, कर्तव्यबोध, पूर्वज-स्मृति, पवित्रता आदि से सम्बन्धित विभिन्न प्रकार के संस्कारों, कृत्यों एवं अनुष्ठानों का उल्लेख है। अन्त में दुर्खीम ने धर्म से सम्बन्धित महत्वपूर्ण निष्कर्ष प्रस्तुत किए हैं। हम यहां दुर्खीम के इस सुप्रसिद्ध ग्रन्थ के आधार पर धर्म के बारे में उनके विचारों का उल्लेख करेंगे।

धर्म उत्पत्ति के सिद्धान्त (Theories of the Origin of Religion)

दुर्खीम ने धर्म के सम्बन्ध में अपने सिद्धान्त का प्रतिपादन करने से पूर्व समाज में प्रचलित दो सिद्धान्त आत्मावाद और प्रकृतिवाद की आलोचना की है।

(i) **आत्मावाद** (Animism) : इस सिद्धान्त के प्रतिपादक **टायलर** हैं। धर्म की उत्पत्ति के लिए वे आत्मा के विचार को उत्तरदायी मानते हैं। आत्मा का ज्ञान मनुष्य को जाग्रत और सुषुप्त दो अवस्थाओं के कारण हुआ है। आदि मानव ने देखा कि जब वह सोता है तो वह कई ऐसे स्थानों पर चला जाता है अथवा ऐसे लोगों से मिलता है जिनकी सम्भावना जाग्रत अवस्था में नहीं होती। इसी प्रकार का अनुभव मनुष्य को जीवन और मृत्यु की घटनाओं से भी होता है। मरने पर शरीर से कोई वस्तु निकलकर चली जाती है, उसके बाद मनुष्य का खाना-पीना, हिलना-डुलना सब बन्द हो जाता है, सुषप्त अवस्था में भी ऐसा ही होता है किन्तु जागने पर मनुष्य पुनः क्रियाशील हो जाता है। इन दोनों अवस्थाओं ने आदिमानव को आत्मा का विचार प्रदान किया। ये आत्माएं छोटी और बड़ी प्रकार की होती हैं। ये शक्तिशाली होती हैं। मरने के बाद मनुष्य की आत्माएं, प्रेतात्माएं या आध्यात्मिक शक्तियां बन जाती हैं जिनकी मनुष्य पूजा करने लगता है। इस प्रकार प्रेतात्माओं की पूजा एवं मृतक पूजा के रूप में ही आदिम धर्म का उदय हुआ किन्तु दुर्खीम

आत्मावाद के इस सिद्धान्त को स्वीकार नहीं करते हैं।

(ii) **प्रकृतिवाद** (Naturism) : धर्म की उत्पत्ति के बारे में **मैक्स मूलर** ने प्रकृतिवाद को जन्म दिया है। वे कहते हैं कि धर्म का प्रारम्भिक स्वरूप प्रकृति पूजा और प्राकृतिक वस्तुओं जैसे, चांद, सूरज, तारे, बिजली, पानी, हवा, अग्नि, आदि की पूजा रहा है। मनुष्य ने प्राकृतिक शक्तियों का नामरण भी उनकी प्रत्यक्ष क्रिया के आधार पर किया है। आदिम मानव ने प्राकृतिक वस्तुओं के पीछे देवताओं और आध्यात्मिक शक्तियों की कल्पना की। उसने सोचा कि ऐसी कोई-न-कोई शक्ति है जो इन सब का संचालन व नियमन करती है। भाषा और शब्दों की गड़बड़ी से भी ऐसे विचार पैदा हुए, जैसे हम कहते हैं कि सूर्य उदय या अस्त हो रहा है, वर्षा हो रही है, बिजली चमक रही है। इन वाक्यों से ऐसा प्रतीत होता है कि ये सभी जानदार वस्तुएं हैं। भारतीय धर्म-ग्रन्थों और पुराणों में भी हवा, पानी, आकाश, आदि प्राकृतिक वस्तुओं या तथ्यों का देवताओं के रूप में वर्णन किया गया है। इस प्रकार मैक्स मूलर प्रकृति पूजा में ही धर्म की उत्पत्ति खोजते हैं किन्तु दुर्खीम इस सिद्धान्त को भी अस्वीकार करते हैं। आपका कहना है कि आत्मावाद और प्रकृतिवाद दोनों में ही धर्म की उत्पत्ति के सामाजिक कारकों की अवेहलना की गयी है।

टोटमवाद : धर्म का प्रारम्भिक स्वरूप
(Totemism : The Elementary Form of Religion)

दुर्खीम ने टोटमवाद को ही धर्म का प्राम्भिक स्वरूप माना है। *टोटम शब्द का सर्वप्रथम प्रयोग जे. लोंग ने किया था। दुर्खीम ने ऑस्ट्रेलिया की अरूण्टा जनजाति में टोटमवाद का अध्ययन कर धर्म की उत्पत्ति को स्पष्ट किया है।* टोटम क्या है? इसे स्पष्ट करते हुए दुर्खीम लिखते हैं कि टोटम एक नाम भी है और एक प्रतीक या चिन्ह भी। नाम के रूप में टोटम किसी गोत्र समूह से सम्बन्धित वस्तु है। यह गोत्र समूह (Clan) का नाम है। ऑस्ट्रेलिया की जनजातियों में प्रत्येक गोत्र का एक टोटम होता है और टोटम के आधार पर ही गोत्र का नामकरण होता है। एक जनजाति के दो गोत्रों का एक ही टोटम नहीं हो सकता। एक टोटम को मानने वालों में परस्पर नातेदारी एवं रक्त के सम्बन्ध होते हैं वे अपनी उत्पत्ति उस टोटम से मानते हैं, अतः वे परस्पर भाई-बहन समझे जाते हैं, इसलिए वे आपस में विवाह नहीं करते। इस प्रकार दुर्खीम टोटमवाद को स्पष्ट करते हुए लिखते हैं-टोटमवाद नैतिक कर्त्तव्यों और मौलिक विश्वासों का वह समूह है, जिनके द्वारा समाज पशु, पौधों तथा अन्य प्राकृतिक वस्तुओं के बीच एक पवित्र और अलौकिक सम्बन्ध स्थापित हो जाता है। आदिवासी यह मानते हैं कि टोटम में अलौकिक शक्ति का निवास

है जो उनके सामाजिक जीवन को नियन्त्रित करती है। *टोटम से सम्बन्धित विभिन्न धारणाओं, विश्वासों एवं संगठन को ही टोटमवाद कहा जाता है।*

दुर्खीम ने टोटम की निम्नांकित विशेषताओं का उल्लेख किया है :

(1) टोटम कोई पेड़-पौधा, पशु-पक्षी और निर्जीव तथा अलौकिक वस्तु (जैसे, सूर्य, चन्द्र), आदि हो सकते हैं।

(2) टोटम सामूहिक प्रतिनिधित्व (Collective Representation) का प्रतीक है। यह एक गोत्र के सदस्यों को नैतिक बन्धन में बांधता हैं। एक टोटम को मानने वाले अपने को भाई-बहन मानते हैं, अत: ये टोटम बहिर्विवाह का पालन करते हैं, यद्यपि यह नियम सदा ही नहीं माना जाता है।

(3) टोटम की प्रकृति धार्मिक है। टोटम के आधार पर ही वस्तुओं को पवित्र और अपवित्र समझा जाता है। टोटम स्वयं पवित्र वस्तु है, वह पवित्रता का केन्द्र है।

(4) टोटम के गोत्र के लोगों में आदर की भावना पायी जाती है, उसकी मृत्यु पर शोक प्रकट किया जाता है, उसके चित्र घरों में टांगे जाते हैं एवं शरीर पर गुदवाए जाते हैं।

(5) टोटम सम्बन्धी नियमों का उल्लंघन करने वालों की सामाजिक निन्दा की जाती है और नियमों का पालन करने वालों का सम्मान दिया जाता है।

(6) प्रत्येक गोत्र का एक टोटम होता है जिसके साथ गोत्र के सभी सदस्य अपना पवित्र और अलौकिक सम्बन्ध मानते हैं।

(7) गोत्र के सदस्य यह विश्वास करते हैं कि टोटम संकट के समय उनकी रक्षा करता है, वह भविष्यवाणियां करता है, चेतावनियां देता है, वह स्वप्न में आकर कोई बात कह सकता है। यदि वह पशु या पक्षी है तो उसकी विशिष्ट बोली किसी घटना की पूर्व सूचना होती है।

(8) गोत्र का नाम उसके टोटम के आधार पर होता है। साथ ही वह गोत्र का परिचय-चिह्न भी होता हैं, **फिसन** और **होविट** ने इसे गोत्र का बिल्ला (Badge) कहा है। यह एक चित्र या पदक है जिसका महत्व वैसा ही है जैसा सभ्य समाजों में वीर-च्रक या वीरता के चिह्नों का होता है। टोटम के चित्र दीवारों पर लगाए जाते हैं। युद्ध में जाने से पूर्व अपनी ढाल और अस्त्र-शस्त्रों पर टोटम चिह्न अंकित किए जाते हैं, बर्तनों और यहां तक कि अपने शरीर पर भी टोटम चिह्न अंकित करवाए जाते हैं। किसी उत्सव, पर्व एवं संस्कार के अवसर पर टोटम चिह्न सारे शरीर पर अंकित करवाए

जाते हैं। यदि टोटम पशु है तो उसकी खाल पहनी जाती है और यदि पक्षी है तो उसके पंख सिर पर लगाए जाते हैं।

टोटमवाद के प्रचलित विश्वासों के बाद दुर्खीम इन विश्वासों की उत्पत्ति पर प्रकाश डालते हैं। दुर्खीम टोटमवाद को धर्म की उत्पत्ति का आधार एवं सामूहिक प्रतिनधित्व का प्रतीक मानते हैं। दुर्खीम का मत है कि धार्मिक विचारों की उत्पत्ति सामूहिक एकीकरण के संवेगात्मक अवसरों पर होती हैं। वे यह मानते हैं। कि समस्त सामाजिक तथ्यों का उद्‌गम मनुष्यों का पारस्परिक सम्पर्क है। *दुर्खीम ने ऑस्ट्रेलिया की आदिम जनजाति अरूण्टा में मनाए जाने वाल कोरोबोरी उत्सव के आधार पर सामूहिक एकत्रीकरण द्वारा धार्मिक विचारों की उत्पत्ति को स्पष्ट किया है।*

कोरोबोरी के अवसर पर मनुष्य उत्साह और आनन्द से भर जाते हैं, वे आनन्दातिरेक में अपने पर नियन्त्रण नहीं रख पाते। यदि कोई दुःखद बात होती है तो वे पागलों की भांति चक्कर काटते हैं, चिल्लाते हैं, धूल में लोटते हैं। दुर्खीम ने आदिवासियों के उत्सव और सामूहिक मिलन के अवसर पर होने वाले उत्तेजक क्रिया-कलापों का बहुत ही सुन्दर चित्र प्रस्तुत किया है। सामूहिक एकीकरण स्वयं एक शक्तिशाली उत्तेजना है। जब वे परस्पर निकट आते हैं तो एक ऐसी बिजली-सी उत्पन्न होती है जो उन्हें आनन्द के आकाश में उड़ा ले जाती है। प्रत्येक व्यक्ति में सुझाव-ग्रहणशीलता बढ़ जाती है, प्रत्येक मन एक-दूसरे से प्रतिध्वनित होता है। संवेग की तीव्रता में चारों ओर अनियन्त्रित हाव-भाव, शोर-शराबा और चीख-पुकार की दुनिया सक्रिय हो जाती है। सामूहिक भावना सामूहिक क्रियाओं को जन्म देती है। सामूहिक जीवन के इस उफान में व्यक्ति अपने को भूल जाता है। वह ऐसा अनुभव करता है मानो वह एक नया प्राणी है जो एक विचित्र संसार में भ्रमण कर रहा है। इन उत्सवों में आदिम लोगों को एक पृथक् संसार में जीवन बिताने की अनुभूति होती है। पृथक् संसार के क्रियाकलापों में ही धार्मिक विश्वासों और विचारों का जन्म होता है। **दुर्खीम** के शब्दों में, "अतः यह प्रतीत होता है कि इन उद्वेलित समाजिक परिस्थितियों के बीच और स्वयं इस उफान मे से धार्मिक विचार जन्म लेता है।"

दुर्खीम ने अरूण्टा जनजाति के सामाजिक जीवन के निम्न दो पक्षों का उल्लेख किया है :

(i) **सांसारिक या धर्म-निरपेक्ष** (SecularAspect) : यह मनुष्यों के सामान्य व्यावसायिक जीवन से सम्बन्धित है जिसमें प्रत्येक व्यक्ति अपने सामान्य स्वभाव के अनुसार दैनिक जीवन में आर्थिक क्रियाओं में लगा रहता है। इस स्थिति में व्यक्तियों का जीवन सामान्य, स्थिर, निस्तेज और प्रायः

निष्क्रिय रहता है। लोगों में कोई उत्साह दिखायी नहीं देता। दुर्खीम इसे जीवन का अपवित्र पक्ष अथवा सांसारिक, लौकिक या वैयक्तिक पक्ष कहते हैं।

(ii) **धार्मिक एवं पवित्र पक्ष** (Sacred Aspect) : इस पक्ष की अभिव्यक्ति उत्सवों, आदि के अवसर पर होती है जब लोग एकत्रित होते हैं। इस समय समूह के लोगों में विशेष उत्साह, प्रेरणा और सक्रियता पायी है। सामूहिक जोश में व्यक्ति अपने निजीपन को भूलकर सामूहिक सत्ता में घुल-मिल जाता है। उसकी अच्छी और बुरी सभी क्रियाएं सामूहिक प्रेरणा द्वारा संचालित होती हैं। सामूहिक शक्ति में विश्वास करने से व्यक्ति अपने को सुरक्षित महसूस करता है। समूह जिस कार्य को स्वीकृत दे देता है चाहे वह पवित्र हो या अपवित्र अथवा निषिद्ध, सभी धार्मिक व पवित्र समझे जाते हैं। सामूहिक शक्ति ही अलौकिक और दैवीय शक्ति होती है, ईश्वर का प्रतीक होती है।

इस प्रकार दुर्खीम धर्म की उत्पत्ति सामूहिक उत्तेजना और जीवन में ढूंढते हैं। धर्म एक सामूहिक आदर्श है। टोटम अलौकिक या ईश्वरीय शक्ति का प्रतीक है; टोटम गोत्र है, अतः ईश्वरीय गोत्र है। गोत्र मानव समूह है अतः समूह ही ईश्वर गोत्र है। गोत्र मानव समूह है अतः समूह ही ईश्वर है।

दुर्खीम के ही शब्दों में, "*धर्म का स्रोत स्वयं समाज है, धार्मिक विचार समाज की विशेषताओं के अतिरिक्त और कुछ नहीं, पवित्र अथवा ईश्वर केवल समाज का मानवीकरण है और धर्म का सामाजिक कार्य सामाजिक एकता की उत्पत्ति, वृद्धि और स्थिरता में है।*" इस प्रकार दुर्खीम समाज को ही ईश्वर मानता हैं ईश्वर की भांति समाज भी नैतिक शक्ति रखता है और सदस्यों को आत्मबलिदान के लिए प्रेरित कर सकता है। धर्म एकत्रित समूह में जन्म लेता है। समाज का विचार धर्म की आत्मा है। दुर्खीम के ही शब्दों में, "मैं दैवी शक्ति में प्रतिछाया और प्रतीकात्मक धारणा से अधिक कुछ नहीं देखता।"

धर्म की अवधारणा (Concept of Religion)

दुर्खीम धर्म की अपनी परिभाषा देने से पूर्व धर्म के बारे में प्रचलित परिभाषाओं का खण्डन करते हैं। **स्पेन्सर** और **मैक्स मूलर**, आदि ने धर्म को रहस्यात्मक, अव्यक्त और अनन्त शक्तियों से सम्बन्धित माना है। प्राचीन ईसाई धर्म में रहस्यात्मकता को बहुत महत्व दिया गया है, किन्तु आदिम, सरल, छोटे और कम विकसित समाजों के धर्मों में कोई रहस्यात्मकता नहीं पायी जाती और न ही आधुनिक एवं बौद्धिक संस्कृति वाले समाजों में ऐसा है। अतः रहस्यात्मकता धर्म की विशेषता नहीं है।

कुछ विद्वान जैसे **रेविल** धर्म में दैवीय तत्व को आवश्यक मानते हैं। वे धर्म को मानव मस्तिष्क को दैवीय मस्तिष्क से जोड़ने वाला तत्व मानते हैं। किन्तु दुर्खीम कहते हैं कि ऐसे कई समाज हैं जिनमें आत्मा और देवता का कोई स्थान नहीं है। बौद्ध एवं जैन धर्म ऐसे ही धर्म है जिनमें किसी भी देवता की कल्पना नहीं की गयी है। दोनों ही धर्म नास्तिक धर्म हैं। प्रचलित परिभाषाओं की आलोचना के बाद दुर्खीम ने धर्म की अपनी परिभाषा दी है। आप लिखते हैं, "धर्म पवित्र अर्थात् पृथक और निषिद्ध वस्तुओं से सम्बन्धित विश्वासों और क्रियाओं की संगठित व्यवस्था है–विश्वास और क्रियाएं जो उन समस्त लोगों के चर्च नामक एक पृथक नैतिक समुदाय के रूप में संगठित करते हैं जो उनका अनुसरण करते हैं।"

धर्म की इस परिभाषा में दुर्खीम ने धर्म के दो पक्षों–वैचारिक एवं व्यावहारिक का उल्लेख किया है। विचार के रूप में धर्म विश्वासों का संकलन है और व्यावहारिक यप में इसमें अनेक प्रकार के कृत्य, संस्कार और अनुष्ठान सम्मिलित हैं। प्रथम विचार की अवस्था है और प्रतिनिधित्वों से निर्मित होती है और दूसरी क्रिया करने की निर्धारित विधियां है। संस्कार विश्वास का क्रियात्मक पक्ष है।

विश्वासों की व्याख्या करते हुए दुर्खीम कहते हैं कि विश्व के समस्त धार्मिक विश्वास जगत् की वास्तविक और आदर्शात्मक वस्तुओं को पवित्र और अपवित्र दो भागों में विभाजित करते हैं। विश्वास प्रतिनिधानों की वह व्यवस्था है जो पवित्र वस्तुओं की प्रकृति को व्यक्त करती है। पवित्र वस्तुओं में देवताओं, आध्यात्मिक शक्तियों या आत्माओं के अतिरिक्त गिरि–कन्दरा, वृक्ष, पत्थर, जलस्रोत, नदी, आदि भी सम्मिलत हो सकते हैं। संस्कार स्वयं भी एक पवित्र क्रिया होते हैं। अपवित्र वस्तुओं की तुलना में पवित्र वस्तुएं अधिक शक्ति और शान रखती हैं। पवित्र वस्तुएं मनुष्य की श्रद्धा और आस्था का केन्द्र होती हैं। मनुष्य सदैव उनके सामने नतमस्तक होता है, सहायता के लिए याचना करता है।

पवित्र और अपवित्र दो विरोधी अवधारणाएं हैं। पवित्र वस्तुएं ऐसी वस्तुएं हैं जिनका अपवित्रता से कोई सम्बन्ध नहीं है। विश्वास इन पवित्र वस्तुओं की व्याख्या और विश्लेषण करते हैं। वे इनकी श्रेणियां निर्धारित करते हैं। इस प्रकार धर्म की वास्तविकता विशेषता विश्व की समस्त वस्तुओं को पवित्र व अवित्र दो भागों में विभाजित कर देना है। दुर्खीम के शब्दों में, "संसार का इ । दो क्षेत्रों गें यह विभाजन, एक वह जिसमें सब कुछ पवित्र है, दूसरा वह, जिसमें सब कुछ अपवित्र है, धार्मिक विचारों का विशिष्ट लक्षण है।"

विश्वासों और संस्कारों के अतिरिक्त दुर्खीम ने धर्म की एक तीसरी विशेषता चर्च का भी उल्लेख किया है जिसके आधार पर धर्म और जादू को अलग किया

जाता है। धर्म और जादू में दुर्खीम ने अनेक भेद दर्शाए हैं। धर्म एक सामूहिक तथ्य है जबकि जादू एक व्यक्तिगत तथ्य है। जादू का कोई चर्च नहीं होता है। जादूगर और उसके ग्राहक के बीच या जादू में विश्वास करने वालों के बीच कोई संगठन या स्थायी सूत्र नहीं होता। जादूगर के कोई अनुयायी नहीं होते। जादू. में गोपनीयता बरती जाती है। जादूगर समाज से दूर भागता है, वह एकान्त में अपनी क्रियाएं करता है जबकि धर्म एक सामूहिक वस्तु है। धर्म और जादू के बीच अन्तर स्पष्ट करने के पश्चात् दुर्खीम ने धर्म की अपनी परिभाषा दी है जिसका उल्लेख ऊपर किया जा चुका है।

धर्म के प्रकार्य (Functions of Religion)

दुर्खीम ने धर्म के निम्नांकित प्रकार्यों का उल्लेख किया है :

(1) धर्म संवेगों और भावनाओं को सन्तुलित रखता है, वह वर्तमान को अतीत से तथा व्यक्ति को समूह से जोड़ता है।

(2) धर्म ही समाज के लोगों को सामूहिक जीवन में भाग लेने तथा अनुशासन में रहने की प्रेरणा देता है।

(3) धर्म व्यक्ति के जीवन में समाज की उपयोगिता को सिद्ध करता है।

(4) धर्म सामाजिक एकता को एनाए रखता है कयोंकि जो लोग एक धर्म से सम्बन्धित संस्कारों, विश्वासों एवं कृत्यों में विश्वास करते हैं, उनमें एकता की भावना पायी जाती है।

(5) धर्म ही समूह को पुनर्जीवन प्रदान करता है। समय-समय पर धार्मिक उत्सवों को मानने से समाज का विचार व्यक्ति के मन में गहरा पैठ जाता है।

समाज की अवधारणा (Concept of Society)

दुर्खीम ने समाज को ही धर्म की उत्पत्ति का प्रमुख स्रोत माना है। आपके अनुसार धर्म एक सामाजिक आदर्श है तथा स्वर्ग-नरक, पाप-पुण्य, पवित्र-अपवित्र इस सामाजिक आदर्श के ही विभिन्न रूप हैं। दुर्खीम ने स्पष्टतः कहा है कि *धर्म समाज पर आदर्शात्मक प्रभाव डालता है।* आपकी मान्यता है कि नैतिक जीवन को समझने के लिए धार्मिक जीवन के साथ उसका सम्बन्ध जोड़ना आवश्यक है। धर्म और नैतिकता दोनों में एक-दूसरे के तत्व मौजूद हैं। यह इस बात से स्पष्ट है कि जो कुछ नैतिक है या जिसे हम नैतिक कहते हैं, उसका उल्लेख प्राचीन धर्मों में धार्मिक कर्तव्यों के रूप में किया गया है। वास्तव में देखा जाए तो धर्म और नैतिकता दोनों का विकास समाज के लिए हुआ है। इससे धर्म का प्रकार्य स्वतः ही स्पष्ट हो जाता है।

धर्म सम्पूर्ण विश्व को 'पवित्र' और 'अपवित्र' दो श्रेणियों में बांटता है। धर्म का सम्बन्ध केवल 'पवित्र' के साथ है। धार्मिक घटनाओं का अपवित्र के साथ किसी भी प्रकार का कोई सम्बन्ध नहीं होता। यहां हमें यह भी ध्यान में रखना है कि धार्मिक जीवन के दो प्रमुख तत्व हैं, प्रथम, 'विश्वास' और द्वितीय, 'क्रियाएं'। *धर्म पवित्र वस्तुओं से सम्बन्धित विश्वासों की संगठित व्यवस्था है, और यह व्यवस्था एक धर्म को मानने वालों को एक नैतिक समुदाय के रूप में बांधती है।*

धर्म की उत्पत्ति समाज में होती हैं तथा सामाजिक जीवन के अस्तित्व को बनाए रखना, उसकी रक्षा करना धर्म का प्रमुख प्रकार्य है। दुर्खीम के अनुसार धर्म कोई अलौकिक या काल्पनिक घटना नहीं है। यह तो लौकिक व यथार्थ वास्तविकता है जिसका आधार सामूहिक जीवन है। यह तो सामूहिक अन्त:क्रिया की ही उपज है। जहां सामाजिक जीवन होगा, निश्चय ही वहां सामाजिक अन्त:क्रिया भी होगी तथा साथ ही कुछ विश्वास भी विकसित होंगे और इन विश्वासों को व्यक्त करने हेतु कुछ क्रियाओं का भी विकास होगा। यह सब कुछ उसी समय होगा जब एकत्रित समूह मस्ती की गहनता का अनुभव करेगा, मानसिक उत्तेजना की स्थिति में होगा। वास्तव में, इसी स्थिति में धार्मिक विश्वासों व क्रियाओं का विकास होता है। दुर्खीम के अनुसार समाज ही धार्मिक वस्तुओं को पवित्रता की विशेषता से युक्त करता है। यदि वह किसी धार्मिक वस्तु को मानना या उसमें विश्वास करना ही बन्द कर दे तो उस वस्तु की पवित्रता अपने आप ही नष्ट हो जाएगी।

व्यक्ति के जीवन में समाज का कितना महत्व है, कितनी उपयोगिता है, इस बात को दुर्खीम धर्म के माध्यम से स्पष्ट करता है। इसे समझने के लिए हमें टोटमवाद का सहारा लेना होगा। लोग किसी पेड़-पोधे, पशु-पक्षी, आदि को कल्पना टोटम मान कर उसकी पूजा-आराधना करते, उसके प्रति श्रद्धा व्यक्त करते हैं। लेकिन वास्तविकता यह है कि वे किसी टोटम की बजाय टोटम-चिह्न का आदर नहीं करते, वे उस अवैयक्तिक शक्ति का आदर करते हैं जो सभी वस्तुओं में मौजूद है। टोटम तो इस शक्ति का भौतिक रूप मात्र है। वास्तव में पूजा के योग्य तो यह अवैयक्तिक शक्ति ही है जिसे भगवान या देवता के रूप में पूजा जाता है। *दुर्खीम समाज को ही भगवान मानता है और कहता है कि देवताओं की पूजा समाज की ही पूजा है।* आपने स्वयं लिखा है, "देवता सामूहिक शक्तियों के अलावा कुछ नहीं है, ये इन्हीं शक्तियों के मूर्त रूप हैं। मूल में समाज ही है जिसकी पूजा विश्वासी लोग करते हैं, मनुष्यों पर देवताओं की श्रेष्ठता सदस्यों पर समूह की श्रेष्ठता ही है।" इस प्रकार *दुर्खीम ने समाज को ही वास्तविक देवता कहकर, उसे ही पूजा के योग्य मान कर धर्म के माध्यम से व्यक्ति के जीवन में समाज की महत्ता को स्वीकार किया है।*

धर्म केवल विश्वसों के आधार पर ही जीवित नहीं रहता। उसे अस्तित्व को बनाए रखने के लिए कई प्रकार के अनुष्ठानों एवं संस्कारों का भी सहारा लेना पड़ता है। इन्हीं अनुष्ठानों एवं संस्कारों के माध्यम से समय-समय पर ऐसी धार्मिक क्रियाएं सम्पन्न की जाती हैं जो *समूह के पुनसंगठन एवं एकीकरण में योग देती हैं।* इसे हम धार्मिक क्रियाओं अर्थात् धर्म का अप्रत्यक्ष प्रकार्य कह सकते हैं। धार्मिक क्रियाएं व्यक्ति को समाज के साथ एकीकरण करने का मौका देती हैं। इससे व्यक्ति व समाज दोनों को लाभ मिलता है। व्यक्ति धार्मिक कर्तवयों की पूर्ति करके स्वयं तो लाभान्वित होता है परन्तु साथ ही इससे समाज को भी अपूर्व शक्ति मिलती हैं। यदि व्यक्ति धार्मिक क्रियाओं को करना बन्द कर दे तो ऐसी दशा मे धार्मिक विश्वास कमजोर हो जाएंगे यानि समाज में उसका विश्वास कम हो जाएगा तथा परिणामस्वरूप सामाजिक एकता हो खतरा पैदा हो जाएगा। यही स्थिति समाज के अस्तित्व के लिए हानिकारक है। *धर्म व्यक्ति को किसी उच्च शक्ति से जोड़ कर उसे पाशविक स्तर से ऊपर उठा कर उच्चता या श्रेष्ठता की ओर ले जाता है। इस प्रकार व्यक्ति के नैतिक विकास एवं समाज के अस्तित्व को बनाए रखने का महत्वपूर्ण कार्य धर्म (धार्मिक विश्वास एक क्रियाए) ही करता है।*

दुर्खीम के अनुसार धर्म आदर्श और यथार्थ दोनों का मिश्रण है। भौतिक एवं नैतिक बुराइयां केवल अपवित्र व यथार्थ जगत् में ही देखने को नहीं मिलतीं बल्कि, पवित्र और दैवी संसार में भी पायी जाती हैं। धार्मिक संसार में दैवी शक्तियां आसुरी शक्तियों को हरा कर विजय प्राप्त करती हैं। इस प्रकार न्याय की अन्याय पर, सत्य की असत्य पर, अच्छाई की बुराई पर तथा नैतिकता की अनैतिकता पर विजय होती है। *इसी विजय में समाज की निरन्तरता एवं स्थायित्व छिपा हुआ है। साथ ही धर्म आदर्शों का सृजन कर समाज के निर्माण एवं पुनर्निर्माण में योग देता है।*

दुर्खीम ने सभी सामाजिक संस्थाओं के आधार के रूप मं धर्म को महत्ता प्रदान की है। आपने तो यहां तक माना है कि सामाजिक जीवन का कोई भी पक्ष ऐसा नहीं है जिसकी उत्पत्ति का स्त्रोत प्रत्यक्ष या परोक्ष रूप से धर्म नहीं हो। दुर्खीम का तो मानना है कि मानवीय नैतिकता, विचार की श्रेणियां, चिन्तन की प्रणालियां, ज्ञान, दर्शन और विज्ञान तक का विकास भी धर्म के माध्यम से ही हुआ है। साथ ही आपने यह भी बताया है कि स्वयं धर्म भी सामाजिक कारकों का ही फल है। चूंकि धर्म में भौतिक एवं नैतिक दोनों तत्व मौजूद हैं, अतः धर्म *सम्पूर्ण सभ्यता का उद्गम है।*

दुर्खीम धर्म को एक वास्तविकता के रूप में स्वीकार करते हैं क्योंकि समाज भी एक वास्तविकता है। धर्म नैतिक जीवन का जन्मदाता है। वर्तमान में समाजों

में धार्मिक विश्वासों एवं क्रियाओं के मूल में पायी जाने वाली नैतिक सत्ता कमजोर होकर लुप्त होती जा रही है। यही कारण है कि आज सामाजिक एकता खतरे में पड़ गयी है। दुर्खीम आधुनिक समाज के अस्तित्व को बनाए रखने के लिए किसी व्यवस्था के विकास को आवश्यक मानते हैं जो नवीन परिस्थितियों के साथ अनुकूलन कर सके और जो व्यक्ति के नैतिक आचरण को नियमित व नियन्त्रित कर सके।

स्पष्ट है कि धर्म के अनेक प्रकार्य हैं जो काफी महत्वपूर्ण हैं। ये प्रकार्य व्यक्ति और समाज दोनों के लिए लाभकारी हैं। इसी बात को दुर्खीम ने धर्म के सामाजिक सिद्धान्त में समझाया है।

समीक्षात्मक विवेचना (Critical Appreciation)

दुर्खीम के धर्म सम्बन्धी विचारों पर अनेक विद्वानों ने अपनी आलोचनाएं एवं टिप्पणियां प्रस्तुत की हैं। ऐसे विद्वानों में रेमण्ड ऐरन, सोरोकिन, बोगार्डस, वाइन, मार्टिण्डेल, बीरस्टीड, आदि प्रमुख हैं।

(1) दुर्खीम ईश्वर को समाज का प्रतिनिधि मानता है। किन्तु ईश्वर केवल मानव का ही नहीं, प्रकृति, सौरमण्डल और सम्पूर्ण जगत् का संचालक और नियन्त्रक है। समाज में ईश्वर के कुछ गुण होते हुए भी व्यक्ति ईश्वर के स्थान पर समाज की पूजा और आराधना नहीं करता है।

(2) **मर्टन ने धर्म** के अपकार्यात्मक पक्षों का भी उल्लेख किया है। अनेक आलोचनाओं के बावजूद भी दुर्खीम का यह ग्रन्थ उनकी समाज-शास्त्रीय मान्यताओं का विशद् विवेचन है। धर्म की व्याख्या में उनका समूहवादी दृष्टिकोण निखरकर सामने आया है। धर्म की व्याख्या के अन्तर्गत आपने ज्ञान, विचार, नैतिकता, सामाजिक मूल्य, आदि विभिन्न बौद्धिक और आध्यात्मिक पक्षों को सामाजिक धरातल पर समझाने का प्रयत्न किया है। यह पुस्तक धर्म के समाजशास्त्र के साथ-साथ मानवीय ज्ञान का समाजशास्त्र भी है। **बीरस्टीड** के शब्दों में, "यह केवल इस पर ही प्रकाश नहीं डालता कि मनुष्य क्या विश्वास करते हैं, वरन् अधिक मौलिक रूप मे इस पर भी प्रकाश डालता है कि वे क्या और किस प्रकार सोचते हैं।"

(3) **रेमण्ड ऐरन** ने दुर्खीम की इस बात की अलोचना की है कि उसने समाज को एक सार्वभौमिक अमूर्त तथ्य के रूप में मान्यता देने के बजाय, समाजों के आधार पर धर्म की व्याख्या की है। इस प्रकार वह यह कहते हैं भिन्न-भिन्न समाज भिन्न-भिन्न प्रकार के धर्मों को जन्म देते हैं जो कि उचित प्रतीत नहीं होता। इससे तो छोटे-छोटे समूहों के प्रति लोगों मे अन्धभक्ति और

दूसरे समूहों के प्रति कटुता पैदा होगी। उन्हीं के शब्दों में, "इस स्थिति में धर्म का सार मनुष्यों के छोटे-छोटे समूहों के प्रति अन्धनिष्ठा प्रेरित करना या प्रत्येक व्यक्ति की समूह के प्रति आस्था की और उसके फलस्वरूप अन्य समूहों के प्रति विरोध की शपथ लेना होगा।"

(4) **बीरस्टीड** ने दुर्खीम द्वारा टोटमवाद की व्याख्या को अनावश्यक रूप से उलझी हुई और विस्तृत बताया है। वे लिखते हैं, "यह अनेक पृष्ठों तक चलता है, जिनमें से कुछ, यह स्वीकार करना चाहिए, विश्वास और विचार के संस्कार और अनुष्ठान के विस्तृत विवरण के कारण बोझिल हो गए हैं।"

(5) **बार्नेस** का मत है कि धर्म के बारे दुर्खीम की कई मान्यताएं निराधार हैं। ईश्वर और समाज एक नहीं है और सामूहिक क्रियाएं केवल सम्पर्क की घनिष्ठता और घनत्व के बढ़ने से पवित्रता को जन्म नहीं दे सकतीं। उनका मत है कि अधिकांश धार्मिक अनुभव सामूहिकता का नहीं वरन् एकान्त चिन्तन का परिणाम है।

(6) यह सही है कि सामूहिक उत्तेजना सामूहिक एकत्रीकरण के कारण होती है। सामूहिक उत्तेजना ही धार्मिक विचारों को जन्म देती है। किन्तु एकान्त चिन्तन और मनन तथा ईश्वर में ध्यान एवं जीन होना भी धर्म का ही एक अंग है जिस दुर्खीम स्वीकार नहीं करते। इसके अतिरिक्त व्यक्ति अनेक भौतिक कारणों से भी धार्मिक क्रियाएं करता है, केवल सामूहिक एकता के कारण ही नहीं। पुत्र, धन, सुखी-समृद्धि, चुनाव एवं परीक्षा में सफलता पाने एवं मुकदमा जीतने के लिए भी व्यक्ति अनेक धार्मिक अनुष्ठान और संस्कार करता है, केवल सामूहिक के लिए ही नहीं।

बार्नेस दुर्खीम द्वारा की गयी ज्ञान की सामाजिक व्याख्या को भी अस्वीकार करते हैं। आपका कहना है कि समय और स्थान का निर्णय सामाजिक कार्यक्रमों की अपेक्षा प्राकृतिक तथ्यों द्वारा होता है। आप लिखते हैं, "विस्तार और अवधि प्राकृतिक संसार की सम्पत्ति है, सामाजिक मस्तिष्क की उत्पत्ति नहीं।"

(7) **सोरोकिन** का मत है कि दुर्खीम ने धर्म की उत्पत्ति में सामाजिक सम्पर्क को आवश्यकता से अधिक महत्व दिया है और प्राणिशास्त्रीय कारकों की अवहेलना की है। सामाजिक सम्पर्क मनुष्य की विशिष्ट शारीरिक रचना का ही परिणाम है।

सोरोकीन कहते हैं कि-दुर्खीम ने सामूहिक एकत्रीकरण से उत्पन्न उत्तेजनात्मक कार्यक्रमों से प्रतिनिधि विचारों की उत्पत्ति मानी है और ये

सामूहिक कार्यक्रम मौसम के अनुसार होते हैं। इस प्रकार से तो जलवायु एवं भौगोलिक कारक विचारों की उत्पत्ति के लिए उत्तरदायी हुए।

श्रम-विभाजन (Durkheim : Division of Labour)

"समाज में श्रम विभाजन" दुर्खीम की सर्वप्रथम कृति है जिसे उसने फ्रेंच भाषा में 'De la Division du Travail Social' नाम से प्रकाशित करवाया, और जिसका अंग्रेजी भाषा में अनुवाद '*The Division of Labour in Society*' नाम से हुआ। इस ग्रन्थ का प्रकाशन सन् 1893 में हुआ। इस ग्रन्थ की रचना उन्होंने अपनी डॉक्टरेट की उपाधि हेतु की थी। इस ग्रन्थ में दुर्खीम ने श्रम-विभाजन का विस्तार से उल्लेख किया है। साथ ही श्रम-विभाजन से जनित समस्याओं एवं अनेक नवीन अवधारणाओं का भी उल्लेख किया है। चूंकि यह ग्रन्थ दुर्खीम की पहली रचना थी, इसलिए इसमें विचारों का बिखराव तथा साथ ही भिन्न-भिन्न स्थानों पर प्रस्तुतीकरण भिन्न-भिन्न रहा।

रेमण्ड ऐरन ने श्रम-विभाजन की केन्द्रीय समस्या को दुर्खीम के सम्पूर्ण सामजशास्त्रीय चिन्तन की प्रमुख समस्या बताता है। यह समस्या व्यक्ति और 'समाज के पारस्परिक सम्बन्ध की है। दुर्खीम की रचना 'समाज में श्रम-विभाजन' ने तीन खण्डों में विभाजित है जिसमें श्रम-विभाजन से सम्बन्धित विभिन्न तथ्यों का उल्लेख किया गया है। ये तीन खण्ड हैं :

(अ) **श्रम-विभाजन के असामान्य स्वरूप** (Abnormal Forms of Division of Labour) : इसके अन्तर्गत श्रम-विभाजन के कुछ असामान्य स्वरूपों का उल्लेख किया गया है। सम्पूर्ण पुस्तक चौदह अध्यायों में बंटी हुई है, किन्तु अध्यायों की विषय-सामग्री उनके शीर्षकों से पूरी तरह बंधी हुई नहीं है। हम यहां ग्रन्थ के आधार पर दुर्खीम के श्रम विभाजन सम्बन्धी विचारों की विवेचना करेंगे।

(ब) **श्रम-विभाजन के प्रकार्य** (The Functions of Division of Labour): इसके अन्तर्गत दुर्खीम ने सामाजिक एकता के लिए श्रम-विभाजन को आधार माना है तथा उसके वैज्ञानिक अध्ययन के लिए कानूनों के स्वरूप, एकता के रूप, मानवीय सम्बन्धों के स्वरूप, अपराध दण्ड, सामाजिक उद्विकास आदि अनेक समस्याओं और अवधारणाओं की व्याख्या की है।

(स) **कारण एवं दशाएं** (CausesAnd Conditions) : इस खण्ड के अन्तर्गत दुर्खीम ने श्रम-विभाजन के कारण एवं परिणामों की विस्तार से चर्चा की है।

श्रम-विभाजन का प्रकार्य (Function of Division of Labour)

एक प्रकार्यवादी सामजशास्त्री के रूप में दुर्खीम ने सर्वप्रथम श्रम-विभाजन के प्रकार्य का उल्लेख किया। दुर्खीम के अनुसार श्रम-विभाजन एक सामाजिक तथ्य है, इसलिए श्रम-विभाजन के प्रकार्यात्मक विश्लेषण से ही इस ग्रन्थ का प्रारम्भ किया है। सर्वप्रथम उसने प्रकार्य शब्द के अर्थ की व्याख्या की है। उसके प्रकार्य के दो अर्थ बताये:

(i) प्रकार्य का अर्थ गति व्यवस्था अर्थात् क्रिया से है, और

(ii) क्रिया के द्वारा पूर्ण होने वाली आवश्यकता से है।

दुर्खीम ने प्रकार्य शब्द का प्रयोग दूसरे अर्थ में किया है। *श्रम विभाजन के प्रकार्य से उसका तात्पर्य है कि श्रम-विभाजन की प्रक्रिया समाज के जीवन के लिए कौन सी मौलिक आवश्यकता की पूर्ति करती है। प्रकार्य का अर्थ उसने परिणाम या प्रभाव से नहीं लिया है वरन् भूमिका (Role) के अर्थ में लिया है।* प्रकार्यों के अभाव में किसी शरीर या उसके अंगों की आवश्यकता की पूर्ति नहीं हो पाती।

दुर्खीम समाज को एक नैतिक वास्तविकता मानते हैं। नैतिक व्यवस्था के अभाव में कोई भी सामाजिक व्यवस्था अधिक समय तक चल नहीं सकती, इसलिए किसी भी सामाजिक तथ्य का प्रकार्य स्वाभाविक रूप से नैतिक होना चाहिए।

दुर्खीम के अनुसार नैतिकता के व्यवहार वे नियम हैं जो मानव के आचरण पर अनिवार्य रूप से लागू होते हैं और जिनके साथ समूह की अभिमति (Sanction) जुड़ी होती है। इस प्रकार नैतिक तथ्य का सम्बन्ध मानव आचरण से है और श्रम-विभाजन की प्रकृति भी नैतिक है, इसलिए श्रम विभजन की प्रकृति भी नैतिक है, इसलिए श्रम-विभाजन का प्रकार्य भी स्वाभाविक रूप से समाज में नैतिक कार्यो का उत्पन्न करना है।

श्रम-विभाजन का प्रकार्य सभ्यता का विकास करना नहीं है

सामान्यत : यह माना जाता है कि श्रम-विभाजन का प्रकार्य सभ्यता का विकास करना है क्योंकि श्रम विभाजन के विकास के साथ-साथ समाज में विशेषीकरण और उत्पादन शक्ति में वृद्धि होती है, बौद्धिक तथा भौतिक प्रगति होती है, सुख के उपभोग और ज्ञान का प्रसार होता है, इसलिए समाज में सभ्यता बढ़ती है।

यही कारण है कि कई विद्वान श्रम विभाजन को सभ्यता का स्रोत मानते हैं, किन्तु दुर्खीम मानते हैं कि श्रम-विभाजन का प्रकार्य सभ्यता का विकास करना नहीं है क्योंकि स्रोत का अर्थ प्रकार्य से नहीं है। सुखों की वृद्धि या बौद्धिक एवं

भौतिक प्रगति श्रम-विभाजन के फलस्वरूप उत्पन्न होती है, इसलिए वे इसके परिणाम हैं प्रकार्य नहीं और प्रकार्य परिणाम नहीं होता।

दुर्खीम ने सभ्यता के विकास में तीन प्रकार के विकास को सम्मिलित किया है : औद्योगिक या आर्थिक, कलात्मक एवं वैज्ञानिक विकास।

(1) **औद्योगिक या आर्थिक विकास :** इसे सभ्यता की प्रमुख विशेषता माना जाता है, किन्तु हम यह भी जानते हैं कि जहां बड़े-बड़े उद्योग-धन्धे स्थापित हैं, वहां नैतिक उन्नति के बजाय अपराध और आत्महत्याएं अधिक देखने को मिलती हैं। रेल, मोटर, तार तथा अन्य मशीनें हमारे लिए काफी उपयोगी हैं, किन्तु इनके साथ कोई नैतिक बन्धन नहीं है। दुर्खीम का मत है कि औद्योगिक क्रियाएं आवश्यकताओं की पूर्ति करती हैं, किन्तु नैतिक आवश्यकताओं की नहीं।

(2) **कलात्मक विकास :** कलात्मक विकास का सम्बन्ध भी नैतिक विकास से सम्बन्धित नहीं है। दुर्खीम तो कला को विलासिता एवं उद्देश्यहीन परिश्रम मानते हैं। कलाकृतियों में नैतिक घटनाओं की अभिव्यक्ति हो सकती हैं, परन्तु, स्वयं कला नैतिक तथ्य नहीं है। कला के नाम पर रागात्मक प्रवृत्तियों के अनियन्त्रित एवं उत्तेजित विकास को दुर्खीम एक नैतिक संकट ही मानते हैं।

(3) **वैज्ञानिक विकास :** दुर्खीम ने सभ्यता के तत्वों में से केवल विज्ञान को ऐसा पक्ष माना है जिसमें आंशिक रूप से नैतिकता का तत्व है क्योंकि समाज में सदस्यों के द्वारा ज्ञान और बुद्धि को बढ़ाना तथा वैज्ञानिक सत्य को जानना एक कर्तव्य माना जाता है। इस प्रकार दुर्खीम सभ्यता के तीनों पक्षों के विकास का सम्बन्ध नैतिक विकास से नहीं मानते। इस सन्दर्भ में दुर्खीम ने लिखा है, 'नैतिकता सबसे कम अपरिहार्य, अत्यन्त आवश्यक है, नित्य का भोजन है जिसके बिना समाज जीवित नहीं रह सकता।"

श्रम-विभाजन का प्रकार्य नवीन समूहों का निर्माण और उनकी एकता है : दुर्खीम यह मानते हैं कि श्रम विभाजन का प्रकार्य समाज के अस्तित्व से सम्बन्धित किसी नैतिकता की पूर्ति करना है। जब समाज के सदस्यों की संख्या और उनके पारस्परिक सम्बन्धों में वृद्धि होती है तो समाज में श्रम-विभाजन में भी वृद्धि होती है, नये-नये व्यावसायिक एवे सामाजिक समूह जन्म लेते हैं। इन विभिन्न समूहों के बीच एकता उत्पन्न करना समाज के अस्तित्व के लिए आवश्यक है। एकता के अभाव में समाज में व्यवस्था और सन्तुलन कायम नहीं हो सकते। अत: विभिन्न समूहों के बीच एकता की आवश्यकता एक नैतिक आवश्यकता है

और श्रम-विभाजन का कार्य इसी नैतिक आवश्यकता की पूर्ति करना है। जब समाज में परिवर्तन होता है, जीवन की दशाएं एवं आवश्यकताएं बदलती हैं तो नवीन समूहों का निर्माण होना भी एक सामाजिक आवश्यकता है और उनकी एकता भी समाज के अस्तित्व के लिए अनिवार्य हैं। दुर्खीम के अनुसार ये दोनों ही कार्य श्रम-विभाजन द्वारा पूरे किये जाते हैं।

श्रम-विभाजन एकता कैसे पैदा करता है, इसे स्पष्ट करने के लिए दुर्खीम ने कई उदाहरण दिये हैं। हम केवल उन लोगों से ही मित्रता नहीं करते हैं जो हमारे से समानता रखते हैं वरन् उनसे भी रखते हैं जो हमारे से भिन्नता रखते हैं क्योंकि जिस बात की कमी का अनुभव करते हैं, उसकी पूर्ति हम अपने मित्र में ढूंढते हैं। दुर्खीम लिखते हैं, "हमारे अन्दर चाहे जितने गुण हों, फिर भी हममें कोई न कोई अभाव होता है और हम में से सर्वोतम भी अपनी कमी को महसूस करते हैं। यही कारण है कि हम अपने मित्रों में उन गुणों की खोज करते हैं जो हम में नही होते, क्योंकि उनके साथ रहने में हम कुछ अंशों में उनकी प्रकृति में भागीदार बन जाते हैं और स्वयं को कम अपूर्ण अनुभव करते हैं।" इस प्रकार समानता और भिन्नता दोनों ही आकर्षण का कारण हो सकते हैं। दुर्खीम ने वैवाहिक एकता एवं स्त्री-पुरुष की एकता को भी श्रम-विभाजन के द्वारा समझाने का प्रयत्न किया है। इनकी एकता का कारण उनकी भावात्मक एवं वैचारिक समानता ही नहीं वरन् उनमें पायी जाने वाली भिन्नता भी है। दुर्खीम कहते हैं कि लैंगिक श्रम-विभाजन ही स्त्री-पुरुष की एकता का प्रमुख स्त्रोत है। इन दोनों के कार्यक्षेत्र अलग-अलग हैं। स्त्रियों का कार्य रागात्मक क्षेत्र से एंव पुरुषों का बौद्धिक क्षेत्र से है। श्रम-विभाजन इन दोनों को परस्पर जोड़ता है और इनके प्रयत्नों को संगठित करता है। दुर्खीम का मत है कि श्रम-विभाजन का कार्य केवल यही नहीं है कि समाज के कार्य होते रहें या उनकी कुशलता और परिणाम में वृद्धि हो, वरन् इसका प्रमुख कार्य तो समाज में एकता उत्पन्न करना है।

सामाजिक एकता की अवधारणा (Concept of Social Solidarity)

सामाजिक एकता की अवधारणा समाजशास्त्रीय साहित्य में दुर्खीम का एक अनुपम योगदान है। दुर्खीम के अनुसार समूह का विकास उसकी एकता या सुदृढ़ता में निहित है। यह एकता सर्वोच्च शक्ति है तथा व्यक्ति इसी एकता के अंग हैं। समाज में विभिन्न व्यक्तियों द्वारा समान रूप से विचार करने एवं व्यवहार करने से ही सामाजिक एकता प्रकट होती है। व्यक्तियों एवं समाज में पायी जाने वाली समानता एवं भिन्नता दोनों ही समाज में एकता को उत्पन्न करते हैं। समान शारीरिक एवं मानसिक अवस्थाएं लोगों को एकीकरण की ओर ले जाते हैं। जब तक लोगों

में एक दूसरे के प्रति लगाव और आर्कषण नहीं होता है वे एक दूसरे के प्रति निकट आने की आवश्यकता महसूस नहीं करते, किन्तु आकर्षण केवल समानता में नहीं है, भिन्नता और असमानता में भी है।

स्त्री और पुरुष की शारीरिक भिन्नता ही उन्हें परस्पर निकट आने को आकर्षित करती है। इसी प्रकार से कार्यों की भिन्नता जिसे हम श्रम-विभाजन कहते हैं, भी लोगों को निकट आने एवं मिल कर कार्य करने के लिए बाध्य करती है। इस प्रकार दुर्खीम के अनुसार श्रम-विभाजन में ही सामाजिक एकता का रहस्य छिपा है।

दुर्खीम के अनुसार सामाजिक एकता एक नैतिक घटना है। यह समाज के नैतिक आदर्शों में निहित है। यह कोई मूर्त वस्तु नहीं है वरन् समाज के सदस्यों की मानसिक स्थिति में निवास करती है। यह सामूहिक चेतना की अभिव्यक्ति है। समाज के लोगों में जितनी अधिक लगाव एवं निकटता की भावना होगी, समाज में उतनी ही मात्रा में एकता पायी जायेगी।

दुर्खीम कहता है कि सामाजिक एकता की स्थिति एवं स्वरूप में जनसंख्या के आकार और श्रम-विभाजन के स्वरूप के आधार पर परिवर्तन होते रहते हैं। इसी आधार पर समाज में दो प्रकार की एकता के रूप जन्म लेते हैं : यान्त्रिक एकता तथा सावयवी एकता। हम यहां इन दोनों प्रकार की एकता पर विचार करेंगे।

यान्त्रिक एकता (Mechanical Solidarity)

सरल, आदिम और प्राचीन समाजों में यान्त्रिक एकता पायी जाती है। समूह के सदस्यों में पायी जाने वाली समानताएं इस एकता का आधार है। इन समाजों में लोगों की प्रस्थितियों एवं भूमिकाओं में, विचारों, विश्वासों और जीवन शैलियों में, मानसिक, सामाजिक और नैतिकता में समानता पायी जाती है। सरल, आदिम एवं प्राचीन समाजों का आकार बहुत छोटा होता है।

लोगों की आवश्यकताएं सीमित तथा लगभग समान होती हैं। उन पर परम्परा, जनमत और धर्म का नियन्त्रण और दबाव होता है और आंख मूंदकर लोग इनका पालन करते हैं अपने कर्तव्यों का निर्वाह करते हैं। व्यक्ति का व्यक्तित्व समूह के व्यक्तित्व में घुल जाता है। वह समूह के साथ यन्त्रवत् सोचता, कार्य करता एंव आज्ञाओं का पालन करता है। इस प्रकार आचरण से स्थापित एकता को इसी कारण 'यान्त्रिक एकता' कहा गया है। दुर्खीम ने दमनकारी कानून और यान्त्रिक एकता को परस्पर सम्बन्धित माना है। इसी एकता की व्याख्या के दौरान ही आपने अपराध दण्ड और 'सामूहिक चेतना' की व्याख्या प्रस्तुत की है।

यान्त्रिक समाज की विशेषताएं (Charateristics of Mechanical Society)

दुर्खीम ने यान्त्रिक समाज की जिन विशेषताओं का उल्लेख किया है वे अग्रांकित है :

(1) **राजनीतिक जीवन :** यान्त्रिक समाज में न्याय, दण्ड एवं सामाजिक मामले सारे समूह द्वारा सामूहिक रूप से निपटाये जाते हैं। सारा समूह या समुदाय मिलकर ही कानून बनाने, उसे लागू करने एवं कानून उल्लंघन करने वाले को दण्ड देने का कार्य करता है। समाज का कोई भी मामला व्यक्तिगत न होकर सामूहिक होता है, अतः आम सभा में ही इन्हें निपटाया जाता है।

(2) **दमनकारी कानून की प्रधानता :** यान्त्रिक एकता वाले समाज में दमनकारी कानूनों की प्रधानता पायी जाती है। दमनकारी कानून का उद्देश्य समाज की एकता को बनाए रखना होता है। सामूहिक चेतना को चोट पहुंचाना अपराध माना जाता है और समाज ऐसे व्यक्ति को दण्ड देता है। दमनकारी कानून का उद्देश्य व्यक्ति के स्थान पर सामूहिक हितों की रक्षा करना होता है।

(3) **आर्थिक संगठन :** यान्त्रिक समाज में अर्थव्यवस्था भरण-पोषण वाली अर्थव्यवस्था होती है। भोजन, वस्त्र और आवास की पूर्ति भी इन समाजों में कठिनाई से ही होती है। इनमें विशेषीकरण का अभाव पाया जाता है। उत्पादन की प्रक्रिया में परिवार एवं समुदाय के सभी लोग भाग लेते हैं। वर्गों का अभाव पाया जाता है एवं सम्पत्ति सामूहिक होती है।

(4) **व्यक्ति का द्वैतीयक स्थान :** यान्त्रिक एकता वाले समाज में व्यक्ति के स्थान पर समाज को उच्च स्थान दिया जाता है। वहां समाज मुख्य एवं व्यक्ति गौण होता है। व्यक्ति का व्यक्तित्व समाज में घुल-मिल जाता है। व्यक्ति में व्यक्तित्व चेतना होती है, वह उसी के आधार पर अपने कार्य करता है, किन्तु सामूहिक चेतना के सम्मुख व्यक्तिगत चेतना नगण्य हो जाती है, द्वैतीयक हो जाती है।

(5) **सामूहिक चेतना का प्रभुत्व :** यान्त्रिक एकता वाले समाजों में सामूहिक चेतना का प्रभुत्व होता है। समाज के विश्वासों और संवेगों में समाज के प्रत्येक सदस्य की भागेदारी होती है। जब समाज का कोई भी सदस्य इनमें शंका उठाता है तो उसका तात्पर्य है कि वह समाज को चुनौती दे रहा है, जिसे समाज स्वीकार नहीं करता। सामूहिक चेतना पीढ़ी-दर-पीढ़ी चलती रहती है। यह व्यक्ति एवं समय के ऊपर हैं।

(6) **नैतिकता :** यांत्रिक एकता वाले समाज में सामाजिक एकता का आधार नैतिकता होती है। यद्यपि यांत्रिक एवं सावयवी दोनों ही प्रकार के समाजों में नैतिकता के धरातल पर ही समाज खड़े होते हैं, किन्तु सावयवी समाजों में नैतिकता कमजोर हो जाती हैं तथा यान्त्रिक समाज में नैतिकता के आधार पर समाज अपनी सुदृढ़ता एवं नियन्त्रण व्यवस्था बनाए रखता है।

(7) **धार्मिक संगठन :** यान्त्रिक समाजों में धर्म की प्रधानता होती है। इनमें धर्म का प्रारम्भिक स्वरूप टोटमवाद के रूप में पाया जाता है। टोटम की पूजा की जाती है। टोटम ही धार्मिक क्रियाओं का केन्द्र होता है। धर्म सामाजिक नियन्त्रण का प्रमुख साधन होता है।

(8) **सजातीयता :** यान्त्रिक समाज में जनसंख्या कम होती है, अतः हर क्षेत्र में सजातीयता पायी जाती है। ऐसे समाजों में जनमत का अधिक महत्व होता है। जनमत की एकरूपता भी समाज में सुदृढ़ता स्थापित करती है।

(9) **अविभेदीकृत या भेद भाव रहित समाज :** यान्त्रिक समाज के अन्तर्गत आदिम और ग्रामीण समाज आते हैं। इन समाजों में आयु, लिंग एवं अनुवांशिकता के आधार पर गैर बराबरी तो पायी जाती है, किन्तु आर्थिक विषमता का भंयकर रूप नहीं पाया जाता। इन समाजों में भूमि व्यक्तिगत नहीं होती वरन् सम्पूर्ण गांव की सामूहिक सम्पत्ति होती है। गांव या कबीले का मुखिया अनुवांशिकता के आधार पर दूसरों से ऊंचा होता है। निर्णय पंचायत द्वारा लिये जाते हैं। ऐसे समाज में मानसिक सामाजिक और नैतिक सभी क्षेत्रों में एकरूपता पायी जाती है। उनके विश्वासों, व्यवहारों एवं मतों में साम्यता पायी जाती है। परम्परा ऐसे समाजों में एकरूपता उत्पन्न करती है। ऐसे समाजों में व्यक्तिवाद का अभाव पाया जाता है।

दमनकारी कानून के आधार पर दुर्खीम ने अपराध व दण्ड की व्याख्या इस प्रकार की है :

(1) **अपराध :** अपराध की व्याख्या दुर्खीम ने दमनकारीं कानून के आधार पर की है। दण्ड अपराध से जुड़ा हुआ है। कोई भी समाज ऐसा नहीं है जिसमें अपराध के लिए दण्ड न दिया जाता हो। सभी समाजों में अपराध 'सामूहिक चेतना' पर चोट पहुंचाना माना जाता है, सामाजिक नैतिकता के विरुद्ध कार्य माना जाता है। इसलिए ही समाज में अपराध के विरुद्ध प्रतिक्रिया होती है। अपराध का निर्धारण दमनकारी कानूनों के द्वारा होता है। दमनकारी कानून की अभिमति (Sanction) होती है। इन कानूनों के अनुसार अपराध वह कार्य है जिन्हें समूह के सदस्य अनुचित मानते है, जो सामूहिक भावना

को ठेस पहुंचाते है। इस प्रकार दुर्खीम अपराध की व्याख्या दो आधारों पर करते हैं।

(2) **अपराध सामूहिक भावनओं पर आघात है :** प्रत्येक समूह में कुछ भावनाएं ऐसी होती हैं जो समान रूप से सारे समूह में व्याप्त होती है, इनके विरुद्ध कार्य ही अपराध है दुर्खीम अपराध को परिभाषित करते हुए लिखते हैं, "एक कार्य अपराधी है जब वह सामूहिक आत्मा की शक्तिशाली तथा निश्चित अवस्थाओं पर आघात करता है।"

(3) **दण्ड :** जो कार्य समूह के द्वारा दण्डनीय है, वही अपराध है। अपराध ही दण्ड की मात्रा और प्रकृति तय करता है। दण्ड अपराध के प्रति समूह की भावात्मक प्रतिक्रिया है। सामूहिक भावना के प्रतिकूल आचरण करने पर समूह के प्रत्येक सदस्य के मन में विरोधी प्रतिक्रिया होती है और समूह के सदस्य प्रतिशोध लेना चाहते हैं। प्रतिशोध की भावना का परिणाम ही दण्ड है। इसलिए दुर्खीम कहते हैं कि दण्ड का उद्देश्य प्रतिशोध लेना और प्रत्याघात करना है। चूंकि अपराध की प्रकृति भी सामाजिक है। अपराध के विरुद्ध हमारा प्रतिशोध व्यक्तिगत नहीं होता। हम यह प्रतिशोध इसलिए व्यक्ति नहीं करते कि अपराधी ने हमें हानि पहुंचाई है वरन् इसलिए करते हैं कि अपराध उन पवित्र और परम्परागत आदर्शों एवं भावनाओं पर आक्रमण है जो हम सबके हृदय में श्रद्धा के केन्द्र हैं।

दुर्खीम ने अपराध की सामाजिक उपयोगिता का भी उल्लेख किया है। आपके अनुसार अपराध समूह के लोगों को एकता के सूत्र में बांधता है। सभी व्यक्ति समान रूप से अपराध क्रिया का प्रतिशोध लेने या अपराधी को दण्ड देने की बात सोचते हैं। सामान्य आक्रोश समूह के सदस्यों में गानसिक एकता स्थापित करता है। दुर्खीम का कहना है कि अपराध उत्तेजित आत्माओं को एक-दूसरे के निकट ला देता है और उन्हें एकाग्र कर देता है। इसी प्रकार से दण्ड भी सामाजिक दृष्टि से उपयोगी हैं। दण्ड ही दमन का माध्यम है। दमनकारी कानून दण्ड का निर्धारण करते हैं। दण्ड एक यन्त्रवत् प्रतिक्रिया है जो समूह की तीव्र उत्तेजनात्मक भावना का परिणाम है और दण्ड का उपयोग यह है कि वह सामूहिक चेतना को लगने वाली चोट के घावों को भरता है। इस प्रकार अपराध और दण्ड की सामान्य विशेषताओं और उपयोगिताओं के द्वारा दुर्खी ने समाज की यान्त्रिक एकता और दमनकारी कानूनों के पारस्परिक सम्बन्धों को प्रकट किया है।

उपर्युक्त विवेचन से स्पष्ट है कि एकं ओर अपराध सामूहिक भावनाओं पर चोट करके समाज के सदस्यों के भीतर मौजूद सामूहिक आत्मा को सावधान कर

देता है तथा दूसरी ओर दण्ड इन सामूहिक भावनाओं की रक्षा करने और उनको पुनः प्रतिष्ठा करने के लिए, अपराधी से बदला लेने के लिए समूह को एकता के सूत्र में बांधता है। यह एकता समान उत्तेजनाओं तथा समान प्रतिक्रियाओं का परिणाम है। दमनकारी कानून समाज की इसी प्रकार की एकता को प्रकट करते हैं जिसे दुर्खीम ने '**यान्त्रिक एकता**' नाम दिया है।

दुर्खीम ने समाज को सामूहिक आत्मा माना है जो प्रत्येक व्यक्तिगत आत्मा के भीतर मौजूद रहती है। इसी सामूहिक आत्मा के कारण लोगों में यान्त्रिक एकता उत्पन्न होती है सामूहिक मन या आत्मा का निर्माण समूह की सामान्य भावनाओं एवं आदर्शों के आधार पर होता है। अतः समूह के सदस्यों में पायी जाने वाली समानताओं, सामान्य प्रवृत्तियों एवं अनुरूपता के आधार पर यान्त्रिक उत्पत्ति होती है।

कानून एवं एकता (Law and Solidarity)

श्रम-विभाजन का प्रमुख कार्य समाज में एकता उत्पन्न करना है और एकता एक नैतिक तथ्य है जिसका अवलोकन एवं परीक्षण प्रत्यक्ष तरीकों से किया जा सकता है। दुर्खीम का कहना है कि वैधानिक कानून के अध्ययन के आधार पर हम किसी समाज की एकता को माप और समझ सकते हैं। वैधानिक कानून समूह के सदस्यों के पारस्परिक सम्बन्धों को प्रकट करते हैं। सदस्यों में जितने घनिष्ठ सम्बन्ध होंगे, समूह में उतनी ही अधिक एकता होगी। समाज की कानूनी व्यवस्था होती है, सामाजिक एकता भी उतने ही प्रकार की होती है। दुर्खीम ने कानून का वर्गीकरण कर प्रत्येक प्रकार के कानून से सम्बन्धित सामाजिक एकता के प्रकार का भी उल्लेख किया है। आपने प्रमुख रूप से दो प्रकार के कानूनों का उल्लेख किया है : दमनकारी कानून एवं प्रतिकारी कानून।

(1) **दमनकारी कानून** (Repressive Law) : दमनकारी कानून 'सार्वजनिक कानून' होते हैं जो व्यक्ति एवं राज्य के सम्बन्धों का नियमन करते हैं। इनमें व्यक्ति के बजाय सामूहिक हितों को अधिक महत्व दिया जाता है। दमनकारी कानून भी दो प्रकार के होते है :

(क) दण्डकारी कानून (Penal Law), जिनका सम्बन्ध कष्ट देने, हानि पहुंचाने, हत्या करने एवं स्वतन्त्रता का हनन करने से है।

(ख) व्याप्त कानून (Diffused Law) जो सम्पूर्ण समूह में नैतिकता के आधार पर व्याप्त होते हैं।

(2) **प्रतिकारी कानून** (Restitutive Law) : इन कानूनों का उद्देश्य व्यक्तियों के पारस्परिक सम्बन्धों में उत्पन्न असन्तुलन में सामान्य स्थिति पैदा करना है। इसके अन्तर्गत दीवानी कानून, संवैधानिक कानून, आदि आते हैं।

उपर्युक्त दोनों प्रकार के कानून दो भिन्न प्रकार की सामाजिक एकता, दो भिन्न प्रकार की जीवन शैली के परिणाम एवं द्योतक हैं। दमनकारी कानून व्यक्तियों में व्याप्त समानता का प्रतीक हैं। इसके द्वारा जिस प्रकार की एकता उत्पन्न होती है उसे दुर्खीम 'यान्त्रिक एकता' कहता है प्रतिकारी कानून का सम्बन्ध विभिन्नताओं एवं श्रम-विभाजन से है और यह जिस प्रकार की एकता को प्रकट करते हैं, प्रतिकारी कानून का सम्बन्ध विभिन्नताओं एवं श्रम-विभाजन से है और यह जिस प्रकार की एकता को प्रकट करते हैं, दुर्खीम उसे 'सावयवी एकता' कहते हैं। हम यहां दुर्खीम की सामाजिक एकता की अवधारणा पर विचार करेंगे।

सावयवी एकता (Organic Solidarity)

यान्त्रिक एकता' के विपरीत दुर्खीम ने दूसरे प्रकार की एकता को 'सावयवी एकता' कहा है जो कि आधुनिक, जटिल, विकसित और औद्योगीकृत समाजों में पायी जाती है। ऐसे समाजों में **प्रतिकारी कानूनों की प्रधानता** होती है। आदिम समाजों में दमनकारी कानून व्यक्ति को समूह के साथ प्रत्यक्ष रूप से जोड़ते हैं किन्तु आधुनिक समाजों में श्रम-विभाजन और विशेषीकरण की प्रधानता होने के कारण भिन्नताएं अधिक पायी जाती है। ये भिन्नताएं समाज में व्यक्तिगत स्वतंत्रता को बढ़ावा देती है तथा सामूहिक चेतना की भावना को कमजोर करती है यही कारण है कि व्यक्ति समूह से जुड़ा नहीं होता और यहां लोगों के पारस्परिक सम्बन्धों को ही अधिक महत्व दिया जाता है। विभिन्नतायुक्त आधुनिक समाजों में लोगों को अपनी आवश्यकताओं की पूर्ति हेतु एक-दूसरे पर निर्भर रहना होता है। श्रम-विभाजन एवं विशेषीकरण की बहुलता के कारण प्रत्येक व्यक्ति केवल एक कार्य का ही विशेषज्ञ होता है और दूसरे कार्यों के लिए उसे समाज के अन्य सदस्यों पर निर्भर रहना होता है। समाज के सदस्यों की यह पारस्परिक निर्भरता और विशेषीकरण से उत्पन्न असमानता उन्हें एक-दूसरे के निकट आने के लिए बाध्य करती है जिससे कि समाज में एक विशेष प्रकार की एकता स्थापित होती है जिसे दुर्खीम 'सावयवी एकता' कहता है। सावयवी एकता की अभिव्यक्ति प्रतिकारी कानूनों के द्वारा होती है। प्रतिकारी कानूनों का सम्बन्ध व्यक्तिगत नैतिकता से होता है। ये व्यक्ति को समाज से प्रत्यक्ष रूप से नहीं जोड़ते वरन् किन्हीं मध्यस्थ संस्थाओं और प्रतिनिधियों जैसे, न्यायलय, पंच, न्यायाधीश एवं वकील आदि के द्वारा जोड़ते हैं।

सावयवी एकता शारीरिक एकता के समान है। शरीर का निर्माण हाथ-पांव, आंख, नाक, कान, मुंह, पेट, सिर आदि विभिन्न अंगों के मिलने से होता है। शरीर के इन विभिन्न अंगों के कार्य भी भिन्न हैं, किन्तु ये सभी अंग अपना कार्य तभी तक कर सकते हैं जब तक वे परस्पर जुड़े हुए हैं। आंख और कान शरीर से अलग

होकर अपना कार्य नहीं कर सकते इस प्रकार हम देखते हैं कि शरीर के विभिन्न अंगों के बीच एकता पायी जाती है जो कि पारस्परिक निर्भरता के कारण उत्पन्न होती है। आधुनिक समाजों में भी इसी प्रकार की एकता पायी जाती है। जनसंख्या के बढ़ने पर लोगों की आवश्कताओं में वृद्धि होती है। जिन्हें पूरा करने के लिए समाज में श्रम-विभाजन और विशेषीकरण आवश्यक हो जाता है। श्रम-विभाजन और विशेषीकरण में एक व्यक्ति को एक ही प्रकार का कार्य सौंपा जाता है। इसमें व्यक्ति का महत्व बढ़ जाता है क्योंकि वह समाज की किसी एक विशिष्ट आवश्यकता की पूर्ति करता है। चूंकि एक व्यक्ति एक प्रकार का कार्य ही कर पाता है। (शरीर के एक अंग की भांति), अत: दूसरे प्रकार के कार्य के लिए उसे अन्य लोगों पर निर्भर रहना पड़ता है। यह निर्भरता सहयोग और एकता को जन्म देती है जिसे दुर्खीम सावयवी एकता कहते हैं।

दुर्खीम ने बताया है कि परिवार, व्यवसाय, सरकार, इत्यादि में जो एकता और संगठन पाया जाता है, वह इन सबसे सम्बन्धित व्यक्तियों में पाये जाने वाली समानताओं के कारण नहीं है। एक एकता ठीक उसी प्रकार की एकता है जो किसी सावयव (Organism) के विभिन्न अंगों में पायी जाती है। सावयव के विभन्न अंग अलग-अलग शारीरिक कार्य करते है इनके कार्यों में सहयोग के आधार पर एकता पंनपती है जिसके कारण सम्पूर्ण सावयव में सतुंलन बना रहता है, वह क्रियाशील रहता है। इसी एकता को दुर्खीम ने सावयवी एकता (Organice Solidarity) नाम दिया है। इसका कारण यह है कि एक एकता की उत्पत्ति किसी सावयव के विभिन्न अंगों के बीच पाये जाने वाले श्रम-विभाजन एवं सहयोग से होती है।

आधुनिक समाजों में श्रम-विभाजन के कारण ही सावयवी एकता पायी जाती है और प्रतिकारी कानून इसी एकता को प्रकट करते हैं। दुर्खीम का मानना है कि श्रम-विभाजन से उत्पन्न सावयवी सामाजिक एकता ही वास्तव में श्रम-विभाजन का का प्रकार्य है।

सावयवी समाज की विशेषताएं (Characteristics of Organic Society)

दुर्खीम ने सावयवी समाज की निम्नलिखित विशेषताओं का उल्लेख किया है :

(1) **राजनीतिक व्यवस्था :** सावयवी समाज में राजनीतिक कार्यों का विशेषीकरण हो जाता है। राज्य के तीनों अंग– व्यवस्थापिका, कार्यपालिका एवं न्यायपालिका अलग-अलग कार्य करते हैं। शासन वंशानुगत आधार पर न होकर चुनी हुयी सरकार के द्वारा होता है। राजनीतिक व्यवस्था एक औपचारिक स्वरूप ग्रहण कर लेती है।

(2) **विभिन्न व्यवसायों का विकास** : सावयवी समाज में सामाजिक विभेदीकरण के फलस्वरूप विभिन्न प्रकार के व्यवसाय जन्म लेते हैं एवं विकसित होते है। ऐसे समाज में जनसंख्या की अधिकता आवश्यकताओं की बहुलता एवं विवधता के कारण कई नवीन व्यवसाय जन्म लेते हैं जिससे कि लोगों की आवश्यकताओं की पूर्ति की जा सके।

(3) **आर्थिक संगठन:** यहां यान्त्रिक समाज में भरण-पाषण वाली अर्थव्यवस्था पायी जाती है। वही सावयवी समाज में बचत वाली अर्थव्यवस्था। इस समाज में व्यक्तिवाद का महत्व बढ़ने के कारण व्यक्तिगत सम्पत्ति का महत्व भी बढ़ जाता है बन्द के स्थान पर खुली अर्थव्यवस्था का विकास होता है। वंशानुगत व्यवसाय के स्थान पर व्यक्ति अपनी क्षमता एवं योग्यता के अनुसार व्यवसायों का चयन करता है।

(4) **धार्मिक संगठन** : सावयवी समाज में धर्म के क्षेत्र का विस्तार हो जाता हैं। इसमें एकेश्वरवाद एवं बहुदेववाद का संक्रमण हो जाता है। ईश्वर का व्यक्तिकरण एवं निजीकरण हो जाता है। धर्म का सार्वभौमीकरण हो जाता है, जनजातीय भक्तिवाद का ह्रास हो जाता है। स्थानीय धार्मिक विश्वासों का स्थान विश्ववाद तथा अन्तर्राष्ट्रीयवाद ले लेता है।

(5) **विभेदीकरण की जटिल प्रक्रिया** : जब यान्त्रिक समाज की जनसंख्या के घनत्व तथा नैतिक घनत्व में वृद्धि होती जाती है तो वह सावयवी समाज की ओर अग्रसर होता है। सावयवी समाज की आवश्यकताएं भी बढ़ जाती हैं जो आवश्यकताएं दिल्ली नगर की हैं वे जयपुर नगर की नहीं हैं। ऐसे समाजों में विशिष्टीकरण भी बढ़ जाता है जिसके परिणामस्वरूप विभेदीकरण बढ़ जाता है। श्रम-विभाजन के कारण विभेदीकरण की मात्रा में वृद्धि हो जाती है।

(6) **सामूहिक प्रतिनिधान** : सावयवी समाज में लोगों के विचारों, संवेगों, अनुबन्ध एवं रीति-रिवाजों की अभिव्यक्ति सामूहिक प्रतिनिधानों में होती है। सामूहिक प्रतिनिधान सावयवी समाज की साझा संस्कृति कही जा सकती है। इसी के द्वारा सामान्य जन का प्रतिनिधत्व होता है जो स्थान यान्त्रिक समाज में सामूहिक चेतना का है वही स्थान सावयवी समाज में सामूहिक प्रतिनिधान का है।

(7) **समाज में अन्योन्याश्रितता में वृद्धि** : सावयवी समाज में श्रम-विभाजन एवं विशेषीकरण के कारण कार्य का विभाजन कई इकाईयों में हो जाता है, किन्तु यह सभी इकाइयां प्रकार्यात्मक रूप से एक दूसरे पर निर्भर होती

हैं। कपड़े के कारखाने में धागा बुनने, रंगाई एवं छपाई करने, कपड़ा बुनने एवं कपड़े को पैक करने का कार्य अलग-अलग विभागों द्वारा किया जाता है, किन्तु यह सभी एक दूसरे पर आश्रित होती हैं। यह निर्भरता के कारण उनमें सम्बद्धता पायी जाती है।

(8) **प्रतिकारी कानून** : सावयवी समाज में प्रतिकारी कानून की प्रधानता होती है जिसका उद्देश्य दण्ड देना न होकर नागरिकों का सामान्य जीवन में पुनर्स्थापन होता है।

श्रम-विभाजन के असामान्य स्वरूप (Abnormal Forms of Division of Labour)

'समाज में श्रम-विभाजन' ग्रन्थ के तीसरे खण्ड में दुर्खीम ने श्रम-विभाजन के कुछ असामान्य स्वरूपों का उल्लेख किया हैं। श्रम-विभाजन के जहां कुछ अच्छे परिणाम निकलते हैं, वही इसके कुछ व्याधिकीय परिणाम भी उत्पन्न होते हैं। श्रम-विभाजन का एक प्रकार्य समाज में सावयवी एकता उत्पन्न करना है। श्रम-विभाजन के जो स्वरूप समाज में एकता स्थापित नहीं करते, दुर्खीम उन्हें श्रम-विभाजन के असामान्य स्वरूप कहता है। असामान्य स्वरूपों के अध्ययन से ही हम सामान्य स्वरूपों को स्पष्टतः समझ सकते हैं तथा सामाजिक एकता के लिए कौन-कौन सी आवश्यक दशाएं हैं, यह जान सकते हैं। *दुर्खीम ने श्रम-विभाजन के तीन असामान्य स्वरूपों का उल्लेख किया है—आदर्शहीन श्रम-विभाजन, बलात् श्रम-विभाजन तथा व्यक्तिगत कार्य की अपर्याप्तता वाला श्रम-विभाजन।*

(1) **आदर्शहीन श्रम-विभाजन** (Anomic Division of Labour)—श्रम-विभाजन की प्रक्रिया में कई बार ऐसा भी होता है कि उनके सामाजिक कार्यों में परस्पर ताल-मेल नहीं रह पाता है। वे परस्पर सहयोग करने के स्थान पर एक दूसरे के विकास में बाधक बन जाते हैं। श्रम-विभाजन का सामान्य आदर्श तो यह है कि विभिन्न इकाइयों के बीच सहयोग एवं सम्बद्धता हो। अतः जब तक श्रम-विभाजन विभिन्न कार्यों के बीच असामंजस्य पैदा कर दे तो उसे हम आदर्शहीन श्रम-विभाजन कहेंगे। इस प्रकार का श्रम-विभाजन *आर्थिक और वैज्ञानिक क्षेत्र में देखा जा सकता* है। ऐसे श्रम-विभाजन से उत्पादन एवं विज्ञानों की एकता समाप्त हो जाती है।

(a) **आर्थिक क्षेत्र में** श्रम-विभाजन के कारण उद्योगों में विशेषीकरण बढ़ता है, इससे एकता की बजाय संघर्ष पनपता है। मालिक एवं मजदूर में संघर्ष पनपता है। हड़ताल, तालाबन्दी, उपद्रव एवं क्रान्ति

की घटनाएं बढ़ती हैं। व्यापारिक संकट और अर्थिक असफलता सावयवी एकता में बाधा उत्पन्न करते हैं। श्रम-विभाजन के कारण जब विभिन्न सामाजिक कार्यों में सांमजस्य नहीं हाता तो वे सहयोग के बजाय संघर्ष को जन्म देते हैं जो कि विकास में बाधक है। श्रम एवं पूंजी का संघर्ष भी आदर्शहीन श्रम-विभाजन का स्वरूप है।

(b) **वैज्ञानिक क्षेत्र में** पहले विज्ञानों का विभाजन नहीं था। एक व्यक्ति एक साथ सभी विज्ञानों के बारे में ज्ञान प्राप्त कर सकता था, सब विज्ञानों पर एक साथ अधिकार प्राप्त कर सकता था। इस प्रकार उस समय विज्ञानों में एकता पायी जाती थी, किन्तु अब जबकि विज्ञानों का विभाजन हो गया है तो व्यक्ति केवल एक ही विज्ञान से जुड़ा हुआ है। प्रत्येक विज्ञान की भी शाखाएं और उप-शाखाएं हैं। प्रत्येक वैज्ञानिक अपने को अपने ही क्षेत्र का सिकन्दर मानता है। इससे विज्ञानों की एकता नष्ट हुई। इस प्रकार आर्थिक एंव वैज्ञानिक क्षेत्र में अंगों के पारस्परिक सम्बन्धों को टूटने से आदर्शहीनता उत्पन्न हुई है।

(2) **बलात् श्रम-विभाजन** (Forced Division of Labour) –दुर्खीम कहते हैं कि श्रम-विभाजन से एकता तभी स्थापित होती है जब लोगों को उनकी योग्यता एवं रुचि के अनुसार कार्य मिले। वे वर्ग एवं जाति का उदाहरण देते हुए कहते हैं कि इनका निर्माण श्रम-विभाजन के संगठित रूप को प्रकट करता है, किन्तु कई बार ये एकता के बजाय महत्वाकांक्षी पीड़ा और दु:ख को जन्म देते हैं, विशेष रूप से तब जब ये लोगों को उनकी रुचि के अनुरूप कोर्य नहीं देते और जबरन उन्हें अपने पूर्व-निश्चित कार्यों से बंधा रहना पड़ता है या उनसे शक्ति के द्वारा काम कराया जाता है। ऐसा श्रम-विभाजन समाज में पूर्ण एकता स्थापित नहीं करता। बाह्य रूप से थोपा गया श्रम-विभाजन बलात् श्रम-विभाजन है।

(3) **व्यक्तिगत कार्य की अपर्याप्तता** (Insufficient Individual Activity)– श्रम-विभाजन का तीसरा असामान्य स्वरूप वैयक्तिक कार्य की अपर्याप्तता में देखा जा सकता है। कई बार ऐसा भी होता है कि व्यावसायिक एवं औद्योगिक संस्थाओं में कार्य करने वाले लोगों को पर्याप्त मात्रा में कार्य प्राप्त नहीं होता है अथवा उनके कार्यों में कोई समन्वय नहीं होता। तब अव्यवस्था और असम्बद्धता फैलती है और श्रम-विभाजन एकता पैदा नहीं करता है।

समीक्षात्मक विश्लेषण (Critical Analysis)

दुर्खीम ने श्रम-विभाजन की ने श्रम-विभाजन की समाजशास्त्रीय व्याख्या प्रस्तुत करके सामाजिक अध्ययन को एक नयी दिशा दी। श्रम-विभाजन को एक नैतिक आवश्यकता के रूप में प्रकट कर आपने इस बात पर बल दिया कि सामाजिक जीवन एक नैतिक आवश्यकता है। इसका आधार नैतिक है। समाज का अस्तित्व नैतिकता में निहित है। एकता समाज की आत्मा है जिसके अभाव में समाज निष्प्राण एवं निष्क्रिय हो जायेगा। दुर्खीम की 'समाज में श्रम-विभाजन' नाम कृति में उनकी प्रत्यक्षवादी पद्धति का व्यावहारिक उपयोग एवं समूहवादी या समाजशास्त्रवादी चिन्तन के अंकुर देखे जा सकते हैं। 'सामूहिक चेतना' की आवधारणा का विकास भी इसी ग्रन्थ में हुआ। नैतिकता के सामजशस्त्र की उत्पत्ति भी इसी में हुई। चूंकि यह दुर्खीम का पहला ग्रन्थ था इसीलिए **बीरस्टीड** ने इस ग्रन्थ को ऐसी रचना कहा जो उसके विचार के निर्माण की अवस्था को प्रकट करती है और जिसमें उसका चिन्तन परिपक्व अवस्था को प्राप्त नहीं हुआ। **मर्टन, बार्नेस, गिन्सबर्ग, बीरस्टीड** आदि अनेक विद्वानों ने दुर्खीम की श्रम-विभाजन की अवधारणा की आलोचना की है जो आगे इस प्रकार से हैं :

(1) श्रम-विभाजन के परिणामों की व्याख्या दुर्खीम ने स्पष्ट रूप से की है। उन्होंने सभ्यता और प्रगति को श्रम-विभाजन का परिणाम माना है, किन्तु *उन्होंने कारणों और परिणामों को उलझा दिया है।* यह निश्चित करना सरल नहीं है कि जिन परिणामों की ओर दुर्खीम ने संकेत किया है, उन सबका आधार श्रम-विभाजन ही है।

(2) सोरोकिन, बार्नेस तथा मर्टन आदि विद्वानों ने दुर्खीम के समूहवादी दृष्टिकोण की आलोचना की है। दुर्खीम ने अपने इस ग्रन्थ में प्रारम्भ से लेकर अन्त तक यह सिद्ध करने का प्रयत्न किया है कि समाज व्यक्ति का निर्माण करता है, वही उसके जीवन का आधार है। व्यक्ति समाज के समक्ष कुछ भी नहीं है। इस प्रकार *दुर्खीम व्यक्ति की तुलना में समाज को महत्व देने में अतिवादी हो गये हैं।*

(3) *मर्टन और बार्नेस ने दुर्खीम की पद्धति की आलोचना की है।* उनका मत है कि दुर्खीम ने श्रम-विभाजन तथा सामाजिक एकता के अध्ययन में भौतिक विज्ञान की पद्धति का मनमाना प्रयोग किया है। *दुर्खीम ने कानून और एकता के विभिन्न प्रकारों में विश्वसनीय सम्बन्ध स्थापित नहीं किया है।*

(4) *बार्नेस तथा मर्टन आदि विद्वान दुर्खीम द्वारा व्यक्तिगत और सामाजिक नैतिकता में किये गये भेद को भी स्पष्ट नहीं मानते।* नैतिकता, नैतिकता

है; व्यक्तिगत और सामाजिक इसके दो भेद नहीं हो सकते। व्यक्ति के प्रति नैतिकता का आचरण अन्ततः समाज के प्रति ही नैतिकता प्रकट करना है।

उपर्युक्त आलोचनाओं के बावजूद भी हमें इस तथ्य को तो स्वीकार करना ही होगा कि दुर्खीम ने अपने इस ग्रन्थ में अनेक सामाजशास्त्रीय अवधारणाओं को जन्म दिया ओर सामाजशास्त्रीय साहित्य में उनकी यह अमूल्य निधि है। अन्त में हम **जार्ज सिम्पसन** के शब्दों में कह सकते हैं कि

"उस व्यक्ति की प्रथम महान् कृति जिसने लगभग चौथाई शताब्दी तक फ्रांसीसी विचारधारा पर नियन्त्रण किया और जिसका प्रभाव अब भी घटने की अपेक्षा बढ़ रहा है, ऐतिहासिक तथा प्रसंग की दृष्टि से यह आज भी ऐसी पुस्तक है जो उन सभी के द्वारा पढ़ी जानी चाहिए जो सामाजिक विचारधारा के ज्ञान और सामाजिक समस्याओं में रुचि रखते हैं।"

(5) **मर्टन** ने दुर्खीम की आलोचना इस आधार पर की है कि आपने लक्ष्य या उद्देश्य के स्थान पर प्रकार्य शब्द का प्रयोग किया है जो कि उपयुक्त नहीं है।

(6) **रेमण्ड एरन** ने दुर्खीम की इस आधार पर आलोचना की है कि आपने यान्त्रिक एकता वाले समाजों की खण्डात्मक समाज भी कहा है जो अपने आप में एक पूर्ण पृथक् समाज होता है। दुर्खीम ने अपने आधुनिक प्रगतिशील समाज द्वारा भी खण्डात्मक समाज रचना बनाये रखने की सम्भावना व्यक्त की है। इस प्रकार आपने सावयवी एकता, श्रम-विभाजन, औद्योगिक विशेषीकरण तथा खण्डात्मक समाज-व्यवस्था का सामंजस्य दिखाकर *सामाजिक एकता के सिद्धान्त को उलझा दिया है।*

(7) दुर्खीम ने सामाजिक एकता की अवधारणा का इस ग्रन्थ में विकास किया है, किन्तु एकता एक भावात्मक तथ्य है न कि सामाजिक। एकता का प्रत्यक्ष स्वरूप प्रचलित कानून व्यवस्था में देखा जा सकता है। दुर्खीम की एकता व सामाजिक *एकता की यह अवधारणा भी समाजशास्त्र की बजाय मनोविज्ञान से सम्बन्धित है क्योंकि एकता एक मानसिक पहलू है।*

(8) दुर्खीम ने एकता क दो स्वरूपों (यान्त्रिक एवं सावयवी) का उल्लेख किया है जो क्रमशः प्राचीन एवं आधुनिक समाजों आन्तरिक प्रकृति को प्रकट करती है। *आपने यान्त्रिक एकता की जिस प्रकृति का उल्लेख किया है, वह केवल प्राचीन समाजों में नही वरन् विकसित तथा ग्रामीण समाजों में भी देखी जा सकती है।*

(9) **बीरस्टीड** कहते हैं कि दुर्खीम ने प्राचीन एवं आधुनिक समाजों का भेद उनमें व्याप्त समानता एवं विभेद के आधार पर किया है जो उचित प्रतीत नही होता क्योकि *सभी समाजों में कुछ मात्रा में समानता एवं भिन्नता पायी जाती है।*

(10) दुर्खीम की *सामूहिक चेतना की अवधारणा की भी आलोचना की गयी है।* समाज में प्रचलित सामान्य भावनाओं, विश्वासों और समानताओं के कारण सामूहिक चेतना का विकास होता है। सामूहिक चेतना समूह मन का पर्यायवाची कही जा सकती है जो कि एक मनोवैज्ञानिक तथ्य है, किन्तु दुर्खीम इसे सामाजिक मानते हैं क्योंकि इसकी उत्पत्ति का स्रोत समाज है। इस प्रकार *दुर्खीम ने मनोवैज्ञानिक तथ्य को समाजशास्त्रीय बनाने की हठधर्मी की है।*

(11) **बोगार्डस, गिन्सबर्ग, बार्नेस, सोरोकिन, एरन और मर्टन** आदि ने दुर्खीम द्वारा प्रस्तुत श्रम-विभाजन के कारणों की आलोचना की है। दुर्खीम ने श्रम-विभाजन का प्राथमिक कारण जनसंख्या के आकार और घनत्व में वृद्धि को माना है जो कि एक जीवशास्त्रीय व्याख्या है न कि सामाजिक। **बार्नेस** के शब्दों में, *"स्पष्ट रूप से यह (श्रम-विभाजन) समाज- शास्त्रीय की अपेक्षा एक जीवशास्त्रीय व्याख्या है।* बोगार्डस और गिन्सबर्ग ने भी दुर्खीम की इसी आधार पर आलोचना की है।

(12) दुर्खीम ने श्रम-विभाजन के आधार पर सामाजिक उद्‌विकास की व्याख्या की। **मर्टन** ने उनके उद्‌विकासीय सिद्धान्त की आलोचना की। दुर्खीम उद्‌विकास के एक छोर पर प्राचीन समाजों को और दूसरे पर आधुनिक समाजों को रखते हैं। इस प्रकार आपने उद्‌विकास की रेखीय व्याख्या की है। *केवल श्रम-विभाजन को समस्त सामाजिक उद्‌विकास का कारण बताकर दुर्खीम ने अत्यन्त जटिल समस्या की बहुत सरल व्याख्या कर दी है।*

यान्त्रिक एवं सावयवी एकता (Mechanical & Organic Solidarity)

दुर्खीम के अनुसार सामाजिक एकता सामाजिक जीवन का आधार है। यह एक नैतिक और गतिशील तथ्य है। आदिम समाजों में जहां पूर्ण समानता पायी जाती है और 'सामूहिक चेतना' बलवती होती है, सामूहिक भावनाओं के प्रति लोगों में गहरी आस्था होती हैं, वहां यान्त्रिक एकता पायी जाती है। दूसरी ओर आधुनिक समाज में श्रम-विभाजन और विशेषीकरण के कारण व्यक्तियों में एक-दूसरे पर निर्भरता पायी जाती है जो शरीर के विभिन्न अंगों के बीच पायी जाने वाली निर्भरता के समान ही है। इसे दुर्खीम **सावयवी एकता** कहते हैं। विशुद्ध रूप से कोई भी

समाज न तो यान्त्रिक होता है और न ही सावयवी। दोनों प्रकार के सामाजों में सुदृढ़ता तो पायी जाती है, किन्तु सुदृढ़ता की प्रकृति में अन्तर होता है। दोनों की समाजों में कुछ समानताएं भी हैं जैसे दोनों प्रकार के समाजों में समूह की भावना को सर्वोपरि माना जाता है, दोनों में कानूनों के प्रकारों का अन्तर होते हुए भी समाज ही शक्तिशाली रहता है, दोनों में सुदृढ़ता समान रूप से पायी जाती है। फिर भी दोनों प्रकार के समाजों में कई अन्तर भी हैं।

यान्त्रिक एवं सावयवी एकता में अन्तर

(Differemce between MechanicalAnd Organic Solidarity)

(1) यान्त्रिक समाज में भेद-भाव नहीं होता जबकि सावयवी समाज में पर्याप्त विभेदीकरण पाया जाता है कार्य की विशिष्टता एवं दक्षता विभेदीकरण को जन्म देती है।

(2) यान्त्रिक समाज की सुदृढ़ता नैतिकता पर आधारित होती है, लोग परम्परा के अनुसार अपने दायित्व निर्वाह की भावना से प्रेरित होकर कार्य करते हैं जबकि सावयवी समाज की सुदृढ़ता समझौते या संविदा पर आधारित होती है। समझौते का पालन करना कानूनी दायित्व होता है।

(3) यान्त्रिक एकता वाले सामाजों में श्रम-विभाजन एवं विशेषीकरण का अभाव पाया जाता है जबकि सावयवी समाज में इन दोनों की बहुलता।

(4) यान्त्रिक एकता व्यक्ति को बिना किसी मध्यस्थ के समाज से सीधे जोड़ देती है जबकि सावयवी एकता में सदस्यों की पारस्परिक निर्भरता उन्हें समाज से प्रत्यक्ष श्रप से जोड़ती है।

(5) यान्त्रिक एकता समाज में सामूहिक रूप को प्रकट करती है अर्थात् समाज में कुछ ऐसी भावनाएं और विश्वास पाये जाते हैं जिन्हे समाज के सभी सदस्य समान रूप से स्वीकार करते हैं। सावयवी एकता में *कार्यों की भिन्नता और विशेषीकरण पाया जाता है* जो पारस्परिक सम्बन्धों की एक निश्चित व्यवस्था को जन्म देते हैं।

(6) *यान्त्रिक एकता की शक्ति सामूहिक चेतना में पायी जाती है जबकि सावयवी एकता की उत्पत्ति कार्यात्मक भिन्नता पर निर्भर है*। सामूहिक चेतना की शक्ति का ह्रास होने पर सावयवी एकता में वृद्धि होती है। इस प्रकार सामूहिक चेतना और सावयवी एकता परस्पर विरोधी दिशाओं में गमन करते हैं। सावयवी समाज की सुदृढ़ता सामूहिक प्रतिनिधान द्वारा बनी रहती है।

(7) यान्त्रिक *एकता का आधार समाज में व्याप्त समानता है तो सावयवी एकता का आधार भिन्नता और विशिष्टता है*। अन्य शब्दों में, हम यह कह सकते

हैं कि यान्त्रिक एकता समानता पर आधारित है तो सावयवी एकता श्रम-विभाजन पर।

(8) यान्त्रिक एकता **सामूहिकता पर बल** देती है तो सावयवी एकता **वैयक्तिकता**, व्यक्तिगत स्वतन्त्रता और भिन्नता पर।

(9) *यान्त्रिक एकता व्यक्ति और समाज के बीच प्रत्यक्ष एवं सीधा सम्बन्ध* स्थापित करती है, व्यक्ति अपने विचारों एवं कार्यों में समाज को ध्यान में रखता है। सावयवी एकता में *व्यक्ति और समाज में सीधा सम्बन्ध नहीं वरन् अप्रत्यक्ष सम्बन्ध होता है।* विशिष्ट कार्यों के लिए वह अन्य व्यक्तियों पर निर्भर होता है।

(10) *यान्त्रिक एकता की अभिव्यक्ति दमनकारी कानूनों में होती है जबकि सावयवी एकता की प्रतिकारी कानूनों में।* प्राचीन समाजों में जहां दमनकारी कानून-व्यवस्था देखने को मिलती है, वहां यान्त्रिक एकता की प्रधानता पायी जाती है। इसके विपरीत जैसे-जैसे समाजों का विकास होता है, वैसे-वैसे दमनकारी कानूनों का स्थान प्रतिकारी कानून लेने लगते हैं। ऐसे समाजों में सावयवी एकता पायी जाती है।

(11) *यान्त्रिक एकता व्यक्तित्व के विकास में बाधक और प्रतिकूल है।* इस प्रकार की एकता वाले समाजों में सामान्य भावनाओं एवं प्रवृत्तियों का प्रभुत्व पाया जाता है, वहां व्यक्तिगत विशेषताओं और मौलिकता का विकास नहीं हो पाता, व्यक्ति पर समूह छाया रहता है तथा वैयक्तिकता शून्य हो जाती है। दूसरी ओर सावयवी एकता व्यक्ति के विकास के पूर्ण अवसर प्रदान करती है, वहां समूह व्यक्ति के व्यक्तित्व को निगलता, नहीं है। दुर्खीम ने बताया है कि सावयवी एकता वाले समाजों में प्रत्येक व्यक्ति का अपना कार्य-क्षेत्र होता है जो उसके लिए विशिष्ट है अर्थात एक व्यक्तित्व होता है।

(12) यान्त्रिक एकता में *अपराध के स्वरूपों की संख्या अधिक होती है।* परिवार, यौन-जीवन, धर्म, राष्ट्र, सामूहिक जीवन, सामूहिक चेतना, आदि व्यक्ति से एक निश्चित प्रकार का आचरण करने की अपेक्षा करते हैं। व्यक्ति की एक छोटी-सी भूल भी अपराध की श्रेणी में आ जाती है। *सावयवी एकता में अपराधों के प्रकारों की संख्या कम हो जाती है।* परिवार एवं विवाह से सम्बन्धित कुछ कार्य ही अपराध माने जाते हैं। धार्मिक जीवन से सम्बन्धित अपराध तो लगभग समाप्त हो ही जाते हैं।

(13) *यान्त्रिक एकता प्राचीन, सरल और आदिम समाजों में पायी जाती है* जहां समाज में समानता और सामूहिकता का साम्राज्य होता है। *सावयवी एकता*

आधुनिक समाजों का लक्षण है जिनमें श्रम-विभाजन एवं विशेषीकरण की बहुलता पायी जाती है।

(14) *यान्त्रिक एकता में धर्म की प्रधानता पायी जाती है।* समाज और मानव की सभी क्रियाओं का नियन्त्रण, निर्देशन और नियमन धर्म के द्वारा होता है। *सावयवी एकता में धर्म का प्रभाव घट जाता है और इसका विशेषीकरण हो जाता है।*

(15) यान्त्रिक एेकता का सम्बन्ध *खण्डात्मक सामाजिक संरचना से* है जिसमें प्रत्येक अंग समान प्रकार की सामाजिक क्रियाओं को दोहराता है *जबकि सावयवी एकता में संगठित संरचना पायी जाती है।* विशिष्ट कार्यों को करने वाले विशिष्ट समूह होते हैं जो परस्पर निर्भर होते हैं।

(16) दुर्खीम *यान्त्रिक एकता की तुलना निर्जीव और अचेतन वस्तुओं से करते हैं।* निर्जीव वस्तु का निर्माण करने वाले तत्व परस्पर एकाकार एवं घुले-मिले होते हैं, उनकी अपनी कोई पृथक् क्रिया नहीं होती वरन् सभी साथ ही हिलते-डुलते हैं। ऐसी स्थिति यान्त्रिक एकता वाले समाजों में होती है। *सावयवी एकता की तुलना शरीर से की गयी है* जिसमें प्रत्येक अंग की अपनी विशिष्ट रचना और स्वतन्त्र एवं विशिष्ट कार्य होता है। फिर भी वे शरीर के साथ जुड़े होने के कारण एकता को प्रकट करते हैं।

(17) **यान्त्रिक एकता** में जीवन से सम्बन्धित अनेक प्रकार की *सामूहिक भावनाओं का प्रचलन पाया जाता है* जो समूह जीवन का आधार होती हैं। *सावयवी एकता में भावनाओं के स्थान पर नियमों को अधिक महत्व दिया जाता है।*

दुर्खीम का मत है कि *सावयवी एकता संविदात्मक सम्बन्धों को जन्म* देती है। श्रम-विभाजन में लोग अलग-अलग प्रकार के कार्य करते हैं। समझौते के आधार पर ही वे एक-दूसरे को सहयोग देते हैं एवं सेवाएं प्राप्त करते हैं।

दुर्खीम ने सामाजिक उद्विकास का सम्बन्ध भी श्रम-विभाजन और सामाजिक एकता से जोड़ा है। प्रारम्भ में समाज यान्त्रिक एकता पर निर्भर था जिसमें श्रम-विभाजन एवं विशेषीकरण नहीं था, दमनकारी कानून प्रचलित थे, सामूहिक वेतना प्रबल थी, समूह समानता की प्रधानता थी। धीरे-धीरे समाज में सदस्यों की संख्या और आवश्यकताओं में वृद्धि हुई तो श्रम-विभाजन और विशेषीकरण पनपा, व्यक्तिगत भिन्नताएं बढ़ीं, प्रतिकारी कानून बने, सामूहिकता का ह्रास हुआ और वैयक्तिकता में वृद्धि हुई, समानता का स्थान विभिन्नता ने ले लिया। ऐसे समाजों में सावयवी एकता पायी जाती है। इस प्रकार समाज के उद्विकास के दौरान यान्त्रिक एकता

और धर्म का प्रभाव क्रमशः घटता जाता है और सामाजिक संरचना की जटिलता में वृद्धि होती है। दुर्खीम यह भी स्वाकार नहीं करते कि श्रम-विभाजन के कारण मानव के सुख में वृद्धि होती है या सुख-वृद्धि की इच्छा से ही श्रम-विभाजन को जन्म देती है। श्रम-विभाजन एक सामाजिक तथ्य है और सुख की इच्छा एक मनोवैज्ञानिक तथ्य है जिसका विश्लेषण मनोविज्ञान का कार्य है, समाजशास्त्र का नहीं।

श्रम-विभाजन के कारण (Causes of Division of Labour)

दुर्खीम ने अपनी पुस्तक 'समाज में श्रम-विभाजन' के दूसरे खण्ड में श्रम-विभाजन के कारकों, दशाओं एवं परिणामों की व्याख्या की गयी है। श्रम-विभाजन चूंकि, एक सामाजिक तथ्य है, अतः दुर्खीम ने इसके कारणों की खोज भी सामाजिक जीवन की दशाओं एवं उनकी आवश्यकताओं में ही की है। श्रम-विभाजन के दुर्खीम ने दो कारक माने हैं—प्राथमिक और द्वैतीयक। प्राथमिक कारकों में वह जनसंख्या वृद्धि एवं उसके परिणामों को मानता है। द्वैतीयक कारकों में वह :

(i) सामान्य आत्मा (चेतना) की बदली हुई अवस्था, और
(ii) 'पैतृकता के घटते प्रभाव' को सम्मिलित करता है।

हम यहां श्रम-विभाजन के इन सभी कारकों का उल्लेख करेंगे।

(1) **सामूहिक आत्मा (चेतना) का उत्तरोत्तर ह्रास :** श्रम-विभाजन के द्वैतीयक कारकों में से प्रथम कारक सामूहित आत्मा का क्रमिक ह्रास है। दुर्खीम लिखते हैं, "*यह देखा जा सकता है कि श्रम-विभाजन की प्रगति उतनी ही अधिक कठिन और धीमी होगी, जितनी सामूहिक आत्मा सशक्त और निश्चित है। इसके विपरीत, यह उतनी ही अधिक तीव्र होगी जितना व्यक्ति अपने व्यक्तिगत पर्यावरण के साथ सामंजस्य करने में समर्थ है।*" प्राचीन समाजों में पहां समानताएं अधिक होती है, वहां वैयक्तिकता के स्थान पर सामूहिकता की प्रधानता होती है। व्यक्ति सामूहिक हित और भावनाओं द्वारा मार्गदर्शन प्राप्त करता है, किन्तु जब व्यक्तिगत हित एवं दृष्टिकोण सामूहिक हितों को दबा दे, व्यक्तिगत चेतना सामूहिक चेतना पर छा जाय तो श्रम-विभाजन और विशेषीकरण पनपता है। सामूहिक चेतना के घटने और कमजोर होने पर ही व्यक्तिगत चेतना और श्रम-विभाजन में वृद्धि होती है।

(2) **जनसंख्या के आकार और घनत्व में वृद्धि :** दुर्खीम *जनसंख्या के आकार और घनत्व* में वृद्धि को श्रम-विभाजन का प्राथमिक कारक मानते हैं। वे

लिखते हैं, " श्रम-विभाजन समाजों की जटिलता और घनत्व के साथ सीधे अनुपात में विचरण करता है और यदि सामजिक विकास के दौरान यह निरन्तर वृद्धि करता है तो इसका कारण यह है कि समाज नियमित रूप से अधिक घने और सामान्यतः अधिक जटिल हो जाते हैं।" *जनसंख्या वृद्धि दो रूपों में होती है–*

(a) जनसंख्या के आकार में वृद्धि तथा

(b) जनसंख्या के घनत्व में वृद्धि होने पर खण्डात्मक समाज धीरे-धीरे लुप्त होने लगते हैं तथा उनके स्थान पर मिश्रित समाज जन्म लेते हैं।

विशेष केन्द्रों पर जनसंख्या का जमाव होने लगता है। जनघनत्व भी दो प्रकार का होता है :

(i) **भौतिक घनत्व**, जिसमें शारीरिक दृष्टि से लोग एक ही स्थान पर केन्द्रित होने लगते हैं।

(ii) **नैतिक घनत्व**, जो भौतिक घनत्व का ही परिणाम है। इसमें लोगों के सम्बन्धों में, उनकी क्रियाओं और प्रतिक्रियाओं में वृद्धि होती है। लोगों की अन्तः क्रियाओं में वृद्धि जटिलता उत्पन्न होती है जिसे गतिशील या नैतिक घनत्व कहते हैं। जनसंख्या के आकार तथा घनत्व में वृद्धि होने पर लोगों की पारस्परिक जागरूकता में भी वृद्धि होती है जो नैतिक घनत्व का प्रमुख कारण हैं। यातायात और संचार के साधनों में वृद्धि होने पर जंनसंख्या का भौतिक घनत्व भी बढ़ता है। जब जनसंख्या में वृद्धि होती है तो अस्तित्व के लिए संघर्ष (Struggle for Existence) भी बढ़ता है।

(3) **पैतृकता का घटता प्रभाव :** दुर्खीम का विचार है कि पैतृकता का जितना अधिक प्रभाव होता है, परिवर्तन के अवसर उतने ही कम होते हैं। पैतृकता के आधार पर जब समाज में व्यवसाय अथवा कार्यों का बंटवारा किया जाता है तो श्रम-विभाजन के विकास में बाधाएं आती हैं। जब समाज में पैतृकता का प्रभाव क्षीण होता है तो श्रम-विभाजन को बढ़ावा मिलता है। प्राचीन समाजों में जहां जीवन सरल और सामन्य होता है, पैतृकता का प्रभाव भी अधिक होता है जबकि आधुनिक समाजों में विशेषीकरण के कारण पैतृकता का प्रभाव क्षीण हो जाता है।

इस प्रकार दुर्खीम ने श्रम-विभाजन के कारणों की खोज आर्थिक एवं मनो-वैज्ञानिक कारकों में न होकर समाजशास्त्रीय कारकों में की है।

श्रम-विभाजन के परिणाम (Consequences of Division of Labour)

दुर्खीम ने श्रम-विभाजन के विभिन्न परिणामों का भी उल्लेख किया है जो निम्नांकित हैं :

(1) **व्यक्तिवादी विचारधारा :** श्रम-विभाजन के बढ़ने के साथ-साथ सामूहिक चेतना शिथिल होती जाती है और व्यक्तिगत चेतना में वृद्धि होती जाती है। व्यक्तिगत स्वतन्त्रता और स्वार्थ बढ़ते हैं जो व्यक्तिवादी विचारधारा को जन्म देते हैं। जीवन के प्रत्येक क्षेत्र में व्यक्तिवादी भावना का विकास हो जाता है। प्रदत्त के स्थान न अर्जित पदों का महत्व भी बढ़ जाता है।

(2) **सावयवी सामाजिक एकता :** श्रम-विभाजन के अभाव में समाज में जो एकता थी, वह यान्त्रिक प्रकार की थी। श्रम-विभाजन के कारण समाज में सावयवी एकता स्थापित होती है जिसमें विभिन्न अंगों परस्पर प्रकार्यात्मक निर्भरता एवं सहयोग पाया जाता है। इस प्रकार का हम पूर्व में विस्तार से उल्लेख कर चुके हैं।

(3) **प्रकार्यात्मक स्वतन्त्रता और विशेषीकरण** (Functional Independence and Specialization) –श्रम-विभाजन का एक परिणाम यह होता है कि कार्यों के विभाजन के साथ-साथ कार्य की स्वतन्त्रता और गतिशीलता में वृद्धि होती जाती है। इससे कार्यों के परिवर्तन के अवसर भी बढ़ जाते हैं। श्रम-विभाजन में व्यक्ति अपनी क्षमताओं को विशिष्ट कार्य में लगा देता है, इन क्षमताओं का उपयोग होने से वे दिनों-दिन परिष्कृत होती जाती हैं। श्रम-विभाजन का एक परिणाम यह भी होता है कि व्यक्तियों के कार्य उनके शारीरिक लक्षणों से स्वतन्त्र हो जाते हैं। फलस्वरूप कार्यों की परिवर्तनशीलता भी बढ़ जाती है। इस प्रकार *प्रकार्य का संरचना से स्वतन्त्र होना, उसका गतिशील होना और विशिष्ट होना प्रगति की निशानी हैं। प्रकार्यात्मक जटिलता में ही प्रगति का रहस्य है।*

(4) **प्रतिकारी कानून और नैतिक दबाव :** श्रम-विभाजन कानूनी व्यवस्था को भी बदल देता है। यान्त्रिक एकता वाले समाजों में जहां सभी प्रकार की समानताएं पायी जाती हैं, दमनकारी कानून पाये जाते हैं, किन्तु श्रम-विभाजन और विशेषीकरण के कारण समाज में पारस्परिक सम्बन्धों का विस्तार और जटिलता में वृद्धि होती है, लोगों में संवेदात्मक सम्बन्ध पनपते हैं। व्यक्तिगत हितों की रक्षा के लिए प्रतिकारी कानून बनाये जाते हैं। श्रम-विभाजन जहां एक तरफ व्यक्तिवाद को प्रोत्साहन देता है, वहीं

दूसरी तरफ सामूहिक हितों से सम्बन्धित नैतिकता को भी विकसित करता है जो व्यक्तिगत चेतना, व्यक्तिगत स्वार्थ और स्वतन्त्रता पर नियन्त्रण रखती है।

(5) **सभ्यता का विकास :** दुर्खीम ने सभ्यता को श्रम-विभाजन का परिणाम माना है। जैसे-जैसे श्रम-विभाजन का विकास होता है, वैसे-वैसे सभ्यता का भी विकास होता है। जनसंख्या के आकार और घनत्व में वृद्धि से श्रम-विभाजन में वृद्धि होती है जो सभ्यता को भी विकसित करती है। दुर्खीम के अनुसार श्रम-विभाजन का लक्ष्य और कार्य सभ्यता का विकास नहीं है वरन् यह तो उसका आवश्यक परिणाम है।

(6) **सामाजिक परिवर्तन एवं व्यक्तिगत परिवर्तन :** दुर्खीम व्यक्तिगत एवं सामाजिक परिवर्तन क लिए भी श्रम-विभाजन को उत्तरदायी मानते हैं। समाज में परिवर्तन क लिए जनसंख्या के आकार, वितरण और घनत्व में होने वाला परिवर्तन उत्तरदायी है। इसी के कारण ही समाज में श्रम-विभाजन पैदा होता है। सामाजिक परिवर्तन के कारण ही समस्त व्यक्तिगत परिवर्तन भी होते हैं क्योंकि व्यक्ति समाज का ही अंग है।

(7) **सामाजिक प्रगति :** परिवर्तन से ही प्रगति होती है और श्रम-विभाजन भी परिवर्तनों को जन्म देता है। परिवर्तन प्रकृति का शाश्वत् नियम है जो सदैव होता रहता है। परिवर्तन के रुकने पर प्रगति के रुकने का तात्पर्य है समाज में स्थिरता आ जाना, उसका जीवन और अस्तित्व खतरे में पड़ जाना। दुर्खीम परिवर्तन की प्राकृतिक एवं मनोवैज्ञानिक व्याख्या के स्थान पर सामाजिक व्याख्या करते हैं। उनका मत है कि समाज ही प्रगति एवं परिवर्तन का कारण है। समाज गतिशील है, यदि समाज रुक जाता है तो प्रगति भी रुक जाती है। परिवर्तन एवं प्रगति का मुख्य कारण भी श्रम-विभाजन है।

(8) **नवीन समूहों की उत्पत्ति और अन्तर्निर्भरता:** श्रम-विभाजन के परिणाम स्वरूप विशेष प्रकार कार्यों में लगे व्यक्तियों में विशेष प्रकार के हितों का विकास हो जाता है जिनकी रक्षा के लिए विशेष वर्गों तथा समूहों का निर्माण होता है। ये समूह अपनी आवश्यकताओं की पूर्ति के लिए परस्पर सहयोग करते हैं और उनमें अन्तर्निभरता पायी जाती है। जितना अधिक श्रम-विभाजन होगा, उतनी ही अधिक पारस्परिक निर्भरता बढ़ेगी। इस प्रकार श्रम-विभाजन नवीन समूहों, उनकी अन्तर्निर्भरता और सहयोग को जन्म देता है।

दुर्खीम : सामाजिक तथ्य (Durkheim : Social Fact)

'समाजशास्त्री पद्धति के नियम' दुर्खीम की एक महत्वपूर्ण पुस्तक है जो सन् 1895 में प्रकाशित हुई। जिस समय इस पुस्तक की रचना हुई, उस समय समाजशास्त्र एक नवोदित विषय के रूप में स्थापित हो रहा था। दुर्खीम ने यह बात महसूस की थी कि सामाजशास्त्र एक पृथक विज्ञान के रूप में तब तक स्थापित नहीं किया जा सकता, जब तक कि इसकी एक विशिष्ट अध्ययन वस्तु और उसके अन्वेषण के लिए एक व्यवस्थित अध्ययन पद्धति विकसित न हो। इन्हीं दो उद्देश्यों की पूर्ति के लिए दुर्खीम ने इस पुस्तक की रचना की। उसने समाजशास्त्र को मनोविज्ञान और जीवशास्त्र से मुक्त करके उसे एक स्वतन्त्र अस्तित्व प्रदान किया तथा सामूहिक चेतना तथा सामूहिक सम्मिलन से उत्पन्न एक स्वतन्त्र वास्तविकता के रूप में सामाजिक तथ्यों को समाजशास्त्र की विषय-वस्तु के रूप में स्थापित किया। इस सामाजिक वास्तविकता का अध्ययन मनोवैज्ञानिक और दार्शनिक पद्धति से नहीं हो सकता वरन् इसके लिए किए वैज्ञानिक पद्धति की आवश्यकता है और यह वैज्ञानिक पद्धति प्राकृतिक विज्ञानों की पद्धति हो सकती है।

'समाजशास्त्रीय पद्धति के नियम' ग्रन्थ के छः अध्याय हैं।

प्रथम अध्याय में दुर्खीम ने समाजशास्त्र की विषय-सामग्री एवं अनुसन्धान की समस्या के रूप में सामाजिक तथ्य की परिभाषा और उसके **लक्षणों** की व्याख्या की है।

दूसरे अध्याय में सामाजिक तथ्यों के वैज्ञानिक और वैषयिक अवलोकन के नियम निर्धारित किये हैं।

तीसरे अध्याय तथा व्याधिकी तथ्यों का विश्लेषण किया गया है।

चतुर्थ अध्याय में सामाजिक तथ्यों के वर्गीकरण के नियमों की व्याख्या की गयी है।

पांचवे अध्याय में सामाजिक तथ्यों की विस्तृत व्याख्या की गयी है। *छठा अध्याय* निर्वचन तथा सामान्यीकरण की प्रणालियों से सम्बन्धित है तथ अन्तिम अध्याय में दुर्खीम ने अपने सम्पूर्ण विवेचन का संक्षिप्त निष्कर्ष प्रस्तुत किया है। हम यहां सामाजिक तथ्य पर दुर्खीम के विचांरों का उल्लेख करेंगे।

सामाजिक तथ्य क्या है (What is a Social Fact?)

दुर्खीम ने समाजशास्त्र की विषय-वस्तु के रूप में सामाजिक तथ्यों की विवेचना की है। सामाजिक तथ्य वे तथ्य हैं जो सामूहिक चेतना से सम्बन्धित हों और जो व्यक्तिगत चेतना से स्वतन्त्र हों। सामाजिक तथ्यों के दबाब से ही व्यक्ति एवं समूह

व्यवहार करते हैं। सामाजिक तथ्यों को परिभाषित करते हुए दुर्खीम लिखते है, *"सामाजिक तथ्य व्यवहार(विचार, अनुभव या क्रिया) का वह पक्ष है जिसका निरीक्षण वैषयिक रूप से सम्भव है और जो एक विशेष ढंग से व्यवहार करने को बाध्य करता है।"* एक अन्य स्थान पर दुर्खीम लिखते हैं, *"सामाजिक तथ्य कार्य करने, सोचने एवं अनुभव करने के वे तरीके हैं, जिनमें व्यक्तिगत चेतना से बाहर भी अस्तित्व को बनाये रखने की उल्लेखनीय विशेषता होती है।"* **समाजशास्त्रीय पद्धति के नियम** पुस्तक के प्रथम अध्याय की अन्तिम पंक्तियों में सामाजिक तथ्यों को विस्तृत रूप में समझाते हुए दुर्खीम लिखते हैं, *"सामाजिक तथ्य क्रिया करने का एक स्थायी अथवा अस्थायी तरीका है जो व्यक्ति पर बाहरी दबाव डालने में समर्थ होता है अथवा पुनः क्रिया करने का एक तरीका है जो किसी समाज में सामान्य रूप से पाया जाता है, किन्तु साथ ही साथ जो व्यक्तिगत अभिव्यक्तियों से स्वतन्त्र पृथक् अस्तित्व रखता है।"*

इन परिभाषाओं से स्पष्ट है कि सामाजिक तथ्य क्रिया करने अथवा व्यवहार के तरीकों है। इन क्रिया करने के तरीकों में दुर्खीम मानव के सोचने-विचारने और अनुभव करने के तरीकों को सम्मिलित करता है जो स्थयी अथवा अस्थायी हो सकते हैं। कुछ सामाजिक तथ्य स्थायी होते हैं। उदाहरणार्थ, आत्महत्या, विवाह एवं मृत्यु की संख्या में किसी भी समाज में थोड़ा-बहुत परिवर्तन होता है, अतः इनकी वार्षिक दर लगभग स्थायी एवं स्थिर रहती है। इसलिए इन्हें सामाजिक तथ्यों की श्रेणी में रखा जाता है। निवास करने के तरीकों को भी क्रिया करने का तरीका माना गया है।

नगरों में जनघनत्व में वृद्धि, मकान बनाने के तरीके, रहन-सहन, खान-पान और जीवन व्यतीत करने के तरीकों को भी सामाजिक तथ्य माना गया है क्योंकि इनमें भी परिवर्तन बहुत कम होते हैं। इसी प्रकार से स्थायी और अस्थायी तरीके जो मनुष्यों की क्रियाओं, विचारों और जीवन पद्धतियों को निर्देशित करते हैं, सामाजिक तथ्य कहलाते हैं। समूह में प्रचलित विश्वास, प्रथाएं, रीति-रिवाज, आदर्श, नैतिकता, मान्यताएं तथा कार्य करने के तरीके भी सामाजिक तथ्य है क्योंकि इनमें भी परिवर्तन बहुत कम आते हैं और ये किसी व्यक्ति विशेष की वरन् सम्पूर्ण समूह की सम्पत्ति माने जाते हैं।

सामाजिक तथ्यों की विशेषताएं (Characteristics of Social Facts)

दुर्खीम ने सामाजिक तथ्य की दो प्रमुख विशेषताओं का उल्लेख किया है- बाह्यता तथा बाध्यता। सामाजिक तथ्यों को स्पष्ट रूप से समझने के लिए इन दोनों विशेषताओं तथा तीन अन्य विशेषताओं को समझना आवश्यक है।

(1) **बाध्यता** (Constraint) : सामाजिक तथ्यों की एक विशेषता यह है कि इनका पालन व्यक्ति के लिए बाध्यतामूलक होता है। क्योंकि इनकी उत्पत्ति व्यक्तिगत चेतना से नहीं होती वरन् ये सामूहिक चेतना के परिणाम होते हैं, अतः व्यक्ति के लिए दबावकारी होते हैं। व्यक्ति से बाहर की वस्तु होने के कारण ही ये व्यक्ति पर एक विशिष्ट प्रकार का व्यवहार करने के लिए दबाव डालते हैं। सामाजिक तथ्यों के पीछे समाज एवं समूह की शक्ति होती है। इस शक्ति के प्रभाव एवं दबाव के कारण ही व्यक्ति उस प्रकार का आचरण करता है जैसा समाज चाहता निर्देश देता है। सामाजिक दबाब या शक्ति व्यक्ति से बाहर की वस्तु और व्यक्ति से श्रेष्ठ होती है, अतः व्यक्ति उसके सामने नतमस्तक होता है, झुकता है, समाज के नियमों और आदेशों को शिरोधार्य करता है। समाज की इस शक्ति का पता सामान्य जीवन और सामान्य स्थिति में नहीं लगता वरन् उस समय लगता है जब हम उसका विरोध करते हैं, उसे नकारते हैं, या उसका उल्लंघन करते हैं। तभी समाज का रोष प्रकट होता है तथा वह दण्ड की व्यवस्था करता है। दण्ड सामाजिक तथ्यों के विरोध का परिणाम ही है।

(2) **सामाजिक तथ्य पीढ़ी-दर-पीढ़ी हस्तान्तरित किये जाते हैं** (Social Facts are Transmitted from Generation to Generation) : सामाजिक तथ्य समाजीकरण के माध्यम से सीखे जाते हैं, पुरानी पीढ़ी इन्हें नई पीढ़ी को हस्तान्तरित करती है। दीपावली, होली, रक्षाबन्धन, रामनवमी, कृष्ण-जन्माष्टमी, आदि त्यौहारों को कैसे मनाया जायेगा, इस दिन घर में भोजन क्या बनेगा, किस प्रकार के वस्त्र पहने जायेंगे, आदि सभी बातें व्यक्ति परिवार एवं समाज से ग्रहण करता है और धीरे-धीरे वे सभी उसके जीवन के अंग बन जाते हैं, उसकी आदतें एवं व्यवहार में सम्मिलित हो जाते हैं। वह भी इन्हें आने वाली नई पीढ़ी को हस्तान्तरित करता है। इस प्रकार सामाजिक तथ्य पीढ़ी-दर-पीढ़ी हस्तान्तरित किये जाते हैं।

(3) **सामाजिक तथ्य काम करने, सोचने, या अनुभव करने के तरीके हैं** (Ways of Acting, Thinking and Feeling are Social Facts) : सामाजिक तथ्यों की दुर्खीम द्वारा दी गयी परिभाषा से स्पष्ट है कि सामाजिक तथ्य समाज अथवा समूह में काम करने सोचने और अनुभव करने के तरीके हैं। उदाहरण के लिए एक व्यक्ति अपने विवाह के बारे में सोचता है तब वह यह भी सोचता है कि विवाह साथी का चुनाव उसके परिवार, वर्ग, जाति, शिक्षा, व्यवसाय, आर्थिक स्थिति आदि के अनुरूप हो। उसके इस सोच पर सामाजिक दबाब है। अतः यह सोच सामाजिक तथ्य है। हमारे

व्यवहार और सोच-विचार समाज की देन हैं, समाज ही इनकी उत्पत्ति का स्रोत है। हम समाजीकरण की प्रक्रिया द्वारा समाज में विभिन्न प्रकार से व्यवहार करना सीखते हैं। किस चीज को उचित या अनुचित, अच्छा या बुरा समझा जायेगा, यह सब हमें समाज ही बताता है। किस अवसर पर हम किस प्रकार का व्यवहार, कार्य एवं आचरण करेंगे, यह भी समाज ही बताता है, समाज के नियम, प्रथाएं, परम्पराएं, आदि सभी हमारे आचरण को नियमित एवं नियन्त्रित करते हैं। इसलिए ही ये सभी सामाजिक तथ्य कहलाते हैं। सामाजिक तथ्य का प्रभाव व्यति पर इतना अधिक होता है कि उसकी सम्पूर्ण अनुभूति भी सामाजिक तथ्यों के अन्तर्गत आ जाती है। व्यक्ति के सम्पूर्ण जीवन पर सामाजिक तथ्यों का प्रभाव पाया जाता है।

(4) **सामाजिक उत्पत्ति** (Social Origin) : सामाजिक तथ्य व्यक्ति की व्यक्तिगत चेतना की उपज नहीं वरन् वे सामूहिक चेतना के परिणाम हैं। इनकी उत्पत्ति समाज में होती है, समाज से होती है तथा इनका विकास समाज के इतिहास से जुड़ा हुआ है। जैसा समाज होगा जैसा उसका मिजाज होगा, उसी के अनुरूप उसके सामाजिक तथ्य होंगे। भारत में स्त्रियां घूघट निकालती हैं, यूरोपीय समाज में नहीं। अभिवादन के लिए हम हाथ मिलाते हैं, गले लगते हैं, पांव छूते हैं, नमस्कार, जयरामजी, जय श्रीकृष्ण, गुड़ मॉर्निंग आदि शब्दों का प्रयोग करते हैं। ये सभी सामाजिक तथ्य हैं क्योंकि इनकी उत्पत्ति किसी व्यक्ति विशेष की देन नहीं वरन् सम्पूर्ण समाज की देन है। समाज में बार--बार दोहराये जाने के कारण वे स्थायी हो जाते हैं। इस स्थायित्व के कारण ही इनमें तीव्र गति से परिवर्तन नहीं होता।

(5) **सामाजिक तथ्य अधिवैयक्तिक होते हैं** (Social facts are Super-individual) : सामाजिक तथ्यों का प्रदर्शन एवं प्रकटीकरण यद्यपि व्यक्ति की क्रियाओं में ही होता है किन्तु इनका अस्तित्व व्यक्तिगत अभिव्यक्तियों से स्वतन्त्र होता है। नैतिक नियम, धार्मिक और राजनीतिक विश्वास विभिन्न संस्थाओं में प्रचलित मान्यताएं आदि किसी भी व्यक्ति द्वारा प्रयोग किये जाने वाले तथ्य हैं, किन्तु कोई वैयक्तिक क्रिया उन्हें पूर्णरूप से उत्पन्न नहीं कर सकती। सामाजिक तथ्यों की उत्पत्ति सामूहिक चेतना के द्वारा होती है, अत: ये किसी एक व्यक्ति के नहीं होते वरन् सम्पूर्ण समाज के होते हैं। दुर्खीम इन्हें **सामाजिक धाराएं** (Social Currents) कहता है। समय-समय पर ये धाराएं व्यक्ति को विशेष प्रकार का आचरण करने की प्रेरणा देती हैं। सामाजिक तथ्य एक स्वतन्त्र शक्ति है जो व्यक्ति व्यवहारों में प्रकट होती है। यह शक्ति समूह की देन है। प्रथाएं, परम्पराएं, रूढ़ियां

आदि जो कि सामाजिक तथ्य हैं किसी व्यक्ति विशेष की देन नहीं है, वरन् सम्पूर्ण समूह की उपज हैं। इनका निर्माण विकास परिमार्जन, संशोधन एवं परिवर्तन किसी व्यक्ति विशेष के द्वारा नहीं वरन् समूह या समाज के द्वारा होता है। इसी रूप में सामाजिक तथ्य अधिवैयक्तिक हैं, व्यक्ति की क्षमता व शक्ति से परे और सामाजिक हैं।

(6) **सार्वभौमिकता** (Universality) : सामाजिक तथ्य सार्वभौमिक होते हैं अर्थात् उनका प्रचलन सारे समूह और समाज में पाया जाता है, सभी उन्हें एक ही अर्थ में समझते हैं और पालन करते हैं। सामाजिक तथ्यों में केवल उन्हीं तरीकों को सम्मिलित किया जाता है जो सम्पूर्ण समाज में सामान्य रूप से पाये जाते हैं।

(7) **बाह्यता** (Exteriority) : सामाजिक तथ्य की एक विशेषता यह है कि समाज वैज्ञानिक के व्यक्तिगत विचार, व्यक्तिगत व्यक्ति चेतना और अधिकार क्षेत्र से बाहर होते हैं। इन पर व्यक्ति विशेष के विचारों या क्रिया का प्रभाव नहीं पड़ता क्योंकि इनका अस्तित्व व्यक्ति से स्वतन्त्र होता है। सामाजिक तथ्यों की उत्पत्ति सामूहिक चेतना से होती है, इसलिए ये व्यक्तिगत तथ्यों से पृथक एवं भिन्न होते हैं। जिस पर पानी हाइड्रोजन और ऑक्सीजन से मिलकर बनता है फिर भी पानी न तो हाइड्रोजन है और न ऑक्सीजन। पानी इन दोनों से अपना पृथक और स्वतन्त्र अस्तित्व रखता है। सामाजिक तथ्यों का निर्माण भी समूह के सदस्यों की सामूहिक एवं पारस्परिक अन्तः क्रिया के परिणामस्वरूप होता है, किन्तु उनका अस्तित्व व्यक्तिगत तथ्यों से स्वतन्त्र होता है। जैसे मनुष्य के मन में विचारों का जन्म विभिन्न कोष्ठों (Cells) की पारस्परिक अन्तःक्रिया के कारण होता है, उसी प्रकार से विभिन्न व्यक्तियों की अन्तःक्रिया के कारण सामूहिक चेतना एवं सामूहिक विचारों का जन्म होता है। फिर भी उनका अस्तित्व व्यक्ति विशेष की चेतना से बाहर और पृथक होता है। वे किसी व्यक्ति की व्यक्तिगत सम्पत्ति नहीं होते। सोचने, विचारने, अनुभव करने एवं कार्य करने के तरीके समाज में पहले से ही विद्यमान होते हैं। धार्मिक विचार और विश्वास, प्रथाएं, नियम, नैतिकता आदि सामूहिक चेतना की ही उपज होते हैं, अतः व्यक्ति की शक्ति और अधिकार से परे होते हैं। इसलिए ही इन्हें सामाजिक तथ्यों की श्रेणी में गिना जाता है। सामाजिक तथ्यों पर वैज्ञानिक के व्यक्तिगत विचारों का प्रभाव नहीं पड़ता इसलिए वे व्यक्ति के नियन्त्रण से स्वतन्त्र होते हैं।

(8) **सामाजिक तथ्य सीखे जाते हैं** (Social Facts are Learned) : सामाजिक तथ्य चूंकि समाज की उपज हैं अत: समाजीकरण की प्रक्रिया द्वारा सीखे जाते हैं, ये हमें वंशानुक्रमण, शारीरिक लक्षणों जैसे कालापन, गोरापन, आंख, नाक, कान एवं बालों की बनावट आदि की तरह माता-पिता से प्राप्त नहीं होते। शिक्षा समाजीकरण का एक संशक्त साधन है, औपचारिक एवं अनौपचारिक शिक्षा के माध्यम से व्यक्ति सामाजिक तथ्यों को सीखता है। परिवार के लोग व्यक्ति को यह सिखाते हैं कि उसे अभिवादन कैसे करना चाहिए और वस्त्र कैसे पहनना चाहिए तो शिक्षण संस्थाएं हमें समाज के कानूनों, विश्वास आदि का ज्ञान करवाती हैं। सामाजिक तथ्य, सामूहिक चेतना, सामूहिक प्रतिनिधान के रूप में समाज में मौजूद होते हैं जिन्हें व्यक्ति सीखता है। केवल वे सीखे हुए व्यवहार ही जो किसी समूह या समाज के सदस्यों द्वारा स्वीकृत और मान्य होते हैं, सामाजिक तथ्यों की श्रेणी में आते हैं।

दुर्खीम ने सामाजिक तथ्य की बाह्यता और बाध्यता को प्रकट करने के लिए अनेक उदाहरण दिये हैं। दुर्खीम ने व्यक्तिगत और सामूहिक मस्तिष्क में भेद किया है। राष्ट्रीय संकट के समय राष्ट्रीय सुरक्षा की भावना व्यक्तिगत भावना से प्रबल होती है। व्यक्तिगत भावना के आधार पर बलिदान करने वाले व्यक्तियों की संख्या राष्ट्रीय भावना से प्रेरित होकर बलिदान करने वालों से कम होती है। व्यक्ति के व्यक्तिगत विचारों, मनोभावों एवं क्रियाओं में शीघ्र ही परिवर्तन आ जाते हैं, किन्तु सामाजिक तथ्यों में परिवर्तन बहुत कम होते हैं किन्तु सामाजिक तथ्यों में परिवर्तन बहुत कम होते हैं। यहीं कारण है कि किसी देश में आत्महत्या, विवाह और मृत्यु-दर में वार्षिक घटत-बढ़त बहुम कम ही होती है।

दुर्खीम के अनुसार नैतिकता एक सामाजिक तथ्य है और सामूहिक चेतना इसके उल्लंघन पर नियन्त्रण लगाती है। नैतिकता के उल्लंघन पर समाज दण्ड की व्यवस्था भी करता है, चाहे वह अधिक कठोर नहीं हो। समाज के कानून, प्रथाएं, परिपाटियां सामाजिक तथ्य हैं। यदि हम इसका विरोध करते हैं, अवमानना करते हैं तो हमें दबाव महसूस होता है, समाज हमें ऐसा करने से रोकता हैं, हमसे क्षति हो गयी हो तो समाज हमसे क्षतिपूर्ति की मांग करता है और यदि पूर्ति सम्भव न हो तो समाज इसके लिए दण्ड देता है। दुर्खीम कहता है कि यदि मैं समाज की परिपाटियों को स्वीकार नहीं करता हूं, अपनी वेशभूषा, अपने देश तथा वर्ग के प्रचलित रीति-रिवाजों को नहीं मानता हूं तो जिस उपहास का पात्र मुझे बनाया जाता है, जिस प्रकार से मुझे पृथक् रखा जाता है... यह दबाव अप्रत्यक्ष होते हुए भी प्रभावपूर्ण

होता है। मेरे लिए यह आवश्यक नहीं है कि मैं अपने देशवासी से फ्रांसीसी भाषा में ही बात करूं, किन्तु तो भी इसके विपरीत कार्य करना मेरे लिए सम्भव नहीं होगा।... एक उद्योग के रूप में, मैं गत शताब्दियों की तकनीकी पद्धतियों को अपनाने के लिए पूर्णतया स्वतन्त्र हूं तथापि मैं ऐसा करने पर निश्चित रूप से अपनी बरबादी आमन्त्रित करूंगा। यदि मैं इन नियमों से अपने आपको स्वतन्त्र कर भी लेता हूं तथा सफलता से उसका उल्लंघन करता हूं तो भी सर्वदा इनसे संघर्ष करने के लिए बाध्य किया जाता हूं। अन्त में निष्प्रभावित होकर भी वे अपने दबाव का अपने प्रतिरोध द्वारा हमें अनुभव करा देते हैं। सभी नवोन्मेषकर्ताओं (आविष्कारकों) के उपक्रम को, सफलता प्राप्त लोगों सहित, इस प्रकार के प्रतिरोध को सहना पड़ता है।"

दुर्खीम कहता है कि *सामाजिक तथ्यों की 'बाध्यता' को कई बार प्रत्यक्ष रूप से देख नहीं सकते, किन्तु अप्रत्यक्ष रूप से वे बाध्यकारी होते हैं*। इसे स्पष्ट करने के लिए दुर्खीम ने समाजीकरण और शिक्षा का उदाहरण दिया है। समाजीकरण और शिक्षा का उदाहरण दिया है। समाजीकरण और शिक्षा के द्वारा हम बच्चे पर कार्य करने, अनुभव करने, देखने और विचार करने के तरीकों को थोपते ही तो हैं। प्रारम्भ से ही बच्चे को हम नियमित समय पर खाना पीना, सोना-बैठना सिखाते हैं, उसे बाध्य करते हैं। हम उसे स्वच्छता, शान्ति तथा आज्ञाकारिता के लिए बाध्य करते हैं। हम उसे दूसरों के प्रति अच्छे विचार रखने, परम्पराओं, नियमों, रीति-रिवाजों आदि का सम्मान करना सिखाते हैं और काम करने की आवश्यकता आदि समझाते हैं। इन सब प्रतिबन्धों की बाध्यता अनुभव होने का कारण यह है कि यह बाध्यता धीरे-धीरे आदतों में बदल जाती है। शिक्षा का उद्देश्य भी समाजीकरण करना है। समाजीकरण के द्वारा बच्चे पर निरन्तर यह दबाव पड़ता है कि वह समाज के अनुकूल बने और माता-पिता तथा शिक्षक इस प्रक्रिया के प्रतिनिधि एवं मध्यस्थ होते हैं। इस प्रकार दुर्खीम सामाजिक तथ्यों में दबाव को एक आवश्यक तत्व मानते हैं, चाहे यह प्रत्यक्ष हो या अप्रत्यक्ष। वे लिखते हैं, *"एक सामाजिक तथ्य बाह्य दबाव की शक्ति से पहचाना जाता है। जिसका प्रयोग यह व्यक्ति पर करता है अथवा व्यक्तियों में प्रयोग कर सकने के योग्य है और इस शक्ति की उपस्थिति उसके लिए विशिष्ट अनुमति से या इसका उल्लंघन करने वाले व्यक्ति के प्रतिरोध से जानी जाती है।"*

उपर्युक्त विवेचन से स्पष्ट है कि दुर्खीम ने सामाजिक तथ्यों की विस्तृत व्याख्या की है। ये सामाजिक तथ्य ही समाजशास्त्र को मनोविज्ञान और जीवशास्त्र के चंगुल से मुक्त करना है तो निश्चय ही इसे अपने को सामाजिक तथ्यों के अध्ययन तक सीमित करना होगा।

सामाजिक तथ्यों के अवलोकन के नियम
(Rules for the Observation of Social Facts)

दुर्खीम ने अपनी पुस्तक **'समाजशास्त्रीय पद्धति के नियम'** के दूसरे अध्याय में उन नियमों का उल्लेख किया है, जिनके द्वारा सामाजिक तथ्यों का अवलोकन किया जा सके, उन्हें देखा एवं समझा जा सके। सामाजिक तथ्यों की व्याख्या के लिए दुर्खीम वैज्ञानिक पद्धति के प्रयोग पर बल देते हैं। समाजशास्त्र करने के लिए दुर्खीम प्राकृतिक विज्ञानों की अध्ययन पद्धति को अपनाना आवश्यक मानते हैं। सामाजिक तथ्यों के वैज्ञानिक अवलोकन के लिए हमें निष्पक्ष और तटस्थ होकर उनका अध्ययन करना होगा जैसा कि प्राकृतिक विज्ञानों में किया जाता है। सामाजिक तथ्यों के अध्ययन में अध्ययनकर्ता के स्वयं व्यक्तिगत विचारों, राग-द्वेष आदि का कोई प्रभाव नहीं पड़ना चाहिए। सामाजिक तथ्यों का वैज्ञानिक, तटस्थ और निष्पक्ष अध्ययन कैसे किया जाये, इसके लिए दुर्खीम ने सामाजिक तथ्यों के अवलोकन के कुछ नियमों का उल्लेख किया है जो निम्नांकित है :

(1) **वैयक्तिक तथ्यों तथा सामाजिक तथ्यों की पृथकता** (Separation of Individual and Social Facts) **:** सामाजिक तथ्यों के वैज्ञानिक अवलोकन के लिए व्यक्तिगत और सामाजिक तथ्यों को पृथक किया जाना चाहिए। दुर्खीम लिखते हैं, "जब समाजशास्त्री किसी प्रकार के सामाजिक तथ्यों का अध्ययन करता है तो उसे उनके उस पक्ष पर ध्यान देने का प्रयत्न करना चाहिए जो उनकी व्यक्तिगत अभिव्यक्तियों से स्वतन्त्र है।" सामाजिक तथ्यों के अध्ययन में व्यक्ति को अपनी व्यक्तिगत भावना, धाराओं, उद्वेगों को स्थान देना चाहिए वरन वस्तुएं जिस रूप में समाज विद्यमान है, उनका उसी रूप में अध्ययन करना चाहिए।

(2) **सामाजिक तथ्यों को वस्तुओं के रूप में समझना चाहिए** (Consider Social Facts as Things) **:** सामाजिक तथ्यों के वैज्ञानिक अवलोकन का पहला नियम यह है कि प्रत्येक सामाजिक तथ्य को एक पृथक् वस्तु के रूप में देखा जाय। दुर्खीम वस्तु और विचार में भेद करता है। विचार-अमूर्त और परोक्ष तथ्य है जबकि वस्तु एक प्रत्यक्ष तथ्य है। जो प्रत्यक्ष है उसमें अध्ययनकर्ता अपनी इच्छा से कोई परिवर्तन नहीं कर सकता जबकि परोक्ष तथ्य भाव-प्रधान होते हैं। वैषयिक दृष्टि ही वैज्ञानिक अवलोकन का आधार हो सकती है। जब तक हम सामाजिक तथ्यों को एक बाहरी वस्तु समझकर उसका प्रत्यक्ष अवलोकन नहीं करेंगे तब तक उनकी वास्तविकता प्रकट नहीं होगी क्योंकि हमारे पूर्व निर्णय और हमारी पूर्व-धारणाएं हमारे वैज्ञानिक

अध्ययन में बाधक होते हैं। इन बाधाओं को दूर करने के लिए सामाजिक तथ्यों को भी भौतिक तथ्यों की भांति एक बाहरी घटना समझा जाय। वस्तुएं स्वत: स्पष्ट होती हैं वे हमारे सामने स्वयं अपने स्वरूप को प्रकट करती हैं। हमारी भावनाए तथा पूर्व-धारणाएं उनके वास्तविक स्वरूप को प्रभावित नहीं कर सकतीं। इसीलिए सामाजिक तथ्यों के वैज्ञानिक अध्ययन के लिए दुर्खीम उन्हें वस्तुओं के रूप में मानने पर जोर देता है। वस्तु को परिभाषित करते हुए दुर्खीम लिखता है, "वह सब जो स्वत: स्पष्ट है, वह सब जो देखा जा सकता है, एक वस्तु की विशेषता रखता है।" वस्तु एक वैषयिक (Objective) तथ्य है और सामाजिक घटनाएं वस्तुएं हैं। सामाजिक घटनाओं को वस्तुओं के रूप में तभी समझा जा सकता है जब हम उन्हें मनोवैज्ञानिक तथ्यों से पृथक समझें। सामाजिक तथ्यों में यह गुण पाया जाता है कि वे व्यक्तिगत चेतना का फल नहीं होते अत: वे व्यक्ति के नियन्त्रण से परे हैं। वस्तुओं की भांति सामाजिक तथ्यों में भी हम अपनी इच्छानुसार संशोधन और परिवर्तन नहीं कर सकते। संक्षेप में, दुर्खीम यह मानते हैं कि सामाजिक तथ्य व्यक्तिगत चेतना से परे और स्वतन्त्र होने एवं व्यक्ति पर नियन्त्रण रखने के कारण वस्तुओं के रूप में समझे जा सकते है।

(3) **सभी पूर्व-मान्याताओं का उन्मूलन** (Eradication of all Preconceptions): दुर्खीम के विचार में वैज्ञानिक अध्ययन की सर्वप्रथम आवश्यकता यह है कि हम विषय-वस्तु के सम्बन्ध में जितनी भी पूर्व-मान्यताएं एवं कल्पनाएं अपने मस्तिष्क में रखते हैं उन्हें निकाल दे, त्याग दें, तथा केवल वैज्ञानिक मान्यताओं को ही महत्व दें। एक समाजशास्त्रीय को अध्ययन के दौरान उन विचारों से मुक्त होना चाहिए जो एक साधारण व्यक्ति के मस्तिष्क पर छाये रहते हैं तथा समाज का सदस्य होने के नाते उनकी मानसिक सरचना के रूप में विद्यमान रहते है। वैज्ञानिक अवलोकन में भावात्मक लगाव एक बाधा है।

जिन विषयों से हमारा लगाव होता है, उनके विरुद्ध हम कुछ भी देखना या सुनना पसन्द नहीं कर सकते। धर्म नैतिकता और राजनीतिक विश्वासों से सम्बन्धित हम जो विचार रखते हैं वे हमारे तटस्थ अध्ययन में बाधक होते हैं। दुर्खीम कहते हैं, "यह भावात्मक प्रकृति तथ्यों को समझने तथा उनकी व्याख्या करने की हमारी पद्धति को दूषित कर देती है।" उनके विचार से जितना अधिक हम सामाजिक तथ्यों के अवलोकन में पूर्व-धारणाओं और भावनाओं से मुक्त होते जाते हैं, हमारे अध्ययन में

उनकी की वैज्ञानिकता आती जाती है। यह कारण है कि दुर्खीम सामाजिक तथ्यों के अवलोकन में पूर्व-धारणाओं का उन्मूलन करने पर जोर देते हैं।

(4) **विषय-वस्तु की परिभाषा** (Definition of the Subject-Matter) : वैज्ञानिक और तटस्थ अध्ययन के लिए केवल पूर्व-धारणाओं का निराकरण ही पर्याप्त नहीं है। एक समाजशास्त्री को अपनी विषय-वस्तु की भी स्पष्ट व्यांख्या करनी चाहिए। इसके लिए उसके अध्ययन में आने वाली वस्तुओं की स्पष्ट परिभाषा की जानी चाहिए। दुर्खीम लिखते हैं–"अत: समाजशास्त्री का प्रथम कार्य उन वस्तुओं की परिभाषा करना होना चाहिए जिनका वह अध्ययन करता है ताकि उसकी विषय सामग्री का पता लग जाये। यह समस्त प्रमाणों तथा पुनर्परीक्षाओं की सर्वप्रथम तथा सर्वाधिक अपरिहार्य दशा हैं।"

सामाजिक तथ्यों के प्रकार (Types of Social Factor)

दुर्खीम ने अपनी पुस्तक के तीसरे अध्याय में सामाजिक तथ्यों दो भागों में बांटा है : सामान्य तथ्य तथ व्याधिकीय तथ्य। उसने इन दोनों में भेद करने के नियमों का भी उल्लेख किया है।

(1) **व्याधिकीय सामाजिक तथ्य** (Pathological Social Facts) : वे तथ्य है जो समाज के स्वीकृत प्रतिमानों के विपरीत होते हैं। ये समाज में रुग्णता पैदा करते हैं। तथा समाज को स्वास्थ्य के लिए हानिकारक होते हैं। अपराध, डकैती, वैश्यावृत्ति, आत्महत्या आदि व्याधिकीय सामाजिक तथ्य हैं। जब समाज के व्याधिकीय तथ्य अधिक बढ़ जाते है तो समाज का सामाजिक जीवन उप्प हो जाता है। दुर्खीम कहते है कि समाजशास्त्र की विषयवस्तु की परिभाषा करने के लिए इन दोनों ही प्रकार के तथ्यों को सम्मिलित किया जाना चाहिए।

(2) **सामान्य सामाजिक तथ्य** (Normal Social Facts) : सामान्य सामाजिक तथ्य वे हैं जो समाज के स्वीकृत प्रतिमानों के अनुरूप होते तथा सामाजिक जीवन के स्वास्थ्य में वृद्धि करते है। इसे शरीर के उदाहरण से समझ सकते हैं। जब शरीर सामान्य स्थिति में होता है तो वह मौसम से अनुकूलन कर लेता है और स्वस्थ्य बना रहता है। स्वस्थ्य अवस्था में रूग्णता न्यूनतम होती है। समाज में भी जो व्यवस्था बनी हुई है वह चलती रहती हैं तो इसको बनाए रखने वाले सामाजिक तथ्य सामान्य है। इस अवस्था में व्याधिकीय तथ्य न्यून मात्रा में होते हैं। इस प्रकार सामान्य सामाजिक तथ्य

वे हैं जो समाज की यथास्थिति को बनाए रखते हैं। इनमें व्याधिकीय तत्व इतने नहीं होते कि समाज की व्यवस्था और कानून गड़बड़ा जायें।

दुर्खीम ने सामान्य तथा व्याधिकीय तथ्यों में भेद करने के कुछ नियमों का उल्लेख किया है जो निम्न हैं :

(1) **घटनाक्रम का नियम** (Law of Course of Events) : सामान्य और व्याधिकीय तथ्यों में भेद करने का तीसरा नियम है। इस नियम के अनुसार पूर्व में घटी हुई घटनाओं के निष्कर्षों के आधार पर सामान्य तथ्य की पुष्टि की जानी चाहिए। अर्थात् हमें यह ज्ञात करना चाहिए कि अतीत में क्या इस सामाजिक तथ्य को सामान्य ही माना गया था। यदि यह सामान्य था तो इसके पीछे जो कारण थे उनका भी पता लगाना चाहिए। किसी समाज में भूतकाल में किसी घटना के लिए उत्तरदायी दशाओं की खोज करनी चाहिए और यह देखना चाहिए कि वे दशाएं वर्तमान में भी विद्यमान हैं या नहीं। यदि वे दशाएं विद्यमान हैं तो उस तथ्य को सामान्य समझना चाहिए और बदल गयी हैं तो व्याधिगस्त।

(2) **समाज के विकास का स्तर** (Stage of the Development of the Society) : दुर्खीम ने सामान्य तथा व्याधिकीय तथ्य में अन्तर करने का चौथा नियम यह बताया है कि हम जिस समाज में सामाजिक तथ्य का अधययन कर रहे हैं उसके विकास का स्तर क्या है को ज्ञात कर लें। वह अर्द्धविकसित है, आदिम है या पूर्ण विकसित। क्योंकि सभी समाज विकास की रेखा पर एक बिन्दु पर नहीं खड़े हैं। सभी के विकास के अपने स्तर हैं। सामाजिक तथ्य सभी समाजों में समान रूप से व्यापक एवं उपयोगी नहीं होते हैं।

एक सामाजिक तथ्य किसी विशिष्ट समाज के विकास के स्तर से सम्बन्धित होता है। यदि कोई तथ्य समाज के विकास के अनुरूप होता है तो वह सामान्य है अन्यथा असामन्य।. आदिम समाजों में बकरी, गाय, भैंस एवं फसल की चोरी असामान्य तथ्य हैं जबकि सभ्य समाज में चोर कार ही चुरा ले जाते हैं। इस प्रकार से जैसा समाज वैसे ही उसके सामान्य एवं असामान्य सामाजिक तथ्यों के रूप अतः सामान्य और व्याधिकीय सामाजिक तथ्यों की पहचान करने के लिए हमें सम्बन्धित समाज के विकास के स्तर को भी ज्ञात कर लेना चाहिए।

(3) **व्यापकता** (Generality) : सामान्य तथा व्याधिकीय तथ्यों का अन्तर करने के लिए दुर्खीम व्यापकता को एक वैज्ञानिक मापदण्ड के रूप में प्रस्तुत

करते हैं। दूसरे शब्दों में व्यापकता का गुण ही किसी तथ्य की समानता का लक्षण हैं। सामान्य सामाजिक तथ्य समाज में अधिकता से पाये जाते हैं और उनमें अपेक्षाकृत कम परिवर्तन होते हैं। *दुर्खीम के विचार से जो तथ्य समाज में अधिकता से पाये जाते है वही सामान्य तथ्य कहे जा सकते हैं।* दुर्खीम के ही शब्दों में, "हम उन सामाजिक दशाओं को सामान्य कहेंगे जो सर्वाधिक व्यापक हैं, तथा दूसरे को अस्वस्थ अथवा व्याधिपूर्ण।" व्यापकता का गुण सामान्य सामाजिक तथ्य का उपयोगी और लाभदायक बना देता है। किसी तथ्य की अधिक आवृत्ति (Frequency) उसके महत्व को भी स्पष्ट करती है। इसकी विपरीत दशा किसी सावयव के अस्तित्व की सुरक्षा में बाधा समझी जाती है। सामान्य तथ्य अधिक होते हैं, किन्तु यह अनिवार्य भी नहीं है और यह भी आवश्यक नहीं है कि प्रत्येक उपयोगी तथ्य सामान्य तथ्य हो। उदाहरण के लिए, अपराध एक व्याधिकीय तथ्य है फिर भी वह समाज के लिए उपयोगी इस अर्थ में है कि वह समाज में एकता को जन्म देता है।

दुर्खीम का मत है कि स्वास्थ्य और व्याधिकीय का कोई भी मापदण्ड निरपेक्ष तथा सार्वभौमिक रूप से सभी समाजों पर समान रूप से लागू नहीं किया जा सकता। एक जंगली मनुष्य के लिए जो सामान्य कहा जा सकता है वह सभ्य मनुष्य के लिए सामान्य नहीं हो सकता।

अतः दुर्खीम सामान्य सामाजिक तथ्य को निरपेक्ष न मानकर उसे विशिष्ट समाजों के साथ समाज के विकास के विशिष्ट समाजों के साथ समाज के विकास के विशिष्ट स्तर एवं युग के साथ सापेक्ष मानते हैं।

व्यापकता एक समय व स्थान सापेक्ष तथ्य भी है। एक विशेष समय और स्थान में किसी सामाजिक व्यवहार को उचित माना जाता है जबकि वहीं व्यवहार दूसरे समय और स्थान पर अनुचित माना जा सकता है। उदाहरण कि लिए, सामान्यतः करना अपराध है जबकि युद्ध में दुश्मनों को अधिकाधिक संख्या में मारने वाले को पुरस्कृत व सम्मलित किया जाता है। स्वतन्त्रता से पूर्व अन्तर्जातीय विवाह बहुत कम होते थे, किन्तु वर्तमान में उनकी संख्या बढ़ी है। इसी प्रकार से गांवों में प्रेम विवाह का अभाव है जबकि नगरों में इनकी अधिकता पायी जाती है। इस प्रकार से सामान्य सामाजिक तथ्य अधिक व्यापक होते हैं जबकि व्याधिकीय तथ्य सीमित होते हैं। सामान्य और असामान्य तथ्य समय, स्थान और समाज की दृष्टि से सापेक्ष हैं।

(4) **उपयोगिता** (Utility) : सामान्य और व्याधिकीय तथ्यों में दूसरा अन्तर उपयोगिता का है। कोई भी समाज उन तथ्यों को स्वीकार नहीं करता जो समाज के लिए हानिकारक होत हैं। सामान्य तथ्य समाज के लिए उपयोगी एवं लाभदायक होते हैं। जो सामान्य तथ्य समाज के लिए जितना व्यापक होगा वह उतना ही उपयोगी व लाभदाय भी होगा। इसी प्रकार से जो तथ्य जितना लाभप्रद होगा वह उतना ही व्यापक भी होगा। व्यापकता और उपयोगिता दोनों ही सामान्य तथ्य के लक्षण हैं जो सामान्यतः साथ-साथ मिलते हैं, किन्तु ऐसा होना कोई वैज्ञानिक नियम नहीं है। दुर्खीम कहते हैं कि व्यापकता उपयोगिता को स्पष्ट अवश्य करती है, किन्तु यह आवश्यक नहीं है कि प्रत्येक सामान्य तथ्य अनिवार्य रूप से उपयोगी है। इसी प्रकार से यह भी आवश्यक नहीं है कि वे तथ्य जो उपयोगी हों सामान्य तथ्य ही हों।

दुर्खीम ने सामान्य तथा व्याधिकीय तथ्यों का अन्तर स्पष्ट करने के जो उपरोक्त नियम बताये हैं उनके आधार पर अपराध की व्याख्या की ओर अपराध को वैज्ञानिक आधार पर एक सामान्य तथ्य सिद्ध किया क्योंकि इसमें भी वे सारी विशेषताएं पायी जाती हैं। जैसे अपराध भी सार्वभौमिक हैं और इनका उपयोगी पक्ष भी है।

सामाजिक प्रकारों अर्थात् समाजों के वर्गीकरण के नियम

दुर्खीम ने अपनी पुस्तक के चौथे अध्याय में सामाजिक प्रकारों (समाजों) के वर्गीकरण के नियमों का उल्लेख किया है। सामाजिक अनुसन्धान की वैज्ञानिक पद्धति में वर्गीकरण की प्रक्रिया एक महत्वपूर्ण कदम है। दुर्खीम ने समाजों के विकास के आधार पर उनके वर्गीकरण की पद्धति अपनायी है। समाज के प्रकारों के बारे में पहले से ही कोई विचार बनाने की बज़ाय यह आवश्यक है कि पहले प्रत्येक समाज का अवलोकन, व्याख्या और तुलना कर दी जाय। समाजों के वर्गीकरण करने से पहले पायी जाने वाली समानताओं व असामानताओं के आधार पर उन्हें विभिन्न समूहों में बांटा जाना चाहिए। भिन्न-भिन्न समाजों की विशेषताओं की सूची बनाना एक कठिन कार्य है, इसलिए समाजों की समस्त विशेषताओं की व्याख्या और तुलना करने, की अपेक्षा समाजों के विभिन्न प्रकारों की प्रमुख विशेषताओं का अध्ययन कर लेना चाहिए। सामाजिक विशेषताओं के आधार पर महत्वपूर्ण लक्षणों को ही चुनना उपयुक्त है।,

दुर्खीम ने समाजों का वर्गीकरण करने के लिए सरलता (Simplicity) को आधार माना हैं अर्थात् समाजों का विकास सरलता से जटिलता की ओर हुआ है। यह बात उसने स्पेन्सर से ग्रहण की थी। स्पेन्सर ने भी उद्‌विकासीय नियम के आधार

पर समाजों को दो भागों में बांटा था सरल समाज और मिश्रित समाज, किन्तु उसने इनकी विशेषताओं का उल्लेख नहीं किया था। यह कार्य दुर्खीम ने किया। दुर्खीम के अनुसार–सरल समाज वह समाज है जिसके अन्दर भिन्न-भिन्न निर्मायक इकाइयां नहीं होतीं वरन् एक ही सम्पूर्णता होती है जैसे कि जीवों की शरीर रचना में देखने को मिलता है।

सरलता के आधार पर दुर्खीम ने चार प्रकार के समाजों का उल्लेख किया है:

(1) **दोहरे मिश्रित बहुखण्डीय समाज** (Double Compound Poly-segmental Societies) : दुर्खीम इन्हें सबसे जटिल समाज कहता है जो विकास के क्रम में उच्चतम क्रम में है। इनका निर्माण साधारण मिश्रित बहुखण्डीय समाजों के मिश्रण से होता है। बड़े-बड़े नगर और राजधानियां इसी प्रकार के समाजों की श्रेणी में आते हैं।

दुर्खीम कहते हैं कि वर्गीकरण की श्रेणियां और भी हो सकती हैं। ये तो उदाहरणार्थ प्रस्तुत की गयी हैं।

(2) **साधारण मिश्रित बहुखण्डीय समाज** (Simple Compound Poly-segmental Societies) इनका निर्माण बहुखण्डीय सरल समाजों के मिश्रण से होता है। इनकी सामाजिक संरचना जटिल हो जाती है। जनजातियों को इसी श्रेणी के समाज में रख सकते हैं। रोम के नगर राज्यों का निर्माण कने वाली जनजातियों को भी दुर्खीम इसी श्रेणी के समाज कहता है।

(3) **सरल समाज** (Simple Societies) : सरल समाज को परिभाषित करते हुए दुर्खीम लिखते हैं, "सरल समाज वह समाज है जो अकेला, कार्यरत सम्पूर्ण है, जो किसी के अधीन नहीं है तथा जिसमें परस्पर सहयोग पाया जाता है। सरल समाज के खण्ड (Segments) नहीं होते अर्थात् सरल समाज में और अधिक सरल समाज सम्मिलित नहीं होते तथा इसमें अतीत में भी किसी तरह के खण्ड या अन्य समाज सम्मिलित नहीं होने चाहिए। दुर्खीम ने सरल समाज के उदाहरण में घुमक्कड़ों के झुण्ड (Horde) एवं गोत्र (Clan) को दर्शाया है। घुमक्कड़ों के झुण्ड में न तो पहले कभी सरल समाज सम्मिलित था और न अब है। यह समाज एक सामाजिक खण्ड कहा जा सकता है। गोत्र ही वर्गीकरण का प्रथम सोपान है जो सब से सरल खण्ड विहीन इकाई है और जिसकी पुनरावृत्ति से अधिक जटिल समाजों का निर्माण होता है। उसने इन मानव समूहों को प्रारम्भिक बीज कहा है जिससे अन्य समस्त सामाजिक रूपों (समाज) का विकास हुआ है। इन समाजों में श्रम-विभाजन एवं विशेषीकरण नहीं पाया जाता है और

सामाजिक जीवन के विभिन्न पक्षों का पूर्ण एकीकरण पाया जाता है।

(4) **बहुखण्डीय सरल समाज** (Simple Polysegmented Societies) : इन्हें मिश्रित समाज भी कहते हैं। इनका निर्माण गोत्र समूहों के मिश्रण से होता है जिनमें एक से अधिक पहले से विद्यमान खण्डों का समावेश होता है। इसलिए इन्हें बहुखण्डीय समाज कहा जाता है। चूंकि इनका निर्माण करने वाले खण्ड सरल समाज होते हैं अत: ये बहुखण्डीय सरल समाज कहलाते हैं। दुर्खीम ने आस्ट्रेलिया की जनजातियों, अमेरिका की इराक्विय जनजाति एवं प्राचीन यूनान की बिरादरी (Phratry) को इन समाजों की श्रेणी में सम्मिलित किया है। सरल बहुखण्डीय समाज में कई गोत्र होते हैं जो एक ग्राम के रूप में संगठित हो जाते हैं। इस दृष्टि से छोटे छोटे गांव भी इसी श्रेणी के समाज हैं।

सामाजिक तथ्यों की व्याख्या (अवलोकन) के नियम

दुर्खीम ने अपनी पुस्तक के पांचवे अध्याय में सामाजिक तथ्यों की व्याख्या के नियमों का उल्लेख किया है। समाजशास्त्रीय पद्धति में वर्गीकरण के बाद विश्लेषण तथा व्याख्या का चरण आता है। वर्गीकरण के द्वारा हम संकलित तथ्यों को समझाने और व्याख्या करने का कार्य करते हैं। व्याख्या के द्वारा हम किसी तथ्य को समझाने का प्रयत्न करते हैं। अनेक विद्वान तथ्यों की व्याख्या के नाम पर उनकी उपयोगिता और लाभों का वर्णन करते रहे हैं। दुर्खीम का मत है कि किसी वस्तु की उपयोगिता का वर्णन करना उसकी व्याख्या नहीं है। उपयागिता व्याख्या का विषय नहीं है। व्याख्या के अन्तर्गत तो उस वस्तु की उत्पत्ति और प्रकृति का स्पष्टीकरण होना चाहिए। समाजशास्त्री को किसी घटना का उद्देश्य खोजने के स्थान पर यह देखना चाहिए कि वह घटना समाज रूपी सावयव की सामान्य आवश्यकताओं के साथ किस प्रकार से सम्बन्धित है। दूसरे अर्थो में, सामाजिक तथ्यों का अस्तित्व सामाजिक जीवन की आवश्कताओं के सन्दर्भ में भी समझा जा सकता है जिसे दुर्खीम प्रकार्य (Function) कहते हैं।

इस प्रकार दुर्खीम के अनुसार किसी सामाजिक तथ्य की व्याख्या करने का तात्पर्य है, उसकी उत्पत्ति के कारकों तथ उसके द्वारा सम्पन्न किये जाने वाले प्रकार्यों की खोज करना। सामाजिक तथ्यों की व्याख्या क नियमों के अन्तर्गत ही दुर्खीम ने प्रकार्य की अवधारणा का विकास किया। सामाजिक तथ्यों की व्याख्या के नियमों को हम संक्षेप में इस प्रकार प्रकट कर सकते हैं :

(1) किसी भी प्रकार से महत्वपूर्ण *समस्त सामाजिक प्रक्रियाओं की प्रथम उत्पत्ति की खोज सामाजिक समूह की आन्तरिक रचना में जानी चाहिए।*

(2) किसी *सामाजिक तथ्य के निर्धारक कारण की खोज* उसके पूर्ववर्ती सामाजिक तथ्यों में की जानी चाहिए, व्यक्तिगत चेतना की अवस्थाओं में नहीं।

(3) किसी *सामाजिक तथ्य के प्रकार्य की खोज* किसी सामाजिक उद्देश्य के साथ उसके सम्बन्ध में की जानी चाहिए।

समाजशास्त्रीय प्रमाणों की स्थापना के नियम

वैज्ञानिक पद्धति का अन्तिम चरण निष्कर्ष प्राप्त करना तथा नियमों का निर्माण करना है। दुर्खीम ने इसी वैज्ञानिक नियम का प्रयोग समाजशास्त्रीय सिद्धान्त के अन्तर्गत भी किया है। निष्कर्ष प्राप्त करने और नियम बनाने के लिए अनेक पद्धतियों का प्रयोग किया जाता है जिनमें ऐतिहासिक, प्रयोगात्मक तथा तुलनात्मक पद्धतियां प्रमुख हैं। दुर्खीम ऐतिहासिक एवं प्रयोगात्मक पद्धतियों की आलोचना करते हैं तथा उन्हें समाजशास्त्रीय नियमों की स्थापना के लिए अनुपयुक्त मानते हैं।

इसके स्थान पर वे तुलनात्मक पद्धति को सामाजिक घटनाओं की व्याख्या और विश्लेषण के लिए उपयुक्त मानते हैं। तुलनात्मक विधि में कई प्रकार की प्रविधियों का प्रयोग किया जाता है जो वैध और विश्वसनीय नहीं कही जा सकतीं, फिर भी दुर्खीम अन्य विधियों की तुलना में तुलनात्मक विधियों को ही सामाजिक तथ्यों की व्याख्या के लिए अधिक उपयोगी मानते हैं।

निष्कर्ष (Conclusion) : पुस्तक के सातवें अध्याय में दुर्खीम ने उपर्युक्त सभी अध्यायों के आधार पर तीन प्रमुख निष्कर्ष प्रस्तुत किये हैं :

(1) **समाजशास्त्रीय पद्धति :** दुर्खीम यह मानते हैं कि उनकी यह पद्धति पूर्ण रूप से समाजशास्त्रीय पद्धति है और मनोवैज्ञानिक व्याख्या स्वतन्त्र है सामाजिक तथ्य की व्याख्या मानसिक संरचना के आधार पर नहीं वरन् सामाजिक आधार पर ही की जा सकती है। इन सामाजिक तथ्यों को ही दुर्खीम समाजशास्त्र की विशिष्ट विषय-सामग्री मानते हैं। वे समाजशास्त्र को एक स्वतन्त्र और विशिष्ट विज्ञान मानते हैं। वे अपने निष्कर्ष का समापन करते हुए कहते हैं कि अब समय आ गया है जबकि समाजशास्त्र को यर्थाथ तथा वैषयिक विज्ञान के रूप में प्रकट होना चाहिए।

(2) **समाजशास्त्र की स्वतन्त्र अध्ययन पद्धति का निर्माण :** दुर्खीम ने अपनी इस रचना के माध्यम से समाजशास्त्र के लिए एक स्वतन्त्र वैज्ञानिक पद्धति का निर्माण किया है जो समाजशास्त्र को दार्शनिक व्याख्या से हटकर विज्ञान के क्षेत्र में ले जाती है।

(3) **वैषयिक पद्धति :** इस ग्रन्थ में दुर्खीम ने जिस पद्धति का निर्माण किया है, वह वस्तुनिष्ठ या वैषयिक है। इसलिए वे कहते हैं कि सामाजिक तथ्यों को वस्तुओं के रूप में समझा जाना चाहिए तथा उसके बारे में पूर्व धारणाओं को मन से निकाल कर उनकी बाह्य प्रत्यक्ष विशेषताओं के आधार पर अध्ययन किया जाना चाहिए।

समालोचना (Criticism)

समाजशास्त्र की एक विशिष्ट पद्धति प्रतिपादित करने की दृष्टि से दुर्खीम की यह रचना एक महत्वपूर्ण कृति है। किन्तु **टार्डे, रेमण्ड एरन, बार्नेस, बोगार्डस, बीरस्टीड, रेनल्फ, कैटलिन** आदि विद्वानों ने इस पुस्तक मे प्रस्तुत सामाजिक तथ्य, सामूहिक चेतना, सामाजिक प्रकारों का वर्गीकरण, सामान्य तथा व्याधिकीय तथ्यों में भेद, आदि विचारों की आलोचना की है। ये आलोचनाएं निम्नांकित है:

(1) दुर्खीम द्वारा प्रस्तुत समाजों के वर्गीकरण की भी आलोचना की गयी है। समाजों के वर्गीकरण में दुर्खीम ने सामाजिक विकास के ऐतिहासिक और दार्शनिक दृष्टिकोण की उपेक्षा कर मध्यम मार्ग अपनाया है।

(2) **रैनल्फ** ने दुर्खीम द्वारा प्रतिपादित निर्वाचन की पद्धति के विरुद्ध दो आपत्तियां उठायी हैं–

(a) सामाजिक तथ्यों का अन्तर्सम्बन्ध ज्ञात करने के लिए उन्हें माला के रूप में व्यवस्थित करने की कोई अर्थपूर्ण प्रक्रिया सम्भव नहीं है,

(b) दुर्खीम ने सामाजिक तथ्यों में कार्य–कारण सम्बन्ध ज्ञात करने के लिए अनुमान या कल्पना का प्रयोग करने पर बल दिया है।

(3) **गेब्रिल टार्डे** का मत है कि दुर्खीम ने सर्वत्र ही व्यक्ति की अपेक्षा समाज को अधिक महत्व दिया है जबकि व्यक्ति के अभाव में समाज का कोई पृथक् अस्तित्व नहीं होता। वे लिखते हैं, "मैं जानता हूं कि मेरे लिए यह समझना कठिन है कि व्यक्तियों को निकाल देने के बाद समाज जैसी कोई वस्तु शेष रह जायेगी।

यदि किसी विश्वविद्यालय के छात्रों तथा अध्यापकों को अलग कर दिया जाये तो मैं नपहीं समझता कि वहां नाम के अतिरिक्त भी कुछ शेष रह जायेगा।" किन्तु टार्डे की यह आलोचना उपयुक्त प्रतीत नहीं होती क्योंकि दुर्खीम ने यह कभी नहीं कहा कि व्यक्तियों के अभाव में समाज सम्भव है। वह तो यह सिद्ध करना चाहता था कि समाज का अस्तित्व उसके निर्माण करने वाले व्यक्तियों पृथक और शक्तिशाली है।

(4) दुर्खीम द्वारा प्रस्तुत सामाजिक तथ्यों की एक विशेषता '**बाध्यता**' की भी कई विद्वानों ने आलोचना की है **टार्डे** कहते हैं कि यदि बाध्यता ही सामाजिक तथ्यों की विशेषता है तो फिर क्या स्वतन्त्र सहयोग, स्वतन्त्र अनुकरण, स्वतन्त्र समझौते से पूर्ण सम्बन्ध, स्वतन्त्र पारस्परिक सहायता और स्वतन्त्र एकता को जिनमें कि '**दबाव**' नहीं हैं, सामाजिक तथ्य नहीं माना जाय? यदि हां तो यह बहुत अनुपयुक्त होगी क्योंकि ये सभी सामाजिक तथ्य हैं।

रेमण्ड एरन ने भी दुर्खीम के 'बाध्यता' शब्द की आलोचना करते हुए लिखा है, "दुर्खीम ने बाध्यता शब्द का प्रयोग अत्यन्त दोषपूर्ण रूप से किया है। कभी-कभी तो यह समझने में कठिनाई उत्पन्न होने लगती है कि केवल बाध्यता ही सामाजिक घटनाओं या तथ्यों का सारतत्व हैं, या केवल उनकी बाह्य विशेषता है जोकि उन्हें समझने में सहायता करती हैं।"

(5) दुर्खीम की सामाजिक तथ्यों की व्याख्या के नियमों की आलोचना करते हुए **वाइन** (Vine) लिखते हैं, "अन्य सभी प्रकार की सामग्री की उपेक्षा करके सामाजिक तथ्यों की व्याख्या दूसरे सामाजिक तथ्यों के द्वारा करने के प्रयत्न का असफल होना निश्चित है।"

(6) दुर्खीम द्वारा प्रस्तुत 'सामान्य' और 'व्याधिकीय' सामाजिक तथ्यों क बीच भे की भी आलोचना की गयी। उसने व्यापकता और उपयोगिता के आधार पर इन दोनों में भेद किया है। 'सामान्य' सामाजिक तथ्य समाज में 'व्यापक' और 'उपयोगी' होते हैं और जो तथ्य 'सीमित' और अनुपयोगी हों वे व्याधिकीय हैं। इस भेद को स्पष्ट करने के चक्कर में दुर्खीम स्वयं एक उपयोगितावादी बन गया। **रेमण्ड एरन** ने भी लिखा है, " इस अन्तर का महत्व दुर्खीम की सुधारवादी योजना से सम्बन्धित है, जैसा कि हम जानते हैं, वह विशुद्ध, वैज्ञानिक होना चाहता था, परन्तु यह विचार उसे यह कहने से नहीं रोक सकता कि समाजशास्त्र एक घण्टे के परिश्रम के योग्य भी नहीं होगा यदि, उसके द्वारा हम समाज को सुधारने में समर्थ नहीं होते। वह इस वैषयिक और वैज्ञानिक अध्ययन के आधार पर व्यापारिक योजनाएं बनाने की आशा रखता था।"

(7) दुर्खीम ने सामाजिक तथ्य की विशेषता, व्यापकता और उपयोगिता के आधार पर अपराध को भी एक सामान्य तथ्य घोषित करके एक विचित्र स्थिति उत्पन्न कर दी है। दुर्खीम अपराध को इसजिए उपयोगी मानता है कि यह समाज में नैतिकता, कानून और एकता के विकास में सहायक

है। किन्तु यह विचार त्रुटिपूर्ण है। तब तो हम समाज में चोरी, ठगी, बलात्कार, हिंसा को इसलिए बढ़ावा दें कि इनके कारण समाज में नये-नये कानून बनेंगे, जो कि कतई स्वाकार्य नहीं है। बीरस्टीड ने दुर्खीम के लिए इसीलिए 'शरारत' शब्द का प्रयोग किया है। वे लिखते हैं, "यह असन्तोषजनक अध्याय, एक ऐसा अध्याय है जो अरुचिकर प्रभाव छोड़ता है, मानो, एक अच्छा बालक केवल अपनी उच्च योग्यता के बल पर अवांछित भावनाओं को व्यक्त कर रहा हो।"

(8) **कैटलिन** जिन्होंने कि दुर्खीम की पुस्तक '*The Rules of Socilogical Method*' का सम्पादन किया है, दुर्खीम की 'सामूहिक चेतना की अवधारणा' की अलोचना की है। इस आधार पर दुर्खीम ने समाजशास्त्र और मनोविज्ञान की जो पृथकता प्रकट की है एवं इनका क्षेत्र निर्धारित किया है वह मनमाना है।

(9) **दुर्खीम** ने सामाजिक तथ्यों को 'वस्तु' के रूप में मानने की बात कही है। बार्नेस ने इस विचार की आलोचना करते हुए लिखा है, "उसके इस सूत्र का अभीष्ट अर्थ कभी स्पष्ट नहीं हुआ, क्योंकि दुर्खीम ने वस्तु शब्द का प्रयोग चार भिन्न और घनिष्ठ सम्बन्ध रहित अर्थों में किया है।"

अनेक आलोचनाओं के बावजूद भी इस तथ्य को इन्कार नहीं किया जा सकता कि 'समाजशास्त्रीय पद्धति के नियम' तथा 'सामाजिक तथ्य' की अवधारणा दुर्खीम की समाजशास्त्र को महान देन है। इस ग्रन्थ की भाषा सरल, स्पष्ट एवं रोचक है। एक नवोदित विज्ञान के रूप में उसने समाजशास्त्र की विषय-वस्तु एवं वैज्ञानिक पद्धति स्थापित करनें में आशातीत सफलता प्राप्त की है। समाजशास्त्र में रुचि रखने वाले विद्वानों के लिए उसने सिद्धान्त और पद्धतिशास्त्र दोनों क्षेत्रों में धुव्रतारे की भाँति मार्गदर्शन का कार्य किया है। उसने अगस्त कॉम्टे की वैज्ञानिकता तथा प्रत्यक्षवाद (Positivism,) वैषियिकता तथा व्यावहारिक प्रयोग को अपने समाजशास्त्र का केन्द्रीय तत्व बनाकर समाजशास्त्र को एक स्वतन्त्र विज्ञान के रूप में प्रतिष्ठित किया है। इसलिए ही **कैटलिन** ने दुर्खीम को पद्धति का आचार्य कहा है, एक ऐसी पद्धति का जिसके सफल परिणाम हुए हैं। **बीरस्टीड** ने दुर्खीम के इस कार्य की भूरि-भूरि प्रशंसा करते हुए लिखा है, "दुर्खीम वास्तविक अर्थ में, समाजशास्त्र के विज्ञान की स्थापना की दशा में विश्वव्यापी आन्दोलन का प्रणेता था, पद्धति पर उसकी पुस्तक, एक घोषणा पत्र थी जिसने समस्त पाठकों के समक्ष घोषित किया कि समाजशास्त्र का विज्ञान केवल सम्भव ही नहीं था वरन् यह आवश्यक भी था।"

4

अगस्त कॉम्टे
(Auguste Comte : 1798-1857)

प्रस्तावना (Introduction)

कॉम्टे का नाम केवल इसलिए प्रसिद्ध नहीं है कि आपने सामाजिक विचारधारा की आधारकल्पना न रखकर वैज्ञानिक तथ्य, निरीक्षण, परीक्षण तथा वर्गीकरण रखा; अपितु, आपका नाम **समाजशास्त्र के जनक** (Father of Sociology) के रूप में भी सर्वत्र परिचित है। सामाजिक घटनाओं का अध्ययन कर सकें-इस प्रकार के पृथक् सामाजिक विज्ञान की आवश्यकता आपने ही सर्वप्रथम अनुभव की और उस विज्ञान का नामकरण पहले 'सामाजिक भौतिकशास्त्र' और बाद में 'समाजशास्त्र' किया। दूसरे शब्दों में, 'समाजशास्त्र' का जन्म **कॉम्टे** की विचारधारा में ही हुआ। आपके पहले के सामाजिक विचारकों के चिन्तन में इसका अस्तित्व हमें नहीं मिलता है। तब से लेकर अब तक समाजशास्त्र के क्षेत्र, प्रकृति तथ पद्धति में अभूतपूर्व परिवर्तन, परिवर्द्धन तथा परिशुद्धि हुई है; फिर भी समाजशास्त्र की जो वैज्ञानिक नींव **कॉम्टे** ने सर्वप्रथम डाली थी। वह आज भी दृढ़ है और उससे आज के गठन कार्य में हमें पर्याप्त सहायता प्राप्त होती है।

अपने को वैज्ञानिक स्तर तक उन्नत करने के कार्य में **कॉम्टे** को उनके समय की कुछ सामाजिक परिस्थितियों ने पर्याप्त सहायता की थी। उदाहरणार्थ, **फ्रांसीसी क्रान्ति** ने उस सामाजिक व्यवस्था को बिखरा दिया जोकि राजाओं की ईश्वरीय सत्ता, कुलीन वर्ग के विशेषाधिकार, कैथोलिक चर्च की सत्ता और जनता की अज्ञानता पर आधारित थी। इस क्रान्ति के फलस्वरूप राजाओं को ईश्वरीय सत्ता अन्त हुआ और जनता की आंखें खुलीं। इन सबसे लाभ उठाकर **नेपोलियन** अपने को अधिनायक बनाने में सफल हुए। ये सभी 'अशान्तिमय प्रगति' के लक्षण थे। स्वभावत: ही इन सबका **कॉम्टे** के मस्तिष्क में गहरा प्रभाव पड़ा। उसके समय की सर्वप्रमुख सामाजिक समस्या केवल सामाजिक व्यवस्था से ही नहीं बल्कि, सामाजिक प्रगति

से भी सम्बन्धित थी। फ्रांसीसी क्रान्ति व नेपोलियन की लड़ाइयों से सामाजिक व्यवस्था में जो उथल-पुथल हुई थी उसके कारण सामाजिक प्रगति को एक निश्चित दिशा में चालित करना असम्भव न सही, कठिन अवश्य ही था। इस कारण उस समय ऐसे विचारकों की आवश्यकता थी जो कि केवल सामाजिक प्रगति के ही नहीं अपितु, सामाजिक व्यवस्था के भी निर्देशक बन सकें। साथ ही, इस सामाजिक व्यवस्था व प्रगति को एक दृढ़ आधार प्रदान करने के लिए इस बात की भी आवश्यकता थी कि सामाजिक विचारक अपनी विचारधारा को कोरी कल्पना पर आधारित करके, 'भावुकतावादी मूर्खता' न करें बल्कि, साजिक समस्याओं के वैज्ञानिक अर्थ-निरूपण में अपने को नियोजित करें। शायद यह कहना अनुचित नहीं होगा कि **कॉम्टे** की विचारधारा इसी आवश्यकता की 'प्रतिक्रिया' अथवा 'प्रत्युत्तर' था। *कॉम्टे ने घोषण की कि सामाजिक प्रगति या पुनर्संगठन की सभी योजनाएं कुछ ऐसे वैज्ञानिक सिद्धान्तों पर आधारित होनी चाहिए जिनका कि आधार अनुभव और प्रयोग हो*। सामाजिक विचारधारा के क्षेत्र में यही **कॉम्टे** का सर्वप्रमुख योगदान है। अब हम इनके विषय में विस्तारित अध्ययन करेंगे।

जीवन-चित्रण तथा कृतियां
(Biogrphical Sketch and Writings)

उन्नीसवीं शताब्दी के प्रमुख विचारकों में अग्रणी अगस्त कॉम्टे का जन्म 19 जनवरी, सन् 1798 में फ्रांस के माण्टपेलियर नामक स्थान में एक कैथोलिक परिवार में हुआ था। उनके पिता कर विभाग के उच्च पदाधिकारी थे। बचपन से ही **कॉम्टे** के व्यक्तित्व में दो विलक्षताएं स्पष्ट होने लगी थीं-एक तो उनकी प्रखर बौद्धिक क्षमता और दूसरे समस्त स्थापित सत्ता का विरोध करने की मनोवृत्ति। उनके माता-पिता कट्टर राजभक्त थे; **कॉम्टे** एक लोकतन्त्रवादी थे। उनके माता-पिता कट्टर कैथेलिक थे जबकि कॉम्टे उसी कैथोलिक धर्म के कटु आलोचक थे। उनकी प्रारम्भिक शिक्षा उनके ही नगर में हुई थी और उसके बाद आपका दाखिला पेरिस के एक पॉलिटेक्निक स्कूल में कर दिया गया था। वहां आज विद्यार्थियों में अपनी उपर्युक्त दो विलक्षणताओं के कारण शीघ्र ही लोकप्रिय हो गए, विशेषकर उस समय जबकि आपने उस स्कूल के एक प्रोफेसर को निकाल देने के आन्दोलन में सक्रिय भाग लिया। उन्होंने तेरह वर्ष की आयु में ही अपने परिवार के राजनीतिक तथा धार्मिक विश्वासों को त्याग दिया था; चौदह वर्ष में आपने समाज का पुनर्निर्माण करना चाहा और सोलह वर्ष की आयु में गणितशास्त्र में लेक्चर दिए। इस प्रकार विभिन्न रूप में उन्होंने यह प्रमाणित किया कि आप एक साधारण व्यक्ति नहीं, अपितु एक निर्भीक तथा स्वतन्त्र विचारक थे।

अपने स्कूल के जीवन में **कॉम्टे, वेंजामिन फ्रांकलिन** द्वारा अत्यन्त प्रभावित थे। **कॉम्टे** उनको एक आदर्श पुरुष मानते थे और उनका अनुकरण करना चाहते थे। अपने स्कूल के एक मित्र को उन्होंने एक बार लिखा था, "मैं आधुनिक सुकरात का अनुकरण करना चाहता हूं, उनके बौद्धिक गुणों का नहीं बल्कि उनके जीवन के तरीके का। तुम जानते हो कि जब वे केवल पच्चीस वर्ष के ही थे तभी उन्होंने अपने को पूर्णतया बुद्धिमान व्यक्ति सोच लिया था। मैंने भी उसी विचार को ग्रहण करने का साहस किया है यद्यपि अभी मेरी आयु बीस वर्ष की भी नहीं है।"

केवल बीस वर्ष की आयु में ही **कॉम्टे** को उसक समय के सर्वप्रमुख दार्शनिक **सेंट साइमान** के सम्पर्क में आने का सौभाग्य प्राप्त हुआ। उन दोनों का घनिष्ठ सम्पर्क सन् 1818 से लेकर सन् 1824 तक बना रहा। कहा जाता है कि **सेंट साइमन** के विचारों का **कॉम्टे** पर गहरा प्रभाव पड़ा और कुछ विचार जोकि **कॉम्टे** की महान कृतियों में हमें संशोधित तथा परिवर्द्धित रूप में देखने को मिलते हैं, **सेंट साइमन** के मस्तिष्क की ही उपज थी। परन्तु **कॉम्टे, सेट साइमन** के अनुयायी थे, यह सोचना शायद उचित न होगा; फिर भी **विस्काउंट मार्ले** के विचारानुसार, कॉम्टेस्ट विचारधारा को **सेंट साइमन** की दो स्पष्ट देन हैं–*प्रथम तो यह कि विज्ञानों क एक वैज्ञानिक वर्गीकरण अति आवश्यक है और दूसरा यह कि दर्शन का वास्तविक ध्येय सामाजिक होना चाहिए और सामाजिक विचारकों का उचित उद्देश्य नैतिक, धार्मिक तथा राजनीतिक व्यवस्थाओं का पुर्नसंगठन।* परन्तु इसका तात्पर्य न तो यह है कि **कॉम्टे** की समस्त विचारधारा **सेंट साइमन** द्वारा प्रभावित थी और न यह कि **कॉम्ट** की महान् बौद्धिक सफलताएं **सेंट साइमन** के कारण ही सम्भव हुईं। इसका कारण भी स्पष्ट था और वह यह कि **सेंट साइमन** की विचारधारा में क्रमबद्धता का अभाव था जबकि **कॉम्टे** अपनी विचारधारा में यथार्थता, सुतथ्यता तथा तार्किकता पर अत्यधिक बल देते थे।

कुछ विद्वानों का मत है कि कॉम्टे के ग्रन्थों तथा जीवन में एकरूपता का पर्याप्त अभाव है। बहुत-से लोग ऐसे हैं जिन्होंने कि **कॉम्टे** की (Positive Philosophy) का हृदय से स्वागत किया परन्तु (Positive Polity) की उतनी ही निन्दा की। जैसा कि पहले कहा गया है, **जॉन स्टुअर्ट मिल** का यह निश्चित मत था कि प्रथम कृति के सृजन के पश्चात् ही **कॉम्टे** की असाधारण प्रतिभा और क्षमता का विनाश प्रारम्भ हो रहा था। दूसरे शब्दों में, (Positive Polity) में **कॉम्टे** उस वैज्ञानिक स्तर पर स्थिर न रह सके जिस पर कि (Positive Philosophy) को उन्होंने आधारित किया था। परन्तु स्वयं **कॉम्टे** इस मत का खंडन करते हैं। उनका कथन है कि उनकी समस्त विचारधाराओं में कहीं भी कोई खाई नहीं है,

न ही उनमें एकरूपता का कुछ भी अभाव है। उनके मतानुसार (Philosophy और Polity) इन दोनों ग्रन्थों की रचना एक ही उद्देश्य की पूर्ति के लिए की गई थी; प्रथम नींव डाली गई है और दूसरे में वास्तविक निर्माण-कार्य। **कॉम्टे** का कथन है कि पहले से ही उनका उद्देश्य एक नवीन 'आध्यात्मिक शक्ति' की खोज था। इस खोज में सफलता पाने के लिए या इस 'सामाजिक उद्देश्य' की पूर्ति के लिए बौद्धिक तैयारियां (Intellectual Preparations) परमावश्यक थीं। इसलिए उन्होंने Positive Philosophy में विभिन्न विज्ञानों के उपलब्ध होने वाली सामग्रियों को सर्वप्रथम इकट्ठा किया और इस प्रकार जब एक सैद्धान्तिक नींव पड़ गई, तब Positive Polity में उन सामग्रियों के व्यावहारिक उपयोग की विस्तृत विवेचना प्रस्तुत की। इस प्रकार **कॉम्टे** के मतानुसार, ये दोनों ग्रन्थ एक-दूसरे से भिन्न नहीं, अपितु एक-दूसरे के पूरक हैं। **कॉम्टे** के इस आत्म-मूल्यांकन से वे सभी विद्वान सहमत हैं जिन्होंने कि उनके जीवन तथा ग्रन्थों का अधिक सावधानी से अध्ययन किया है। इस सम्बन्ध में **प्रोफेसर लेवी-ब्रुह्ल, हॉकिंस बार्न्स** तथा **बीकर** आदि का नाम विशेष रूप से उल्लेखनीय है। **बार्न्स** तथा **बीकर** का मत है कि Positive Philosophy में **कॉम्टे** के सैद्धान्तिक मतों की अधिक विस्तृत विवेचना तथा प्रत्यक्ष या वैज्ञानिक आधार पर मित्र राष्ट्र के निर्माण में उन सिद्धान्तों के व्यावहारिक प्रयोग के सम्बन्ध में उनके विचार विशद् रूप में मिलते हैं। इन विद्वानों के मतानुसार Positive Poliy निस्सन्देह ही आवश्यक शब्दों से अत्यधिक बोझिल तथा नीरस ग्रन्थ है, फिर भी Positive Philosophy की तुलना में इसमें **कॉम्टे** के प्राय: सभी प्रमुख स्वीकृत सिद्धान्त या अवधारणाएं कहीं अधिक परिपक्व और परिपुष्ट रूप में मिलती हैं।

इस असाधारण प्रतिभा और क्षमता सम्पन्न सामाजिक विचारक **कॉम्टे** की मृत्यु सन् 1857 में हुई थी, परन्तु उनके अथक परिश्रम तथा विचारों की मृत्यु न हुई है और न होगी। समाजशास्त्र आज जो कुछ है वह शायद इसी कारण है कि **कॉम्टे** अपने जीवन तथा परिश्रम से इस विज्ञान की नींव को सींचकर उसे इतना दृढ़ बना गए हैं कि वह फिर हिला नहीं, टूटा नहीं, धंसा नहीं।

तीन स्तरों का नियम (Law of Three Stages)

सामाजिक विचारधारा के क्षेत्र में **कॉम्टे** का **तीन स्तरों का नियम** इनका एक महत्वपूर्ण योगदान है। सन् 1822 में आप जब केवल 24 वर्ष के थे, तब ही आपने इस नियम को प्रतिपादित किया था कि मानव के बौद्धिक विकास का अध्ययन करने पर यह स्पष्टत: पता चलता है कि इस क्रम-विकास के तीन स्पष्ट स्तर रह रहे हैं। ये स्तर निम्न हैं-

(1) प्रत्यक्ष स्तर (Positive Stage)

(2) धार्मिक स्तर (Theological Stage);

(3) तात्त्विक स्तर (Metaphysical Stage);

कॉम्टे ने लिखा है, "सभी समाजों में और सभी युगों में मानव के बौद्धिक विकास का अध्ययन करने से उस महान् आधारभूत नियम का पता चलता है जिसके अधीन मनुष्य की वृद्धि आवश्यक रूप से होती है और जिसका एक ठोस प्रमाण हमारे संगठन के तथ्यों तथा हमारे ऐतिहासिक अनुभवों दोनों में विद्यमान है। यह नियम इस प्रकार है; हमारी प्रत्येक प्रमुख अवधारणा, हमारे ज्ञान की प्रत्येक शाखा, एक के बाद एक तीन विभिन्न सैद्धान्तिक दशाओं से होकर गुजरती है–धार्मिक अथवा काल्पनिक अवस्था,तात्त्विक अथवा अमूर्त अवस्था और वैज्ञानिक अथवा प्रत्यक्ष अवस्था।"

"धार्मिक अवस्था में सृष्टि की आवश्यक प्रकृति की खोज करने में या प्राकृतिक घटनाओं के घटित होने के सर्वप्रमुख तथा अन्तिम कारणों (उत्पत्ति तथा उद्देश्य) को जानने के प्रयत्न में मनुष्य का मस्तिष्क यह मान लेता है कि समस्त घटनाएं अलौकिक प्राणियों की तात्कालिक क्रियाओं का परिणाम हैं।"

"तात्त्विक अवस्था में, जोकि प्रथम अवस्था का एक संशोधन मात्र है, मनुष्य का मस्तिष्क यह मान लेता है कि अलौकिक प्राणी नहीं बल्कि, अमूर्त शक्तियां, जो कि सभी जीवों में अन्तर्निहित होती हैं, समस्त घटनाओं को उत्पनन करती है।"

"अन्तिम अथवा प्रत्यक्ष अवस्था में मनुष्य का मस्तिष्क निरपेक्ष धारणाओं, विश्व और उत्पत्ति और लक्ष्य तथा घटनाओं के कारणों की व्यर्थ खोज को त्याग देता है और उनके नियमों के, अर्थात् उनके अनुक्रम तथा समरूपता के विचार सम्बन्धों के अध्ययन में लग जाता है। सम्मिलित रूप से तर्क तथा निरीक्षण इस ज्ञान का साधन है। तथ्यों की व्याख्या'–इस कथन से जो कुछ आज हम समझते है वह केवल सामान्य तथ्यों के बीच सम्बन्ध की स्थापना मात्र है, इन सामान्य तथ्यों की संख्या विज्ञान की प्रगति के साथ-साथ निरन्तर घटती चली जाती है।"

'तीन स्तरों के नियम' की व्याख्या **कॉम्टे** के उपर्युक्त कथन से ही पर्याप्त स्पष्ट है, फिर भी उनके द्वारा उल्लेखित मानव-ज्ञान के या मानव के बौद्धिक विकास के तीन स्तरों को और भी स्पष्ट रूप से इस प्रकार समझाया जा सकता है :

(1) **वैज्ञानिक या प्रत्याक्षात्मक स्तर** (Scientific or Positive Stage) : तात्त्विक विचार शाश्वत् या स्वयं पूर्ण हो सकता है, पर वास्तविक तर्कों पर आधारित नहीं हो सकता। जब व्यक्ति तात्त्विक विचारों को छोड़कर निरीक्षण और तर्क के आधार पर इस संसार की घटनाओं को समझने और

परिभाषित करने लगता है तब भी वैज्ञानिक या प्रत्यक्षात्मक स्तर में उसका प्रवेश होता है। **कॉम्टे** का कथन है कि तर्क और निरीक्षण सम्मिलित रूप में वास्तविक ज्ञान का आधार हैं। जब हम किसी घटना की व्याख्या करते हैं तो कुछ सामान्य तथ्यों और उस घटना-विशेष के बीच सम्बन्ध ढूंढ़ने का प्रयत्न करते हैं यह अन्वेषण निरीक्षण के द्वारा ही यथार्थ हो सकता है। निरीक्षण ही प्रमाण है क्योंकि वह वास्तविक है, न कि काल्पनिक। **कॉम्टे** के अनुसार विश्व के विभिन्न तथ्यों, घटनाओं आदि को समझने का वास्तविक तथा निर्भर-योग्य साधन निरीक्षण और वर्गीकरण ही है। प्रत्याक्षात्मक स्तर पर मनुष्य इसीलिए न तो काल्पनिक किला बनाता है और न ही तात्त्विक दृष्टि में संसार के विभिन्न तत्त्वों, को देखने का प्रयास करता है। इस स्तर पर ज्ञान का संग्रह ही एकमात्र साध्य (End) या अन्तिम उद्देश्य है।

(2) **धार्मिक स्तर** (Theological Stage) : इस स्तर में समस्त चीजों को ईश्वर के प्रतिरूप में या किन्हीं अलौकिक प्राणियों की तात्कालिक क्रियाओं के परिणाम के रूप में देखा, माना या समझा जाता है। धारणा यह होती है कि समस्त चीजों का कार्य-रूप अलौकिक शक्तियां (देव-दवी या आत्मा) हैं तथा समस्त वस्तुओं में वही शक्ति व्याप्त है। पेड़-पौधे, जलप्रवाह, चर-अचर आदि सभी में वही शक्ति क्रियाशील है। प्राकृतिक घटनाओं के घटित होने में, इस स्तर पर मानव को केवल एक ही कारण दिखाई देता है ओर वह कारण है देवी-देवता या ऐसी ही अन्य अलौकिक शक्ति यह विचार ठीक है या गलत, यह दूसरी बात है, परन्तु इस स्तर पर इसी रूप में अपने आसपास के विषय में मनुष्य सोचता है और मानव तथा पशु में इसी चिन्तन करने की शक्ति के आधार पर एक महान् अन्तर हो जाता है। **कॉम्टे** के अनुसार इस स्तर के भी तीन उप स्तर हैं–

(क) जीवित-सन्तवाद (Fetichism) ;

(ख) बहु-देवत्ववाद (Polytheism) ;

(ग) अद्वैतवाद (Monotheism) ।

(क) प्रथम उप-स्तर पर प्रत्येक चीज में एक जीवित सत्ता का अनुभव किया जाता है और उसी के अनुसार अनेक जादू-टोनों पर विश्वास किया जाता है।

(ख) द्वितीय उप-स्तर पर मुनष्यों का मस्तिष्क अधिक सुसंगठित होता है, इस कारण अनेक देवता व जादू-टोनों आदि से मानव परेशान

हो जाता है और उन्हें सम्मिलित रूप से देखने की भावना उत्पन्न होती है, जिसके फलस्वरूप जीवन के विभिन्न पहलुओं से सम्बन्धित एक-एक देवी-देवता का जन्म होता है। यही बहु-देवत्ववाद का स्तर है क्योंकि इसमें अनेक देवताओं पर विश्वास किया जाता है जोकि जीवन के विभिन्न पक्षों का प्रतिनिधित्व करते हैं।

(ग) परन्तु इन अनेक देवी-देवताओं के कारण भी मानसिक उलझनें बनी रहती हैं। इसी कारण मनुष्य अपने समस्त चिन्तन को या श्रद्धा-विश्वास को अनेक देवी-देवताओं में न बांटकर किसी एक ईश्वर पर अपनी समस्त श्रद्धा, विश्वास आदि को निछावर करने के लिए उन्मुख होता है। यही अद्वैतवाद की स्थिति है जबकि यह विश्वास किया जाता है कि प्रत्येक घटना या वस्तु का कारण किसी एक देवताा का कार्य है। दूसरे शब्दों में, अद्वैतवाद में यह विश्वास स्पष्ट होता है कि ईश्वर केवल एक है और समस्त वस्तु या घटना उसी एक ईश्वर की सृष्टि है। जैसे-जैसे मानव का दृष्टिकोण व्यापक और चिन्तन-शक्ति गहन और गम्भीर होती है, वैसे-ही-वैसे अद्वैतवाद की अवधारणा भी अधिक स्पष्ट और दृढ़ होती है । धार्मिक स्तर का अद्वैतवाद चरम स्तर है।

(3) **तात्त्विक स्तर** (Metaphysical Stage) : इस स्तर पर ईश्वर की वैयक्तिक शक्ति की धारणा का लोप होता है। ईश्वर का चिन्तन व्यक्ति के रूप में न होकर एक अमूर्त शक्ति के रूप में होता है। जो कुछ भी संसार में हो रहा है वह एक व्यक्ति के रूप में ईश्वर के कारण नहीं वरन् एक अदृश्य या निराकार व्यक्ति के कारण है या हो रहा है। इस शक्ति का अस्तित्व है, परन्तु इसका सम्बन्ध किसी व्यक्ति-विशेष या किसी शरीर-विशेष सें नहीं है।उस अमूर्त, निराकार शक्ति के आधार पर जो कुछ भी हो रहा है वह शाश्वत् है और स्वयं पूर्ण है। इस स्तर की कोई विशिष्ट विशेषता उल्लेखनीय नहीं है कयोंकि यह स्तर धार्मिक और प्रत्यक्षात्मक स्तर के बीच का स्तर है।

मानव-ज्ञान अथवा चिन्तन के उक्त तीन चरणों की विवेचना करते हुए **कॉम्टे** इस सत्य को भूल नहीं जाते हैं कि इन तीनों स्तरो का पृथक-पृथक अस्तित्व नहीं हो सकता है। दूसरे शब्दों में, ये तीनों स्तर एक-दूसरे से पूर्णतया परे हैं अथवा एक स्तर के बाद ही दूसरे स्तर का आविर्भाव होता है, यह सोचना अचित न होगा।

हो सकता है कि वे एक ही समाज में या एक ही मस्तिष्क में साथ-साथ पाए जाते हों। हो सकता है कि धार्मिक विषयों में हम धार्मिक स्तर पर हों, जीवन के आदर्शों के सम्बन्ध में तात्त्विक स्तर पर और जीवित रहने के साधनों के सम्बन्ध में वैज्ञानिक स्तर पर। इन तीनों स्तरों का अनौखा समन्वय भारतीय समाज में मिलता हैं। उदाहरणार्थ, हिन्दू-विवाह आज भी धार्मिक स्तर पर है और हिन्दू लोग विवाह हो एक धार्मिक संस्कार के रूप में मानते हैं। गांधीजी की सत्याग्रह, अहिंसा अथवा 'अल्लाह-ईश्वर एक ही नाम' की वाणी प्राथमिक रूप से दार्शनिक है जबकि भारतीय पंचवर्षीय योजनाएं प्रत्यक्ष स्तर की परिचायक हैं। अत: मानव-चिन्तन अथवा ज्ञान के तीनों स्तर पूर्णतया पृथक् नहीं हैं। **कॉम्टे** की इस विचारधारा को एक अन्य उदाहरण द्वारा भी स्पष्ट किया जाता है। जैसे एक वैज्ञानिक है जोकि अन्य सभी विषयों में विज्ञान पर वैज्ञानिक पद्धति पर विश्वास करता है, परन्तु यदि उसके इकलौते बेटे की मृत्यु हो जाती है तो हो सकता है कि वह वैज्ञानिक ढंग से अपने-आपको सान्त्वना न दे सके। ऐसे अवसरों पर उसके लिए तात्त्विक विचारों का सहारा लेना अधिक उचित होगा ओर वह यह सोचकर कि 'संसार में मिलन और विरह, सुख और दु:ख दोनों को ही सहना पड़ता है', या धार्मिक आधार पर यह निष्कर्ष निकालकर कि 'ईश्वर जो कुछ भी करता है हमारी भलाई के लिए ही करता है' अपने को धीरज दे सकता है या देता है। अत: स्पष्ट है कि मानव-ज्ञान या चिन्तन की उपर्युक्त तीनों अवस्थाएं एक ही समाज में या एक ही मस्तिष्क में साथ-साथ पाई जा सकती हैं। **कॉम्टे** ने इस सत्य को कदापि न भूलने पर अत्यधिक बल दिया है क्योंकि उनका कथन है कि इस सत्य को भूल जाने पर ही इस तीन स्तर के महान नियम के सम्बन्ध में कोई आपत्ति या इसकी कोई आलोचना सम्भव हो सकती है, अन्यथा कदापि नहीं। सन् 1839 में इस नियम के सम्बन्ध में **कॉम्टे** ने लिखा था, "प्रत्येक प्रकार से इस पर विचार-विमर्श तथा हर तरह से इसकी परीक्षा करते हुए सत्रह वर्ष का निरन्तर गहन चिन्तन मुझे पहले से ही इस महान् विषय के सम्बन्ध में, बिना किसी वैज्ञानिक हिचक के, वह घोषणा करने का अधिकार देता है कि हम सदैव ही इस ऐतिहासिक धारणा को परिपुष्ट और स्थिर पाएंगे; प्राकृतिक दर्शनशास्त्र के अन्य विभागों में वास्तव में मान्य किसी भी सामान्य तथ्य की भांति मुझे तो अत यह धारणा भी पूर्णतया प्रमाणित ही प्रतीत होती है।"

मानव-चिन्तन के स्तर और सामाजिक संगठन
(Stages of Thinking and Social Organization)

मानव-चिन्तन की उपर्युक्त तीन अवस्थाओं में प्रत्येक से सम्बन्धित एक विशेष प्रकार के सामाजिक संगठन का भी उल्लेख **कॉम्टे** ने किया है। दूसरे शब्दों में,

कॉम्टे के मतानुसार, मानव-चिन्तन के प्रत्येक स्तर पर एक विशेष प्रकार का सामाजिक संगठन पाया जाता है जोकि ऐतिहासिक प्रमाणों के अनुसार निम्न प्रकार का है :

(1) जब मानव-ज्ञान धार्मिक अवस्था पर होता है तब प्रत्येक चीज की भांति सामाजिक जीवन तथा संगठन को भी ईश्वरीय इच्छा के प्रतिरूप माना जाता है। इस स्तर पर समाज का स्वरूप-सम्बन्धी उल्लेखनीय सिद्धान्त 'ईश्वरीय सिद्धान्त' होता है। इसके अनुसार समाज की उत्पत्ति और अस्तित्व ईश्वर की इच्छा से है। इसी कारण राजनीतिक सत्ता ईश्वरीय अधिकार पर आधारित होती है। राजा को ईश्वर का प्रत्यक्ष प्रतिनिधि माना जाता है और इसलिए यह माना जाता है कि राजा के समस्त आदेशों को उचित या अनुचित विचार न करते हुए सबको मानना चाहिए। इस दृष्टि से राजा प्रत्येक प्रकार के कार्य को कर सकता है; पर उसके लिए वह ईश्वर को छोड़कर अन्य किसी के प्रति उत्तरदायी नहीं होगा, न ही कोई उसके किसी कार्य को सन्देह की दृष्टि से देख सकता है। चूंकि राजा पृथ्वी पर ईश्वर का प्रत्यक्ष प्रतिनिधि होता है, इस कारण उसके शब्द की कानून हैं और चूंकि इस प्रकार के कानून के पीछे ईश्वरीय अभिमति होती है इसलिए किसी को भी यह अधिकार नहीं है कि उन कानूनों के उचित-अनुचित का विचार करे। इस कानूनों का उल्लंघन ईश्वरीय कानूनों की अवहेलना मानी जाती है और वे ईश्वरीय अदालत में कठोरतम दंड के भागी होंगे जोकि पृथ्वी पर राजा के द्वारा किये जाते हैं। बाइबिल के मतानुसार स्वर्ग में अच्छे और बुरे ज्ञान के वृक्ष के निषिद्ध फल तोड़ने और उसे खाने के कारण ही आदिम और ईव स्वर्ग से निकाले गए थे। यही मनुष्य-जाति का आदि अपराध है। इस स्तर पर ऐसी ही अनेक लोक-गाथाओं के द्वारा सामाजिक नियन्त्रण किया जाता है और लोगों को उन्हें चुपचाप मानना भी पड़ता है, क्योंकि ऐसा न करने पर उन्हें ईश्वरीय दंड को भोगना पड़ता है।

(2) **तात्त्विक स्तर** पर सामाजिक संगठन और राज्य-शक्ति के स्परूपों में परिवर्तन होता है। ईश्वरीय अधिकार की अवधारणा को त्यागकर प्राकृतिक अधिकार को अपनाया जाता है और इसी के आधार पर मनुष्यों का राजनीतिक सम्बन्ध निर्धारित तथा नियिमत होता हैं इस स्तर का सामाजिक संगठन प्रथम स्तर से अधिक प्रगतिशील होता है। इस स्तर पर राजकीय शक्ति की निरंकुश सत्ता घट जाती है और उसके स्थान पर व्यक्तिगत स्वतन्त्रता की अवधारणा का बीजारोपण होता है। परन्तु चूंकि यह स्वतन्त्रता प्रत्येक व्यक्ति के लिए नवीन होती हैं, इस कारण दुरुपयोग होना स्वाभाविक है। फलस्वरूप इस स्तर में भूतकाल के अनेक अन्धविश्वासों के नष्ट होने और वैज्ञानिक स्तर के लिए एक आरम्भिक नींव पड़ने पर भी रक्तपात और

अराजकता का ही बोलवाला रहता है। इस स्तर पर पुरोहितवाद का भी विकास होता है। उदाहरणार्थ, दसवीं शताब्दी से पन्द्रहवीं शताब्दी के अन्त तक यूरोप में इसी पुरोहितवाद का बोलबाला रहा। यह माना जाता था कि धर्म संघ सर्वथा विशुद्ध है और इसी कारण राज्य की तुलना में उसका स्थान श्रेष्ठ और पवित्र है। "पोप का दावा था कि सेंटपीटर को इस लोक और परलोक दोनों में मनुष्यों को बद्ध और मुक्त करने का अधिकार मिला था। पोप सेंटपीटर का प्रतिनिधि है और इस कारण उसे भी ये अधिकार प्राप्त हैं संसार या लोक में बद्ध और मुक्त करने के अधिकार का यह अभिप्राय है कि पोप की सत्ता लौकिक विषयों में भी सर्वोच्च है, पर उसे उसने स्वयं अपने हाथ में रखकर सम्राट को हस्तान्तरित कर दिया है। अतएव, सम्राट को जो कुछ अधिकार मिले हैं वे सीधे ईश्वर से न मिलकर पोप से प्राप्त हुए हैं। इस कारण सम्राट का पद पोप के पद से नीचे और उसके अधीन है।"

(3) तीसरा स्तर, **प्रत्यक्ष स्तर** (Positive Stage), पहले के दो स्तरों से बहुत भिन्न होता है। उपर्युक्त दो अवस्थाओं में समाज-व्यवस्था या सामाजिक संगठन का आधार या तो आध्यात्मिक विश्वास या अबौद्धिक प्रणालियां होती हैं, परन्तु इस तीसरे स्तर की व्यवस्था का आधार वैज्ञानिक ज्ञान या निरीक्षण, परीक्षण ओर प्रयोग की व्यवस्थित कार्य-प्रणाली होती है। इसका एक कारण यह है कि इस अवस्था के विचारकों के विचार में उन्मुक्त तर्क की उड़ान या बुद्धिवाद झलकता है। ये विचारक घटनाओं के अन्तिम कारणों को ढूंढने के चक्कर में नहीं पड़ते और न ही अधिकारों की अमूर्त व्याख्या करने में अपना समय गंवाते हैं। वे अपने का वहीं तक सीमित रखते हैं जहां तक अनुभव और निरीक्षण का क्षेत्र है। इस प्रकार का स्तर विज्ञान के अधिकाधिक विकास के अनुकूल परिस्थितियां उत्पन्न करता है और इसमें इसी कारण औद्योगिक युग का प्रादुर्भाव होता है। इस स्तर में नए आविष्कार करने की ओर प्रवृत्ति बढ़ती है और लोकतन्त्रात्मक राज्य-संगठन का बोलबाला होता है। वैज्ञानिक आविष्कारों के कारण प्राकृतिक साधनों का उचित उपयोग सम्भव होता है। इन सब परिवर्तनों से अनेक लाभ होते हैं, जैसे समाज के सदस्यों का एक वैज्ञानिक दृष्टिकोण विकसित होता है, काल्पनिक किला बनाने में समय की बर्वादी कम-से-कम की जाती है, शिक्षा का पुनर्संगठन होता है, सामाजिक पुनर्निर्माण की प्रत्यक्षवादी योजना को कार्यान्वित किया जाता है, मित्र राष्ट्र की स्थापना सम्भव होती है, मानवता के धर्म का विकास होता है, इत्यादि। इस प्रकार, संक्षेप में, समाज में भौतिक, बौद्धिक तथा नैतिक शक्तियों का एक उत्तम सामंजस्य होता है। जिसके फलस्वरूप, सम्पर्ण सामाजिक संगठन संव्यवस्थित तथा प्रत्यक्ष होता है। मानव-सभ्यता के विकास का यह एक उत्तम स्तर है।

सामाजिक सिद्धान्त को कॉम्टे की सामान्य देन (Comte's General Contribution to Social Theory)

हैरी एल्मर बार्न्स ने लिखा है, "**कॉम्टे** के सामाजिक दर्शन के प्रमुखतम विद्यार्थीगण सामान्यत: यह स्वीकार करते हैं कि नए और मौलिक सामाजिक सिद्धान्तों के विकास की अपेक्षा उनकी(**कॉम्टे** की) प्रमुख देन उनकी समन्वय तथा संगठन की असाधारण योग्यता में थी।" बार्न्स ने इसे प्रमाणित करते हुए लिखा है कि **कॉम्टे** ने **अरस्तू** से लेकर **सेंट साइमन** तक के सामाजिक दर्शन के लेखकों से बहुत कुछ ग्रहण किया। निम्नलिखित उदाहरणों से यह बात और भी स्पष्ट हो जाएगी। **अरस्तू** ने उन्होंने सामाजिक संगठन के आधार के सम्बन्ध में अपने बुनियादी विचार को प्राप्त किया।

सामाजिक संगठन का यह आधार है कार्यों का वितरण और प्रत्यनों का सम्मिलन और भी स्पष्ट रूप में, सामाजिक संगठन तभी सम्भव है जबकि सामाजिक जीवन में कार्यों का समुचित वितरण हो और समाज के सदस्य अपने-अपने प्रयत्नों को इस रूप में मिलकर करें कि समाज का संगइन बना रहे, अर्थात् सामाजिक संगठन के बने रहने के लिए दो-चार सदस्यों के प्रयत्न ही पर्याप्त नहीं हैं, आम जनता या सदस्यों की प्रयत्नशीलता आवश्यक है। इसी आधार पर **कॉम्टे** ने सामाजिक सावयव की धारणा को विकसित किया है जिसकी विवेचना हम आगे करेंगे। उसी प्रकार **ह्यूम, कॉट** तथा **गॉल** से **कॉम्टे** ने सामाजिक घटनाओं की अध्ययन-पद्धति के रूप मं प्रत्यक्षवाद की अवधारणा को ग्रहण किया। **ह्यूम, कॉट** तथा **टुर्गोट** से आपने अपने ऐतिहासिक निर्णा्यकवाद के विचार तथा **बूसे, विको द** तथा **मैस्त्री** से इतिहास की नियतिशासित व्यवस्था के बहुत-कुछ असम्बद्ध सिद्धान्त को ग्रहण किया। इतना ही नहीं, **टुर्गोट**, **कौंडरसेट**, **बूर्दिन** तथा **सेंट साइमन** से **कॉम्टे** ने मानव-जाति के बौद्धिक विकास के तीन स्तरों के प्रसिद्ध नियम को प्राप्त किया। इस नियम की विस्तृत विवेचना हम आगे करेंगे।

कॉम्टे ने समाजशास्त्र को एक आधारभूत तथा निर्देशक विज्ञान के रूप में स्वीकृत किया है। उनकी यह स्वीकृति **सेंटपीटर, माण्टेस्क्यू, कौंडरसेट** तथा **सेंट साइमन** के विचारों से प्रभावित है। इस प्रकार यह स्पष्ट है कि **कॉम्टे** अपनी विचारधारा को नया और मौलिक रूप देने के विषय में उतना अधिक सचेत न रहकर *इस बात के लिए सदैव प्रयत्नशील रहे कि उनके पहले के विचारकों के विचारों को इस प्रकार समन्वित तथा संगठित किया जाए कि उन्हें एक वैज्ञानिक आधार प्राप्त हो जाए, और उस वैज्ञानिक आधार पर सुप्रतिष्ठत रहते हुए समाजशास्त्र सामाजिक घटनाओं का वैज्ञानिक ढंग से अध्ययन कर सके जिससे कि सामाजिक संगठन, सुव्यवस्था और प्रगति सम्भव हो।*

कॉम्टे ने आधारभूत पद्धतिशास्त्रीय स्थिति यह है कि यदि भविष्य में मानव-ज्ञान का विस्तार होता है, तो वह निरीक्षण-परीक्षण और तुलना की वैज्ञानिक पद्धति के सहारे ही सम्भव होगा। यह ज्ञान वह आधार होगा जिसके अनुरूप समाज के सदस्यों में बौद्धिक तथा नैतिक एकता पनप सकेगी और उस एकता के आधार पर समाज का संगठन व पुनर्निर्माण सरल होगा।

विज्ञानों के वर्गीकरण का जो विचार **कॉम्टे** को **सेंट साइमन** से मिला था उसी आधार पर आपने विज्ञानों का एक संस्तरण प्रस्तुत किया। यह संस्तरण गणितशास्त्र से प्रारम्भ होता है और खगोलशास्त्र, भौतिकशास्त्र, रसायनस्त्र और प्राणिशास्त्र से गुजरकर समाजस्त्र के नए विज्ञान पर पहुंचकर खत्म होता है। इस संस्तरण के सम्बन्ध में हम आगे विस्तृत विवेचना करेंगे।

अरस्तू के सामाजिक संगठन के आधार के सम्बन्ध में जिस विचार को **कॉम्टे** ने ग्रहण किया उसी का परिणाम है उनकी **'समाज की सावयवी अवधारणा'।** यद्यपि आपने इस अवधारणा को कोई बहुत अधिक व्याख्या नहीं की है, फिर भी सावयवी सिद्धान्त की वास्तविकता को स्पष्टतः स्वीकार किया है। **कॉम्टे** के अनुसार समाज एक सामूहिक सावयव है। न कि एक वैयक्तिक सावयव या पौधा, और उस समाज का प्राथमिक सावयव गुण है सार्वभौमिक ऐकमत्य। सावयव और समाज दोनों में ही संरचना और कार्य का मेल देखा जाता है जोकि इसके भागों के बीच आपस में और वातावरण पर क्रिया और प्रतिक्रिया के द्वारा समान लक्ष्य की प्राप्ति के लिए कार्य करता है। यह सन्तुलित विकास मानव-समाज में अपनी उच्चतम अवस्था में पहुंचता है जोकि सावयवी विकासवाद का अन्तिम चरण है। **कॉम्टे** के मतानुसार समाज की विभिन्न इकाइयों के कार्यों का बढ़ता हुआ विशेषीकरण सामाजिक प्रगति का लक्षण हैं यह कहकर आपने इस विषय पर **स्पेप्सर** के विचारों का पहले से ही समन्वित कर लिया। **कॉम्टे** ने यह स्वीकार किया है कि सामाजिक व्यवस्था का अन्तर्निहित आधार **कार्यों के वितरण** और **प्रयत्नों के मेल** का सिद्धान्त अरस्तू का है, यद्यपि सम्भवतः यह अधिक सही है कि यह **प्लेटो** से लिया गया है। कार्यों का वितरण उचित ढंग से होने पर ही **सामाजिक व्यवस्था** कायम रहती है और प्रयत्नों के मेल से ही **सामाजिक प्रगति** सम्भव होती है। इसीलिए कॉम्टे के अनुसार, *'समाजशास्त्र विशिष्ट रूप से सामाजिक व्यवस्था और प्रगति का विज्ञान है।'*

कॉम्टे द्वारा प्रस्तुत सिद्धान्तों में प्रत्यक्षवाद, तीन स्तरों का नियम, विज्ञानों का संस्तरण, सामाजिक स्थिति-विज्ञान और सामाजिक गति-विज्ञान समाजशास्त्र के दो प्रमुख विभागों के रूप में, परिवार, मानवता का धर्म आदि अत्यधिक लोकप्रिय हैं।

कॉम्टे की प्रमुख रचनाओं पर एक सरसरी निगाह डालकर ही पाठक इस तथ्य से प्रभावित हुए बिना नहीं रह सकता कि उनकी देन उससे कहीं ज्यादा है जितना कि हम उक्त शीर्षकों या सिद्धान्तों के अन्तर्गत सम्मिलित कर सकते हैं। सामाजिक सिद्धान्त या सांस्कृतिक इहिास में ऐसी कम ही समस्याएं होंगी जिन पर कि **कॉम्टे** ने विचार न किया हो। और ऐसा करते हुए उन्होंने नए और मौलिक सामाजिक सिद्धान्तों को विकसित करने की अपेक्षा अपने से पहले के विद्वानों के विचारों का समन्वय वह संगठन ही अधिक किया है। यही उनकी असाधारण योग्यता का परिचय है।

कॉम्टे का प्रत्यक्षवाद (Comte's Positivism)

कॉम्टे को प्रत्यक्षवाद का जन्मदाता कहा जाता है। आपकी अनेक अवधारणाएं प्रत्यक्षवादी सिद्धान्त पर आधारित हैं, परन्तु उनके लेखों में इसका अधिक स्पष्टीकरण नहीं हुआ है। फिर भी इसे निम्न प्रकार से समझाया जा सकता है :

कॉम्टे के अनुसार प्रत्यक्षवाद का अर्थ 'वैज्ञानिक' है। आपका विचार है कि समग्र ब्रह्मांड 'अपरिवर्तनीय प्राकृतिक नियमों' द्वारा व्यवस्थित तथा निर्देशित होता है और यदि इन नियमों को हमें समझना है तो धार्मिक या तात्त्विक आधारों पर नहीं अपितु, विज्ञान की विधियों द्वारा ही समझा जा सकता है। वैज्ञानिक विधियों में कल्पना को कोई स्थान नहीं, ये तो निरीक्षण, परीक्षण, प्रयोग और वर्गीकरण की एक व्यवस्थित कार्य-प्रणाली होती है। इस प्रकार *निरीक्षण परीक्षण, प्रयोग और वर्गीकरण पर आधारित वैज्ञानिक विधियों के द्वारा सबकुछ समझना और उससे ज्ञान प्राप्त करना ही प्रत्यक्षवाद* है।

कॉम्टे का कथन है कि अनुभव, निरीक्षण, प्रयोग तथा वर्गीकरण की व्यवस्थित कार्य-प्रणाली द्वारा न केवल प्राकृतिक घटनाओं का ही अध्ययन सम्भव है बल्कि, समाज का भी, क्योंकि समाज भी प्रकृति का एक अंग है। जिस प्रकार प्राकृतिक घटनाएं कुछ निश्चित नियमों पर आधारित होती हैं, उसी प्रकार प्रकृति के अंग के रूप में सामाजिक घटनाएं भी कुछ निश्चित नियमों के अनुसार घटित होती हैं। जिस प्रकार पृथ्वी की गति, ऋतु-परिवर्तन, चांद और सूरज का आवागमन, दिन और रात का होना आदि प्राकृतिक घटनाएं आकस्मिक नहीं है, बल्कि, कुछ सुनिश्चित नियमों द्वारा निर्देशित होती है, उसी प्रकार मानवीय या सामाजिक घटनाएं भी आकस्मिक नहीं होतीं; वे भी कुछ सामाजिक नियमों के अन्तर्गत आती हैं। अत: सामाजिक घटनाएं किस प्रकार घटित होती हैं या उनका क्या क्रम व गति हो सकती है, इसका अध्ययन यथार्थ रूप से सम्भव है। यही प्रत्यक्षवाद का प्रथम आधारभूत सिद्धान्त है।

प्रत्यक्षवाद की दूसरी महत्वपूर्ण विशेषता यह है कि यह अपने को धार्मिक और तात्त्विक विचारों से दूर रखने का प्रयत्न करता है, क्योंकि इनकी अध्ययन--प्रणाली वैज्ञानिक कदापि नहीं हो सकती। प्रत्यक्षवाद कल्पना या ईश्वरीय महिमा के आधार पर नहीं, बल्कि, निरीक्षण, परीक्षण, प्रयोग और वर्गीकरण की व्यवस्थित कार्य-प्रणाली के आधार पर सामाजिक घटनाओं की व्याख्या करता है। एक उदाहरण के द्वारा प्रत्यक्षवाद की इस विशेषता को सुन्दर ढंग से समझाते हुए **डॉ. ब्रिजेस** ने लिखा है कि यदि कोई व्यक्ति संखिया खाकर कर जाता है तो इस घटना की व्याख्या धर्मवादी, तत्वज्ञानी और वैज्ञानिक या प्रत्यक्षवादी तीनों ही अलग-अलग ढंग से करेंगे क्योंकि इन सबका दृष्टिकोण भी भिन्न-भिन्न है। धर्मवादी उस व्यक्ति के मर जाने को दैवीय विधान मानते हुए यह कहेंगे कि यही ईश्वर की इच्छा थी। इसके विपरीत एक तत्त्वज्ञानी यही कहेगा कि मिलन और विछोह एक स्वाभाविक नियम है और मृत्यु एक ऐसा अन्तिम विछोह है जिसमें बिछुड़कर फिर नहीं मिला जाता।

परन्तु इसी मृत्यु के सम्बन्ध में एक वैज्ञानिक का मत और उसकी कार्य-प्रणाली उपर्युक्त दोनों मतों से बिल्कुल भिन्न होगी। यदि एक डॉक्टर से यह कहा जाए कि एक व्यक्ति संखिया खकर मर गया है तो डॉक्टर मृत व्यक्ति का स्वयं जाकर वास्तविक निरीक्षण व परीक्षण करेगा और संखिया के तत्वों को विश्लेषित करता हुआ उस व्यक्ति पर संखिया के प्रभाव को देखेगा ओर तब कहीं उस मृत्यु के सम्बन्ध में अपनी रिपोर्ट देगा। अत: स्पष्ट है कि वैज्ञानिक निरीक्षण, परीक्षण और वर्गीकरण की व्यवस्थित कार्य-प्रणाली के आधार पर अने अध्ययन-कार्य को करते हैं और उसी से किसी विषय के सम्बन्ध में ज्ञान प्राप्त करते हैं, यही **प्रत्यक्षवाद** है। अपने अध्ययन-कार्य में प्रत्यक्षवादी अनुभव और प्रयोग को उत्तरोत्तर कार्य में लाते हैं। इस प्रकार हम यह सकते हैं कि प्रत्यक्षवाद किसी निपरेक्ष विचार को स्वीकार नहीं करता है क्योंकि सामाजिक जीवन में परिवर्तन उसी प्रकार स्वाभाविक है जिस प्रकार प्राकृतिक जगत में। *समाज या सामाजिक घटनाओं की यह गतिशीलता कुछ प्राकृतिक नियमों, न कि किसी प्रकार की 'इच्छा' द्वारा निर्देशित व संचालित होती है।*

जैसा कि ऊपर बताया जा चुका है, प्रत्यक्षवाद अपने क्षेत्र से धार्मिक और तात्त्विक विचारों का दृढ़तापूर्वक बहिष्कार करता है। ऐसा वह इस कारण करता है क्योंकि इस तरह के विचार एक प्रकार की 'सटटेबाजी' हैं। दूसरे शब्दों में, **कॉम्टे** का विश्वास है कि धार्मिक व तात्त्विक 'अटकलपच्चू' चिन्तन द्वारा प्राप्त निष्कर्ष सत्य भी हो सकता है और काल्पनिक भी, अर्थात् ऐसे निष्कर्षों का सत्य या काल्पनिक

होना 'संयोग' या अनुमान की बात है और उनके सत्या-सत्य का निर्णय अगर सम्भव नहीं तो कठिन तो अवश्य ही है। कुछ भी हो, वैज्ञानिक चिन्तन 'संयोग' या 'अनुमान' पर कदापि निर्भर नहीं हो सकता और न होना ही चाहिए। चूंकि प्रत्यक्षवाद एक वैज्ञानिक विचार-प्रणाली है। इस कारण इसे यथार्थ होना चाहिए और यर्थाथता के क्षेत्र में सट्टेबाजी' या अनुमान का कोई स्थान हो ही नहीं सकता।

अतः स्पष्ट है कि प्रत्यक्षवादी प्रणाली के आधार पर किए गए अध्ययन और उसके द्वारा प्राप्त निष्कर्ष वैज्ञानिक तथा विश्वसनीय होते हैं। **कॉम्टे** का कथन है कि यही कारण है कि धार्मिक तथा तात्त्विक विचारधारा को वैज्ञानिक लोग अधिक महत्व नहीं देते हैं। उनका क्षेत्र अब केवल मात्र सामाजिक अध्ययन तक ही सीमित रह गया है। परन्तु यदि हम सामाजिक अध्ययन को वैज्ञानिक स्तर पर लाना चाहते हैं तो इस सामाजिक अध्ययन के क्षेत्र में भी तात्त्विक तथा धार्मिक विचारधारा को निकाल देना ही उचित होगा। ऐसा किए बिना समाजशास्त्र विज्ञान नहीं हो सकता।

कॉम्टे के अनुसार प्रत्यक्षवादी प्रणाली के अन्तर्गत सर्वप्रथम हम :

(1) अध्ययन-विषय को चुनते हैं, और फिर,

(2) अवलोकन या निरीक्षण द्वारा उस विषय से सम्बन्धित प्रत्यक्ष होने वाले समस्त तथ्यों (facts) को एकत्रित करते हैं, और

(3) इसके बाद इन तथ्यों का विश्लेषण करके सामान्य विशेषताओं के आधार पर इनका वर्गीकरण करते हैं और अन्त में,

(4) उसी विषय से सम्बन्धित कोई निष्कर्ष निकलते हैं। इस प्रकार निरीक्षण, परीक्षण और वर्गीकरण प्रत्यक्षवाद की नींव है।

कॉम्टे का प्रत्यक्षवाद या विज्ञान उपस्थित घटनाओं व तथ्यों के बाहर न कुछ देखता है औन न पहचानता है अर्थात् जिन घटनाओं और तथ्यों को हम प्रत्यक्ष रूप से देख या निरीक्षण कर सकते हैं, प्रत्यक्षवाद का क्षेत्र वहीं वह सीमित है। इसका तात्पर्य यह नहीं है कि जो कुछ भी अज्ञेय या अज्ञात् है उसको जानने या खोज निकालने का प्रयत्न प्रत्यक्षवाद के अन्तर्गत नहीं आता है। इसका तात्पर्य केवल इतना ही है कि प्रत्यक्षवाद अज्ञात् और अज्ञेय के पीछे बिना किसी वास्तविक आधार के दौड़ता नहीं है क्योंकि इस प्रकार काल्पनिक दौड़ दौड़ना किसी भी विज्ञान को शोभा नहीं देता, न ही किसी प्रकार का 'ख्याली पुलाव' पकाकर वह अपने वैज्ञानिक स्तर पर स्थिर रह सकता है। इसलिए प्रत्यक्षवाद घटनाओं के बाहर या पार जाने का प्रयत्न नहीं करता है क्योंकि केवल घटनाओं का ही जाना जा सकता है। प्रत्यक्षवादी एक समय में केवल उसी सीमा तक देखना या केवल उन घटनाओं का ही अध्ययन

करता है जहां तक कि उस घटना से सम्बन्धित तथ्यों का वास्तविक निरीक्षण और परीक्षण सम्भव हो; और जब उस सीमा तक समस्त विषय या घटनाएं स्पष्ट हो जाती हैं तो उससे आगे और कुछ प्रयत्न करने का प्रयत्न किया जाता है ताकि किसी भी स्तर पर काल्पनिक चिन्तन का सहारा लेने का अवसर प्राप्त न हो। **डॉ. ब्रिजेस** ने इस सम्बन्ध में **कॉम्टे** के दृष्टिकोण का स्पष्टीकरण करते हुए लिखा है कि "**कॉम्टे** घटनाओं की दुनिया के उस पार अव्यवस्थित गूढ़ रहस्य के सम्बन्ध में अत्यधिक सचेत थे। इसे आप प्रत्येक पग पर उसी तरह अनुभव करते रहे जिस प्रकार एक नाविक उस अथाह समुद्र के विषय में सचेत रहता है जिसके कि बीच से होकर उसे अपना मार्ग निश्चत करना पड़ता है। लेकिन चूंकि उस रहस्य को भेद करना मनुष्य का काम नहीं, इसलिए उसे अपनी क्रियाओं को उस क्षेत्र की ओर मोड़ना होगा जहां कि उसका फल उसे मिल सके।"

प्रत्यक्षवाद की मान्यताएं या विशेषताएं
(Assumtions or Characteristics of Positivism)

उपर्युक्त विवेचना के आधार पर मोटे तौर पर **कॉम्टे के प्रत्यक्षवाद की प्रमुख विशेषताओं** को निम्न रूप में प्रस्तुत किया जा सकता है :

(1) **वैज्ञानिक दृष्टिकोण :** प्रत्यक्षवाद का कोई सम्बन्ध काल्पनिक उड़ान से नहीं है। उसका दृष्टिकोण वैज्ञानिक है और वह स्वयं 'विज्ञान' है। **डॉ. ब्रिजेस** ने लिखा है कि ईश्वरीय इच्छा या दैवीय विधान पर प्रत्यक्षवाद की कोई आस्था नहीं है। वह तो स्वयं निरीक्षण, परीक्षण व प्रयोग को आधार मानकर वैज्ञानिक दृष्टिकोण से अपना अध्ययन-कार्य पूरा करता है।

(2) **धर्म और विज्ञान का समन्वय : कॉम्टे** का प्रत्यक्षवाद 'विज्ञान' ही नहीं धर्म भी है-मानवता का धर्म। यह प्रत्यक्षवाद पदार्थ भावना से प्रेरित मानवता के धर्म के आदर्शों पर आधारित एक नवीन समाज व्यवस्था की स्थापना को अपना प्रमुख उद्देश्य मानता है। प्रत्यक्षवाद से वास्तविक ज्ञान की प्राप्ति सम्भव है वास्तविक ज्ञान समाज में बौद्धिक व नैतिक एकता को अपनाने में पनपाने में सहायक होता है और इस प्रकार की एकता से मानव कल्याण सहज हो सकता है। इसी रूप में प्रत्यक्षवाद मानवता का 'धर्म' है क्योंकि धर्म का भी अन्तिम व परम उद्देश्य मानव कल्याण ही है। इस प्रकार **कॉम्टे** के प्रत्यक्षवाद में विज्ञान और धर्म का संघर्ष नहीं, अपितु, उनका समन्वय निहित हैं।

(3) **सामाजिक पुनर्निर्माण का साधन : कॉम्टे** का प्रत्यक्षवाद उपयोगितावादी विज्ञान है और उस रूप में यह विश्वास करता है कि प्रत्यक्षवाद के माध्यम से प्राप्त यथार्थ ज्ञान को सामाजिक पुनर्निर्माण के साधन के रूप में प्रयुक्त किया जाता

है। प्रत्यक्षवादी समाज में भय, असुरक्षा और स्वार्थ जैसी कोई चीज नहीं होगी, अपितु प्रेम, सद्भावना व सहयोग का राज्य होगा। समाज के इस पुनर्निमाण में प्रत्यक्षवाद समस्त हिसांत्मक प्रणालियों से दूर रहने का आग्रह करता है।

(4) **यथार्थ ज्ञान :** प्रत्यक्षवाद की दूसरी विशेषता यह है कि यह अपने को धार्मिक व दार्शनिक विचारों से दूर रखता है और अपने को वैज्ञानिक अध्ययन प्रणाली के माध्यम से वास्तविक ज्ञान से सम्बन्धित मानता है। **कॉम्टे** के प्रत्यक्षवाद में अनुमान, संयोग या सट्टेबाजी का कोई स्थान नहीं है यह किसी भी निरपेक्ष विचार को स्वीकार नहीं करता क्योंकि सामाजिक जीवन में परिवर्तन स्वाभाविक है। इस अर्थ में प्रत्यक्षवाद दूसरे के मुंह मीठा नहीं खाता बल्कि, वास्तविक निरीक्षण, परीक्षण व प्रयोग द्वारा यथार्थ ज्ञान प्राप्ति पर बल देता है।

(5) **वैज्ञानिक कार्य-प्रणाली :** प्रत्यक्षवाद वैज्ञानिक दृष्टिकोण से ही नहीं, अपितु, वैज्ञानकि कार्य-प्रणाली से भी सम्बन्धित होता है। इसका सरल अर्थ यह है कि प्रत्यक्षवाद के अन्तर्गत घटनाओं का अध्ययन मनमाने ढंग से नहीं किया जाता। इसक लिए सुनिश्चित वैज्ञानिक पद्धति को अपनाया जाता है। इस वैज्ञानिक कार्यप्रणाली के अन्तर्गत सर्वप्रथम अध्ययन के लिए एक विषय को चुना जाता है, फिर वह उस विषय से सम्बन्धित तथ्यों को वास्तविक निरीक्षण के आधार पर एकत्रित किया जाता है, इस प्रकार संकलित तथ्यों का पुनः परीक्षण किया जाता है, फिर उनका वर्गीकरण किया जाता है और तब अन्त में अध्ययन विषय से सम्बन्धित कोई निष्कर्ष निकालते है। इस प्रकार प्रत्यक्षवाद निरीक्षण, परीक्षण, प्रयोग और वर्गीकरण की वैज्ञानिक कार्यप्रणाली से सम्बन्धित होता है।

(6) **कुछ निश्चित सामाजिक नियम :** प्रत्यक्ष की प्रथम मान्यता यह है कि जिस प्रकार प्राकृतिक घटनाएं आकस्मिक नहीं होती बल्कि निश्चित नियमों के अनुसार घटित होती है, उसी प्रकार सामाजिक घटनाऐं भी अनायास घटित नहीं होती। समाज भी प्रकृति का एक अंग है। अतः सामाजिक घटनाएं भी कुछ निश्चित नियमों के आधार पर घटित होती है और वास्तविक निरीक्षण, परीक्षण और प्रयोग के द्वारा इन नियमों को खोजा जा सकता है। इस रूप में प्रत्यक्षवाद इस मान्यता पर आधारित है कि समाज कुछ निश्चित सामाजिक नियमों द्वारा संचालित व नियन्त्रित होता है और इसलिए घटनाओं का अध्ययन वैज्ञानिक तरीकें से सम्भव है।

(7) **प्रत्यक्ष न होने वाली घटनाओं से असम्बद्ध : कॉम्टे** प्रत्यक्षवाद का ऐसी किसी घटना से कोई सम्बन्ध नहीं होता जिसे हम प्रत्यक्ष रूप में देख या निरीक्षण नहीं कर सकते। प्रत्यक्षवाद या प्रत्यक्ष-योग्य वास्तविक रूप में निरीक्षण योग्य घटनाओं तक ही सीमित होता है। प्रत्यक्षवाद अज्ञात् और अप्रत्यक्ष के पीछे

बिना किसी वास्तविक आधार के दौड़ता नहीं है क्योंकि इस प्रकार की काल्पनिक दौड़ दौड़ना किसी भी विज्ञान को शोभा नहीं देता और न ही किसी प्रकार का 'ख्याली पुलाव' पकाकर वह अपने वैज्ञानिक स्तर पर स्थिर रह सकता है।

चेम्बलिस ने प्रत्यक्षवाद की उपर्युक्त प्रमुख विशेषताओं का वर्णन अति उत्तम ढंग से इस प्रकार किया है : "**कॉम्टे** ने यह अस्वीकार किया था कि प्रत्यक्षवाद अनीश्वरवादी है, क्योंकि यह किसी भी रूप में अलौकिकता से सम्बन्धित नहीं है।" उनका यह भी दावा था कि प्रत्यक्षवाद भाग्यवादी नहीं है, क्योंकि वह यह स्वीकार करता है कि बाहरी अवस्था में परिवर्तन हो सकता है; यह आशावादी भी नहीं है क्योंकि इसमें आशावाद के आध्यात्मिक आधार का अभाव है; यह भौतिकवादी भी नहीं है क्योंकि यह भौतिक शक्तियों को बौद्धिक शक्ति के अधीन करता है। प्रत्यक्षवाद का सम्बन्ध 'वास्तविकता' से है, काल्पनिक से नहीं; 'उपयोगी' ज्ञान है न कि समस्त ज्ञान से।

इसका सम्बन्ध उन 'निश्चित' तथ्यों से है जिनका कि पूर्व-ज्ञान सम्भव है। इसका सम्बन्ध 'यथार्थ' ज्ञान से है, न कि अस्पष्ट विचारों से; 'सावयवी' सत्य से है, न कि शाश्वत सत्य से, 'सापेक्ष' से है न कि निरपेक्ष से। अन्त में, प्रत्यक्षवाद इस अर्थ में 'सहानुभूतिपूर्ण' है कि यह उन सब लोगों को एक सखापन में सम्बद्ध करता है जोकि इसके मूल-सिद्धान्त और अध्ययन- प्रणलियों पर विश्वास करते हैं। संक्षेप में, प्रत्यक्षवाद (विज्ञान) विचार की वह पद्धति है जोकि सार्वभौमिक रूप से सभी को मान्य हो।

उपर्युक्त विवेचना से स्पष्ट है कि प्रत्यक्षवाद का प्रथम और सर्वप्रथम उद्देश्य धार्मिक तथा तात्त्विक अवधारणाओं या विचारों से मानव-मस्तिष्क को मुक्त करके सामाजिक अध्ययन व अनुसन्धान का वैज्ञानिक स्तर पर लाना है। प्रत्यक्षवाद प्राकृतिक विज्ञानों की पद्धति को सामाजिक अध्ययन में प्रयोग में लाकर सामाजिक विज्ञान को भी उतना ही यथार्थ बनाना चाहती है जितना कि भौतिकशास्त्र, रसायनशास्त्र आदि हैं। इस प्रकार प्रत्यक्षवाद वह वैज्ञानिक साधन बन जाता है जिसके द्वारा मानव का बौद्धिक विकास सम्भव और सरल होगा।

बौद्धिक विकास के बिना सामाजिक प्रगति भी असम्भव है; अतः प्रत्यक्षवाद सामाजिक प्रगति में भी सहायक होगा क्योंकि सामाजिक तथ्यों के निरीक्षण, परीक्षण तथा वर्गीकरण की व्यवस्थित कार्य-प्रणाली के द्वारा हमें जो वास्तविक या प्रत्यक्ष ज्ञान प्राप्त होगा उसके व्यावहारिक प्रयोग द्वारा सामाजिक प्रगति को सम्भव बनाया जा सकेगा। वास्तविक या प्रत्यक्ष ज्ञान सामाजिक पुनर्संगठन की भी ठोस बुनियाद होगी। प्रत्यक्षवाद का अन्तिम उद्देश्य सामाजिक पुनर्निर्माण या पुनर्संगठन ही है।

प्रत्यक्षवाद एक धर्म के रूप में (Positivism as a Religion)

यदि **कॉम्टे** अपने प्रत्यक्षवाद के उपर्युक्त स्वरूप को अपनी विचारधारा में स्थायी बना लेते तो शायद उनका स्थान आधुनिक युग के श्रेष्ठतम वैज्ञानिक विचारकों में एक होता और उन्हें **जॉन स्टुअर्ट मिल** जैसे विद्वान् के सहारे को भी न खोना पड़ता। **मिल** तथा अन्य कुछ विद्वानों का मत है कि Positive Philosophy में **कॉम्टे** ने सामाजिक विज्ञान के लिए जिस वैज्ञानिक स्तर को निर्धारित किया था उस पर वे स्वयं ही स्थिर न रह पाए। इसीलिए **कॉम्टे** के लिए कहा जाता है कि "प्रत्यक्षवाद के जन्मदाता स्वयं ही सबसे कम प्रत्यक्षवादी थे।" इसका एक प्रमुख कारण उनके अपने ही द्वारा निर्धारित प्रत्यक्षवाद के एक उद्देश्य में निहित है। **कॉम्टे** अपने को केवल मात्र एक वैज्ञानिक के रूप में ही प्रस्तुत करना नहीं चाहते थे, अपितु, उनका उद्देश्य बौद्धिक तथा नैतिक 'एकता' के आधार पर समाज का संगठन करना भी था। यह एकता 'ज्ञान' के बिना सम्भव नहीं। इस कारण समाज का संगठन 'ज्ञान' के सुदृढ़ आधार पर होगा और 'ज्ञान' की प्राप्ति प्रत्यक्षवादी सिद्धान्तों के आधार पर ही सम्भव है। प्रत्यक्षवादी कार्य-प्रणाली से जिस ज्ञान की प्राप्ति होगी वह ज्ञान वास्तविक ज्ञान होगा और उसी ज्ञान के आधार पर सम्पूर्ण मानवता एक सूत्र में बंध जाएगी। अत: प्रत्यक्षवाद केवल एक विज्ञान ही नहीं अपितु, 'मानवता के लिए' एक धर्म भी है। इसे और भी स्पष्ट रूप में इस प्रकार समझाया जा सकता है कि 'धर्म' का सबसे महत्त्वपूर्ण कार्य या उद्देश्य जनता के सम्मुख कुछ नैतिक निपयमों को प्रस्तुत करना है जिसके आधार पर समाज के सदस्य एक सूत्र में बंध जाएं और समाज मं नैतिक एकता पनप सके। यह एकता या नैतिक विकास तब तक सम्भव नहीं, जब तक जनता का बौद्धिक स्तर या 'ज्ञान' का स्तर ऊंचा न हो और ज्ञान की वृद्धि प्रत्यक्षवाद के आधार पर ही सम्भव है। इस प्रकार प्रत्यक्षवाद लोगों में ज्ञान की वृद्धि और उसके आधार पर नैतिक एकता पनपाने में सहायक होता है। इस दृष्टिकोण से प्रत्यक्षवाद मानव-कल्याण का एक आधारभूत कारक है और सच्चे अर्थ में 'धर्म' का भी सार्थकतम उद्देश्य मानव-कल्याण ही है। इसीलिए प्रत्यक्षवाद मानवता का एक ऐसा सच्चा धर्म है जोकि अपना सम्बन्ध अलौकिक शक्ति से उतना नहीं जोड़ता जितना कि बौद्धिक तथा नैतिक एकता के आधार पर सामाजिक संगठन और प्रगति से। इस आधार प्रत्यक्षवाद की व्याख्या करते हुए **कॉम्टे** ने लिखा है कि प्रत्यक्षवाद यह वैज्ञानिक मत है जिसका कि उद्देश्य समस्त मानव-संमाजों का, विशेषकर यूरोप में समाजों या राष्ट्रों का, भौतिक, बौद्धिक तथा नैतिक कल्याण करना है। इस उद्देश्य की प्राप्ति विशेष प्रकार के निर्देश तथा शिक्षा के द्वारा होगी। इस प्रत्यक्षवाद के तीन विभाजन है :

(1) **प्रत्यक्ष राजनीति** (Positive Politics) : इस प्रकार की राजनीति का उद्देश्य है युद्ध को दबाना व यूरोपियन राज्यों को मिलाकर मित्रराष्ट्र की स्थापना करना।

(2) **विज्ञानों का दर्शन** (Philosophy of the Sciences) : इसका सारतत्व यह है कि अपने भाग्य या स्थिति के सुधार या उन्नति के लिए मनुष्य को अपने परिश्रम या प्रयत्नों पर भरोसा करना चाहिए। इस दर्शन के अन्तर्गत निम्न विज्ञानों का समावेश है–गणितशास्त्र, नक्षत्र विद्या, पदार्थ विज्ञान, रसायनशास्त्र, प्राणिशास्त्र समाजशास्त्र और नीतिशास्त्र।

(3) **वैज्ञानिक धर्म और नीतिशास्त्र** (Scientific Religion and Ethics) : प्रत्यक्ष धर्म का कोई सम्बन्ध किसी भी अलौकिक शक्ति से नहीं है; यह तो समस्त 'मानव का धर्म' है। प्रत्यक्षवाद के नैतिक नियम, संक्षेप में, इस प्रकार हैं–दूसरों की सेवार्थ अधिक से अधिक उपयुक्त होने के लिए शारीरिक, बौद्धिक तथा नैतिक उन्नति।

समाज को उक्त आदर्शों के अनुसार बदलने के लिए प्रत्यक्षवाद समस्त हिंसात्मक प्रणालियों का बहिष्कार करता है। प्रेम इसका सिद्धान्त है, सुव्यवस्था इसका आधार और प्रगति इसका ध्येय है। नैतिक दृष्टि से इसका नियम है–दूसरों के लिए जीवित रहो।

इस प्रकार **कॉम्टे** के प्रत्यक्षवादी विचार में उन्होंने उसके धार्मिक या नैतिक पक्ष को वैज्ञानिक पक्ष से अधिक महत्ता प्रदान की। उनकी विचारधारा के इस परिवर्तन को उनके (**कॉम्टे** के) अनुयायियों ने उनके 'पतन' के रूप में देखा। यहां तक कि **मिल** ने लिखा है कि **कॉम्टे** के इस दयनीय पतन पर मुझे रोना आता है। परन्तु **कॉम्टे** का यह दावा था कि उनका प्रत्यक्षवाद धर्म और विज्ञान दोनों ही है और मानव-प्रगति क लिए इन्हें पृथक करना उचित न होगा, बल्कि, मानव-प्रगति धर्म और विज्ञान के सामंजस्य से ही सम्भव होगी।

सामाजिक गति-विज्ञान (Social Dynamics)

सामाजिक गति-विज्ञान मानव के विकास या प्रगति का अध्ययन है। यह 'मानवता' की आवश्यक तथा निरन्तर गति' का विज्ञान है। इसके अन्तर्गत वे निश्चित नियम आ जाते हैं। जिनके अनुसार समाज का क्रमिक विकास या परिवर्तन होता है। **कॉम्टे** ने यह घोषणा की कि वह प्रमाणित करना सरल है कि समाज का क्रमिक परिवर्तन सदैव ही एक निश्चित क्रम से हुआ है। यह क्रम निरपेक्ष तो नहीं है, फिर भी कुछ समानताओं तथ आवश्यक अनुक्रमों को तो ढूंढ़ा ही जा सकता है।

साथ ही सामाजिक स्थितियों के विकास में निरन्तरता होती ही है। सामाजिक गति-विज्ञान इन्हीं सबका अध्ययन है।

कॉम्टे के अनुसार सामाजिक गति-विज्ञान का मूल सिद्धान्त यह है कि वह वर्तमान सामाजिक स्थिति की, इसके पहले ही स्थिति के आवश्यक परिणाम के रूप में तथा आने वाली स्थिति की अपरिहार्य चालक के रूप में कल्पना करता है। इस दृष्टि से सामाजिक गति-विज्ञान का उद्देश्य उन नियमों को खोजना है जोकि इस निरन्तरता को निर्देशित करते हैं और जो संयुक्त रूप से मानव-विकास की दिशा निर्धारित करते हैं। इस प्रकार इस विज्ञान का प्रमुख कार्य सामाजिक प्रगति के वास्तविक सिद्धान्त को प्रतिपादित करना है।

सामाजिक स्थिति-विज्ञान तथा सामाजिक गति-विज्ञान (Social Statics and Social Dynamics)

कॉम्टे ने समाजशास्त्र को दो प्रमुख भागों में बांटा है–

(अ) सामाजिक स्थिति-विज्ञान और

(ब) सामाजिक गति-विज्ञान।

सामाजिक स्थिति-विज्ञान समाज की संरचना से सम्बन्धित है जबकि सामाजिक गति-विज्ञान उसके विकास से। यहां हम इन दोनों की विवेचना विस्तारपूर्वक करेंगे।

सामाजिक स्थिति-विज्ञान (Social Static-Science)

सामाजिक स्थिति समाजशास्त्र की वह शाखा है जो कि समाज का पूर्ण-विभाग के रूप में अध्ययन करती है। दूसरे शब्दों में सामाजिक व्यवस्था या संरचना के अन्तर्गत अनेक भाग होते है, सामाजिक स्थिति-विज्ञान इन समस्त भागों का अलग-अलग नहीं बल्कि, एक सम्पूर्ण व्यवस्था के रूप में अध्ययन करता है। यह सामाजिक व्यवस्था के विभिन्न भागों की क्रिया और प्रतिक्रिया के नियमों को खोजने का प्रंयत्न करता है। इस प्रकार का अध्ययन प्राणिशास्त्र में शरीर-रचनाशास्त्र में अध्ययन क अनुरूप है। सामाजिक स्थिति-विज्ञान का सम्बन्ध, **कॉम्टे** के अनुसार सामाजिक सावयव के ऐकमत्य (Consensus of the Social Organism) से है जिनका कि अर्थ अन्योन्याश्रित भागों में सामंजस्य का होना है। **कॉम्टे** ने इस ओर संकेत किया है कि सामाजिक व्यवस्था के विभिन्न भागों तथा समग्र में सदैव ही एक-स्वत:प्रवृत्त सांमजस्य होना चाहिए और इसके तत्वों को अनिवार्य रूप में, किसी-न-किसी समय, एक प्रतिरूप में संयुक्त हो जाना चाहिए। इन तत्वों में केवल राजनीतिक संस्थाओं, सामाजिक व्यवहारों तथा विचारों का ही आपस में सुक्त होना पर्याप्त नहीं है बल्कि मानव की बौद्धिक, नैतिक तथा भौतिक क्रियाओं में भी उचित सामंजस्य होना चाहिए।

अगर हम सामाजिक व्यवस्थ में व्यक्ति को एक इकाई मान लें तो ऐकमत्य का अर्थ यह है कि समाज के अधिकांश सदस्यों के मतों की अधिक भिन्नता नहीं है और वे सामाजिक जीवन के सामान्य विषयों को समान दृष्टिकोण से देखते और विचारते हैं तथा सामान्य प्रयत्नों द्वारा उनका एक उचित हल ढूंढ़ने का प्रयास करते हैं। सामाजिक स्थिति-विज्ञान का उद्देश्य सामाजिक सावयव के एकमत्य की खोज करना तथा सामाजिक स्थिरता की दशाओं को ढूंढ़ निकालना है। चूंकि **कॉम्टे** का यह विश्वास है कि वे एक ऐसे युग में रह रहे हैं जबकि सामाजिक सन्तुलन अत्यधिक बिगड़ा हुआ है इस कारण सामाजिक स्थिति-विज्ञान का एक कर्तव्य यह भी है कि वह उन अवस्थाओं का भी अध्ययन करे जोकि इस सामाजिक सन्तुलन की पुनर्स्थापना के लिए आवश्यक हों। इस प्रकार सामाजिक स्थिति-विज्ञान किसी एक समय तथा स्थान में पाए जाने वाले ऐकमत्य के अध्ययन तक ही सीमित नहीं है, यह तो "सामाजिक सावयव के लिए उचित मौलिक ऐकमत्य से भी सम्बन्धित है। इसमें सभी समाजों का भूत और वर्तमान के लौकिक ऐकमत्य का अध्ययन आ जाता है।"

सामाजिक स्थिति-विज्ञान की सार्थकता यह है कि यह विज्ञान सामाजिक व्यवस्था कें मूल सिद्धान्तों से हमारा परिचय करवाता है ताकि हम उसके महत्त्व को समझकर अपने सामाजिक जीवन को इस प्रकार संगठित करें। जिससे सामाजिक सन्तुलन बिगड़ने न पाए और मानव के भौतिक, नैतिक तथा बौद्धिक तीनों पक्षों का सन्तुलित विकास सरल हो सके। **कॉम्टे** का विश्वास है कि आज समाज में अराजकता की अवस्था है। निर्बलों को सबल पीड़ित कर रहे है। और निर्बल सबलों से बदला लेने के लिए उन्मुख हैं। इस अवस्था का मूल कारण समाज में बौद्धिक अराजकता है। अधिकांश लोगों का बौद्धिक स्तर इतना निम्न है कि वे सामाजिक व्यवस्था के मौलिक नियमों से भी परिचित नहीं है। सामाजिक स्थिति-विज्ञान का एक परम कर्तव्य इस कमी को दूर करना है। ताकि समाज में ऐकमत्य उत्पन्न हो सके।

कॉम्टे मध्ययुग के कैथोलिक धर्म द्वारा स्थापित ऐकमत्य से बहुत प्रभावित हुए प्रतीत होते हैं। उनका विश्वास है कि धर्म ने संगीत, कला, विज्ञान तथा उद्योग को एक महान् धार्मिक व्यवस्था में समन्वित कर दिया है और इस प्रकार प्रभावशाली राजनीतिक संगठन के लिए नैतिक आधार प्रस्तुत किया है इसलिए **कॉम्टे** का विश्वास है कि इस धर्म में सामाजिक पुनर्निर्माण के अत्यन्त बलशाली तत्त्व छिपे हुए हैं जिनका स्पष्टीकरण करके उनसे लाभ उठाया जा सकता है। उनका कहना है कि इन्हीं जीवित तथा प्रभावशाली बच्चों के कारण ही धर्म बिना किसी रक्तपात क यूरोप-व्यापी एक धार्मिक साम्राज्य स्थापित करने में सफल हो सका। कैथोलिक

धर्म ने आध्यात्मिक तथा लौकिक शक्ति के बीच भेद स्पष्ट किया और इस प्रकार ईसाई धर्म की सार्वभौम नैतिकता को लौकिक क्षेत्र के ऊपर स्थापित किया। इस प्रकार इस धर्म ने एक ऐसे तत्व को समाज में बलशाली बनाया जिसका आदर दास और राजा दोनों ने ही कर सकते हैं। इस प्रकार मध्यकालीन कैथोलिक धर्म उच्च प्रकार के ऐकमत्य का उदाहरण प्रस्तुत करता है। सामाजिक स्थिति-विज्ञान का यह काम है कि वह इस प्रकार की व्यवस्थाओं का विश्लेषण करे तथा उनमें निहित शक्ति के स्रोतों का पता लगाए। **कॉम्टे** का विश्वास है कि ऐकमत्य के सिद्धान्त सदा ही एक-से होते हैं, चाहे सामाजिक व्यवस्था की प्रकृति धार्मिक हो या तात्त्विक या प्रत्यक्ष।

ज्ञान या विज्ञानों का वर्गीकरण
(Classification of Knowledge or Sciences)

विज्ञानों के संस्तरण या वर्गीकरण की पृष्ठभूमि
(Background of the Hierarchy of Classification of Siences)

अपने नवीन समाज-विज्ञान 'समाजशास्त्र' की नींव रखते हुए **कॉम्टे** ने मानवीय चिन्तन के तीन स्तरों–आध्यात्मिक, दार्शनिक एवं प्रत्यक्षवादी स्तरों का उल्लेख किया है और साथ ही अपने इस समाज-विज्ञान के लिए एक वैज्ञानिक कार्य प्रणाली अर्थात् 'प्रत्यक्षवाद' को भी प्रस्तुत किया। परन्तु इतना-भर करके वे सन्तुष्ट नहीं थे। एक सच्चे 'पिता' के रूप में वे अपन 'मानस-पुत्र' समाजशास्त्र को विज्ञान की दुनिया में सुप्रतिष्ठित भी देखना चाहते थे। समाजशास्त्र के लिए इस वैज्ञानिक स्थिति को सुनिश्चित करने के लिए **कॉम्टे** ने 'तीन स्तरों का नियम' व 'प्रत्यक्षवाद' के बाद तीसरा आधार विज्ञानों के संस्तरण या वर्गीकरण के रूप में तैयार किया। **प्रोफेसर बोगार्डस** ने भी लिखा है कि, "**कॉम्टे** की योजना का तीसरा चरण विज्ञानों का वर्गीकरण था, जिसके अन्तर्गत समाजशास्त्र को नवीनतम पर सर्वश्रेष्ठ विज्ञान के रूप में दर्शाया गया।"

इस सम्बन्ध में यह स्मरणीय है कि **ग्रीक विचारकों** ने भी समस्त विज्ञानों का वर्गीकरण तीन श्रेणियों में किया था और वे थे–**भौतिकशास्त्र, नीतिशास्त्र** तथा **राजनीति-शास्त्र।** प्रख्यात दार्शनिक **बेकन** ने भी मानसिक शक्तियों के तीन पक्षों –**स्मरणशक्ति, कल्पनाशक्ति** तथा **तर्कशक्ति** से सम्बन्धित **तीन** अध्ययन-शास्त्रों का उल्लेख किया है और वे हैं– इतिहास, कवित्य तथा विज्ञान।

विज्ञानों के वर्गीकरण **कॉम्टे** को **सेंट साइमन** से मिला था। यद्यपि आप सेंट साइमन के इस विज्ञान से तो सहमत थे कि विज्ञानों का वर्गीकरण वैज्ञानिक ढंग से किया जाना चाहिए, फिर भी सेंट साइमन के वर्गीकरण से आप सहमत न थे।

उनका दावा था कि आप सेंट साइमान से कहीं अधिक वैज्ञानिक आधारों पर विज्ञानों का वर्गीकरण या संस्तरण प्रस्तुत कर सकते हैं। इन आधारों का उल्लेख उन्होंने अपनी कृति Positive Philosophy में किया है। **कॉम्टे** का इस पुस्तक को लिखने का उद्देश्य अपने नवीन 'समाजशास्त्र' के लिए एक सुदृढ़ व वैज्ञानिक नींव को ढूंढ़ना था जिससे कि समाजशास्त्र का अध्ययन-क्षेत्र और इसका अन्य प्राकृतिक विज्ञानों से सम्बन्ध स्पष्ट हो जाए।

संस्तरण के दो आधार या सिद्धान्त
(Two Basis or Principles of Hierarchy)

उपर्युक्त उद्देश्य की पूर्ति के लिए कॉम्टे ने विज्ञानों का एक नवीन वर्गीकरण या संस्तरण उतार-चढ़ाव के आधार पर प्रस्तुत किया और इसके लिए उन्होंने दो आधारों या सिद्धान्तों का निश्चित किया। वे हैं :

(1) घटती हुई सामान्यता और बढ़ती हुई जटिलता का सिद्धान्त।

(2) पराश्रयता वृद्धि का सिद्धान्त, एवं

अब हम इन्हीं दो सिद्धान्तों का आधारों के विषय में विवेचना करेंगे–

(1) **घटती हुई सामान्यता और बढ़ती हुई जटिलता का सिद्धान्त** (The principle of decresing generality and increasing complexity) : **कॉम्टे** के अनुसार विज्ञानों का विकास एक विशेष क्रम से होता है और वह क्रम है *'घटती हुई सामान्यता और बढ़ती हुई जटिलता'।* दूसरे शब्दों में, जैसे-जैसे नवीन विज्ञान का जन्म हाता है वैसे-वैसे उस विज्ञान की अध्ययन-वस्तु क्रमशः कम सामान्य और अधिक जटिल होती जाती है। **कॉम्टे** के विज्ञानों के वर्गीकरण के सिद्धान्त के अनुसार, एक विज्ञान की अध्ययन-वस्तु जिस प्रकार की होती है, उसी के अनुसार, उस विज्ञान की अन्य विज्ञानों पर निर्भरता तथा विज्ञानों के संस्तरण में उसका स्थान निश्चित होता है। अध्ययन-वस्तु जितनी ही विशिष्ट तथा जटिल होगी उस विज्ञान की अपने से पहले वाले विज्ञान या विज्ञानों पर निर्भरता या पराश्रयता उतनी बढ़ती जाएगी। यह इसलिए होता है क्योंकि सरल और सामान्य घटनाएं पहले आती हैं और उनका अध्ययन करना भी सरल है। इस प्रकार यह कहा जा सकता है कि पहला विज्ञान वह है जो सबसे सरल विषय या घटनाओं का अध्ययन करता है और जो घटना सबसे अधिक सरल है वह सबसे अधिक सामान्य भी होती है– सामान्य इस अर्थ में है कि वह सब स्थानों पर विद्यमान है। इस प्रकार सबसे प्रथम विज्ञान सबसे अधिक सामान्य और सबसे कम जटिल घटनाओं या विषयों से सम्बन्धित होता है। इस प्रथम विज्ञान के बाद जिन अन्य विज्ञानों का विकास हुआ उनका अध्ययन-विषय क्रमशः कम सामान्य और अधिक जटिल होता गया। इस प्रकार

दूसरा विज्ञान प्रथम विज्ञान से अधिक जटिल विषय-वस्तु से सम्बन्धित होता है और तीसरा विज्ञान दूसर विज्ञान से कम सामान्य और अधिक जटिल विषय से सम्बन्धित होता है। यही क्रम चलता रहता है। विज्ञानों के विकास के इस क्रम में चूंकि प्रत्येक विज्ञान का अध्ययन-विषय क्रमशः जटिल होता जाता है, इस कारण प्रत्येक विज्ञान अपने से पहले विज्ञान या विज्ञानों की खोजों निष्कर्षों और सिद्धान्तों पर क्रमशः अधिक निर्भर होता जाता है अर्थात् उसकी पराश्रयता में क्रमशः वृद्धि होती जाती है। इस प्रकार प्रत्येक विज्ञान आने से पहले के विज्ञान या विज्ञानों पर आधारित रहते हुए अगले विज्ञान के लिए आधार प्रस्तुत करता है। साथ ही **कॉम्टे** के मतानुसार प्रत्येक विज्ञान पहले पिछले विज्ञान या विज्ञानों पर केवल निर्भर ही नहीं रहा है।, बल्कि, वह पिछले विज्ञान या विज्ञानों को अपनी खोजों से सींचता भी रहता है।

(2) **पराश्रयता वृद्धि-क्रम का सिद्धान्त** (The Principle of the order of increasing dependence) : विज्ञानों के वर्गीकारण या संस्तरण को प्रस्तुत करने के लिए *कॉम्टे ने पराश्रयता वृद्धि क्रम के सिद्धान्त को चुना।* दूसरे शब्दों में, **कॉम्टे** के विचारानुसार ज्ञान या विज्ञान की प्रत्येक शाखा अपने से पहली शाखा या विज्ञान के द्वारा प्रतिपादित सिद्धान्तों पर आश्रित होती है। इन निर्भरता का परिणाम यह होता है कि ज्ञान या विज्ञान की एक शाखा से दूसरी शाखा को जैसे-जैसे हम आगे बढ़ते जाते हैं वैसे-वैसे उस शाखा की निर्भरता में वृद्धि होती जाती है। इस सिद्धान्त के अनुसार जो सर्वप्रथम विज्ञान है वह किसी पर निर्भर नहीं; इसके बाद जो दूसरा विज्ञान विकसित होगा वह प्रथम विज्ञान पर आश्रित या निर्भर होगा; जो तीसरा विज्ञान होगा वह पहले और दूसरे विज्ञान पर आश्रित होगा; चौथा विज्ञान होगा वह पहले, दूसरे और तीसरे विज्ञान पर निर्भर होगा और इसी क्रम से विज्ञान की प्रत्येक शाखा की निर्भरता में वृद्धि होती जाएगी। इसलिए **कॉम्टे** के विज्ञानों के वर्गीकरण के सिद्धान्त को 'निर्भरता वृद्धि का सिद्धान्त' कहा गया है। आगे की विवेचना से यह सिद्धान्त और भी स्पष्ट हो जाएगा।

विज्ञानों का संस्तरण वर्गीकरण
(Hierarchy or Classification of Sciences)

अपने उपर्युक्त सिद्धान्त के आधार पर **कॉम्टे** ने विज्ञानों को जो संस्तरण प्रस्तुत किया है, वह इस प्रकार है :

(1) गणितशास्त्र (Mathematics);

(2) भौतिकशास्त्र (Physics);

(3) समाजशास्त्र (Sociology);

(4) रसायनशास्त्र (Chemistry);

(5) खगोलशास्त्र (Astronomy);

(6) प्राणिशास्त्र (Biology)।

विज्ञान के संस्तरण में सर्वप्रथम स्थान गणितशास्त्र का है। इसका कारण **कॉम्टे** के मतानुसार यह है कि गणितशास्त्र सबसे अधिक पुराना, आधारभूत तथा दोषरहित विज्ञान है। गणित ही वह सबसे अधिक शक्तिशाली औजार है जिसको उपयोग में लाए बिना प्राकृतिक नियमों का अन्वेषण असम्भव है। इस अर्थ में यह मानव-चिन्तन का सबसे मौलिक उपकरण है। अनुसन्धान के क्षेत्र में, चाहे वह सामाजिक हो या प्राकृतिक, गणितशास्त्र से अधिक निर्भर योग्य और कोई भी विज्ञान नहीं है क्योंकि तथ्यों का यथार्थ नाम या विभिन्न तथ्यों के पारस्परिक सम्बन्धों का सुनिश्चित ज्ञान गणितशास्त्र की सहायता से ही सम्भव हैं। अन्य कोई भी विज्ञान अपने अन्वेषण या शोध-कार्य में तब तक कदापि सफल नहीं हो सकता जब तक कि वह गणितशास्त्र की सहायता न ले क्योंकि ही समस्त विज्ञानों का आधार या बुनियाद है। इसी बुनियाद के ऊपर अन्य सभी विज्ञान खड़े हैं और अपने को विज्ञान कहलाने के योग्य हैं। इसीलिए **कॉम्टे** विज्ञान के संस्तरण में गणितशास्त्र को प्रथम और आधारभूत स्थान प्रदान करते हैं।

विज्ञानों के संस्तरण में अन्य विज्ञानों के स्थान को निश्चित करने के लिए **कॉम्टे** ने सभी प्राकृतिक घटनाओं को दो बड़े भागों में विभाजिक किया है–अजीवज (Inorganic) और जीवज (Organic)।

अजीवज घटनाओं को हम दो उप-भागों में बांट सकते हैं : खगोल सम्बन्धी (Astronomical) और स्थलीय (Terrestrial)। खगोल सम्बन्धी घटनाएं अत्यधिक सामान्य होती हैं। ग्रह, नक्षत्रों आदि में बहुत ही कम परिवर्तन होता है। खगोलशास्त्र का सम्बन्ध इन्हीं खगोल-सम्बन्धी घटनाओं से होता है। ग्रह, उपग्रह, नक्षत्र, पुच्छल तारे, उल्काएं, आदि खगोलशास्त्र के अध्ययन-क्षेत्र में आते हैं। सूर्य एक नक्षत्र है और बुध, शुक्र, पृथ्वी, मंगल, बृहस्पति, शनि, अरुण, वरुण व कुबेर ग्रह हैं तथा चन्द्रमा हमारी पृथ्वी का एक उपग्रह है। ये विभिन्न नक्षत्र, ग्रह और उपग्रह एक-दूसरे से एक-दूसरे से कितनी दूरी पर स्थित हैं, ये किस प्रकार पारस्परिक आकर्षण शक्ति द्वारा एक-दूसरे से सम्बद्ध हैं, इनका आधार क्या है, 'नक्षत्र-परिवार' क्या है (जैसे सूर्य के परिवार या 'सौर परिवार' में पृथ्वी, चन्द्रमा, मंगल, बुध इत्यादि अनेक ग्रह एवं उनके उपग्रह शामिल हैं), इनकी कितनी गति है आदि विषयों का अध्ययन खगोलशास्त्र करता है। यहां यह प्रश्न उठ सकता है कि इस प्रकार के अध्ययन का क्या महत्व है, या धरती के मानव के लिए खगोल या आकाश-सम्बन्धी

घटनाओं को जानने की क्या सार्थकता हो सकती है? उसका उत्तर अति सरल है। हम अपनी धरती सम्बन्धी घटनाओं के बारे में उस समय तक कुछ नहीं जान सकते जब तक कि हम पृथ्वी की प्रकृति तथा उसके दूसरे ग्रह-नक्षत्रों के साथ सम्बन्ध को न समझ लें। यह ज्ञान हमें खगोलशास्त्र से प्राप्त होता है।

स्थलीय भौतिकशास्त्र के अन्तर्गत दो विज्ञानों का समावेश है—भौतिकशास्त्र मुख्य और रसायनशास्त्र। भौतिक पदार्थों के विषय में जानने के लिए उनका भौतिक या रासायनिक विश्लेषण आवश्यक हो जाता है। इस कार्य के लिए दो पृथक् विज्ञान-भौतिकशास्त्र और रसायनशास्त्र हैं। भौतिकशास्त्र का अध्ययन-विषय रसायन-शास्त्र के अध्ययन-विषय की अपेक्षा अधिक सामान्य है। यह तत्त्वों के स्थान पर पदार्थों से अधिक सम्बन्धित है। रासायनिक तत्त्व भौतिकशास्त्र के नियमों पर निर्भर करता है, परन्तु इसका यह अर्थ नहीं है कि रासायनिक घटनाएं भौतिकशास्त्र के नियमों से प्रभावित भी होती हैं। कोई भी रासायनिक क्रिया भार, ताप और विद्युत के नियमों से प्रभावित होती है। इस प्रकार अजीवज घटनाओं का अध्ययन तीन विज्ञानों—खगोलशास्त्र, भौतिकशास्त्र और रसायनशास्त्र के द्वारा होता है।

जीवज घटनाओं के भी दो प्रकार हैं-व्यक्तिगत और सामूहिक। **प्रथम** के अन्तर्गत बनस्पति और पशु-जगत् की समस्त व्यक्तिगत या शारीरिक स्वरूपों की क्रियाएं तथा संरचनाएं आ जाती हैं। यह प्राणिशास्त्र का अध्यय-विषय है। इसमें समस्त जीवन और उससे सम्बन्धित नियमों का अध्ययन सम्मिलित है। स्पष्ट है कि प्राणिशास्त्र रसायनशास्त्र पर निर्भर होता है क्योंकि पोषण तथा ग्रन्थि से रस के निकलने (Secretion) के समस्त विश्वसनीय नियम हमें रसायनशास्त्र से ही प्राप्त होते हैं। इतना ही नहीं, प्राणिशास्त्र का सम्बन्ध भौतिकशास्त्र से है क्योंकि भौतिकशास्त्र प्राणिशास्त्र के नियमों पर खगोलशास्त्र के नियमों का भी प्रभाव पड़ता है। उदाहरण के लिए, यदि पृथ्वी की गति उसकी वर्तमान गति से अधिक हो जाए तो उसका परिणाम यह होता है कि शरीर-सम्बन्धी घटनाओं की गति भी निश्चित रूप से बढ़ जाएगी और जीवन की अवधि कम हो जाएगी। खगोलशास्त्र हमें यह भी बताता है कि पृथ्वी अपनी धुरी या अक्ष (Axis) पर पश्चिम से पूर्व की ओर लट्टू की भांति घूमती है और लगभग 24 घंटे में एक चक्कर पूरा करती है; इस दैनिक गति के कारण ही पृथ्वी का आधा भाग बारी-बारी से सूर्य के सामने आता-जाता रहता है और दिन-रात होते हैं। इसी प्रकार पृथ्वी एक अण्डाकार पथ पर गतिशील होकर सूर्य का चक्कर लगाती है जिसे वार्षिक गति या परिक्रमा कहते हैं। ऋतु परिवर्तन में इस वार्षिक गति का योग रहता है, यदि पृथ्वी में वार्षिक गति न होती तो वर्ष-भर एक-सी ऋतु रहती। पृथ्वी अपनी धुरी या अक्ष पर घूमती है; पृथ्वी

का यह अक्ष कक्ष-तल पर लम्ब नहीं बल्कि झुका हुआ अर्थात् 66½ अंश का कोण बनाता है। यदि पृथ्वी का यह अक्ष कक्ष-तल पर लम्ब हो जाए तो उसका नतीजा यह होगा कि सब जगह दिन-रात बराबर होने लगेंगे; साथ ही ऋतु परिवर्तन भी नहीं होगा अर्थात् सब जगह साल-भर एक-सा ही मौसम रहेगा। अक्ष के तिरछा होने के कारण ही दोपहर के समय सूर्य की ऊंचाई भिन्न-भिन्न स्थानों पर भिन्न-भिन्न होती है, दिन-रात छोटे-बड़े होते रहते हैं, ऋतु में परिवर्तन होता है, उत्तरी और दक्षिणी गोलार्द्ध में ऋतुएं एक-दूसरे से भिन्न होती हैं तथा उत्तरी और दक्षिणी ध्रुवों पर दिन और रात छह-छह महीने के होते हैं। इन सभी का प्रभाव शरीर-सम्बन्धी घटनाओं पर पड़ता है। अतः स्पष्ट है कि प्राणिशास्त्र खगोलशास्त्र का भी ऋणी है। इसके अतिरिक्त प्राणिशास्त्रीय अध्ययनों में जो यथार्थता पाई जाती है। वह गणितशास्त्र के कारण ही है। यदि प्राणिशास्त्र को अपने अध्ययन-कार्य में गणितशास्त्र का सहारा न मिलता तो वह वास्तव में दोषपूर्ण, अनिश्चित और अविश्वसनीय होता। इस प्रकार स्पष्ट है कि प्राणि शास्त्र विज्ञानों के संस्तरण में आने से पहले सभी विज्ञानों पर आश्रित है।

जीवज घटनाओं का **दूसरा** प्रकार या भाग सामूहिक है। इस भाग का अध्ययन समाजशास्त्र के द्वारा होता है जोकि **कॉम्टे** द्वारा प्रस्तुत विज्ञानों के संस्तरण में सबसे अन्तिम विज्ञान है। इसीलिए **कॉम्टे** ने इस विज्ञान को सबसे अधिक पराश्रित विज्ञान माना है जिसे कि अपने अध्ययन-कार्य में गणितशास्त्र, खगोलशास्त्र, भौतिकशास्त्र, रसायनशास्त्र एवं प्राणिशास्त्र सभी पर निर्भर रहना पड़ता है। ये सभी विज्ञान उसी क्रम से एक-दूसरे पर या अपने से पहले वाले विज्ञान या विज्ञानों पर निर्भर हैं जिस क्रम से इनका विकास हुआ है।

उपर्युक्त विवेचन से स्पष्ट है कि **कॉम्टे** ने ज्ञान या विज्ञानों का संस्तरण निर्भरता वृद्धि-क्रम के सिद्धान्त के आधार प्रस्तुत किया है। सबसे अधिक बुनियादी स्थान गणितशास्त्र को दिया गया है क्योंकि यह सबस अधिक सामान्य और प्राचीन विज्ञान है। इसके ऊपर खगोलशास्त्र का स्थान है जोकि मूल रूप में अपने से पहले के विज्ञान गणितशास्त्र पर आश्रित है। इसके ऊपर स्थलीय घटनाओं का अध्ययन करने वाले दो विज्ञानों क्रमशः भौतिकशास्त्र और रसायनशास्त्र को स्थान दिया गया है। भौतिकशास्त्र खगोलशास्त्र और गणितशास्त्र पर निर्भर है जबकि रसायनशास्त्र को अपने अध्ययन-कार्य में भौतिकशास्त्र, खगोलशास्त्र और गणितशास्त्र पर आश्रित रहना पड़ता है। इसके बाद शरीर तथा जीवन-सम्बन्धी विषयों का अध्ययन करने वाले प्राणिशास्त्र का स्थान है जोकि रसायनशास्त्र, भौतिकशास्त्र, खगोलशास्त्र और गणितशास्त्र पर आश्रित है। इन विद्वानों पर आधारित तथा सामूहिक या सामाजिक तथ्यों व घटनाओं

का अध्ययन करने वाला विज्ञान सामाजिक भौतिकी या समाजशास्त्र का स्थान सबसे ऊपर है। इस सम्बन्ध में यह उल्लेखनीय है कि 'प्रत्यक्षवादी धर्म' या 'मानवता का धर्म' के सिद्धान्त को विकसित करते समय **कॉम्टे** ने उपर्युक्त छह विज्ञानों के अतिरिक्त एक सातवां और सबसे ऊपर का विज्ञान आचारशास्त्र का भी उल्लेख किया है। परन्तु इस अन्तिम विज्ञान का कोई विशेष उल्लेख या स्पष्टीकारण उनकी कृतियों में नहीं मिलता है। इस कारण **कॉम्टे** द्वारा प्रस्तुत ज्ञान या विज्ञानों के वर्गीकरण में गणितशास्त्र, खगोलशास्त्र, भौतिकशास्त्र, रसायनशास्त्र, प्राणिशास्त्र तथा समाजशास्त्र, इन छह विज्ञानों को ही साधारणतया सम्मिलित किया जाता है और यह उचित भी है। इस वर्गीकरण को प्रस्तुत करने का एक प्रमुख उद्देश्य विभिन्न विज्ञानों की सापेक्षिक पूर्णता या यथार्थता की ओर हमारा ध्यान आकर्षित करना है। **कॉम्टे** ने स्वयं ही लिखा है कि यह 'वर्गीकरण यथार्थ रूपमें विभिन्न विज्ञानों की सापेक्षिक पूर्णता को बतलाता है; एक विज्ञान को बतलाता है; एक विज्ञान की सापेक्षिक पूर्णता परिशुद्ध ज्ञान की मात्रा तथा उसकी विभिन्न शाखाओं के साथ सम्बन्ध पर निर्भर है। यह सरलता से देखा जा सकता है कि घटनाएं जितनी ही अत्यधिक सामान्य, सरल और अर्मूत होती हैं उतनी ही वे दूसरों पर निर्भर करती हैं और उनकी यथार्थता या परिशुद्धता उतनी ही अधिक तथा दूसरे विज्ञानों के साथ उनका सम्बन्ध उतना ही स्पष्ट होता है। इस प्रकार जीवज घटनाएं अजीवज घटनाओं की अपेक्षा कम यथार्थ तथा नियमबद्ध होती हैं और इऩमें से भी स्थलीय घटनाएं खगोल-सम्बन्धी घटनाओं की अपेक्षा कम यथार्थ तथा नियमबद्ध होती हैं। विज्ञानों का जो संस्तरण हमने प्रस्तुत किया है उससे यही तथ्य पूर्णतया स्पष्ट होता है।"

कॉम्टे का मत है कि हम किसी भी विज्ञान के विषय में उचित ज्ञान तब तक प्राप्त नहीं कर सकते जब तक उसके पहले वाले विज्ञान या विज्ञानों, जिस या जिन पर कि वह निर्भर है, के विषय में हम जानकारी प्राप्त न कर लें। उदाहरणार्थ, हम समाजशास्त्र की सहायता से मानव-समाज या सामाजिक घटनाओं के बारे में समुचित ज्ञान तब ही प्राप्त कर सकते हैं जब हमें इसके पहले वाले विज्ञानों-प्राणिशास्त्र, रसायनशास्त्र, भौतिकशास्त्र, खगोलशास्त्र और गणितशास्त्र-के सम्बन्ध में कुछ सामान्य ज्ञान हो। यह एक मोटी-सी बात है कि प्राणिशास्त्र की सहायता से जब तक हम जीव तथा जीवन और उनसे सम्बन्धित नियमों के बार में जानकारी प्राप्त न कर लेंगे तब तक मानव के सामाजिक जीवन की घटनाओं को समझना हमारे लिए कैसे सम्भव होगा? इसीलिए, **काम्ट** के विचारानुसार, प्रत्येक विज्ञान का अध्ययन उसी क्रम से करना चाहिए जैसा कि उपर्युक्त वर्गीकरण में प्रस्तुत किया गया है। इस संस्तरण में सबसे ऊपर समाजशास्त्र है जोकि अन्य विज्ञानों की तुलना में सबसे

नवीन, सबसे अधिक पराश्रित, विशिष्ट तथा जटिल विज्ञान है। अब हम इसी विज्ञान 'समाजशास्त्र' के विषय में सविस्तार विवेचना करेंगे।

समाजशास्त्र-कॉम्टे का एक नया विज्ञान
(Sociology–A New Science of Comte)

कॉम्ट अपने समय की प्रचलित तात्त्विक तथा धार्मिक प्रविधियों द्वारा सामाजिक घटनाओं की अध्ययन-प्रणाली से सन्तुष्ट नहीं थे। आप तो वैज्ञानिक पद्धति को सर्वोच्च प्रधानता प्रदान करते थे। इसलिए आप सामाजिक अध्ययन-कार्य को भी निरीक्षण, परीक्षण तथा वर्गीकरण की व्यवस्थित या वैज्ञानिक कार्य-प्रणाली के अन्तर्गत लाने के पक्ष में थे। इस उद्देश्य की पूर्ति के लिए **कॉम्टे** एक ऐसे नए विज्ञान का सृजन करना चाहते थे जोकि उस समय प्रचलित धार्मिक तथा तात्त्विक विचारों से पूर्णतया विमुक्त हो और जोकि सामाजिक घटनाओं का अध्ययन वैज्ञानिक ढंग से करे। आपका विश्वास था कि सामाजिक घटनाओं का अध्ययन एक विशेष अध्ययन-क्षेत्र है जोकि व्यक्ति के सामूहिक जीवन की अभिव्यक्ति होती है। जिस प्रकार प्राणिशास्त्र के अन्तर्गत समस्त व्यक्तिगत जीवन और उससे सम्बन्धित नियमों का अध्ययन सम्मिलित हैं, उसी प्रकार सामूहिक जीवन और उससे सम्बन्धित आधारभूत नियमों के अध्ययन के लिए भी पृथक् विज्ञान की आवश्यकता है। **कॉम्टे** ने इस विज्ञान को पहले-पहल 'सामाजिक भौतिकी' की संज्ञा दी और इसको बदलकर 1838 में अपने नवीन विज्ञान का नाम समाजशास्त्र रखा।

समाजशास्त्र की परिभाषा **कॉम्टे** ने इन शब्दों में की है-*"समाजशास्त्र सामाजिक व्यवस्था और प्रगति का विज्ञान है"।* इस परिभाषा मं उल्लेखित सामाजिक 'व्यवस्था' और 'प्रगति' की व्याख्या हम इस प्रकार कर सकते हैं–समाज एक 'व्यवस्था' है; इस व्यवस्था के अन्तर्गत अनेक उप-व्यवस्थाएं हाती है। दूसरे शब्दों में, समाज एक अखण्ड व्यवस्था नहीं है, बल्कि, अनेक भागों से मिलकर बना है। ये सभी एक-दूसरे पर आधारित और एक-दूसरे से सम्बन्धित हैं। इसी आधार पर **कॉम्टे** ने सामाजिक सावयव की कल्पना की थी, यद्यपि वैयक्तिक सावयव और सामाजिक सावयव को एक समझने की भूल न करने की कड़ी चेतावनी भी आप बार-बार देते हैं। आपका मत है कि इन दो प्रकार के सावयवों में समानताएं हो सकती हैं और है भी, पर ये एक ही नही हैं। सामाजिक सावयव में, वैयक्तिक सावयव की भांति, श्रम-विभाजन तथा विशेषीकरण होता है। दोनों में ही ऐकमत्य पाया जाता है, जिसका कि अर्थ **कॉम्टे** के अनुसार, अन्योन्याश्रित भगों में सामंजस्य का होना है। सामंजस्य सामाजिक व्यवस्था का आधार है। समाजशास्त्र सामाजिक जीवन की इसी व्यवस्था अर्थात् समाज के विभिन्न अन्योन्याश्रित (Interdependent) भागों के

बीच पाए जाने वाले सामंजस्य का अध्ययन करता है। परन्तु, समाजशास्त्र का अध्ययन-क्षेत्र यहीं तक सीमित नहीं है क्योंकि यह सामाजिक व्यवस्था का ही नहीं अपितु सामाजिक प्रति का भी विज्ञान है। **कॉम्टे** के अनुसार, सामाजिक व्यवस्था का परम उद्देश्य ही नहीं अपितु मौलिक आधार भी प्रगति है। मानव का बौद्धिक तथा नैतिक विकास ही सामाजिक प्रगति है। दूसरे शब्दों में, सामाजिक प्रगति कुद नैतिक तथ बौद्धिक नियमों या सिद्धान्तों के आधार पर सम्भव है। समाजशास्त्र उन नैतिक नियमों या सिद्धान्तों को भी प्रतिपादित करता है जिनके आधार पर सामाजिक प्रगति सम्भव हा सके। यह स्मरण रहे कि एक प्रगतिशील सामाजिक व्यवस्था में, **कॉम्टे** के अनुसार, सबसे अधिक महत्त्वपूर्ण वर्ग पुरोहितों का होना चाहिए। परन्तु ये पुरोहित धर्मशास्त्री नहीं बल्कि, समाजशास्त्रीय होंगे जिनका कि प्रमुख कार्य उन समाजशास्त्रीय सिद्धान्तों का प्रतिपादन करना होगा जिन पर सामाजिक प्रगति की व्यापक नीति निर्भर करेगी। इसीलिए **कॉम्टे** का. समाजशास्त्र सामाजिक व्यवस्था व प्रगति का विज्ञान है।

कॉम्टे का समाजशास्त्र समाज का एक अमूर्त विज्ञान है। यह केवल मात्र आर्थिक, राजनीतिक, वैधानिक या अन्य किसी विशिष्ट प्रकार की घटनाओं का विज्ञान नहीं है। यह वह विज्ञान है जो कि उन आधारभूत नियमों को खोजता है जिन पर कि समस्त सामाजिक विज्ञान आधारित हैं।

कॉम्टे का समाजशास्त्र एक समन्वयात्मक विज्ञान भी हैं आपने इसे समन्वयात्मक विज्ञान इस कारण कहा है कि आपका समाजशास्त्र सामाजिक जीवन के किसी भी विशिष्ट पक्ष का अध्ययन नहीं करता है, यह तो समाज काअध्ययन समग्र रूप में करता है। समाजशास्त्र का सम्पर्क केवल आर्थिक या धार्मिक या नैतिक या वैज्ञानिक घटनाओं से नहीं हैं; यह तो इन सबसे सम्बन्धित है और इन सबका अध्ययन करता है। **कॉम्टे** का विश्वास है कि सामाजिक जीवन के विभिन्न अंग या भाग एक-दूसरे से अत्यधिक घनिष्ठ रूप से सम्बन्धित तथा एक-दूसरे पर आश्रित हैं; इस कारण इनका पृथक अध्ययन उचित नही हैं। समाजशास्त्र ही इन विभिन्न भागों को एक साथ मिलाकर अर्थात् एक-दूसरे से सम्बन्धित रूप में अध्ययन कर सकता है और करता है। इसलिए यह एक समन्वयात्मक विज्ञान है।

समाजशास्त्र एक समन्वयात्मक विज्ञान इस अर्थ में भी है कि यह अपने से पहले वाले सभी विज्ञानों-प्राणिशास्त्र, रसायनशास्त्र, भौतिकशास्त्र, खगोलशास्त्र तथा गणित शास्त्र-द्वारा प्रतिपादित नियमों और सिद्धान्तों पर आधारित है। अपने आधारभूत विज्ञानों के संस्तरण में **कॉम्टे** ने समाजशास्त्र का सबसे ऊपर रखा हैं, परन्तु ऐसा करने में उनका उद्देश्य कदाचित यह नहीं है कि वह समाजशास्त्र को यह स्थिति

केवल इस बात की द्योतक है कि यह विज्ञान अपने से पहले वाले सभी विज्ञानों पर आधारित रहते हुए इनके प्रमुख नियमों या सिद्धान्तों की अपने में समेटता है। चूंकि समाज उन जीवित प्राणियों से बना हुआ है जिनका शरीर ब्रह्माण्ड के पदार्थ से बनता है, इस कारण समाजशास्त्र का प्रारम्भ भी इनसे सम्बन्धित विज्ञान के नियमों से होता है। **कॉम्टे** ने लिखा है कि "सर्वप्रथम उस माध्यम को, जिसमें सामाजिक जीवन विकसित हुआ है और उन प्राणियों को जो इसे प्रकट करते हैं, समझे बिना सामाजिक जीवन को समझा जा सकता। इस कारण अन्तिम विज्ञान (समाजशास्त्र) में हम तब तक कोई प्रगति नहीं कर सकेंगे जब तक हमें बाहरी दुनिया आर वेयक्तिक जीवन के सम्बन्ध में पर्याप्त अमूर्त ज्ञान, इन नियमों का सामाजिक घटनाओं के विशिष्ट नियमों पर पड़ने वाल प्रभाव को परिभाषित करने के लिए प्राप्त न हो जाएगा।"

चूंकि **कॉम्टे** के अनुसार समाजशास्त्र एक विज्ञान है, इसलिए यह एक भविष्यवाणी करने योग्य विज्ञान भी है। यदि यह भविष्यवाणी करने की क्षमता नहीं रखता है तो इसे विज्ञान होने का भी अधिकार नहीं है। पूर्व-ज्ञान या भविष्य-दृष्टि विज्ञान की कसौटी है। वैज्ञानिक नियम हमें इस बात का ज्ञान करवाते हैं कि भविष्य की सम्भावित प्रक्रियाएं किस प्रकार की होंगी। वर्तमान सामाजिक अवस्था का अध्ययन करके उसी आधार पर उसके भविष्य के सम्बन्ध में बताना समाजशास्त्र का एक प्रमुख कार्य है।

इसमें सन्देह नहीं कि **कॉम्टे** ने अपने समाजशास्त्र का निर्माण वैज्ञानिक प्रणालियों की सहायता से सामाजिक घटनाओं का अध्ययन करके उसके विषय में ज्ञान-भण्डार को बढ़ाने के उद्देश्य से किया है। परन्तु, यही उनका एकमात्र उद्देश्य नहीं है। **कॉम्टे** समाजशास्त्र को सामाजिक पुनर्निर्माण और नैतिक जाग्रति लाने के नवीन कार्यक्रम में भी काम में लाना चाहते हैं। उनका विश्वास है कि मानव-जीवन के सम्बन्ध में ज्ञान की वृद्धि मात्र बिल्कुल व्यर्थ है, यदि उस ज्ञान का उपयोग उसके जीवन को उन्नत करने के लिए न किया जाए।

यह सच है कि एक वैज्ञानिक सदैव ही यह प्रयत्न करता है कि वह सत्य का अधिकाधिक जान ले, परन्तु, यह भी गलत नहीं है कि वह सत्य को इसलिए जानना चाहता है कि उस सत्य के प्रकट होने से मानव का कुछ कल्याण होगा। **कॉम्टे** भी इसी प्रकार के एक वैज्ञानिक हैं। इसीलिए समाजशास्त्र का यह भी एक महत्वपर्ण कार्य है कि वह ज्ञान और कर्म के बीच एकता स्थापित करे ताकि सामाजिक घटनाओं के सम्बन्ध में जो कुछ भी ज्ञान हमें प्राप्त हो उसे हम सामाजिक पुनर्निर्माण के काम में भी उपयोग कर सकें। **कॉम्टे** का यह भी विश्वास है कि मानव-जीवन

के कुछ नैतिक उद्देश्य होते हैं। इन नैतिक उद्देश्यों की पूर्ति मानवता के धर्म की स्थापना के द्वारा ही सम्भव है। समाजशास्त्र मानवता के ज्ञान और मानवता के धर्म में एकरूपता उत्पन्न करने में सहायक हो सकता है। यही कारण है कि **कॉम्टे** के आदर्श समाज में सबसे महत्त्वपूर्ण वर्ग पुरोहित का होगा और ये पुरोहित धर्मशास्त्री नहीं बल्कि, समाजशास्त्री होंगे। समाजशास्त्री मानवता के सेवक बनें, यही **कॉम्टे** की आन्तरिक अभिलाषा के अनुसार, समाजशास्त्र की चरम सार्थकता है।

मानवता का धर्म (The Religion of Humanity)

यद्यपि **कॉम्टे** द्वारा प्रस्तुत 'मानवता के धर्म' के अनुयायी आज बहुत कम हैं, फिर भी इसका उल्लेख किए बिना यह अध्ययन अधूरा ही रह जाएगा क्योंकि 'मानवता के धर्म' से पृथक् करके **कॉम्टे** के सामाजिक सिद्धान्तों की विवेचना असम्भव है। दूसरे शब्दों में, **कॉम्टे** के सामाजिक सिद्धान्तों को समझने के लिए यह अति आवश्यक है कि हम उनके 'मानवता के धर्म' को भी अच्छी तरह समझ लें। इस विषय में **कॉम्टे** के विचारों का अति उत्तम ढंग से **रौलिन चैम्बलिस** ने अपनी पुस्तक 'Social Thought' में प्रस्तुत किया है जोकि बहुत-कुछ इस प्रकार है:

नैतिक आधार (The Ethical Basis) : **कॉम्टे** के अनुसार, कोई भी अन्तिम शक्ति नहीं है परन्तु 'मानवता' एक परम वास्तविकता है; 'महामानव' वास्तव में जीवित ईश्वर है। हमें किसी धर्म-विशेष का नहीं, इस 'महामानव' का पुजारी बनना चाहिए; अन्धविश्वासों में नहीं, प्रत्यक्ष ज्ञान की प्राप्ति में विश्वास होना चाहिए। यही मानव का 'धर्म' है।

सामाजिक व्यवस्था की समसया कॉम्टे की विचारधारा का सार-तत्व है। किस ढंग स समाज को बदला लाए कि अहम्वाद सार्वभौम रूप में परार्थवाद (Altruism) के अधीन हो जाए, सभी स्थानों के सभी लोग सामाजिक प्रगति के लाभ की प्राप्ति के लिए मिल-जुलकर काम करें–यही चिन्ता **कॉम्टे** की विचारधारा में झलकी है। आपका विश्वास है कि बौद्धिक एकता की स्थापना किए बिना राजनीतिक एकता सम्भव नहीं है और सार्वभौम रूप से स्वीकृत एक व्यावहारिक सार्वभौम आचार ही सामाजिक व्यवस्था की वास्तविक नींव है। यही 'मानवता के धर्म' का आधार है।

कॉम्टे ने अपने प्रत्यक्षवाद के आधारभूत सामाजिक समस्याओं के बौद्धिक तथा नैतिक हल के रूप में प्रस्तुत किया है। प्रत्यक्षवाद धर्म तथा विज्ञान के बीच होने वाले संघर्ष का तथा प्रगति व व्यवस्था की पुरानी समस्या का हल प्रस्तुत करता है। **कॉम्टे** के अनुसार एक सार्वभौम धर्म के माध्यम से सामाजिक व्यवस्था

का विकास ही प्रगति है। यह मनुष्यों को मानवता के नाम पर एक साथ मिलाता है–प्रेम इनका सिद्धान्त है, व्यवस्था इसका आधार है और प्रगति इसका ध्येय; 'आत्मस्वार्थ को भूल जाओ और दूसरों के लिए जीवित रहो', यही इसकी वाणी है। यही मोटे तौर पर 'मानवता धर्म' भी है।

धार्मिक अवस्था (The Religious System) : उपर्युक्त विवेचना से यह न समझना चाहिए कि 'मानवता का धर्म' केवल एक नैतिक अवस्था मात्र है। वह एक धार्मिक व्यवस्था भी है। अपने बाद के कृत्यों में **कॉम्टे** ने विज्ञानों के संस्तरण में सबसे ऊपर एक सातवें विज्ञान 'आचारशास्त्र' को जोड़ दिया था। इसका सम्पर्क मानवता की उपज मनुष्य से हैं; और इसका उद्भव तब तक सम्भव न था जब तक समाजशास्त्र इस निष्कर्ष पर न पहुंचा कि मनुष्य केवल एक प्राणी या पशुमात्र नहीं है।

इस विज्ञान का प्रमुख कार्य मनुष्य को मानवता से जोड़ना है। परन्तु इससे **कॉम्टे** के धर्म की व्याख्या नहीं होती है। मानवता के धर्म के अन्तर्गत समस्त वैज्ञानिक ज्ञान आ जाता है और साथ ही इसमें बोध तथा भावना और बौद्धिक क्रिया भी सम्मिलित है; यह एक धर्म है।

कॉम्टे द्वारा प्रस्तुत धर्म की सम्पूर्ण परिभाषा आपकी पुस्तक के सैकड़ों पृष्ठों में फैली पड़ी है; फिर भी आपकी विशिष्ट घोषणा यह है कि धर्म 'पूर्ण सामंजस्य की वह स्थिति है जोकि सामूहिक तथा वैयक्तिक दोनों ही रूप में केवल मानव-जीवन में ही मिलती है" और इसकी रचना करने वाले तत्त्व हैं : एक मत, आराधना की एक व्यवस्था तथा एक सरकार।

कॉम्टे के अनुसार, वैयक्तिक तथा सामूहिक सामंजस्य तभी सम्भव है यदि बोध, विचार तथा भावना को एक निश्चित उद्देश्य पर केन्द्रित कर दिया जाए; 'मानवता का धर्म' इस उद्देश्य या ध्येय को प्रस्तुत करना है, और वह है 'दूसरों के लिए जीवित रहो।'

यह मानवता को आराधना की वस्तु के रूप में स्थापित करती है; स्वार्थपरता को पाप और सामाजिक सेवा को मोक्ष कहकर परिभाषित करती है, और इस सिद्धान्त को प्रतिपादित करती है जो कुछ अच्छाई मनुष्य करता है वह उसकी मृत्यु के बाद भी जीवित रहती है और मनुष्य को अमरत्व (Immortality) प्रदान करती है। आराधना की प्रत्यक्ष प्रणाली के सम्बन्ध में **कॉम्टे** ने विशद विवरण प्रस्तुत किया है। इसमें अन्य धर्मों की अनेक विशेषताएं आ जाती हैं। प्रत्यक्ष प्रार्थना केवल याचना मात्र न होगी, बल्कि "अधिक विस्तृत तथा उच्चस्तर के विचारों द्वारा अनुप्रेरित मनुष्य के उत्तम अनुभवों की एक पवित्र अभिव्यक्ति होगी।"

संगठन (The Organization)

'मानवता के धर्म' की सरकार पुरोहित के द्वारा संचालित होगी। ये पुरोहित जैसा कि पहले ही कहा जा चुका है, धर्मशास्त्री नहीं बल्कि वैज्ञानिक और कलाकार होंग। **हॉकिंस** ने इन पुरोहितों की प्रकृति तथा कार्यों का विवरण देते हुए लिखा है कि प्रत्यक्षवादी पुरोहित अत्यकि शक्तिशाली होंगे। उनका कार्य उपदेश देना, सार्वजनिक आराधना को संचालित करना, परामर्श देना, विज्ञान की शिक्षा देना, औद्योगिक तथा अन्तर्राष्ट्रीय झगड़ों में मध्यस्थ के रूप में कार्य करना तथा जनमत को ऐसी दिशा में मोड़ना होगा जिससें कि मानव-जाति के हित की अधिकतम सिद्धि हो। इस वर्ग में विद्वान्, चिकित्सक, कवि और कलाकार के अतिरिक्त नर्तक व गायक तक भी सम्मिलित होंगे। चूंकि इन पुरोहितों को कोई सांसारिक शक्ति प्राप्त न होगी, इस कारण उन्हें आज्ञा-पालन करवाने के लिए नैतिक शक्ति से ही काम लेना होगा। चूंकि, उन्हें अधिकतर जनता का सहयोग प्राप्त होगा इस कारण यह नैतिक शक्ति ही किसी भी अपराधी को सही मार्ग में संचालित करने के लिए पर्याप्त होगी। शिक्षा संस्थाओं पर उनका नियन्त्रण होने के कारण भावी नागरिकों का चरित्र गठन का काम प्रत्यक्षवादी सिद्धान्तों के अनुसार हो सकेगा। अनुशासन का उचित प्रबन्ध होगा। इस प्रकार 'मानवता का धर्म' प्रेम, सद्भावना, सहानुभूति, शान्ति, व्यवस्था और प्रगति का ही नही बल्कि, जन-कल्याण और जन-सेवा के उच्चतम आदर्शों का भी मूर्त रूप होगा। **कॉम्टे** का यह सपना शायद कभी भी पूर्णतया पूरा न होगा।

निष्कर्ष (Conclusion)

उपर्युक्त विवेचना से स्पष्ट है कि **कॉम्टे** एक असाधारण प्रतिभा तथा क्षमता-सम्पन्न विचारक थे। उनकी विचारधाराओं का विश्लेषण करने पर ऐसा प्रतीत होता है कि **कॉम्टे** अपनी सभी अवधारणाओं में अपने समय से काफी आगे बढ़ गए थे, विशेषकर सामाजिक घटनाओं का अध्ययन करने के लिए आपने वैज्ञानिक प्रणालियों पर अत्यधिक बल देकर जिस सुदृढ़ आधार पर समाजशास्त्र को प्रतिष्ठित किया वह वास्तव में अतुलनीय था। **कॉम्टे** एक वैज्ञानिक थे और एक वैज्ञानिक के रूप में उन्होंने समाज के विषय में परिशुद्ध, यथार्थ तथा वैज्ञानिक चिन्तन की आवश्यकता पर बल दिया, विज्ञानों का वर्गीकरण प्रस्तुत किया और सामाजिक व्यवस्था व प्रगति के अन्तर्निहित नियमों को उद्घाटित किया। इन सबमें उनकी असाधारण प्रतिभा की झांकी देखने का मिलती है। परन्तु **कॉम्टे** केवल एक प्रतिभा सम्पन्न वैज्ञानिक ही थे, जबकि दूसरा पक्ष भी कम महत्त्वपूर्ण नहीं है। **कॉम्टे** एक वैज्ञानिक ही नहीं बल्कि, मानवता एक पुजारी या या 'मानवता के धर्म' के एक

कट्टर उपासक भी थे। ऊपर से देखने पर वैज्ञानिक **कॉम्टे** तथा धार्मिक **कॉम्टे** में महत्वपूर्ण भेद है ऐसा प्रतीत होगा, पर वास्तव में ये दोनों एक-दूसरे के विरोधी नहीं, पूरक ही हैं। **कॉम्टे** का धर्म ज्ञान या विज्ञान का विरोधी नहीं बल्कि, उसी का एक 'व्यावहारिक रूप' कहा जा सकता है; इसीलिए आपके धर्म ने अपने को विज्ञान से दूर नहीं रखा बल्कि, उसे अपनी बांहों से समेटकर आलिंगनबद्ध किया है। **कॉम्टे** के चिन्तन में धर्म और विज्ञान एक-दूसरे के निकट आए, एक-दूसरे से मिले और फिर एक-दूसरे में एकाकार हो गए। धर्म और विज्ञान के इस महामिलन में आज भी विश्वबन्धुत्व और विश्वशान्ति के सपने का साकार रूप छिपा है।

5

मैक्स वेबर–अफसरशाही, आदर्श प्रारूप एवं प्राधिकार
(Max Weber : Bureaucracy, Ideal Type Authority)

प्रस्तावना (Introduction)

नौकरशाही के सम्बन्ध में विद्वानों ने समय–समय पर बहुत कुछ लिखा है। फिर भी इसक अर्थ के सम्बन्ध में अनेक भ्रम पाए जाते हैं, काफी अस्पष्टता है। नौकरशाही के प्रति बहुत–से–लोग शंकालु हैं और समझते हैं कि यह शब्द किसी बुरी बात से जुड़ा हुआ है। **जान ह्लिग** के अनुसार, "विकृति तथा परिहास के कारण नौकरशाही शब्द से तात्पर्य काम में घपले, मनमानी, बहुत अधिक खर्च, अनावश्यक हस्तक्षेप तथा वर्गीकरण से लगाया जाता है इस शब्द का प्रयोग ऐसे अधिकारी के लिए भी किया जाता है जो ज्ञान, अनुभव कार्य–कुशलता एवं कर्तव्य–परायणता के लिए प्रसिद्ध हो।

प्राचीन मिस्त्र, रोमन चर्च, चीन, एशिया और यूरोप के कई देशों एवं मौर्य साम्राज्य मे भी राजा–महाराजाओं की शासन पद्धति किसी न किसी नौकरशाही पद्धति द्वारा संचालित होती थी। प्राचीन नौकरशाही वंशानुक्रम पर आधारित थी। इसमें अधिकारियों के न तो कोई कानूनी अधिकार थे और न आर्थिक सुरक्षा है। इस प्रकार की नौकरशाही मनमाने ढंग से चलायी जाती थी। नौकरशाही प्रारम्भ से ही सरकार से जुड़ी रही है। जब हम कहते हैं कि सरकार में नौकरशाही हावी है तो इसका तात्पर्य है, सरकार में लालफीताशाही एवं भ्रष्टाचार व्याप्त है। औद्योगिक क्रांति के बाद बड़े–बड़े उद्योगों का संचालन भी नौकरशाही संगठन एवं नियमों के आधार पर होने लगा। इस प्रकार की नौकरशाही अनिवार्य रूप से गैर–सरकारी है। आधुनिक नौकरशाही प्रजातन्त्रीय व्यवस्था का भी अभिन्न अंग बन गयी है।

आज सरकार उद्योग एवं शिक्षा सभी क्षेत्रों में नौकरशाही का वर्चस्व बढ़ता जा रहता है। विकास के साथ-साथ नौकरशाही तन्त्र का विस्तार भी हुआ है। आज दुनियाभर में बहुत अधिक लोग अधिकारीतन्त्र में नौकरी पाते हैं। यह तन्त्र अपने कर्मचारियों को एक विशिष्ट संस्कृति और जीवनशैली की ओर अभिप्रेरित करता है।

मैक्स वेबर ने नौकरशाही का आदर्श-प्रारूप (Ideal Type) प्रस्तुत किया है। 19वीं शताब्दी में नौकरशाही पर अनेक विद्वानों ने अपने-अपने विचार व्यक्त किये हैं। किन्तु वेबर ने नौकरशाही की विशेषताओं, उत्पत्ति एवं कार्यो पर सुव्यस्थित विचार व्यक्त किए हैं। आपने आधुनिक प्रशासनिक व्यवस्था एवं पूंजीवादी अर्थव्यवस्था में नौकरशाही को अत्यन्त महत्वपूर्ण व्यवस्था के रूप में स्वीकार किया है। नौकरशाही पर आपके अध्ययन को बहुत विद्वतापूर्ण माना जाता है। नौकरशाही प्रशासन का एक ऐसा तरीका है जिसमें कार्यों का स्पष्ट रूप से विभेदीकरण पाया जाता है। इसमें विशिष्ट योग्यता के आधार पर सुनिश्चित प्रविधि द्वारा व्यक्तियों का चुनाव किया जाता है, विभिन्न पदों पर उन्हें आसीन किया जाता है और प्रत्येक पद से सम्बन्धित निर्धारित भूमिका उन्हें निभानी होती है। विभिन्न पदों में एक संस्तरण अर्थात् उतार-चढ़ाव की प्रणाली पायी जाती है। नौकरशाही से सम्बन्धित सभी अधिकारी अपेन दायित्व का निर्वाह सामान्य नियमों के अन्तर्गत रहते हुए ही करते हैं नौकरशाही का संचालन जन्मजात लक्षणों के आधार पर नहीं किया जाता वरन् इसका आधार विशेषीकरण है।

मैक्स वेबर का नौकरशाही तन्त्र (Max Weber's Bureaucracy)

अंग्रेजी का 'ब्यूरोक्रेसी' (Bureaucracy) शब्द फ्रांसीसी भाषा के शब्द 'डेस्क' (Desk) से है। **फाइनर** ने इसी कारण से नौकरशाही को 'मेज प्रशासन' (Desk Government) कहा है। 'ब्यूरो' का एक अर्थ 'पद' या 'पद स्थान' भी हैं। सामान्यतः नौकरशाही का अर्थ होता है, 'अधिकारियों का शासन'। अंग्रेजी के 'ब्यूरोक्रेसी' शब्द का हिन्दी अनुवाद **'कर्मचारीतन्त्र'**, **'नौकरशाही'**, **'सेवकतन्त्र'** एवं **'अधिकारीतन्त्र'** के रूप में किया गया है।

मैक्स वेबर द्वारा प्रस्तुत नौकरशाही तन्त्र को भली-भांति समझने से पूर्व यह आवश्यक है कि नौकरशाही की कुछ परिभाषाओं के आधार पर इसे भली-भांति समझ लिया जाए। नौकरशाही को परिभाषित करते हुए **कोजर** तथा **रोजनबर्ग** ने लिखा है, "नौकरशाही को एक ऐसे संस्तरणात्मक संगठन के रूप में परिभाषित किया जा सकता है जिसका निर्माण बड़े पैमाने पर प्रशासनिक कार्यों को तार्किक रूप से पूरा करने के लिए अनेक व्यक्तियों के कार्यों को समायोजित करने के उद्देश्य से किया जाता है।" आगे आपने बताया है, "समाजशास्त्री इस शब्द का

प्रयोग एक ऐसी संरचना का बोध कराने के लिए करते हैं, जिसके अन्तर्गत तर्कपूर्ण ढंग से समन्वित असमानों (Rationally Coordinated Unequals) का एक विशेष संगठन होता हैं।"

ग्लैडन के अनुसार, "नौकरशाही अधिकारियों द्वारा शासन है।"

बर्नाड शॉ के अनुसार, "सत्ता के उपासक उच्च पदाधिकारियों की सामन्तशाही का दूसरा नाम नौकरशाही है।"

कार्ल फेडरिक ने लिखा है, "नौकरशाही तन्त्र उन लोगों के पद-सोपान, कार्यों के विशेषीकरण एवं उच्चस्तरीय क्षमता से युक्त संगठन है जिन्हें इन पदों पर कार्य करने हेतु विशेषत: प्रशिक्षण दिया जाता है।"

पीटर ब्लाऊ ने नौकरशाही को परिभाषित करते हुए लिखा है कि "कोई भी ऐसा संगठन जो विस्तृत आधार पर प्रशासकीय कार्यों को क्रमबद्ध रूप से चलाने के लिए बहुत-से-व्यक्तियों के कार्यों द्वारा समन्वित होता है, नौकरशाही के नाम से जाना जाता है।"

विक्टर थॉमसन के अनुसार, "नौकरशाही संगठन में अत्यधिक स्पष्ट श्रम-विभाजन द्वारा काफी स्पष्ट सत्ता का पदसोपान होता है।"

उपर्युक्त परिभाषाएं अधिकांशत: नौकरशाही का संरचनात्मक रूप प्रस्तुत करती हैं। यहां कुछ ऐसी परिभाषाएं भी दी जा रही हैं जो नौकरशाही के प्रकार्यात्मक पक्ष पर जोर देती हैं।

ब्लाऊ एवं **मेयर** ने लिखा है, नौकरशाही संगठन में विशेषीकरण, सत्ता का पदसोपान (संस्तरण), नियमों की व्यवस्था एवं अवैयक्तिकता नामक विशेषताएं पायी जाती हैं।"

एम.एम. मार्क्स ने पदसोपान (संस्तरण), क्षेत्राधिकार, विशेषीकरण, व्यावसायिक, प्रशिक्षण, निर्धारित वेतन एवं नौकरी में स्थायित्व को नौकरशाही संगठन की प्रमुख विशेषताएं माना है।

मैक्स वेबर के अनुसार नौकरशाही तार्किक एवं विवेकशील नियमों पर आधारित होती है, इसके लिखित नियम होते हैं, इसके अधिकार, सत्ता तथा दायित्वों का संस्तरणात्मक विभाजन पाया जाता है जिसका उद्देश्य किसी औद्योगिक,व्यापारिक, राजनीतिक धार्मिक, शैक्षणिक या किसी भी अन्य प्रकार के संगठन के उद्देश्यों को प्रभावशाली ढंग से प्राप्त करने के लिए किया जाता है। नौकरशाही में विभिन्न व्यक्तियों के कार्यों का समन्वय स्थापित किया जाता हैं मैक्स वेबर की मान्यता है कि नौकरशाही के पीछे तार्किक नियमों की एक व्यवस्था होती है।

नौकरशाही की विशेषताएं (Characteristics of Bureaucracy)

नौकरशाही की विशेषताओं के आधार पर इसे और अधिक स्पष्टता के साथ समझा जा सकता है। वे इस प्रकार हैं :

(1) **भर्ती पद्धति :** नौकरशाही में अधिकारियों एवं कर्मचारियों की भर्ती प्रतियोगी परीक्षाओं एवं साक्षात्कार आदि के द्वारा होती है न कि किसी व्यक्ति विशेष की इच्छा एवं मनमानी से। नियुक्ति की प्रवृति संविदात्मक (Contractual) होती है।

(2) **संस्तरण :** नौकरशाही संगठन के विभिन्न पदों में उच्चता एवं निम्नता का एक निश्चित क्रम पाया जाता है। उच्च अधिकारी अपने नीचे के कर्मचारियों के कार्यों की देख-रेख करते हैं, उन्हें आदेश देते हैं। निम्न कर्मचारियों को भी अपने से उच्च अधिकारियों को शिकायत एवं अपील करने की छूट होती है। नौकरशाही में सभी पद परस्पर जुड़े हुए एवं संगठित होते हैं।

(3) **दक्ष व्यक्तियों द्वारा प्रशासन** (Administration by Experts): नौकरशाही में प्रशासन का काम विशिष्ट व्यक्तियों एवं प्रशासन में दक्ष व्यक्तियों को पूर्णकालिक आधार पर सौंप दिया जाता है, चाहे उनकी सामाजिक तथा आर्थिक स्थिति कैसी ही क्यों न हो। इसमें प्रत्येक वैयक्तिक मामले में अलग-अलग निर्णय लेने की आवश्यकता नहीं होती जोकि अनौकरशाही किस्म के प्रशासन की विशेषता है। सत्ता का प्रयोग नियमों के अनुसार होता है और उस सत्ता के अधीन सभी व्यक्ति कानूनी रूप से समान होते हैं। सभी व्यक्तियों को समान मानने वाली इन प्रवृत्तियों से जुड़ा हुआ एक प्रमुख परिवर्तन शिक्षा व्यवस्था से सम्बन्धित है। जहां राजा-महाराजाओं के काम में सम्मानित व्यक्तियों या राजा की दृष्टि में सम्मानित व्यक्तियों द्वारा प्रशासन का कार्य किया जाता था, वहां वह अव्यवसायी या अप्रवीण व्यक्तियों द्वारा प्रशासन था, नौकरशाही में साधारणत: दक्ष व्यक्तियों द्वारा प्रशासन होता है। यहां प्रशासनिक कार्यों के संचालन हेतु नियुक्तियों में उन सभी व्यक्तियों को समान समझा जाता है जिनमें आवश्यक मात्रा में शैक्षिणिक योग्यता हो। प्रशासनिक नियुक्तियों का आधार अब विशेष सुविधा नहीं रहकर शैक्षणिक डिग्रियां हो गयीं। दक्ष व्यक्ति (Expert) आज के नौकरशाही युग का शैक्षणिक आदर्श हो गया है।

(4) **नौकरशाही सत्ता व्यावहारिक दृष्टि से अविनाशी है** (Bureaucratic Authority is Practically Indesturctible) : अधिकारी अपने साथियों

के साथ सम्बन्धों की व्यवस्था में बंधा रहता हुआ इस प्रकार कार्य करता है कि सम्पूर्ण नौकरशाही तन्त्र की क्रियाशीलता निरन्तर बनी रहे। नौकरशाही द्वारा शासित जनसंख्या के पास प्रशासनिक व्यवस्था के ठीक से संचालन के लिए नौकरशाही के अतिरिक्त अन्य कोई विकल्प नहीं पाया जाता। आज के युग में सार्वजनिक मामले प्रवीण (विशेषज्ञ) प्रशिक्षण, प्रकार्यात्मक विशेषीकरण तथा प्रशासनिक कार्यों के समन्वय पर निर्भर करते हैं। आज राज्य उस सौंपे गए विविध प्रकार के कार्यों का सम्पादन नौकरशाही के माध्यम से ही कर सकता है। वेबर ने इस बात पर जोर दिया कि प्रशासन का नौकरशाही स्वरूप स्थायी तथा अपरिहार्य है।

(5) **लिखित दस्तावेज :** नौकरशाही में दफ्तरों का कार्य लिखित दस्तावेजों द्वारा संचालित होता है। कागजों को सुरक्षित रखने के लिए फाइलों की व्यवस्था होती है और विभिन्न विषयों से सम्बन्धित फाइलें भी अलग-अलग होती हैं।

(6) **प्रशिक्षण :** चूंकि नौकरशाही का कार्य जटिल और विशेषीकृत होता है, अतः सम्बन्धित कार्यों को सुचारू रूप से सम्पन्न कराने के लिए अधिकारियों को प्रशिक्षण दिया जाता है।

(7) **पदों के एकाधिकार का अभाव :** नौकरशाही में किसी भी पद पर किसी भी व्यक्ति का एकाधिकार नहीं होता, अतः आवश्यकतानुसार अधिकारियों के स्थानान्तरण भी किए जाते हैं। दक्षता से कार्य करने पर पदोन्नति एवं निर्धारण कार्यों एवं नियमों की अवेहलना करने पर पदावनति भी की जा सकती है।

(8) नौकरशाही में अधिकारियों की विशेष स्थिति होती है (Special Position of Officials Bureaucracy) : उपर्युक्त नियमों एवं विशेषताओं के कारण नौकरशाही में पदाधिकारियों की स्थिति में निन्नांकित विशेषताएं देखी जा सकती है :

(i) दफ्तर का कार्य अधिकारी लोग एक पेशे की तरह करते हैं। इसके लिए व प्रशिक्षण प्राप्त करते हैं, प्रतियोगी परीक्षाओं में बैठते हैं और ये अपने कार्य के प्रति ईमानदार होते हैं।

(ii) नौकरशाही में कर्मचारियों को साधारण लोगों की अपेक्षा उच्च प्रतिष्ठा प्राप्त होती है। इसमें निम्न पदाधिकारियों की नियुक्ति उच्च पदाधिकारी करते हैं। इसमें पद सामान्यतः स्थायी होते हैं। वेतन का भुगतान नियमित रूप से प्रति माह किया जाता है तथा

इसमें *पदोन्नति की व्यवस्था पायी जाती है।* सामान्यत: जिस कार्य सम्पादन में असुरक्षा अधिक होती है उसे अधिक वेतन मिलता है।

(iii) वह व्यक्तिगत रूप से स्वतन्त्र होता है तथा अपने पद पर समझौते के आधार पर नियुक्त होता है।

(iv) वह अवैयक्तिक नियमों के अनुसार सत्ता का प्रयोग करता है और शासकीय दायित्वों के निष्ठापूर्वक निर्वाह के द्वारा अपनी वफादारी व्यक्त करता है।

(v) उसकी नियुक्ति तथा पद पर आसीनता उसकी तकनीकी योग्यता पर निर्भर करती है।

(vi) उसका प्रशासकीय कार्य पूर्णकालिक व्यवसाय होता है।

(vii) उसके काम को नियमित वेतन-वृद्धि तथा पदोन्नति के रूप में पुरस्कृत किया जाता है।

(viiii) अधिकारियों की आर्थिक सुरक्षा के लिए भविष्य निधि आदि की व्यवस्था होती है। वृद्धावस्था में पेन्शन आदि देना कार्यालय का दायित्व होता है।

(ix) नौकरशाही में कर्मचारियों को पदोन्नति के अवसर दिये जाते हैं। व्यक्ति जिस पद पर नियुक्त होता है उसी पद से सेवानिवृत्त नहीं होता है, उसकी पदोन्नति अवश्य होनी चाहिए।

(x) नौकरशाही में वरिष्ठ अधिकारी का यह दायित्व होता है कि वह अधीनस्थ कर्मचारियों के कार्य में ताल-मेल बैठाये एवं कार्य न करने वाले के विरुद्ध अनुशासनात्मक कार्यवाही करे।

(xi) नौकरशाही में कर्मचारियों की नियुक्ति पूर्णकालिक होती है, उनसे यह अपेक्षा की जाती है कि वे कार्यालय सेवाओं के अतिरिक्त किसी गौण व्यवसाय को नहीं अपनाएं।

(9) **तकनीकी श्रेष्ठता :** वेबर के अनुसार, *इस (नौकरशाही) प्रकार का संगठन प्रशासन के अन्य सभी प्रकारों से तकनीकी दृष्टि से श्रेष्ठ होता है*, ठीक उसी प्रकार मशीन द्वारा उत्पादन आयान्त्रिक तरीकों द्वारा उत्पादन से श्रेष्ठ होता है। स्पष्ट गति, लिखित प्रलेखों का ज्ञान, निरन्तरता, विवेक, कार्य संचालन की सार्वभौमिकता, अधीनस्थता की व्यवस्था, आदि में नौकरशाही, प्रशासन के अन्य सभी प्रकारों को छोड़ देते हैं। कहने का तात्पर्य यह है कि प्रशासन के अन्य तरीकों की तुलना में नौकरशाही तन्त्र अधिक सफल है।

(10) **सुविचारिता एवं कार्यकुशलता :** वेबर ने इस बात पर भी जोर दिया कि जब एक वैयक्तिक मामले को ध्यान में रखकर निर्णय लेना होता है, तब नौकरशाही बाधा उत्पन्न करती है। **नौकरशाही में मुख्य बात सविचारिता** (Calculability) है। यह कानून द्वारा शासन का तार्किक परिणाम है। नियमों द्वारा निर्देशित प्रशासन में यदि नियमों की जानकारी है तो निर्णय भविष्यवाणी किए जाने योग्य होने चाहिए। आधुनिक समय में प्रशासन का पक्षपात-रहित होकर तार्किक ढंग से चलाने के लिए व्यावसायिक विशेषज्ञों की आवश्यकता पड़ती है। वेबर ने बताया है कि नौकरशाही संगठन प्रशासन की अन्य वैकल्पिक व्यवस्थाओं के बजाय अधिक कुशलतापूर्वक कार्य करते हैं और वे उस सीमा तक कार्य-कुशलता को बढ़ाते हैं कि वे प्रशासकीय कार्यों के उत्पादन में अवैयक्तिकता पर जोर देते हैं।

नौकरशाही के अन्तर्गत नियम अधिकारी के कार्य-क्षेत्र की बाहरी सीमाओं को व्यक्त करते हैं, वे प्रत्यक्ष एवं सकारात्मक रूप से अधिकारी के कार्य का निर्धारण करते हैं।

(11) **प्रशासन के साधनों का केन्द्रीकरण** (Concentration of the Means of Administration) : जिस प्रकार की शब्दावली मार्क्स ने काम में ली, उसी प्रकार की शब्दावली वेबर ने काम में लेते हुए जोर दिया कि केन्द्रीकरण की यह प्रक्रिया न केवल अर्थव्यवस्था में बल्कि सरकार, सेना, राजनीतिक दल, विश्वविद्यालय तथा बड़े पैमाने के संगठनों में भी क्रियाशील हैं।

जैसे ही इन संगठनों का आकार बढ़ता है, उन्हें संचालित करने के लिए आवश्यक साधनों को स्वतन्त्र व्यक्तियों एवं समूहों के हाथों से छीन लिया जाता है। इसका कारण यह है कि ऐसे स्रोत (साधन) व्यक्तियों की वित्तीय क्षमता के परे होते हैं। एक समय था जब उत्पादन, प्रशासन तथा विद्वत्ता सबके सब वैयक्तिक स्तर के अभिन्न अंग थे, परन्तु जैसे ही केन्द्रीकरण की प्रक्रिया आगे बढ़ी, वे अलग हो गए। परिणाम- स्वरूप, आधुनिक नौकरशाही प्रशासन में व्यापार पारिवारिक क्षेत्र या घर से अलग हो गया, सार्वजनिक पद उसको धारण करने वाले से अलग हो गया तथा अनुसन्धान सुविधाएं विशिष्ट विद्वान से अलग हो गयीं।

(12) **प्रशासकीय नियम :** एक प्रशासकीय ढांचे में शासकीय कार्य निर्धारित नियमों के अनुसार सम्पन्न होता है। ये नियम स्थायी होते हैं तथा निरन्तर

इनका पालन करने की एक व्यवस्था होती है। नियम किसी व्यक्ति विशेष को ध्यान में रखकर नहीं बनाए जाते वरन् किसी पद से जुड़े हुए होते हैं। विभिन्न पदाधिकारियों के कार्य नियमों द्वारा परिभाषित और स्पष्ट रूप से विभाजित होते हैं।

इस प्रशासकीय ढांचे की तीन अन्तर सम्बन्धित विशेषताएं पायी जाती हैं:

(अ) नियमों द्वारा कुछ विशेष प्रकार का कार्य करने का प्रत्येक अधिकारी का दायित्व (कर्तव्य) अवैयक्तिक कसौटी के रूप में सीमित कर दिया जाता है।

(ब) नियमों द्वारा निर्धारित कार्यों के सम्पादन के लिए अधिकारी को आवश्यक सत्ता प्रदान की जाती है।

(स) अधिकारी द्वारा जनता को बाध्य करने के साधन कठोरतापूर्वक सीमित कर दिए जाते हैं, और यह निश्चित रूप से परिभाषित कर दिया जाता है कि वह अधिकारी किन दशाओं में इन साधनों का प्रयोग करेगा।

(13) **अवैयक्तिकता :** *आधुनिक नौकरशाही में अधिकारी निर्णय लेते समय वैयक्तिक बातों को ध्यान में नहीं रखकर अवैयक्तिक लक्ष्यों पर ध्यान देते हैं।* अधिकारी अपनी शक्ति को बनाए रखने एवं बढ़ाने के लिए सदैव प्रयत्नशील रहते हैं। नौकरशाही प्रशासन प्राविधिक दृष्टि से मुख्यत: इसलिए श्रेष्ठ है कि इसमें अवैयक्तिक नियमों पर विशेष निर्भरता पायी जाती है। इससे काम में विश्वनीयता और सुविचारिता बढ़ती है।

(14) **साधन :** अधिकारी तथा अन्य प्रशासनीय कर्मचारी अपने कार्यों के सम्पादन हेतु प्रयोग में लाए जाने वाले साधनों (स्रोतों) के स्वयं मालिक नहीं होते हैं, यद्यपि सरकारी तन्त्र या व्यापारिक संगठन द्वारा उन्हें ये साधन उपलब्ध कराए जाते हैं जिनका प्रयोग वे नियमानुसार ही कर सकते हैं। सरकारी कामकाज और व्यक्तिगत मामले, सरकारी राजस्व (आय) और व्यक्तिगत आय एक-दूसरे से पूर्णत: अलग-अलग होते हैं।

(15) **अधिकारियों की सीमाएं एवं सुविधाएं :** विभिन्न पदों पर आसीन व्यक्ति अपने पद या उपयोग निजी या व्यक्तिगत सम्पत्ति के रूप में नहीं कर सकते। वे इसे बेच, खरीद या हस्तान्तरित नहीं कर सकते। यद्यपि विभिन्न अधिकारयों को कुछ सुविधाएं अवश्य प्रदान की जाती हैं ताकि वे अपने दायित्व का निर्वाह उत्तमता के साथ कर सकें, परन्तु ये सुविधाएं सम्पत्ति अधिकारों के रूप में नहीं होतीं।

(16) नौकरशाही में कार्यालय की गतिविधियां निरन्तर चलती हैं। कर्मचारी आते हैं, काम करते हैं और सेवा निवृत्त हो जाते है। कर्मचारियों की इस गतिशीलता के रहते हुए कार्यालय का कार्य निरन्तर चलता रहता है।

(17) **स्पष्ट एवं निश्चित कार्य-क्षेत्र :** नौकरशाही के नियमों द्वारा विभिन्न पदाधिकारियों में कार्य, अधिकार एवं सत्ता का स्पष्ट विभाजन पाया जाता है। इसमें प्रत्येक पदाधिकारी के कर्तव्य पूर्व निर्धारित और परिभाषित होते हैं। इसमें श्रम–विभाजन होता है जिससे कार्य को कुशलता एवं दक्षता के आधार पर सम्पन्न किया जाता है।

नौकरशाही के कारण (Causes of Bureaucracy)

मैक्स वेबर के अनुसार कुछ विशिष्ट परिस्थितियों ने नौकरशाही के विकास में योग दिया:

(1) नौकरशाही का पूर्ण विकास आधुनिक पूंजीवादी व्यवस्था के साथ घनिष्ठ रूप से जुड़ा हुआ है।

(2) मुद्रा पर आधारित अर्थव्यवस्था ने नौकरशाही के विकास में विशेष सहायता की।

(3) मुद्रा के प्रचलन के पूर्व वस्तु–विनिमय (Barter) के दौरान अधिकारियों को उनकी सेवाओं के बदले वस्तुएं ही दी जाती थीं। जैसे ही मुद्रा का प्रचलन प्रारम्भ हुआ, अधिकारियों को मुद्रा के रूप मे भुगतान किया जाने लगा और वे वेतनभोगी बन गए।

(4) प्रजातन्त्रीय व्यवस्था के विकास और बड़े उद्योगों की स्थापना ने नौकरशाही के विकास में विशेष योग दिया।

(5) जैसे–जैसे आधुनिक राज्य के कार्यों का विस्तार होता गया वैसे–वैसे प्रशासन के क्रिया–कलापों में जटिलता बढ़ती गयी। इन जटिल क्रिया–कलापों के सफलतापूर्वक संचालन क लिए धीरे–धीरे नौकरशाही का विकास होता गया।

(6) गुणात्मक दृष्टि से भी प्रशासकीय कार्यों का इतना विस्तार हुआ कि उन्हें सम्पादित करने के लिए नौकरशाही का विकास आवश्यक हो गया।

नौकरशाही : एक आलोचनात्मक मूल्यांकन (Bureaucracy : A Critical Evaluation)

मैक्स वेबर ने नौकरशाही संरचना के प्रकार्यात्मक या लाभदायक पक्ष पर ही विशेषत: जोंर दिया है, जैसे स्पष्टता, निश्चितता, विश्वसनीयता, कार्य–कुशलता,

दक्षता, आदि। यहां इस दृष्टि से भी विचार किया जाना चाहिए कि नौकरशाही संगठन अपने इच्छित लक्ष्यों की पूर्ति में कहां तक असफल रहता है, उसकी सीमाएं क्या हैं। वेबर के नौकरशाही संगठन की प्रमुख आलोचनाएं इस प्रकार हैं :

रॉबर्ट के. मर्टन ने नौकरशाही के दुष्कार्यों (अकार्यों) (Dysfunctions) की ओर लोगों का ध्यान आकृष्ट किया है। आपने वेबलिन की एक अवधारणा 'प्रशिक्षित अयोग्यता (Trained Incapacity), **डेवी** के विचार **'व्यावसायिक मनः सन्ताप'** (Occupational Psychosis) तथा **वारनॉट** की मनः सन्ताप' (Occupational Phychosis) तथा **वारनॉट** की अवधारणा **'व्यावसायिक विकृति'** (Professional Deformation) का उल्लेख करते हुए नौकरशाही के दुष्प्रभावों पर प्रकाश डाला है:

(1) **विरोधाभास से परिपूर्ण :** मैक्स वेबर द्वारा प्रस्तुत **नौकरशाही सिद्धान्त में कुछ विरोधाभास हैं**। उदाहरण के रूप में, तकनीकी दृष्टि से एक विशेषज्ञ, जैसे एक इन्जीनियर, डॉक्टर, एक वैज्ञानिक, आदि नौकरशाही व्यवस्था के अर्न्तगत एक अधिकारी से अपने को किसी भी रूप में छोटा या नीचा नहीं मानेगा और उसके आदेश का कठिनता से ही पालन करेगा। कई बार यह विवाद चल पड़ता है कि एक विशेषज्ञ को बड़ा माना जाए या नौकरशाही से सम्बन्धित एक अधिकारी को। ऐसी विवादास्पद स्थिति में संगठन की कार्य-कुशलता कई बार बढ़ने के बजाय घट जाती है।

(2) **विभागवाद :** नौकरशाही में अलग-अलग कार्यों के संचालन हेतु अलग-अलग विभाग होते हैं। ये विभाग अपने को दूसरे विभागों से स्वतन्त्र और पृथक तथा अपने अधिकार-क्षेत्र का अपना साम्राज्य समझने लगते हैं। फलस्वरूप, सम्पूर्ण संगठन टुकड़ो में बंट जाता है और किसी कार्य को सम्पन्न कराने के लिए व्यक्ति इन विभागों में ही उलझा रहता है।

(3) **शोध पर आधारित नहीं :** वेबर की नौकरशाही का कोई गवेषणात्मक आधार नहीं है। नौकरशाही सम्बन्धी उनके विचार उपकल्पना (Hypothesis) के रूप में हैं। नौकरशाही के जिस 'आदर्श प्रारूप (Ideal Type) की बात वेबर ने कही, यदि किसी संगठन द्वारा उससे सम्बन्धित सभी विशेषताओं को अपना भी लिया जाए तो भी यह आवश्यक नहीं है कि नौकरशाही संगठन की कार्य-कुशलता बढ़ेगी ही। इसका कारण यह है कि वास्तव में संगठन की कार्यकुशलता का निर्धारण कुछ विशेष प्रकार की संगठनात्मक स्थितियों द्वारा होता है, जैसे, कार्यकर्ताओं का तकनीकी स्तर, संगठन के उद्देश्य या लक्ष्य एवं संगठन का सामाजिक वातावरण, आदि।

(4) **रूढ़िवादी :** नौकरशाही नें परम्परात्मक ढ़ग से कार्य सम्पन्न किया जाता है। उनकी एक निशिचित भाषा–शैली होती है। प्रतिदिन एक ही प्रकार का कार्य करने से अपरिवर्तनशीलता उत्पन्न हो जाती है।

(5) **प्रशिक्षित अयोग्यता :** मर्टन ने बताया है कि **प्रशिक्षित अयोग्यता** (Trained in Capacity) का तात्पर्य मामलों की उस दशा से है जिसमें किसी अधिकारी की योग्याताएं या क्षमताएं उसकी कमियों के रूप में कार्य करती हैं। क्रियाएं जो प्रशिक्षण तथा निपुणता पर आधारित थीं और जिन्हें भूतकालीन परिस्थितियों में सफलतापूर्वक सम्पन्न किया जा सका, आज की बदली हुई परिस्थितियों मे अनुपयुक्त (प्रतिक्रिया/Response) के रूप में प्रकट हो सकती हैं।

(6) **लचीलेपन का अभाव :** दक्षता को लागू करने में अधिकारी में लचीलेपन का अभाव परिवर्तित परिस्थितियों में अनेक असांजस्यो के लिए उत्तरदायी होता है। सामान्य रूप से यह माना जाता है कि कार्य को निपटाने या समस्याओं को हल करने में अधिकारी अपने पूर्व–प्रशिक्षण को ध्यान में रखता है और नवीन बदली हुई दशाओं में जिन्हें वह काफी मात्रा में नवीन या परिवर्तित स्वीकार नहीं करता है, उसका भूतकालीन प्रशिक्षण उसे गलत तरीकों या कार्य प्रणाली को अपनाने को बाध्य करता हैं। उसका प्रशिक्षण उसकी सबसे बड़ी कमजोरी या असमर्थता बन जाती है।

(7) **साध्य की अपेक्षा साधन पर अधिक बल :** नौकरशाही संगठन का एक अन्य दुष्प्रभाव यह बताया गया है कि इसके अन्तर्गत अधिकारी कालान्तर में नियमों का पालन इस सीमा तक करने लग जाता है कि जो नियम किसी समय साधन के रूप में थे, धीरे–धीरे वे ही स्वयं लक्ष्य या साध्य बन जाते हैं। यहां लक्ष्यों का स्थान साधन ले लेते हैं।

(8) **व्यावसायिक मनः संताप** (Occupational Psychosis) : मर्टन ने डेवी द्वारा प्रस्तुत 'व्यावसायिक मनःसंताप' की अवधारणा का प्रयोग करते हुए लिखा है कि इस संगठन में नियमों की कठोरता इस सीमा तक पायी जाती है कि व्यक्ति को अपने व्यवसाय एवं कार्य के प्रति मानसिक संताप होने लगता है। **वारनॉट** इस स्थिति के लिए 'व्यावसायिक विकृत' (Occupational Deformation) शब्द का प्रयोग करते हैं।

(9) **संरचनात्मक अति अनुरूपता** (Structural Overconfirmity) : मर्टन कहते हैं कि नौकरशाही में नियमों का कठोरता से पालन करने के कारण संगठन की संरचना में अति अनुरूपता उत्पन्न हो जाती है, अतः यह नवीन

परिविर्तित परिस्थितियों से अनुकूलन नहीं कर पाती। इससे दक्षता घटती है तथा अयोग्यता बढ़ती है।

(10) **लकीर का फकीर :** अनुशासन जिसका तात्पर्य नौकरशाही संरक्षण से नियमों के अनुसार कार्य करने से है, समय के साथ-साथ अधिकारी के जीवन में इस प्रकार महत्वपूर्ण बन जाता है कि वह परिस्थिति की विशिष्टता को ध्यान में नहीं रख पाता। अन्य शब्दों में, **वह लकीर का फकीर बन जाता है**। वह बदली हुई परिस्थितियों में सुगमता से अनुकूलन करने के अयोग्य हो जाता है।

(11) **अकुशलता :** नौकरशाही में वे तत्व जो सामान्यत: कार्य-कुशलता को बढ़ाने में सहायक होते हैं, विशिष्ट मामलों या उदाहरणों में अकुशलता उत्पन्न करते हैं। नौकरशाही संगठन से सम्बन्धित अधिकारी इस कमी या अपर्याप्तता को नहीं समझ पाते हैं और नियमों का जो अर्थ वे स्वयं लगाते हैं, उससे वे सदैव चिपके रहते हैं। ये नियम धीरे-धीरे उपयोगी सिद्ध होने के बजाय लक्ष्यों की प्राप्ति में बाधक बन जाते हैं।

(12) **नीरसता :** नौकरशाही तन्त्र में औपचारिकता और नियमबद्धता इस सीमा तक बढ़ जाती है कि ये जीवन को नीरस बना देती है। इसमें व्यक्ति यन्त्रवत् कार्य करता है। इसमें कार्य के नियमानुसार होने से कार्य की गति धीमी पड़ जाती है। इसमें स्वतन्त्रता, उत्साह तथा आगे बढ़कर कार्य करने की भावना दब जाती है। इसमें पहले-शक्ति, प्रयोग एवं नवीनता का अभाव पाया जाता है।

(13) **लालफीताशाही :** नौकरशाही तन्त्र में अधिकारी औपचारिकता में इतना उलझ जाता है कि वह लक्ष्य की चिन्ता नहीं करके साधनों पर ज्यादा जोर देने लगता है। यही उसकी लालफीताशाही (Red Tapism) सामने आती है। उसकी प्रत्येक क्रिया नियमों से अधिक और इस प्रकार बंधी होती है कि वह अपने अधीन अपने पर आश्रित लोगों की सहायता करने में असमर्थ हो जाता है।

(14) **औपचारिकता :** नौकरशाही में औपचारिकताओं के निर्वाह पर अधिक ध्यान दिया जाता है। इन औपचारिकताओं के कारण समय और अन तो बरबाद होता ही है कार्य की गति भी धीमी हो जाती है। एक प्रभावशाली नौकरशाही में नियमों के प्रति पूर्ण समर्पण की मांग की जाती है।

औपचारिकता का परिणाम यह होता है कि ये सामान्य नियम उन विशिष्ट परिस्थितियों में अनुकूलन सम्बन्धी बाधा उत्पन्न करते हैं क्योंकि सामान्य नियमों

के निर्माण के समय भविष्य में उत्पन्न होने वाली विशिष्ट परिस्थितियों के सम्बन्ध में सोचा भी नहीं गया था।

बरेट्रण्ड रसेल कहते हैं कि नौकरशाही में हर जगह निषेधात्मक मनोविज्ञान, जिसका झुकाव निरन्तर निषेधों की ओर होता है, को महत्व दिया जाता है। क्योंकि कर्मचारी इस प्रकार की मनोवृत्ति का विकास कर लेते हैं।

नौकरशाही के लाभ एवं प्रकार्य : सामाजिक-आर्थिक परिणाम (Advantages of Bureaucracy Socio-economic Consequences)

नौकरशाही के दुष्प्रकार्यों की विवेचना से यह नहीं समझ लेना चाहिए कि नौकरशाही का कोई प्रकार्यात्मक या लाभदायक पक्ष नहीं है। नौकरशाही के लाभ आर्थिक, राजनीतिक, सामाजिक एवं प्रशासनिक सभी क्षेत्रों में पाए जाते हैं। इसके प्रमुख लाभ इस प्रकार है :

(1) नौकरशाही संगठन तकनीकी दृष्टि से अन्य संगठनों की तुलना में अधिक उपयुक्त है।

(2) इसमें विशिष्ट प्रशासन पाया जाता है।

(3) इसमें कार्य विषय के विशेषज्ञों द्वारा किया जाता है। जो निष्पक्ष रूप से कार्य करते हैं।

(4) नौकरशाही में शासन कानून के आधार पर होता है इसमें औपचारिकता, समानता और योग्यता की परख आदि के गुण पाये जाते हैं।

(5) इसके द्वारा समाज में व्याप्त सामाजिक-आर्थिक विषमता का भी अन्त सम्भव है।

(6) आधुनिक समाज के आर्थिक विकास में नौकरशाही व्यवस्था ने अपूर्व योग दिया है। इसका कारण यह है कि यह व्यवस्था प्रमुखतः विवेक या बुद्धि पर आधारित है।

(7) वेबर द्वारा वर्णित विवेकपूर्ण क्रिया का उत्तम उदाहरण नौकरशाही व्यवस्था ही है। यही कारण है कि इसमें सभी कार्य नियमों के अन्तर्गत अधिक कुशलता के साथ होते हैं।

(8) इससे व्यावसायिक श्रेष्ठता बनाये रखने में मदद मिलती है। यही कारण है कि आधुनिक युग के बड़े-बड़े उद्योगों का संचालन नौकरशाही तन्त्र के द्वारा ही किया जा रहा है। पूंजीवादी एवं नौकरशाही में घनिष्ठ सम्बन्ध है।

(9) प्रजातन्त्र एवं नौकरशाही में भी घनिष्ठ सम्बन्ध है। प्रजातन्त्र में नागरिक समानता पर बल दिया जाता है जिसमें सभी पदों का सभी नागरिकों को

प्राप्त करने का समान अधिकार होता है। नौकरशाही इस कार्य में सहायक है। यह सही है कि मैक्स वेबर द्वारा प्रस्तुत नौकरशाही सिद्धान्त में राजनीतिक विकास का सही अनुमान नहीं लगाया गया और यही कारण है विकास का सही अनुमान लगाया गया और यही कारण है कि उनके द्वारा प्रस्तुत नौकरशाही तन्त्र की आलोचना की गयी। लेकिन बैण्डिक्स की मान्यता है कि यह सही है कि वेबर ने उस राजनीतिक विकास का अनुमान नहीं लगाया था जिसने उनके इस विश्लेषण को उपयुक्त बनाया, परन्तु चूंकि, उनका इस प्रकार का प्रयोग सम्भव और फलदायक है, इसलिए वेबर की प्रतिभा का यही आश्चर्यजनक प्रमाण है। नौकरशाही के बारे में यह कथन सत्य प्रतीत होता है कि "नौकरशाही एक अमूल्य सेवक है किन्तु, दुर्दान्त स्वामी (Bureaucracy is invaluable as a servant but ruins when it becomes the master).

वेबर की नौकरशाही की अवधारणा के आधार पर **भारतीय अधिकारी तन्त्र एवं आधुनिक सरकारी संगठनों को** समझा एवं उनका अध्ययन किया जा सकता है। यह अध्ययन करते समय भारतीय परिस्थितियों को विशेषरूप से ध्यान में रखा जाना चाहिए। ऐसे अध्ययनों में वेबर द्वारा इंगित नौकरशाही की विशेषताओं को आधार बनाया जा सकता है साथ ही नौकरशाही की आलोचनात्मक विवेचना पर भी विशेष ध्यान दिया जाना चाहिए तथा वे तरीके ढूंढ़ निकाले जाने चाहिए जिससे नौकरशाही के अपकार्यात्मक पक्ष (हानियों) को दूर किया जा सके। उपर्युक्त सम्पूर्ण विवेचन से स्पष्ट है कि वेबर ने नौकरशाही के विश्लेषण में असाधारण बौद्धिक क्षमता का परिचय दिया। आपका यह विश्लेषण इस क्षेत्र में काम कर रहे अनेक शोधकर्ताओं एवं विद्वानों का पथ-प्रदर्शन करता रहेगा।

मैक्स वेबर–आदर्श प्रारूप एवं प्राधिकार
(Max Weber—Ideal Type Authority)

मैक्स वेबर की आदर्श प्रारूप की अवधारणा पर विचार करने यह पूर्व यहां संक्षेप में यह विचार कर लेना आवश्यक है कि आपका पद्धतिशास्त्र (Methodology) क्या है। आपके पद्धतिशास्त्र की संक्षिप्त विवेचना के पश्चात् 'आदर्श प्रारूप' (Ideal Type) या 'आदर्श टाइप' को अधिक उत्तमता के साथ समझा जा सकता है।

वेबर का पद्धतिशास्त्र (Weber's Methodology)

समाजशास्त्रीय अध्ययनों एवं सिद्धान्त निर्माण में वेबर का पद्धतिशास्त्र उनकी एक महत्त्वपूर्ण देन है। वेबर ने प्राकृतिक विज्ञानों एवं समाजशास्त्र में प्राकृतिक घटनाएं

न तो अर्थपूर्ण होती हैं और न ही उनका कोई उद्देश्य होता है जबकि सामाजिक क्रियाएं अर्थपूर्ण एंव उद्देश्यात्मक होती हैं। प्राकृतिक विज्ञानों में सार्वभौमिक नियम पाये जाते हैं जो सभी समयों, स्थानों एवं कालों में समान होते हैं जबकि समाजशास्त्रीय नियमों में ये विशेषताएं नहीं पायी जातीं। **वेबर के पद्धतिशास्त्र की निम्नांकित विशेषताएं हैं :**

(1) वेबर सामाजिक घटनाओं को समझने के लिए तुलनात्मक अध्ययन पद्धति को अपनाने की बात कहते हैं। इस विधि के द्वारा हम दो समाजों या घटनाओं की समानता और असमानता को ज्ञात कर सकते हैं।

(2) सामाजिक घटनाओं को समझने के लिए वेबर आदर्श प्रारूप (Ideal Type) के निर्माण पर जोर देते हैं। आदर्श प्रारूप का निर्माण वास्तविक जीवन में से कुछ विशिष्ट और महत्वपूर्ण तथ्यों एवं विशेषताओं को चुनकर किया जाना चाहिए। आदर्श प्रारूप न तो वास्तविकता के समान और न औसत विशेषताएं ही हैं। इसका सम्बन्ध नैतिकता और मूल्यांकन से भी नहीं है वरन् यह तो अध्ययन का एक यन्त्र है जिसके आधार पर वास्तविकताओं को समझा जा सकता है। आदर्श प्रारूप के आधार पर ही वास्तविक घटनाओं की तुलना की जानी चाहिए।

(3) वेबर ने समाजशास्त्र में सामाजिक क्रियाओं के अर्थपूर्ण अवबोधन पर बल दिया है, अतः वेबर के समाजशास्त्र को 'निर्वचनात्मक' या 'अवबोधन समाजशास्त्र' (Interpretative or Understanding Sociology) कहा जाता है।

(4) वेबर सामाजिक घटनाओं के वस्तुनिष्ठ अध्ययन (Objective Study) पर बल देते हैं और मूल्यांकनात्मक निर्णयों से दूर रहने की बात कहते हैं। मूल्यांकनात्मक अध्ययन वैज्ञानिक अध्ययन नहीं हो सकता।

(5) समाजशास्त्र में 'क्या है' (What is) का अध्ययन होना चाहिए न कि 'क्या होना चाहिए' (What ought to be) का। अच्छा–बुरा, सही–गलत, उचित–अनुचित, आदि के आधार पर व्याख्या मूल्यांकन व्याख्या है, वैज्ञानिक नहीं।

(6) वेबर ने प्राकृतिक विज्ञानों की भांति ही सामाजिक घटनाओं को समझने के लिए कार्य–कारण सम्बन्धों के आधार पर व्याख्या करने पर जोर दिया।

(7) वेबर समाजशास्त्र मे सब कुछ के अध्ययन को उचित नहीं मानते क्योंकि सब कुछ का अध्ययन 'कुछ नहीं' का अध्ययन है। इसलिए कुछ घटनाओं का चयन करके उनका ही अध्ययन किया जाना चाहिए।

आदर्श प्रारूप (Ideal Type)

मैक्स वेबर ने सामाजिक घटनाओं को समझने की दृष्टि से 1904 में सर्वप्रथम आदर्श प्रारूप की अवधारणा का प्रयोग किया। वेबर की यह स्पष्ट मान्यता थी कि केवल जटिलता-रहित एवं स्पष्ट अवधारणाएं ही उस अनुसन्धान का मार्ग सुगम बना सकती हैं जिसके माध्यम से सामाजिक एवं सांस्कृकित प्रघटनाओं के विशिष्ट महत्व का पता लगाने का प्रयत्न किया जाता है। असंदिग्ध या सुस्पष्ट विकसित करने का इरादा ही वेबर के आदर्श प्रारूप नामक अवधारणा के प्रतिपादन के पीछे प्रेरक विचार रहा है।

वेबर के पूर्व भी 'आदर्श प्रारूप' की अवधारणा पर किसी न किसी रूप में विचार किया जाता रहा है। यह बात डिल्थे, एडमण्ड ह्यूसर्ल, सिमल, हेनरिच रिक्कर्ट, रूडाल्फ स्टेमलर, विण्डलेबण्ड, आदि के विचारों से स्पष्ट है। अत: यह कहा जा सकता है कि आदर्श प्रारूप की अवधारणा वेबर का आविष्कार नहीं है। एक पद्धतिशास्त्र विधि से जुड़ी हुई आदर्श प्रारूप पद्धति का विचार उस विस्तृत विचार-विमर्श का परिणाम है जो वेबर के योगदान के पूर्व ही प्रारम्भ हो चुका था।

वेबर आदर्श प्रारूप की अवधारणा के माध्यम से उन इहिासकारों को सही (संशोधित) करना चाहते थे जो यह सोचते थे कि ऐतिहासिक परिस्थितियों की विविधता और उनके निरन्तर बदलत रहने के कारण सामाजिक विज्ञानों में निश्चित एवं सुस्पष्ट अवधारणाओं का प्रयोग सम्भव नहीं है। वेबर स्पष्ट और असंदिग्ध अवधारणाओं के विकास पर विशेष रूप से जोर देते हैं। आपकी स्पष्ट मान्यता थी कि घटनाओं की प्रकृति को ठीक से समझने के लिए यह आवश्यक है कि आदर्श प्रारूपों को विकसित किया जाये और उनकी सहायता से यह पता लगाया जाये कि किस सीमा तक कोई घटना किसी एक अथवा दूसरे प्रारूप के सदृश्य या अनुरूप है।

मैक्स वेबर के समय तक जर्मनी में ऐसे विद्वानों की संख्या काफी हो चुकी थी जिनकी मान्यता थी कि सामाजिक घटनाओं का अध्ययन प्राकृतिक विज्ञानों की पद्धति के अनुसार नहीं किया जा सकता है। ये लोग सामाजिक विज्ञान के क्षेत्र के अन्तर्गत आने वाली विषय-सामग्री की व्याख्या एवं स्पष्टीकरण को प्रमुख रूप से ऐतिहासिक मानते थे। मैक्स वेबर की मान्यता इसके विपरीत थी। आपका कहना है कि सामाजिक घटनाओं को समानताओं के आधार पर कुछ सैद्धान्तिक श्रेणियों में विभाजित किया जा सकता है और ऐसा करके सामाजिक घटनाओं के कार्य-कारण सम्बन्धों को समझा जा सकता है। वेबर का मानना है कि प्रयत्न करने पर हमें कुछ आदर्श टाइप घटनाएं निश्चित रूप से मिल जायेंगी। इस दृष्टि से आवश्यक

है कि सामाजिक घटनाओं की तार्किक-संरचना में मूलभूत पुनर्निर्माण किया जाये। पुनर्निर्माण के इस कार्य हेतु ही मैक्स वेबर ने आदर्श प्रारूप की अवधारणा का विकास किया।

वेबर के पद्धतिशास्त्र में आदर्श प्रारूप की अवधारणा का विशेष महत्व है। आपने सामाजिक वास्तविकता को समझने के लिए तथा उसके बारे में सामान्य नियमों को जानने के लिए इस अवधारणा का प्रयोग किया। वेबर आदर्श प्रारूप को अन्वेषणकर्ता के अध्ययन का एक यन्त्र मानते हैं जिसका प्रयोग वह घटनाओं की समानताओं और असमानताओं को ज्ञात करने के लिए कर सकता है। तुलनात्मक अध्ययनों के लिए यह एक मौलिक विधि है। आदर्श प्रारूप का निर्माण समाजशास्त्री कुछ वास्तविक तथ्यों के आधार पर तर्क-संगत रूप से करता है। इसका निर्माण अध्ययन के लिए उपकल्पना की रचना हेतु किया जाता है। 'आदर्श' शब्द का कोई अर्थ श्रेष्ठता के सन्दर्भ में नहीं है। मूल्यों से भी इसका कोई सम्बन्ध नहीं है। इसका उद्देश्य नैतिक आदर्शों का पता लगाने से भी नहीं है। आदर्श प्रारूप न तो 'औसत प्रारूप' है और न ही आदर्शात्मक।

इसका अर्थ है कि वास्तविक सामाजिक जीवन में जो तथ्य पाये जाते हैं, उनमें से विचारपूर्वक कुछ तत्वों का चयन किया जाय और उन्हें अध्ययन के लिए एक पैमाना मापक या मान (Standard) माना जाय। अन्य शब्दों में हम कह सकते हैं कि आदर्श प्रारूप वास्तविकता (Reality) के कुछ विशिष्ट तत्वों के विचारपूर्वक चुनाव एवं सम्मिलिन द्वारा निर्मित आदर्शात्मक मान है। आदर्श प्रारूप का अर्थ कुछ वास्तविक तथ्यों के तर्क-संगत आधार पर यथार्थ अवधारणाओं का प्रतिपादन करना है। यद्यपि आदर्श प्रारूप का निर्माण वास्तविकता के आधार पर किया जाता है फिर भी यह वास्तविकता के बराबर नहीं होता है और ही वास्तविकता का औसत। वास्तविकता से किन-किन विशेषताओं को अध्ययनकर्ता अपने आदर्श प्रारूप के लिए चुनेगा, यह उसी पर निर्भर है, प्रत्येक अध्ययनकर्ता अपना भिन्न-भिन्न आदर्श प्रारूप बना सकता है।

उदाहरण के लिए संयुक्त परिवार के अध्ययन के लिए पहले अध्ययनकर्ता कुछ वास्तविक तत्वों का चयन करेगा कि जिस परिवार में अमुक-अमुक विशेषताएं होंगी, उसे संयुक्त माना जायेगा और उनके अभाव में उसे एकाकी परिवार कहेंगे। जिन विशेषताओं के आधार पर अध्ययनकर्ता एक परिवार को संयुक्त या एकाकी बताता है, वे विशेषताएं मिलकर 'आदर्श प्रारूप' का निर्माण करती हैं। प्रत्येक अध्ययनकर्ता का आदर्श प्रारूप अलग-अलग हो सकता है। यह आदर्श प्रारूप इसलिए है कि यह इस प्रकार की सभी घटनाओं या व्यवहारों पर लागू किया जा सकता है।

आदर्श प्रारूप के निर्माण हेतु आवश्यक है कि कुछ वास्तविक घटनाओं अथवा व्यक्तियों का तर्क-संगत तरीके से इस प्रकार चुनाव कर लिया जाय कि वे इस प्रकार की समस्त घटनाओं या व्यक्तियों का प्रतिनिधित्व कर सकें। ऐसे चुनाव से जिस 'टाइप' या प्रकार का निर्माण होता है, उसे ही आदर्श प्रारूप कहते हैं। आदर्श प्रारूप को आदर्श इस रूप में माना गया है कि यह एक ऐसी विशेष श्रेणी (टाइप) है जो इस प्रकार की सभी घटनाओं या व्यवहारों अथवा क्रिया की वास्तविकता को प्रकट करती है। इस प्रकार की श्रेणी या टाइप के निर्माण से वैज्ञानिक को अध्ययन कार्य में काफी सहायता मिलती है। इससे अध्ययन में यर्थाथता एवं सुस्पष्टता आती है और इसी दृष्टि से यह टाइप या श्रेणी वैज्ञानिक के लिए आदर्श है अन्य किसी अर्थ में नहीं। स्पष्ट है कि आदर्श प्रारूप के निर्माण से अध्ययनकर्ता को अनेक सुविधाएं प्राप्त हो जाती हैं, उसके अध्ययन में यथार्थता, सुतथ्यता एवं क्रमबद्धता आ जाती है। इसके आधार पर तथ्यों व घटनाओं का विश्लेषण सरल व सम्भव हो जाता है।

यह घटनाओं की एकता व समानता को समझने में योग देता है। आदर्श प्रारूप आत्मगत या चेतनात्मक (Subjective) होता है क्योंकि इसमें अध्ययनकर्ता उन्हीं विशेषताओं या तत्वों को सम्मिलित करता है जो उसकी दृष्टि में महत्वपूर्ण हैं। ये आदर्श प्रारूप परिवर्तनशील भी होते हैं, सामाजिक घटनाओं के बदलने के साथ-साथ आदर्श प्रारूप भी बदलते रहते हैं।

मैक्स वेबर कहते हैं कि हमें केवल उन्हीं आदर्श प्रारूपों का अपने अध्ययन में प्रयोग करना चाहिए जो नियन्त्रित, शंकारहित एवं प्रयोगसिद्ध हों। वेबर सामाजिक अध्ययनों को पूर्णत: वस्तुनिष्ठ नहीं मानते क्योंकि एक तो आदर्श प्रारूप की विशेषताओं के चुनाव में पक्षपात का सम्भावना होती है। दूसरे, आदर्श प्रारूप समय क साथ-साथ परिवर्तित भी होते हैं। वेबर ने आदर्श प्रारूप की तीन विशेषताओं का उल्लेख किया है :

(1) आदर्श प्रारूप का निर्माणकर्ता द्वारा क्रिया के एक विशेष उद्देश्य या अर्थ के लिए किया जाता है जो कि वैज्ञानिक या वस्तुनिष्ठ नहीं होता। उसमें व्यक्तिगत अर्थ सम्मलित होता है।

(2) आदर्श प्रारूप 'सब कुछ' का वर्णन या विश्लेषण नहीं करता वरन् किसी सामाजिक व्यवहार या घटना के महत्वपूर्ण पक्षों की व्याख्या या निर्वाचन करता है।

(3) इसका प्रयोग ऐतिहासिक समस्याओं के अध्ययन एवं विश्लेषण के लिए किया जाना चाहिए। कोई भी आदर्श प्रारूप अन्तिम नहीं है, घटनाओं के

परिवर्तन के साथ-साथ आदर्श प्रारूप भी बदलते रहते हैं।

वेबर की आदर्श प्रारूप की अवधारणा कोई नयी बात नहीं है वरन् यह वास्तविकताओं को समझने का एक प्रयास मात्र है। उन्होंने इसे अन्य विज्ञानों की अपेक्षा अधिक स्पष्ट और यथार्थ रूप में प्रस्तुत किया है जिससे कि मानव व्यवहार की तार्किक तथा कार्य-कारण के सन्दर्भ में व्याख्या की जा सके। आदर्श प्रारूप ऐतिहासिक घटना को उसके सांस्कृतिक महत्व को ध्यान में रखते हुए समझने हेतु एक उपयोगी साधन है।

डिर्क केसलर (Dirk Keslar) के अनुसार आदर्श प्रारूप को निम्न बिन्दुओं के अन्तर्गत समझा जा सकता है :

(1) वेबर का आदर्श एक उत्पत्तिमूलक (Genetic) अवधारणा है अर्थात् यह उन विशेषताओं के एकत्रीकरण का सार रूप है जिनको कुछ सांस्कृतिक अर्थों की दृष्टि से अनिवार्य माना जाता है।

(2) आदर्श प्रारूप अपने आप में कोई उपकल्पना (Hypothesis) नहीं हैं, लेकिन यह उपकल्पनाओं के निर्माण के लिए दिशा निर्देश कर सकता है।

(3) आदर्श प्रारूप आनुभविक अनुसन्धान (Empirical Research) का मार्गदर्शन करने हेतु एक स्वतः शोध साधन के रूप में कार्य करता है। यह उन सम्भावित दृष्टिकोणों को भी प्रतिपादित करता है जिनसे स्वयं के द्वारा तथा दूसरों के द्वारा सामाजिक क्रिया की व्याख्या या निर्वचन हो सके। आदर्श प्रारूप की सफलता का आकलन इस बात से किया जाता है कि वह किसी प्रघटना को सही रूप में समझने में कहां तक मदद करता है।

(4) आदर्श प्रारूप का उपयोग आनुभविक ऐतिहासिक वास्तविकता को व्यवस्थित करने में किया जाता है। आदर्श प्रारूप एक रचना है लेकिन इस रचना का आधार वास्तविकता है वास्तविकता का ध्यान में रखकर ही इसकी निरन्तर जांच की जाती है जिसमें अनुसन्धानकर्ता की कल्पना-शक्ति तथा उसके विधि-विधान सम्बन्धी ज्ञान का प्रयोग किया जाता है। अतः आदर्श प्रारूपों की निरन्तर पुनः रचना की जाती है।

(5) आदर्श प्रारूपों की सहायता से ऐतिहासिक प्रघटनाओं की व्याख्या एवं निर्वचन की दृष्टि से जो परिणाम निकलते हैं वे पुनः निर्वचन की प्रक्रिया (Process of Re-interpretation) को सहारा देते हैं। इस प्रकार ये घटनाओं को सही परिप्रेक्ष्य में समझने में विशेष योग देते हैं।

आलोचना

(1) वेबर के आदर्श प्रारूप की अवधारणा की यह कहकर आलोचना की जाती है कि इस तरह से तो समाजशास्त्र में सार्वभौमिक नियमों का निर्माण नहीं हो पायेगा क्योंकि प्रत्येक वैज्ञानिक आदर्श प्रारूप में अपनी-अपनी दृष्टि से महत्वपूर्ण तत्वों को सम्मिलत करेगा।

(2) दूसरी आलोचना यह है कि इस का प्रयोग केवल तुलनात्मक अध्ययनों के लिए ही हो सकता है क्योंकि आदर्श प्रारूप के आधार पर हम किसी वास्तविक घटना और आदर्श प्रारूप के बीच पायी जाने वाली समानता एवं भिन्नता ही ज्ञात कर सकते हैं।

(3) तीसरी आलोचना यह है कि यदि सभी घटनाओं का अध्ययन आदर्श प्रारूप के आधार पर करें तो फिर अनुभवों पर आधारित अध्ययनों का कया महत्व रह जायेगा।

प्राधिकार (सत्ता) (Authority)

मनुष्य समाज में अकेला नहीं रहता बल्कि, अन्य लोंगों के साथ रहता है। इस दौरान वह दूसरों को प्रभावित भी करता है और स्वयं भी दूसरों से प्रभावित होता है। प्रभाव का तात्पर्य है--दूसरों की नीतियों को प्रभावित करना। प्रभाव का अर्थ है–एक व्यक्ति द्वारा दूसरे व्यक्ति को अपनी इच्छानुसार बदलना या कार्य करवाना। इस प्रभाव के दो रूप है :

(1) शक्ति (Power), और

(2) सत्ता (Authority)।

यदि एक व्यक्ति अपनी बात मनवाने में बल प्रयोग करता है अथवा बल प्रयोग करने की धमकी देता है तो वह शक्ति कहलाती है। जब शक्ति को वैधानिक स्वीकृति मिल जाती है तो उसे सत्ता कहते हैं।

प्रत्येक संगठित समूह मे सत्ता के तत्व मूल रूप से मौजूद रहते हैं। संगठित समूह मे तीन प्रकार के व्यक्ति होते हैं :

(1) साधारण व्यक्ति,

(2) वे व्यक्ति जिनके पास उत्तरदायित्व होता है और इसके साथ ही उनके पास सत्ता भी होती है जिनके माध्यम से वे अपने दायित्व का निर्वाह करते हैं,

(3) प्रधान प्रशासक। सत्ता की दृष्टि से समूह की रचना इसी प्रकार की होती है जिसमें ये तीनों तत्व पाए जाते हैं।

मैक्स वेबर के अनुसार, समाज में सत्ता विशेषरूप से आर्थिक कारक सत्ता उन्हीं के हाथों में रहती है जिनके पास सम्पत्ति एवं उत्पादन के साधन होते हैं। इसलिए ही पूंजीपति वर्ग उत्पादन के साधनों एवं मजदूरों की सेवाओं पर अधिकार पाने का प्रयत्न करते हैं और मजदूर भी अपने श्रम के बदले अधिकाधिक अधिकार पाने का प्रयास करते हैं। सत्ता द्वारा ही पूंजीपति मजदूर की स्वतन्त्रता को खरीदता है और उसे श्रमिक पर एक विशेष प्रकार का अधिकार प्राप्त होता है। यद्यपि वर्तमान में इस प्रकार की सत्ता क्षीण होती जा रही है फिर भी आर्थिक जगत् में सत्ता के निर्धारण में निजी सम्पत्ति और उत्पादन के साधनों का प्रमुख हाथ है। सारांश में आर्थिक जीवन में एक स्थिर या संस्थागत अर्थव्यवस्था समाज के कतिपय विशिष्ट वर्ग को सत्ता एवं अधिकार प्रदान करती है। इस सत्ता के आधार पर ही यह वर्ग अन्य वर्गों पर प्रभुत्व रखता है और उनसे उच्च प्रस्थिति धारण करता हैं।

मैक्स वेबर : प्रोटेस्टैण्ट नीतिशास्त्र और पूंजीवाद की भावना (Max Weber : Protestant Ethics and the Spirit of Capitaism)

मैक्स वेबर की सर्वाधिक महत्वपूर्ण देन **'धर्म का समाजशास्त्र'** है। उन्होंने विश्व के अनेक महान् धर्मों का अध्ययन किया। उनका यह अध्ययन तीन बड़े ग्रन्थों के रूप में है। उन्होंने अपने अध्ययन में धर्म तथा आर्थिक व सामाजिक घटनाओं के बीच सम्बन्ध दर्शाने का प्रयत्न किया है। **पारसन्स** ने लिखा है, "इसमें कोई सन्देह नहीं कि वेबर समस्त सम्बन्धित क्षेत्रों में असाधारण रूप से एक योग्य सामाजिक तथा आर्थिक इतिहासकार थे और इस कारण आप सुगमता से अपने शेष शैक्षणिक जीवन को एक महान् ऐतिहासक अध्ययन हेतु लगा सकते थे, परन्तु ऐसा करने के स्थान पर आप पूर्णतः भिन्न अध्ययन क्षेत्र की ओर मुड़े तथा सभी महान् विश्वधर्मों के धार्मिक आचारों (Religious Ethics) एवं उनसे सम्बन्धित सामाजिक एवं आर्थिक संगठन के बीच पाये जाने वाले विद्यमान सम्बन्धों के शुद्ध तुलनात्मक अध्ययन कार्य में आपने स्वयं को लगा दिया।" इस तुलनात्मक अध्ययन के माध्यम से आपने यह सिद्ध करने का प्रयास किया कि सामाजिक संरचना में समग्र रूप में ऐसे कौन-से तत्व हैं जो केन्द्रीय महत्व के हैं।

वेबर ने अपना समाजशास्त्रीय जीवन यद्यपि, अर्थशास्त्र के बारे में विचार व्यक्त करने में किया और आपने कानून, नैतिकता एवं सामाजिक इतिहास क बारे में भी महत्वपूर्ण देन दी लेकिन धर्म के सामजशास्त्र के बारे में वेबर के विचारों को र्वाधिक रूप से महत्वपूर्ण माना जाता है। वेबर ने विश्व के प्रमुख धर्मों का विशद् अध्ययन किया और वह जानने का प्रयत्न किया कि धर्म व आर्थिक-सामाजिक घटनाओं में क्या सम्बन्ध है। अपने अध्ययन को उन्होंने तीन बड़े ग्रन्थों में प्रकाशित किया।

उन्होंने अपने अध्ययन के आधार पर यह दर्शाने का प्रयत्न किया कि आधुनिक पूंजीवाद केवल पश्चिमी देशों में ही सबसे पहले क्यों आया, अन्य देशों में क्यों नहीं? इसके लिए उसने विभिन्न धर्मों में पाये जाने वाले धार्मिक आधारों (Religious Ethics) का तुलनात्मक अध्ययन किया और उनका आर्थिक व सामाजिक संगठनों से सम्बन्धों का विश्लेषण किया। धर्म एवं आर्थिक जीवन के सम्बन्धों के अध्ययन को अपने *'दि प्रोटेस्टैण्ट एथिक एण्ड दि स्पिरिट ऑफ कैपीटलिज्म'* नामक पुस्तक में प्रकाशित किया है। मार्क्स की ही भांति वेबर भी यह मानते हैं कि सामाजिकि संरचना एवं सामाजिक जीवन में आर्थिक कारक ही महत्वपूर्ण हैं, किन्तु मार्क्स की भांति वे आर्थिक कारकों को मानव के सामाजिक, राजनीतिक, धार्मिक, साहित्यिक, कलात्मक और दार्शनिक जीवन को निर्धारित करने वाला एकमात्र कारक नहीं मानते।

वेबर का बौद्धिक दृष्टिकोण (Intellectual View-Point of Weber)

वेबर के धर्म सम्बन्धी विचारों का उल्लेख उनकी प्रसिद्ध कृति 'दि प्रोटेस्टैण्ट इथिक एण्ड दि स्पिरिट ऑफ कैपीटेलिज्म' में पाया जाता है। इस कृति में उन्होंने यह प्रश्न उठाया है कि पश्चिमी समाजों में प्रचलित इस विचार का मूल क्या है कि–*"मनुष्य का कर्तव्य द्वारा प्रदत्त अपनी आजीविका कमाने में है।"* इस समस्या का सम्बन्ध विभिन्न सभ्यताओं में धर्म और समाज से है। धर्म सम्बन्धी अपने अन्वेषण के आधार पर वेबर ने यह बताया कि किस प्रकार कुछ धार्मिक सिद्धान्तों के प्रभाव से आर्थिक जीवन की तर्कनापरकता बढ़ी और कुछ के प्रभाव से घटी।

वेबर ने धर्म की समाजशास्त्रीय विवेचना में निम्नांकित तीन प्रमुख समस्याओं को लेकर अध्ययन आरम्भ किया, वे हैं :

(1) एक औसत अनुयायी की धर्म निरपेक्ष नीति और आर्थिक व्यवहार पर प्रमुख धार्मिक विचारों का प्रभाव।

(2) समूह की रचना पर धार्मिक विचारों का प्रभाव।

(3) विभिन्न सभ्यताओं में धार्मिक सभ्यता के कारणों और प्रभाव की तुलना के बाद पश्चिमी सभ्यता के तत्वों का निर्णय करना।

इन समस्याओं के स्पष्टीकरण को जानने के लिए वेबर ने पश्चिमी पूंजीवाद के विकास का अध्ययन किया। उन्होंने यह जानने का प्रयत्न किया कि पूंजीपति लोगों में धार्मिक रुझान का प्रारूप क्या है? वेबर ने अपने अध्ययन में यह पाया कि सभी समाजों में बड़े व्यापारियों के मस्तिष्क में यह एक नैतिक कल्पना होती है कि देवता व्यक्ति से अच्छे कार्य की अपेक्षा करते हैं तथा उसे समुचित पुरस्कार भी देते हैं तथा बुरे कार्यों के लिए व्यक्ति को दण्ड दिया जाता है। वेबर के अनुसार

मनुष्य धार्मिक विश्वासों के अनुसार इसलिए कार्य करता है जिससे उसकी उन्नति हो तथा वह दीर्घायु हो। वेबर ने अपने इस अध्ययन में धार्मिक कारकों को परिवर्तनीय तत्व माना है और उसका आर्थिक तथा सामाजिक घटनाओं पर क्या प्रभाव पड़ता है, इसका कार्य-कारण के आधार पर विश्लेषण किया है। वेबर का विश्वास है कि केवल कुछ अर्थों में समान और अन्य अर्थों में भिन्न उदाहरणों का अध्ययन करके ही किसी कारक के कार्य-कारण प्रभाव का निर्णय, किया जा सकता है। इसी बात को ध्यान में रखते हुए वेबर ने विश्व के छः महान् धर्मों का अध्ययन किया।

वेबर ने अपनी गहरी पद्धतिशास्त्रीय अन्तर्दृष्टि के द्वारा प्रोटेस्टैण्ड धर्म के उन आचारों को ढूंढ़ा जिन्होंने आधुनिक पूंजीवाद की आत्मा को विकसित किया। उन्होंने धर्म को एक परिवर्तनीय तत्व माना और यह दर्शाया कि धर्म किस प्रकार मानव के सामाजिक और आर्थिक जीवन को प्रभावित करता है। अपने अध्ययन के आधार पर वेबर ने धर्म के समाजशास्त्र के बारे में निम्नांकित निष्कर्ष दिये :

(1) धार्मिक एवं आर्थिक घटनाएं परस्पर एक-दूसरे से सम्बन्धित और एक दूसरे पर निर्भर हैं। इनमें से किसी एक को दूसरे का निर्णायक मानना उचित नहीं है। वास्तव में, ये दोनों एक-दूसरे को प्रभावित करती रहती हैं।

(2) हमें घटनाओं के विश्लेषण में एकतरफा दृष्टिकोण नहीं अपना लेना चाहिए, केवल आर्थिक या धार्मिक आधार पर ही किसी घटना की विवेचना नहीं करनी चाहिए वरन् अन्य कारकों के प्रभाव को भी ध्यान में रखना चाहिए।

(3) परन्तु अध्ययन पद्धति के आधार के रूप में इनमें से किसी एक कारक को एक परिवर्तनीय तत्व माना जा सकता है। वेबर धार्मिक कारक को एक परिवर्तनीय तत्व मानकर उसका आर्थिक तथा अन्य सामाजिक घटनाओं पर प्रभाव मालूम करने का प्रयत्न करते हैं।

(4) वेबर ने सभी धर्मों के सभी तत्वों का उल्लेख न कर उनके केवल आदर्श-प्रारूपों (Ideal Type) का उल्लेख किया है। इसी प्रकार से आर्थिक कारकों के भी आदर्श-प्रारूपों को ज्ञात किया। स्पष्ट है कि वेबर ने अपने धर्म के अध्ययन में आदर्श-प्रारूप की अवधारणा का प्रयोग किया है।

वेबर ने धार्मिक और आर्थिक कारकों के सम्बन्धों को जानने के लिए विश्व के छः प्रमुख धर्मों (हिन्दु, बौद्ध, ईसाई, कन्फयूशियस, इस्लाम तथा यहूदी धर्म) का अध्ययन किया और प्रत्येक धर्म में पाये जाने वाले उन आर्थिक विचारों की जानकारी ली जो उस धर्म से सम्बन्धित लोगों के आर्थिक व सामाजिक जीवन को प्रभावित करते हैं। अपने अध्ययन के आधार पर वेबर ने यह प्रकट किया कि

केवल प्रोटेस्टैण्ट धर्म में ही कुछ ऐसे आर्थिक आचार पाये जाते हैं जिन्होंने आधुनिक पूंजीवाद को जन्म दिया, यद्यपि, इसके लिए अन्य कारक भी उत्तरदायी रहे हैं। वेबर कहते हैं कि यूरोप में जब रोमन कैथोलिक धर्म प्रचलित था तो पूंजीवाद नहीं पनपा, किन्तु धार्मिक सुधार आन्दोलन के कारण जब प्रोटेस्टैण्ट धर्म का उदय हुआ तो आधुनिक पूंजीवाद का भी उदय हुआ।

वेबर ने अपनी पुस्तक "*दि प्रोटेस्टैण्ट इथिक एण्ड दि स्पिरिट ऑफ कैपीटलिज्म*" में धर्म सम्बन्धी, विचारों की विवेचना में 'प्रोटेस्टैण्ट नीति' तथा 'पूंजीवाद' को विशेष महत्व दिया है, इसलिए इन दोनों की यहां संक्षेप में चर्चा करना आवश्यक है।

प्रोटेस्टैण्ट नीति (आचार) (Protestant Ethics)

पूंजीवाद के सार को स्पष्ट करने के बाद वेबर ने ऐसे कारणों को प्रस्तुत किया जिनके आधार पर इनकी उत्पत्ति को धार्मिक सुधार आन्दोलनों के विचारों में खोजा जा सके। वेबर से पूर्व पेटी (Petty), माण्टेक्यू (Montesquieu), बकल (Buckle), कीट्स (Keats), आदि ने प्रोटेस्टैण्ट धर्म तथा व्यापारिक प्रवृत्ति के विकास के सहसम्बन्धों पर अपने विचार प्रकट किये थे। वेबर ने अपने एक विद्यार्थी **बाडेन** (Baden) को राज्य में धार्मिक सम्बन्धों और शिक्षा के चुनाव का अध्ययन करने के लिए कहा। **बाडेन** के अध्ययन का निष्कर्ष यह था कि कैथोलिक विद्यार्थियों की तुलना में प्रोटेस्टैण्ट विद्यार्थी उन शिक्षण संस्थाओं में अधिक प्रवेश लेते थे जो औद्योगिक जीवन से सम्बद्ध थीं। इसका एक अन्य कारण यह भी था कि यूरोप में कुछ अल्पसंख्यक समूहों ने तो कठोर आर्थिक परिश्रम करके अपनी सामाजिक और राजनीतिक हानियों को पूरा कर लिया था जबकि कैथोलिक धर्म के अनुयायी ऐसा नहीं कर सके। इन कारणों से वेबर ने यह निष्कर्ष दिया कि धार्मिक नीति और आर्थिक क्रियाओं के बीच एक सहसम्बन्ध पाया जाता है। वेबर ने यह भी देखा कि जिन प्रदेशों और नगरों के प्रोटेस्टैण्ट धर्म स्वीकार कर लिया था, वे आर्थिक लाभ के प्रयत्न को बढ़ावा दे रहे थे। वेबर ने यह भी गवेषणा की कि प्रोटेस्टैण्ट धर्म की नीतियां किस प्रकार उन लोगों के लिए प्रेरणा-स्रोत बन गयी थीं जो तार्किक दृष्टि से आर्थिक लाभों को प्राप्त करेने के पक्ष में थे। प्रोटेस्टैण्टवाद वह धार्मिक विचारधारा है जो पोप के सर्वस्व अधिकार को स्वीकार नहीं करती और जिसमें विवेक का तत्व विशेष रूप से पाया जाता है। नैतिकतावादी दृष्टिकोण संग्रह की प्रवृत्ति, ईमानदारी, श्रम के प्रति निष्ठा, ये सभी प्रोटेस्टैण्ट धर्म के प्रमुख तत्व हैं जिनके कारण यूरोप के विभिन्न देशों में पूंजीवाद का विशेष विकास हुआ।

प्रोटेस्टैण्ट धर्म की नीति रूप में सेण्ट पॉल के इस आदेश को व्यापक रूप से ग्रहण किया गया– "जो व्यक्ति काम नहीं करेगा, वह रोटी नहीं खायेगा... तथा

निर्धन की तरह धनवान भी ईश्वर के गौरव का बढ़ाने के लिए किसी-न-किसी व्यवसाय में अवश्य जुटे।" इस में प्रोटेस्टैण्ट धर्मावलम्बियों को परिश्रम की प्रेरणा दी गयी है। ऐसे ही कुछ अन्य वाक्य और भी हैं जैसे **रिचार्ड बैक्सटर** (Richard Baxter) ने कहा था, "केवल कर्म के लिए ही ईश्वर हमारी और हमारी क्रियाओं की रक्षा करता है, परिश्रम ही व्यक्ति का नैतिक तथा प्राकृतिक उद्देश्य है... केवल परिश्रम से ही ईश्वर की सबसे अधिक सेवा तथा सम्मान हो सकता है।" **सेण्ट जॉन बनियन** ने भी कहा था, "यह नहीं कहा जायेगा कि तुम क्या विश्वास करते थे केवल यह कहा जायेगा कि क्या तुम परिश्रम भी करते थे, या केवल बातूनी ही थे।" इस प्रकार प्रोटेस्टैण्ट धर्म में सक्रिय जीवन, परिश्रम, समय का सदुपयोग, व्यर्थ की बातचीत करना, अधिक न सोना तथा ईश्वर के ध्यान पर कार्य करना आदि को व्यक्ति के जीवन की नियमावली के अन्तर्गत रखा गया है जिन्हें प्रोटेस्टैण्ट नीति कह सकते हैं।

वेबर ने प्रोटेस्टैण्ट धर्म में पाये जाने वाले उन आर्थिक आचारों का भी उल्लेख किया है जिन्होंने आधुनिक पूंजीवाद को जन्म दिया। **बेन्जामि फ्रैंकलिन** ने आधुनिक पूंजीवाद की उन शिक्षाओं एवं उपदेशों का उल्लेख किया है जो सफल व्यवसायी एवं पूंजीपति बनने के लिए आवश्यक हैं। वे हैं–"समय ही धन है", "धन से धन कमाया जाता है", "एक पैसा बचाना एक पैसा कमाना है", "ईमानदारी सबसे अच्छी नीति है", "जल्दी सोना और जल्दी उठना व्यक्ति को स्वस्थ, धनी और बुद्धिमान बनाता है, "कार्य ही पूजा है," आदि। वेबर ने प्रोटेस्टैण्ट धर्म के आचारों की तुलना दुनिया के दूसरे धर्मों से की और वे इस निष्कर्ष पर पहुंचे कि केवल प्रोटेस्टैण्ट धर्म ही ऐसा है जिसके, आर्थिक परिणाम अधिक स्पष्ट एवं दूरगामी हैं। यह धर्म लोगों को ईमानदार एवं उत्साही होने, परिश्रम करने, मितव्ययता बरतने एवं पैसा बचाने पर जोर देता है जो कि पूंजीवाद के विकास के लिए आवश्यक है। यदि ये सिद्धान्त एवं उपदेश न होते तो आधुनिक पूंजीवाद भी सम्भव नहीं होता। हम यहां प्रोटेस्टैण्ट धर्म के उन आचारों को स्पष्ट करेंगे जिन्होंने यूरोप में आर्थिक जीवन को प्रभावित किया :

(1) **कार्य ही पूजा** (Work is Worship) : प्रोटेस्टैण्ट धर्म में कार्य करने को अच्छा माना गया है, इसके विपरीत कैथोलिक धर्म में परिश्रम करके कमाना पाप एवं दण्ड है। इस सन्दर्भ में कैथोलिक धर्म के गाथा प्रचलित हैं। आदम और ईव जब स्वर्ग में थे तो ईश्वर ने उन्हें एक पेड़ के फल खाने के लिए मना कर रखा था। इस पेड़ का फल खाने से आदमी को अच्छे और बुरे का ज्ञान हो जक्ता है। एक दिन दोनों ने उस पेड़ का फल खा लिया

तो ईश्वर ने रुष्ट होकर उन्हें स्वर्ग से बहिष्कृत कर पृथ्वी पर भेज दिया और श्राप दिया कि ईव और उसकी पुत्रियों के कष्ट से सन्तानें होंगी तथा आदम और उसके पुत्र परिश्रम कर पसीना बहाकर, रोजी-रोटी कमायेंगे। इस बात सें स्पष्ट है कि कैथोलिक धर्म में परिश्रम कर जीवनयापन करना अच्छी बात नहीं वरन् दण्ड है।

जबकि प्रोटेस्टैण्ट धर्म कर्म की पूजा मानता है और परिश्रम से ईश्वर की प्राप्ति हो सकती है। इस प्रकार प्रोटेस्टैण्ट धर्म परिश्रम पर बल देता है जिसने पूंजीवाद के विकास में योग दिया है।

(2) **कैलविनवाद या व्यावसायिक आचार** (Calvinism) **:** प्रोटेस्टैण्ट धर्म रह मानता है कि व्यक्ति के जीवन में प्राप्त व्यावसायिक सफलता और असफलता के आधार पर ही यह कहा जा सकता है कि मरने बाद उसकी आत्मा स्वर्ग में जायेगी या नरक में, अतः प्रत्येक व्यक्ति को यह नैतिक शिक्षा दी जाती है कि वह कठोर परिश्रम कर व्यावसायिक सफलता प्राप्त करे। इससे ही ईश्वर प्रसन्न होता है, स्वर्ग और मुक्ति मिलती है न कि केवल गिरजाघर में जाने से। इस प्रोटेस्टैण्ट आचार ने भी पूंजीवाद के विकास में सहायता दी क्योंकि परिश्रम, उत्साह और व्यावसायिक सफलता पूंजी वाद के विकास में सहायता दी क्योंकि परिश्रम, उत्साह और व्यावसायिक सफलता पूंजीवाद के लिए आवश्यक है।

(3) **ब्याज बसूलने की छूट :** प्रोटेस्टैण्ट धर्म में धन से धन कमाने को अच्छा माना गया है अर्थात् एक व्यक्ति ब्याज पर पैसा देकर भी पैसा कमा सकता है। इसके विरीत कैथोलिक धर्म एवं इस्लाम में ब्याज लेना बुरा माना गया है। इस प्रकार से ब्याज पर पैसा देकर धन कमाने की स्वीकृति ने भी पूंजीवाद को बढ़ावा दिया।

(4) **शराबखोरी पर रोक एवं ईमानदारी को बढ़ावा :** प्रोटेस्टैण्ट धर्म में शराब पीने व शराब पीकर काम पर जाने को अनुचित एवं ईमानदारी से कार्य करने को उचित माना गया है। शराब पीकर मशीन पर काम करने से जान का खतरा है। इस प्रकार शराबखोरी रोकने पर भी पूंजीवादी व्यवस्था को बढ़ावा मिला।

(5) **अवकाश पर रोक :** प्रोटेस्टैण्ट धर्म में अकारण अधिक समय तक अपने काम में छुट्टी लेने को भी अनुचित माना गया है। पूंजीवाद की सफलता के लिए अधिक कार्य करना एवं कम छुट्टी लेना आवश्यक है।

वेबर ने प्रोटेस्टैण्ट धर्म के उपर्युक्त आचारों को ही पूंजीवाद के विकास के लिए एकमात्र कारक नहीं माना है वरन् अन्य कारकों को भी महत्व दिया है इस नाते वे बहुकारकवादी कहे जा सकते हैं।

वेबर ने अपनी बात की पुष्टि करने के लिए यूरोप के विभिन्न देशों से ऐतिहासिक प्रमाण जुटाये। इटली व स्पेन में जहां पर कैथोलिक धर्म के अनुयायी अधिक हैं पूंजीवाद का विकास इंग्लैण्ड, अमरीका व हॉलैण्ड की अपेक्षा कम हुआ। इंग्लैण्ड, अमरीका व हॉलैण्ड में प्रोटेस्टैण्ट धर्म के अनुयायी अधिक हैं। वेबर ने गैर पश्चिमी देशों मे प्रचलित धर्मों जैसे कन्फयूश्यिस, बौद्ध, हिन्दू, इस्लाम और यहूदी धर्मों का अध्ययन किया और कहा कि इन धर्मों के आर्थिक विचारों में वे तत्व नहीं है जो आधुनिक पूंजीवाद को जन्म दे पाते। उदाहरण के लिए इस्लाम में ब्याज लेना अनुचित माना गया है। हिन्दू धर्म भौतिकवादी के स्थान पर अधयात्मवाद पर अधिक जोर देता है। कर्मवाद के सिद्धान्त के आधार पर पिछले जन्म के कर्म के आधार पर ही इस जन्म में फल मिलता है। इसी प्रकार से जाति के कठोर नियम व्यक्ति को अपनी जाति के व्यवसाय को त्यागने की इजाजत नहीं देते और प्रत्येक जाति के लिए एक व्यवसाय भी निश्चित है। हिन्दू धर्म एक ऐसी समाज-व्यवस्था को जन्म देता ह। जिसमें सामाजिक गतिशीलता सम्भव नहीं है। इस प्रकार से वेबर प्रोटेस्टैण्ट आचार और आधुनिक पूंजीवाद के विकास को कार्य-कारण के आधार पर स्पष्ट करने का प्रयत्न किया और प्रोटेस्टैण्ट आचारों को पूंजीवाद के विकास के लिए एक प्रभावशाली कारक माना। यद्यपि, अन्य कारक भी इसके विकास के लिए उत्तरदायी रहे हैं।

पूंजीवाद का सार (Essence of Capitalism)

मानव के आर्थिक आचरणों पर धार्मिक प्रभावों को स्पष्ट करने के लिए वेबर ने 1904 और 1905 में जो लेख लिखे, उन्हीं के आधार पर उनकी सबसे प्रसिद्ध तथा विवादग्रस्त पुस्तक *"प्रोटेस्टैण्ट इथिक एण्ड दि स्पिरिट ऑफ कैपीटलिज्म"* प्रकाशित हुई। इस पुस्तक में वेबर ने इस समस्या पर प्रकाश डाला है कि किस प्रकार प्रोटेस्टैण्ट धर्म की नीतियां पूंजीवाद के विकास को प्रभावित करती हैं।

वेबर को अपने पारिवारिक जीवन में ही व्यक्तिवाद तथा आर्थिक आचरणों से सम्बद्ध नैतिकता का एक अनूठा सम्मिश्रण देखने को मिला। वेबर के चाचा कार्ल डेविड वेबर एक ऐसे उद्यम के संस्थपक थे जो गांव के घरेलू उद्योग पर आधारित था। वेबर ने देखा कि उनके रहन-सहन के तरीके में कठिन परिश्रम, दिखावे का अभाव, दयालुता और तर्कनापरकता के गुण थे जो आधुनिक पूंजीवाद

के प्रारम्भिक भाग के बड़े उद्यमकर्ताओं में झलकते थे। इस बात से वेबर के यह विश्वास हो गया कि पूंजीवाद एक विशेष प्रकार की नैतिकता है जिसमें अनेक विचारों का समावेश देखा जा सकता है।

वेबर के अनुसार आधुनिक औद्योगिक जगत् के मनुष्य की एक विशेषता यह है कि उसे कठोर परिश्रम करना चाहिए। उन्हीं के शब्दों में कठोर कार्य एक कर्तव्य है और इसका फल इसी में निहित है। मनुष्य अपने व्यवसाय में अच्छी तरह काम करे, इस भावना से नहीं कि उसे यह काम करना पड़ रहा है। वरन् इसलिए कि वह भी ऐसा चाहता है। यही मनुष्य के शील और वैयक्तिक सन्तुष्टि का आधार है। अमरीका में एक कहावत प्रसिद्ध है–"यदि कोई काम रने के योग्य है तो उसे सबसे अच्छे ढंग से पूरा करना चाहिए।" वेबर के अनुसार यह कहावत पूंजीवाद का सार है क्योंकि इस धारणा का सम्बन्ध व्यक्ति को आर्थिक जीवन में मिलने वाली सफलता से है।

पूंजीवाद के सार को स्पष्ट करने के लिए वेबर ने इसकी तुलना एक अन्य आर्थिक क्रिया से की है जिसका नाम उसने **'परम्परावाद'** रखा। आर्थिक क्रियाओं में परम्परावाद वह स्थिति है उसमें व्यक्ति काम कम और प्रतिफल अधिक चाहता है, काम के दौरान आराम अधिक पसन्द करता है कार्य की नई प्रविधियों से अनुकूलन करने की इच्छा नहीं करता, कम आय से सन्तुष्ट हो जाता है, अकस्मात् लाभ प्राप्त करने का प्रयत्न करता है तथा सिद्धान्तहीन रूप से धन का संचय करता है। ये सभी विशेषताएं पूंजीवाद के सार के विपरीत हैं। आधुनिक पूंजीवाद अन्तर सम्बन्धित संस्थाओं का एक ऐसा संकुल है जिसका आधार तर्कनापरक आर्थिक प्रयत्न है न कि सटोरियों की तरह के प्रयत्न। पूंजीवाद के अन्तर्गत व्यापारिक नियमों का कानूनी रूप, संगठित विनिमय केन्द्र, सरकारी ऋण पत्रों के रूप में सार्वजनिक ऋण देने की प्रणाली तथा एसे उद्यमों के संगठनों का समावेश है जिसका उददेश्य वस्तुओं का तार्किक आधार पर उत्पादन करना होता है, न कि उनका व्यापार करना। वेबर ने दक्षिणी यूरोप, एशिया के विशेषाधिकार सम्पन्न समूहों, चीन के अधिकारियों, रोम के अभिजात वर्ग तथा एल्बी नदी के पूर्व के जमींदारों की आर्थिक क्रियाओं को अकस्मात् लाभ की क्रियाएं माना है क्योंकि उनमें नैतिक विचारों तथा आर्थिक लाभ की तर्कपारक प्रयत्नों का अभाव था, इसलिए उन्हें पूंजीवाद के समकक्ष नहीं रखा जा सकता।

वेबर का मत है कि पूंजीवाद के सार का गुण केवल पश्चिमी समाजों का ही एकमात्र गुण नहीं है, अन्य समाजों में भी ऐसे लोग हुए हैं जिन्होंने अपने व्यापार को सुचारू रूप से चलाने के लिए कठोर परिश्रम किया, जो अपनी बचत को

व्यापार को बढ़ाने में लगाते थे और जिनका जीवन आडम्बररहित था। फिर भी जिन पूंजीवादी विशेषताओं का उल्लेख ऊपर किया गया है, वे पश्चिमी समाजों में ही अधिक पायी जाती है। पश्चिमी समाजों में यह एक व्यक्तिगत गुण न होकर जीवनयापन का एक सामान्य तरीका हो गया। इस प्रकार जनसामान्य में व्याप्त कठोर परिश्रम, व्यापारिक आचार, सार्वजनिक ऋण–व्यवस्था, पूंजी का निरन्तर विनियोजन तथा परिश्रम के प्रति स्वैच्छिक प्रवृत्ति पूंजीवाद का सार है, इसके विपरीत अकस्मात् आर्थिक लाभ पाने का प्रयत्न, परिश्रम को बोझ और अभिशाप समझकर उससे दूर भागना, सिद्धान्तहीन रूप से पूंजी का संचय करना तथा जीवनयापन के लिए साधारण आय से सन्तुष्ट हो जाना, आर्थिक परिस्थितियां अथवा 'परम्परावाद' है।

पूंजीवाद एवं प्रोटेस्टैण्ट नीति का सम्बन्ध
(Relationship of Caitalism and Protestant Ethics)

'पूंजीवाद के सार' तथा 'प्रोटेस्टैण्ट नीतिओं' के अध्ययन से वेबर को इनके आधारों में कई असमानताएं ज्ञात हुईं और इसी आधार पर उसने कारण और परिणाम की व्याख्या की। उसने प्रोटेस्टैण्ट नीति के कारण और पूंजीवाद को परिणाम माना। वेबर ने सोलहवीं और सत्रहवीं शताब्दी में धर्म संघों तथा उनकी मान्यताओं में होने वाले परिवर्तनों का मानव व्यवहार पर क्या प्रभाव पड़ा, का अध्ययन किया। प्रारम्भ में तो कई धर्म संघों ने धन अरौर भौतिक वस्तुओं के संग्रह को उचित माना, किन्तु बाद में इसे अधार्मिकता की श्रेणी में रखा गया और वैराग्य को उचित ठहराया गया। वैराग्य की इस धारणा ने आधुनिक पूंजीवादी अर्थव्यवस्था को भी प्रभावित किया। वेबर ने ऐतिहासिक प्रमाणों के आधार पर यह स्पष्ट करने का प्रयत्न किया कि यूरोप में कई देशों में पूंजीवाद के आरम्भ और विकास के लि प्रोटेस्टैण्ट की नीयां सहायक रही हैं। प्रोटेस्टैण्ट धर्म की नैतिक शिक्षाएं धीरे– इनके सभी अनुयायियों के जीवन में ढल गयीं और वे परिश्रम से आजीविका क को उचित मानने लगे और इस धारणा ने पूंजीवाद के विकास में महत्वपूर्ण भूमि निभायी।

संसार के महान् धर्मों का अध्ययन
(Study of the Great Religions of the World)

धर्म और आर्थिक संरचना के पारस्परिक सम्बन्धों को ज्ञात करने के लिए वेबर ने विश्व के छः महान धर्मों–कन्फयूशियस, हिन्दू, यहूदी, ईसाई, बौद्ध और इस्लाम धर्मों का अध्ययन किया। उसने इन धर्मों के प्रमुख सिद्धान्तों तथा उनसे प्रभावित आर्थिक नीतियों की व्याख्या की। हम उसके द्वारा किये गये कन्फयूशियस, हिन्दू तथा यहूदी धर्म सम्बन्धी अध्ययनों में धर्म और आर्थिक संरचना के सह–सम्बन्धों

में यहां उल्लेख करेंगे। वेबर ने अपनी पुस्तक 'चीन का धर्म' (*The Religion of China*) में कन्फयूशियस और ताओवाद का विस्तार से उल्लेख किया है। इसके एक भाग में वेबर ने स्पष्ट किया है कि कन्फयूशियस तथा प्रोटेस्टैण्ट धर्म की नीतियों में भिन्नता होने के कारण ही चीन एवं पश्चिमी समाजों में प्रचलित आर्थिक मनोवृत्तियों में भिन्नता पायी जाती है। कन्फयूशियस धर्म में ईश्वर की नैतिक आवश्यकता तथा मानवीय निर्बलता, पाप की चेतना तथा मुक्ति की आवश्यकता, लौकिक जीवन के आचरण तथा पारलौकिक जीवन में मिलने वाले पारितोषिक, धार्मिक कर्तव्य तथा सामाजिक राजनीतिक वास्तविकता, आदि के बीच किसी प्रकार का तनाव नहीं मिलता। यह धर्म अपने अनुयायियों को संसार के वर्तमान रूप से अनुकूलन करने पर ही बल देता है न कि किन्हीं विशेष आदर्शों के अनुरूप अपने को परिवर्तित करने पर। यह धर्म पारिवारिक सम्बन्धों की परम्परागत शैली को बनाये रखने पर भी बल देता है। इस प्रकार यह धर्म के लोगों को परम्परा और परिपाटी से बंधे रहने पर जोर देता है न कि उनसे मुक्त होने पर। इस धर्म ने चीन की परम्परागत राजनीतिक व्यवस्था, जिसमें कि सम्राट को देवता-तुल्य माना गया था, को रखने पर जोर दिया। इसकक विपरीत पश्चिमी समाजों में पारिवारिक सम्बन्धों को अधिक महत्व नहीं दिया गया और वहां पारिवारिक कर्तव्यों की तुलना में नैतिक सिद्धान्तों के पालन पर अधिक बल दिया गया। आर्थिक दृष्टि से इसका अर्थ है कि किसी व्यक्ति की व्यापारिक साख उसकी नैतिक विशेषताओं पर निर्भर है। कन्फयूशियस धर्म की आर्थिक और राजनीतिक शिक्षाओं में जन-कल्याण की बात को तो बढ़ा-चढ़ाकर बताया गया है, किन्तु उसमें ऐसी कोई उचित आर्थिक मनोवृत्ति नहीं है जो इन धार्मिक नीतियों के उद्देश्य को पूरा कर सके। इसके विपरीत प्रोटेस्टैण्ट धर्म में श्रम और कर्म की नीतियों ने पूंजी क संचय और तार्किक विचारों को बढ़ावा दिया और पूंजीवाद के विकास में महत्वपूर्ण भूमिका अदा की।

वेबर ने दूसरा उदाहरण हिन्दू धर्म का दिया। 'भारत का धर्म' (*The Religion of India*) नामक पुस्तक जो कि उनकी मृत्यु के बाद प्रकाशित हुई, में वेबर ने हिन्दू धर्म की उन बातों का उल्लेख किया है जिनके कारण भारत में नवीन अर्थव्यवस्था (पूंजीवाद) का विकास नहीं हो सका। वेबर का मत है कि हिन्दू धर्म वास्तव में एक ब्राह्मण धर्म है जिसकी स्थापना और विकास उन ब्राह्मण राजपुरोहितों, धर्मशास्त्रों तथा विधिवेत्ताओं द्वारा किया गया जो कूटनीति और चमत्कारी कर्मकाण्डों के ज्ञान में प्रवीण थे। वेबर के अनुसार हिन्दू धर्म में दो सिद्धान्त प्रमुख हैं-एक पुनर्जन्म का, दूसरा कर्म का। इन सिद्धान्तों में यह कहा गया है कि मनुष्य के कर्मों का प्रभाव उसके अगले जन्म के भाग्य पर पड़ता है तथा प्रत्येक हिन्दू का सामाजिक पद जाति व्यवस्था में बंधा हुआ है। इन विचारों के सहारे ब्राह्मणों

ने यह बताया कि एक व्यक्ति की मुक्ति उसकी जाति द्वारा निर्धारित कर्मों को पूरा करने से ही सम्भव है। धार्मिक नीतियों से यह भी स्पष्ट है कि केवल ब्राह्मण ही मोक्ष का अधिकारी है क्योंकि मोक्ष पाने के लिए जितने पुण्य चाहिए, उन्हें अन्य व्यक्ति अर्जित नहीं कर सकते। हिन्दू धर्म की न्याय व्यवस्था भी ब्राह्मणों के पक्ष में है जो ब्राह्मणों के विरुद्ध न्याय को भी अस्वीकार करती है। ब्राह्मण समाज में पाप–मोचक और सलाहकार माने जाते हैं और उन्होंने ही भारतीय जाति व्यवस्था को विकसित किया तथा उसे प्रभावपूर्ण बनाया।

दुनिया में कहीं भी भारत की तरह धार्मिक पुराहितों को उच्च सम्मान नहीं मिला तथा उनके सम्मान की पुष्टि के लिए भ्रान्त तर्क एवं प्रमाण विकसित नहीं किये गये। हिन्दू धर्म की नीतियों का उद्देश्य इन्द्रियों और आवेगों को संसार से दूर भगाना, जीवन की दौड़धूप से व्यक्ति को मुक्ति दिलाना और ईश्वर से एकाकार करना है। ब्राह्मण सिद्धान्तों ने संसार के दुःख पाप और अपूर्णता से ही दूर भागने की बात नहीं कही वरन् इस क्षण–भंगुर संसार को त्यागने की बात भी कही है। सांसारिक वस्तुओं की आसक्ति और जन्म–मरण के चक्र से छुटकारा पा लेना ही वास्तविक मुक्ति है। हिन्दू धर्म लौकिक समस्याओं के उदासीन रहने तथा तपस्या और कर्मकाण्ड करने पर जोर देता है साथ ही यह अपनी–अपनी जाति के अनुसार कर्म करने की बात कहता है। इस प्रकार हिन्दू धर्म जाति–भेद को भी बढ़ावा देता है। इन सभी विशेषताओं के कारण हिन्दू एक ऐसी जीवन शैली में फंस गया जिसे लांघकर वह तार्किक संसार में प्रवेश नहीं कर सका। हिन्दू धर्म की इन नीतियों से आबद्ध जाति व्यवस्था में भारत के आर्थिक विकास को रोका और जातीय बाधाओं के कम होने पर ही आर्थिक क्रियाओं में तार्किकता की वृद्धि हुई। इस प्रकार वेबर यह मानते हैं कि हिन्दू धर्म की नीतियां भारत के आर्थिक और भौतिक विकास में बाधक रही हैं।

'प्राचीन यहूदी धर्म' नामक पुस्तक वेबर की मृत्यु के बाद प्रकाशित हुई। इस रचना में वेबर ने उन परिस्थितियों का उल्लेख किया है जो पश्चिमी समाजों के धर्म में तार्किकता के विकास के लिए उत्तरदायी रही हैं। यहूदी धर्म में उस सक्रिय वैराग्य के दर्शन होते हैं जिसमें ईश्वरीय निर्देशों के अनुसार नीति सम्बन्धी कार्यों पर विचार किया। ईसाई धर्म का मठवाद सभी सांसारिक वस्तुओं को त्यागने के पक्ष में था। किन्तु यहूदी धर्म ने प्रोटेस्टैण्ट धर्म में एक नैतिकता को विकसित किया जो संसार के स्वरूप में परिवर्तन लाना चाहती थी, यद्यपि प्रोटेस्टैण्ट धर्म भी वैराग्य में विश्वास करता है, किन्तु यहूदी धर्म के समान यह संसार को इस अर्थ में त्यागता है कि मौज उड़ाना और आराम करना ऐसे प्रलोभन हैं जो मुक्ति

के प्रयत्न में बाधक हैं। यहूदी पैगम्बर संसार को शाश्वत् न मानकर इसे उत्पन्न किया गया मानते हैं इसका अर्थ हुआ कि संसार एक ऐतिहासिक घटना है जिसे ईश्वर द्वारा एक निर्दिष्ट व्यवस्था की स्थापना के लिए बनाया गया है। इस आधार पर यहूदियों का विश्वास है कि भविष्य में ईश्वर के द्वारा एक निर्दिष्ट सामाजिक व राजनीतिक क्रान्ति होगी और उसी के अनुरूप व्यक्तियों की मनोवृत्तियों का निर्धारण होना चाहिए, इन विश्वासों के कारण ही यहूदियों में आचरण की उच्च तर्कनापरक धार्मिक नीतिक विकसित हुई। वेबर का कथन है कि यह नीति आज भी बहुत बड़ी सीमा तक मध्य-पूर्वी तथा यूरोपीय आचार का एक महत्वपूर्ण आधार है।

उदाहरण के लिए, यहवा (यहूदियों का उपास्य) ने नम्रता तथा आज्ञा पालन को मनुष्य का प्रमुख गुण बताया तथा यह स्पष्ट किया कि अच्छे व बुरे भाग्य की आशाएं और पुण्य करने की आवश्यकता निकट भविष्य से ही सम्बद्ध हैं। इस प्रकार यहूदी धर्म परम्परागत तन्त्र तथा रहस्यमयी कल्पनाओं से स्वतन्त्र है और एक ऐसे धर्म को महत्व देता है जो मनुष्य के दैनिक जीवन को ईश्वर द्वारा बताये गये नैतिक नियमों से जोड़ देता है। इस प्रकार वेबर का विश्वास है कि यहूदी धर्म ने नैतिक तर्कनावाद के निर्माण में सहायता देकर उन मनोवृत्तियों का विकास किया जो पूंजीवाद के सार के अनुरूप हैं।

वेबर के उपर्युक्त विचारों से स्पष्ट है कि उनकी रुचि धार्मिक नीतियों के आर्थिक क्रियाओं पर पड़ने वाले प्रभावों को ज्ञात करने में थी। उन्होंने धार्मिक नीतिों और आर्थिक क्रियाओं के पारस्परिक सम्बन्धों को ही स्पष्ट नहीं किया वरन् उन्होंने धार्मिक विचारों के सामाजिक संस्तरण पर पड़ने वाले प्रभावों को भी ज्ञात किया। उन्होंने यह बताया कि विभिन्न धर्मों के पैगम्बरों, प्रचारकों और विद्वानों, आदि की एक विशेष जीवन-शैली थी और उन्होंने अपनी धार्मिक नीतियों का प्रचार करके सामाजिक संस्तरण तथा आर्थिक क्रियाओं को एक विशेष रूप देने का प्रयत्न किया। **पारसन्स** का कथन है कि धर्म के समाजशास्त्र की व्याख्या में वेबर का महत्वपूर्ण योगदान एक व्यवस्थित पद्धतिशास्त्रीय अन्तर्दृष्टि है जिसके द्वारा उन्होंने विभिन्न कारकों को एक-दूसरे से पृथक् करके उनके कारण और प्रभावों को एक-दूसरे की तुलना में स्पष्ट किया।

वैज्ञानिक पद्धति (Scientific Method)

विज्ञान अपने आप में कोई विषय-सामग्री नहीं होकर एक ऐसी सामग्री है जिसे वैज्ञानिक पद्धति (Scientific Method) को काम में लेते हुए प्राप्त किया गया हो। जहां प्राकृतिक विज्ञानों में वैज्ञानिक पद्धति का सहारा लिया जाता है, वहां

सामाजिक विज्ञानों में भी सामाजिक घटनाओं को समझने हेतु इसी पद्धति का उपयोग किया जाता है। अतः किसी भी विषय-सामग्री या ज्ञान-भण्डार को विज्ञान बनाने में इस बात का विशेष महत्व है कि उसे कैसे प्राप्त किया गया है, किस पद्धति को काम में लिया गया है। यदि वैज्ञानिक-पद्धति की सहायता से सामाजिक घटनाओं को समझने और विषय-सामग्री को प्राप्त करने का प्रयत्न किया जाता है। तो इसे विज्ञान ही कहा जायेगा। **स्टुअर्ट चेज** ने लिखा है कि विज्ञान का सम्बन्ध पद्धति से है न कि विषय-सामग्री से। इस बात को अन्य शब्दों में व्यक्त करते हुए **प्रो. ग्रीन** ने लिखा है कि विज्ञान का अर्थ तथ्यों की खोज करने वाले तरीके से लिया जाता है। स्पष्ट है कि जिस किसी विषय में वैज्ञानिक-पद्धति का प्रयोग किया जाता है, वही विषय विज्ञान है, चाहे वह प्राकृतिक विज्ञानों के क्षेत्र में हो या सामाजिक विज्ञानों के क्षेत्र में। यहां वैज्ञानिक पद्धति को भली-भांति समझने के लिए विज्ञान के अर्थ को समझ लेना आवश्यक है।

विज्ञान का अर्थ (Meaning of Science)

साधारणतया लोग 'विज्ञान' का अर्थ विशेष प्रकार की विषय-सामग्री (Subject Matter) से ही लगाते हैं। इस दृष्टि से वे रसायनशास्त्र, भौतिकशास्त्र, जीवविज्ञान, वनस्पतिशास्त्र, आदि विषयों को ही विज्ञान मानते हैं। ऐसे लोग सामाजिक तथ्यों एवं प्रघटनाओं, सामाजिक समूहों, संस्थाओं, समाजों एवं सामाजिक सम्बन्धों का अध्ययन करने वाले विषय को विज्ञान नहीं मानते। वे तो समझते हैं कि प्रोटोनों, इलेक्ट्रॉनों एटमों, मॉलीक्यूलों, पिण्डों, नक्षत्रों, चट्टानों, जीवाणुओं, कंकालों एवं खोपड़ियों के अध्ययन से सम्बन्धित विषय ही विज्ञान हैं।

परन्मु यह उनका भ्रम मात्र है। वास्तव में, विज्ञान अपने आप में कोई विषय-सामग्री नहीं होकर वैज्ञानिक पद्धति से प्राप्त किया गया व्यवस्थित ज्ञान है। यदि किसी भी विषय से सम्बन्धित तथ्यों को वैज्ञानिक पद्धति को काम में लेते हुए संगृहीत किया जाए तथा इस प्रकार से प्राप्त तथ्यों के आधार पर सिद्धान्त बनाये जायें तो ऐसे विषय को विज्ञान ही माना जायेगा।

विज्ञान का अर्थ स्पष्ट करते हुए **स्टुअर्ट चेज** ने लिखा है, "विज्ञान का सम्बन्ध पद्धति से है न कि विषय-सामग्री से।"

काल पियर्सन के अनुसार,"सभी विज्ञानों की एकता उसकी पद्धति में है न कि केवल उसकी विषय-वस्तु में।"

बीसंज तथा **बीसंज** के अनुसार, "यह एक पद्धति या उपागम है न कि विषय सामग्री जो विज्ञान की कसौटी है।"

लुण्डबर्ग के अनुसार, "विज्ञान को विषय-सामग्री के रूप में परिभाषित करने का प्रयत्न भ्रम ही उत्पन्न करता है।" **लैंडिस** की मान्यता है कि विज्ञान, विज्ञान ही है, चाहे वह भौतिकशास्त्र में हो या समाजशास्त्र में।

बनार्ड ने विज्ञान की परिभाषा छ: मुख्य प्रक्रियाओं के रूप में की है जो इस प्रकार है : परीक्षा (Testing), सत्यापन (Verification), परिभाषा (Definition), वर्गीकरण (Classification), संगठन (Organization) तथा अभिविन्यास (Orientation) इनमें भविष्यवाणी करना या व्यवहार में लाना (Prediction and application) भी सम्मिलित है।

फर्फे ने बताया है कि हमे वैज्ञानिक ज्ञान को ऐसे ज्ञान के रूप में परिभाषित करना चाहिए जो एक विशेष मात्रा तक निश्चित, कारणयुक्त एवं सामान्य हो। इस प्रकार का व्यवस्थित ज्ञान विज्ञान है।

विद्वानों के उपर्युक्त कथनों से स्पष्ट है कि *विज्ञान का सम्बन्ध किसी विशिष्ट प्रकार की विषय-सामग्री से नहीं होकर वैज्ञानिक पद्धति से प्राप्त किये गये क्रमबद्ध व व्यवस्थित ज्ञान से है।*

विज्ञान के प्रमुख तत्व (विशेषताएं) (Main Elements Characteristics of Science)

मार्टिण्डेल और **मौनचेसी** ने विज्ञान के विभिन्न तत्वों को स्पष्ट करते हुए लिखा है कि विज्ञान भी विचारने का ही एक ढंग है, और सभी प्रकार के विचारों की तरह यह समस्याओं के प्रत्युत्तर के रूप में उदित होता है। *विज्ञान के लिए निम्न तत्वों का होना आवश्यक है :*

(1) **अवलोकन** (Observation) : विज्ञान में अवलोकन के महत्व पर प्रकाश डालते हुए **गुडे एवं हेट** ने लिखा है कि विज्ञान अवलोकन से आरम्भ होता है और उसकी पुष्टि (Validation) के लिए अन्तत: अवलोकन पर ही लौट आना पड़ता है।तब समाजशास्त्री को अपने आपको सावधानीपूर्वक अवलोकरन करने में प्रशिक्षित करना चाहिए **यंग** ने अवलोकन को 'नेत्रों द्वारा एक उद्देश्यपूर्ण अध्ययन' नाम दिया है। अनुसन्धानकर्ता स्वयं घटना-स्थल पर पहुंचकर घटना, विषय या तथ्यों का सूक्ष्म निरीक्षण करता है। विज्ञान में अवलोकन का विशेष महत्व है।

(2) **सत्यापन तथा वर्गीकरण** (Verification) : विज्ञान की एक प्रमुख विशेषता यह है कि इसमें अवलोकन विधि द्वारा प्राप्त तथ्यों की सत्यता की परीक्षा की जाती है। इसी को सत्यापन के नाम से पुकारा जाता है। अन्य शब्दों में सत्यापन का अर्थ किसी भी प्राप्त तथ्य या निष्कर्ष की

प्रामाणिकता का पता लगाना है। सत्यापन के लिए पहली स्थिति से मिलती-जुलती किसी अन्य स्थिति को लिया जाता है और यदि दोनों स्थितियों में समानता पायी जाती है या दोनों की प्रकृति एक-सी है तो यह कहा जा सकता है कि प्राप्त तथ्य प्रामाणिक हैं।

प्राप्त तथ्यों को समान विशेषताओं के आधार पर विभिन्न वर्गों में व्यवस्थित करना ही वर्गीकरण कहलाता है। इसमें तथ्यों को अलग-अलग वर्गों में इस प्रकार रखा जाता है कि एक वर्ग में समान तथ्य ही आयें और इस आधार पर बनने वाले विभिन्न वर्गों के बीच एक पारस्परिक सम्बन्ध बना रहे। वर्गीकरण का मुख्य उद्देश्य प्राप्त तथ्यों को व्यवस्थित रूप से प्रस्तुत करना है, ताकि वैज्ञानिक निष्कर्ष निकाले जा सकें।

(3) **समान्यीकरण** (Generalization) : विज्ञान का एक प्रमुख तत्व या विशेषता सामान्यीकरण है। सामान्यीकरण का अर्थ प्राप्त तथ्यों के आधार पर किसी सामान्य नियम या सामान्य प्रवृत्ति को ज्ञात करने से है। इसमें कुछ इकाइयों के अध्ययन के आधार पर प्राप्त निष्कर्षों का सम्पूर्ण तथ्यों या पूरे समग्र (Universe) पर लागू किया जाता है। उदाहरण के रूप में, कुछ प्रतिनिधि के अध्ययन के आधार पर कुछ ऐसे निष्कर्ष निकाले जाते हैं जो केवल अध्ययन किये गये विद्यार्थियों पर हीं नहीं, बल्कि, एक सम्पूर्ण क्षेत्र तथा समूह के सभी विद्यार्थियों पर लागू होते हैं।

(4) **भविष्यवाणी** (Prediction) : विज्ञान का एक प्रमुख तत्व उसमें भविष्य-वाणी करने की क्षमता का होना है। यदि किसी भी विषय में प्राप्त निष्कर्षों के आधार पर भविष्य की घटनाओं के सम्बन्ध में पहले से अनुमान लगा लिया जाये तो उस विषय को विज्ञान कहा जायेगा। सर्वेक्षण या शोधकार्य के द्वारा प्राप्त निष्कर्ष यदि प्रमाणिक हैं, अर्थात् सत्य हैं तो भविष्य में भी परिस्थितियों के समान रहने पर वे सत्य (प्रमाणिक) ही रहेंगे। इस प्रकार विज्ञान में भविष्यवाणी करने की क्षमता पायी जाती है।

(5) **वैज्ञानिक प्रवृत्ति** (Scientific Attitude) : उस विषय का विज्ञान कहा जाता है जिससे सम्बन्धित तथ्यों का संकलन अध्ययनकर्ता वैज्ञानिक प्रवृत्ति को बनाये रखते हुए करे। *गिलिन और गिलिन ने विज्ञान में वैज्ञानिक प्रवृत्ति को अत्यन्त महत्वपूर्ण मानते हुए उसकी* पांच विशेषताओं का उल्लेख किया है :

(i) **तटस्थता या वैषयिकता** (Objectivity) इसमें अध्ययनकर्ता तटस्थ और निष्पक्ष होकर घटनाओं का अध्ययन करता है और उन्हें ठीक

उसी रूप में चित्रित करता है जिस रूप में वे वास्तव में है। कहने का तात्पर्य यह है कि वह अपने अध्ययन में वैयक्तिक इच्छा, रुचि, रुझान, पूर्वाग्रह, भय, आदि को तनिक भी स्थान नहीं देता है।

(ii) **धैर्य** (Patience) : तथ्यों को एकत्रित करने, उनका सावधानीपूर्वक विश्लेषण करने और कार्य शीघ्र समाप्त कर रिपोर्ट प्रस्तुत करने के लिए अनुसन्धानकर्ता पर कई प्रकार के दबाव पड़ते हैं, परन्तु उसे जल्दबाजी में न तो अवलोकन करना और न ही कोई निष्कर्ष निकालना या घोषणा करनी चाहिए। इन सबके लिए धैर्य अत्यन्त आवश्यक है।

(iii) **सख्त मेहनत या कठिन परिश्रम** (Hard Work) : प्रकृति के रहस्यों, अपने चारों ओर के संसार और विभिन्न सामाजिक घटनाओं को उनके सही रूप में समझने के लिए कठिन परिश्रम करने की बलवती इच्छा का होना अत्यन्त आवश्यक है।

(iv) **जिज्ञासा की प्रवृत्ति** (Attitude of Inquisitiveness) : इसका तात्पर्य यह है कि अनुसन्धानकर्ता को खुले मस्तिष्क से उस समय तक खोज करते रहना या तथ्यों का पता लगाते रहना चाहिए जब तक कि विषय से सम्बन्धित आवश्यक प्रमाण प्राप्त न हो जायें और उनकी परीक्षा न कर ली जाये।

(v) **रचनात्मक विचार-शक्ति** (Creative Thinking Power) : वैज्ञानिकों के लिए केवल तथ्यों को एकत्रित कर लेना मात्र ही काफी नहीं है। उसके मस्तिष्क में तो यह बात घूमती रहनी चाहिए कि आखिर इन तथ्यों का अर्थ क्या है और इनके आधार पर क्या निष्कर्ष निकाले जा सकते हैं और किन सिद्धान्तों का निर्माण किया जा सकता है। सिद्धान्तों का निर्माण किया जा सकता है। सिद्धान्तों की खोज से रचनात्मक विचार शक्ति का होना अत्यन्त आवश्यक है।

अभी तक के विवेचन से स्पष्ट है कि किसी भी विषय के विज्ञान कहलाने के लिए अग्र बातें आवश्यक हैं :

(1) तथ्यों को एकत्रित करने के लिए वैज्ञानिक पद्धति का प्रयोग किया गया हो।

(2) अवलोकन विधि को काम में लिया गया हो।

(3) वास्तविक तथ्यों का यथावत् चित्रण किया गया हो, अन्य शब्दों में 'क्या है' का स्पष्टत: उल्लेख किया गया हो।

(4) कार्य-कारण सम्बन्धों की स्पष्टतः विवेचना की गयी हो।

(5) निष्कर्ष प्रामाणिक हों अर्थात् उनकी सत्यता की जांच की जा चुकी हो।

(6) निष्कर्ष सर्वव्यापी होने चाहिए।

(7) एकत्रित तथ्यों के आधार पर भविष्यवाणी की जा सकती हो।

वैज्ञानिक पद्धति की विशेषताएं (Characteristics of Scientific Method)

वैज्ञानिक पद्धति की प्रमुख विशेषताएं निम्नलिखित हैं :

(1) **कार्य-कारण सम्बन्धों की विवेचना की जाती है :** वैज्ञानिक पद्धति के अन्तर्गत घटनाओं, तथ्यों और विभिन्न समस्याओं के कार्य-कारण सम्बन्धों को जानने का प्रयत्न किया जाता है। विज्ञान तो किसी घटना या समस्या के पीछे छिपे कारणों से खोज करता है। यह तो यह मानकर चलता है कि कोई भी घटना जादुई चमत्कार से घटित नहीं होकर कुछ विशिष्ट कारणों से घटित होती है जिनका पता लगाना वैज्ञानिक का दायित्व है। कार्ल मार्क्स का वर्ग संघर्ष का सिद्धान्त कार्य-कारण के सह-सम्बन्ध को स्पष्ट करते हैं।

(2) **सिद्धान्तों की पुनर्परीक्षा सम्भव है :** समाज-विज्ञान भी भौतिकशास्त्र या रसायनशास्त्र के समान अपने सिद्धान्तों या नियमों की परीक्षा एवं पुनर्परीक्षा करने में सक्षम है। इनमें वैज्ञानिक पद्धति की सहायता से तथ्य एकत्रित किये जाते हैं और इस पद्धति से प्राप्त तथ्यों की प्रमुख विशेषता यह है कि इनकी प्रमाणिकता की जांच की जा सकती है। समाज-विज्ञानों में सिद्धान्तों की जांच करना वास्तव में सम्भव है। उदाहरण के रूप में, तथ्यों के आधार पर प्राप्त इस निष्कर्ष की कि टूटे परिवार बाल-अपराध के लिए काफी सीमा तक उत्तरदायी हैं, अलग-अलग स्थानों पर परीक्षा और पुनर्परीक्षा की जा सकती है।

(3) **सिद्धान्तों की स्थापना की जाती है :** वैज्ञानिक पद्धति की सहायता से कार्य-कारण सम्बन्धों की विवेचना की जाती है, तथ्यों या घटनाओं के पारस्परिक सम्बन्ध ज्ञात किये जाते हैं, वर्गीकरण या विश्लेषण किया जाता है और तत्पश्चात् सामान्य निष्कर्ष निकाले जाते हैं। इन निष्कर्षों के आधार पर ही सिद्धान्त या वैज्ञानिक नियम बनाये जाते हैं।

(4) **सिद्धान्त सार्वभौमिक (Universal) हैं :** समाज-विज्ञान वैज्ञानिक पद्धति को काम में लेते हुए जिन सिद्धान्तों का प्रतिपादन करते हैं वे सार्वभौमिक

प्रकृति के होते हैं। इसका तात्पर्य यह है कि यदि परिस्थितियां समान रहें तो समाज विज्ञानों में विकसित सिद्धान्त विभिन्न समाजों और कालों में खरे उतरते हैं। उदाहरण के रूप में, यह सिद्धान्त सार्वभौमिक रूप से ठीक पाया गया है कि पारिवारिक विघटन सामाजिक विघटन पर आधारित है।

(5) **तर्क (Logic) की प्रधानता :** वैज्ञानिक पद्धति की एक प्रमुख विशेषता यह है कि यह तर्क पर आधारित है। तर्क तथ्य और विवेक से जुड़ा हुआ है। किसी बात को बुद्धिमत्तापूर्वक, प्रमाणित या अप्रमाणित किया जा सकता है, इसके लिए तर्क देना आवश्यक होता है, साथ ही आवश्यकतानुसार तथ्य भी दिये जाते हैं। वैज्ञानिक पद्धति के अन्तर्गत सर्वप्रथम तथ्यों के संकलन के लिए ऐसी पद्धतियों एवं उपकरणों के चुनाव पर जोर दिया जाता है जो तर्क-संगत हों, तार्किकता पर आधारित हों। साथ ही इस पद्धति के अन्तर्गत संकलित तथ्यों का विश्लेषण भी तार्किकता के आधार पर किया जाता है। इस पद्धति की सहायता से वैज्ञानिक निष्कर्षों के प्रस्तुतीकरण में भी तर्क का सहारा लिया जाता है। वैज्ञानिक पद्धति में यद्यपि अनुभव-सिद्ध प्रमाणों या तथ्यों पर जोर दिया जाता है लेकिन तार्किकता के आधार पर जो बात खरी मालूम पड़ती है, यथार्थ जान पड़ती है, उसे भी स्वीकार कर लिया जाता है। यदि कहा जाय कि वैज्ञानिक पद्धति का आधार ही तर्क या तार्किकता है तो इसमें किसी भी प्रकार की अतिशयोक्ति नहीं है।

(6) **भविष्यवाणी (Predicition) करने की क्षमता है :** कोई भी विषय इस कारण माना जाता है कि वह 'क्या है' के आधार पर' 'क्या होगा' बताने में अर्थात् भविष्यवाणी करने में समर्थ है। अन्य शब्दों में, वैज्ञानिक पद्धति की सहायता से संचित ज्ञान-भण्डार के आधार पर भविष्य की ओर संकेत करने की प्रत्येक विज्ञान की क्षमता है। उदाहरण के रूप में, समाज में वर्तमान में होने वाले परिवर्तन को ध्यान में रखकर समाजशास्त्र यह बता सकता है कि भविष्य में सामाजिक व्यवस्था का रूप क्या होगा, जाति-व्यवस्था किस रूप में रहेगी तथा परिवारों के कौन से प्रकार विशेष रूप से पाये जायेंगे। समाजशास्त्र के मौजूदा ज्ञान के आधार पर कहा जा सकता है कि प्राकृतिक विज्ञानों के समान यह भी भविष्यवाणी करने में काफी सीमा तक समर्थ हैं।

(7) **वस्तुनिष्ठता :** वैज्ञानिक पद्धति में वस्तुनिष्ठता (Objectivity) पर विशेष बल दिया जाता है। बिना वस्तुनिष्ठता के वैज्ञानिक निष्कर्ष निकालना किसी

भी रूप में सम्भव नहीं है। वस्तुनिष्ठता का तात्पर्य है–घटनाओं का अध्ययन ठीक उसी रूप में करना जिस रूप में वे है। कहने का तात्पर्य यह है कि वैज्ञानिक पद्धति का प्रयोग करते हुए अध्ययनकर्ता को प्रत्येक स्तर पर इस बात की विशेष सावधानी रखनी होती है कि उसके स्वयं के पूर्वाग्रहों, विचार, भावनाएं, पक्षपातपूर्ण दृष्टिकोण अध्ययन में बाधक नहीं बन जायें। उसे तो पूर्णतः निष्पक्ष (वस्तुनिष्ठ) होकर तथ्यों या घटनाओं का यथार्थ चित्रण करना है, निष्कर्ष निकालने हैं, प्राक्कल्पना की सत्यता या असत्यता को प्रमाणित करना है।

(8) **ज्ञान का आधार वैज्ञानिक पद्धति है :** मूर्त और अमूर्त सामाजिक तथ्यों के अध्ययन के लिए समाज-विज्ञान विभिन्न वैज्ञानिक पद्धतियों का प्रयोग करते हैं। उदाहरण के रूप में, ज्ञान प्राप्त करने या तथ्य एकत्रित करने हेतु समाजमिति (Sociometry), अवलोकन पद्धति, अनुसूची अथवा प्रश्नावली पद्धति , सामाजिक पद्धति, वैयक्तिक जीवन अध्ययन पद्धति, आदि का प्रयोग किया जाता है। इनमें से एकाधिक पद्धतियों को काम में लेते हुए सामाजिक घटनाओं का अध्ययन किया जाता है।

(9) **तथ्यों का वर्गीकरण एवं विश्लेषण किया जाता है :** असम्बद्ध या बिखरे हुए आंकड़ों या तथ्यों के आधार पर कोई वैज्ञानिक निष्कर्ष निकालना सम्भव नहीं है। सही निष्कर्ष निकालने के लिए यह आवश्यक है कि प्राप्त तथ्यों को व्यवस्थित एवं क्रमबद्ध किया जाये। इसके लिए तथ्यों को समानता के आधार पर विभिन्न वर्गों में बांटा जाता है। यह कार्य वर्गीकरण के अन्तर्गत आता है। इसके पश्चात् तथ्यों का सावधानीपूर्वक विश्लेषण किया जाता है। किसी भी विषय को विज्ञान माने का प्रमुख कारण यह है कि उसमें सही निष्कर्षों तक पहुंचने के लिए तथ्यों का वर्गीकरण एवं विश्लेषण किया जाता है।

(10) **अवलोकन द्वारा तथ्यों को एकत्रित किया जाता है :** वैज्ञानिक पद्धति के अन्तर्गत तथ्यों के संकलन हेतु अनुसन्धानकर्ता प्रत्यक्ष निरीक्षण और अवलोकन करता है। इसमें काल्पनिक या दार्शनिक विचारों को कोई स्थान नहीं दिया जाता। इनमें तो अध्ययनकर्ता स्वयं घटना-स्थल पर पहुंचकर घटनाओं का निरीक्षण और तथ्यों का संकलन करता है। यदि समाज-वैज्ञानिक को बाल-अपराध अथवा वेश्यावृत्ति की समस्या का अध्ययन करना है या भीड़ व्यवहार के सम्बन्ध में जानकारी प्राप्त करनी है तो वह इनसे सम्बन्धित तथ्यों को स्वयं घटनाओं का अवलोकन करते हुए एकत्रित करेगा।

(11) **क्या है इसका उल्लेख किया जाता है** : वैज्ञानिक पद्धति के अन्तर्गत वास्तविक घटनाओं की विवेचना की जाती है। कोई भी विज्ञान इस बात पर विचार नहीं करता कि क्या अच्छा है और क्या बुरा है अथवा क्या होना चाहिए और क्या नहीं होना चाहिए। वह तो घटनाओं या तथ्यों का यथार्थ चित्रण करता है वे जिस रूप में हैं उनका ठीक वैसा ही चित्रण करता है, 'क्या है' का ही उल्लेख करता है। उदाहरण के रूप में, विज्ञान तो सुंयक्त परिवार प्रथा या जाति-व्यवस्था का प्राप्त तथ्यों के आधार पर ठीक उसी रूप में उल्लेख करता है जिस रूप में वे हैं, न किं यह बताने का प्रयत्न कि वे अच्छी हैं या बुरी।

वैज्ञानिक पद्धति का अर्थ (Meaning of Scientific Method)

विज्ञान के अर्थ को समझ लेने के पश्चात् अब यह जान लेना आवश्यक है कि वैज्ञानिक-पद्धति किसे कहते हैं, यह क्या है, इसकी सहायता से अध्ययन कैसे किया जाता है। साधारणत: उस पद्धति को वैज्ञानिक पद्धति कहा जाता है जिसमें अध्ययनकर्ता तटस्थ या निष्पक्ष रहकर किसी विषय, समस्या या घटना का अध्ययन करता है। इस हेतु वह अवलोकन करता है, प्रश्नावली, अनुसूची या किसी अन्य प्रविधि की सहायता से तथ्य संकलित करता है, उनका वर्गीकरण एवं सारणीयन करता है, विश्लेषण एवं व्याख्या करता है,कार्य-कारण सम्बन्धों का पता लगाता है, सामान्यीकारण करता है, वैज्ञानिक निष्कर्ष निकालता और नियमों व सिद्धान्तों का प्रतिपादन करता है, उनका सत्यापन करता है। इससे उसकी पूर्वानुमान या भविष्यवाणी करने की क्षमता बढ़ जाती है।

वैज्ञानिक पद्धति के अर्थ के सम्बन्ध में **लुण्डबर्ग** ने लिखा है, "व्यापक अर्थ में वैज्ञानिक पद्धति तथ्यों के व्यवस्थित अवलोकन, वर्गीकरण तथा व्याख्या [निर्वचन (Interpretation)] से निर्मित है।" इसे अन्य शब्दों में स्पष्ट करते हुए आपने अन्यत्र लिखा है।, समाज-वैज्ञानिकों में यह दृढ़ विश्वास पाया जाता है कि उनके सम्मुख जो समस्याएं हैं, उनका समाधान सामाजिक घटनाओं के बुद्धिमत्तापूर्ण और व्यवस्थित अवलोकन, सत्यापन, वर्गीकरण तथा विश्लेषण द्वारा ही सम्भव है। अपने यथार्थ (परिशुद्ध)स्वरूप में इसी उपागम को वैज्ञानिक पद्धति कहते हैं।" **वुल्फ** ने लिखा है, "व्यापक अर्थों में कोई भी अनुसन्धान विधि जिसके द्वारा विज्ञान की रचना और विस्तार होता है, वैज्ञानिक-पद्धति कहलाती है।"

एनसाइक्लोपीडिया ब्रिटेनिका में लिखा है, वैज्ञानिक पद्धति एक सामूहिक शब्द है जो उन अनेक प्रक्रियाओं को व्यक्त करता है जिनकी सहायता से विज्ञानों का निर्माण होता है व्यापक अर्थ में, अन्वेषण की कोई भी पद्धति जिसकी सहायता

से वैज्ञानिक या अन्य निष्पक्ष तथ व्यवस्थित ज्ञान प्राप्त किया जाता है वैज्ञानिक पद्धति कहलाती है।" स्पष्ट है कि वैज्ञानिक पद्धति का सम्बन्ध व्यवस्थित ढंग से ज्ञान के संचय से है। इस पद्धति की सहायता से संचित ज्ञान के आधार पर ही कोई विषय विज्ञान का रूप ग्रहण करता है।

वैज्ञानिक पद्धति के चरण (Steps of Scientific Method)

प्रत्येक वैज्ञानिक अध्ययन क्रमबद्ध एवं व्यवस्थित होता है। वैज्ञानिक निष्कर्षों तक पहुंचने तथा नियमों एवं सिद्धान्तों का प्रतिपादन करने हेतु अध्ययनकर्ता को निश्चित चरणों से होकर गुजरना पड़ता है। जब वैज्ञानिक पद्धति की सहायता से कोई अध्ययन किया जाता है तो इस हेतु अध्ययनकर्ता को विभिन्न चरणों या सोपानों से होता हुआ सैद्धान्तीकरण (सामान्यीकरण) की अवस्था तक पहुंचना होता है। **लुण्डबर्ग** ने वैज्ञानिक पद्धति के चार चरणों का वर्णन किया है :

प्रथम, कार्यशील प्राक्कल्पना का निर्माण,

द्वितीय, अवलोकन एवं तथ्यों का आलेखन,

तृतीय, संकलित तथ्यों का वर्गीकारण एवं संगठन, तथा

चतुर्थ, सामान्यीकरण।

श्रीमती पी.वी. यंग ने वैज्ञानिक पद्धति के छः चरणों का उल्लेख किया है:

(i) अध्ययन हेतु समस्या का चुनाव,

(ii) कार्यशील प्राक्कल्पना का निर्माण,

(iii) वैज्ञानिक प्रविधियों की सहायता से समस्या या घटना का अवलोकन एवं खोज,

(iv) संकलित तथ्यों का आलेखन,

(v) तथ्यों का विभिन्न वर्गों में वर्गीकरण, तथा, सामान्यीकरण।

यहां हम वैज्ञानिक पद्धति के विभिन्न चरणों का विवरण प्रस्तुत करेंगे। ये चरण निम्नलिखित हैं :

(1) सर्वप्रथम अध्ययनकर्ता को किसी **समस्या का चुनाव** और उससे सम्बन्धित साहित्य या उपलब्ध सूचनाओं का अध्ययन करना होता है। समस्या का चुनाव काफा सोच-विचार के पश्चात् पूर्व-ज्ञान एवं पूर्व-अवलोकन को ध्यान में रखकर किया जाना चाहिए।

(2) समस्या का चुनाव कर लेने के पश्चात् **अध्ययन के उद्देश्यों का निर्धारण** किया जाता है। ये उद्देश्य सामान्य और विशिष्ट दोनों प्रकार के होते हैं।

(3) समस्या का चुनाव हो जाने के पश्चात् **प्राक्कल्पना का निर्माण** किया जाता है। **लुण्डबर्ग** के अनुसार प्राक्कल्पना एक कामचलाऊ निष्कर्ष या सामान्यीकरण है, जिसकी सत्यता की परीक्षा करना शेष है। प्राक्कल्पना अध्ययन की दिशा और क्षेत्र निर्धारित करने में योग देती है।

(4) **अध्ययन-क्षेत्र एवं अध्ययन की इकाई का निर्धारण** भी वैज्ञानिक पद्धति का एक प्रमुख चरण है। अध्ययन-क्षेत्र को निश्चित कर लेना इस दृष्टि से आवश्यक है कि अध्ययनकर्ता स्वयं यह जान ले कि उसे किस क्षेत्र का अध्ययन करना है ताकि वह व्यर्थ की सामग्री एकत्रित करने से बच सके। यदि अध्ययन क्षेत्र काफी बड़ा है और क्षेत्र की प्रत्येक इकाई का अध्ययन करना सम्भव नहीं है तो निदर्शन विधि की सहायता से कुछ इकाइयों का चुनाव कर लिया जाता है और उन्हीं का अध्ययन किया जाता है।

(5) क्षेत्र का निर्धारण कर लेने के पश्चात् अध्ययन हेतु **अध्ययन-पद्धतियों एवं उपकरणों का चुनाव** किया जाता है। अध्ययनकर्ता के उद्देश्यों एवं प्रकृति को ध्यान में रखकर यह निश्चित करता है कि उसे सूचनाएं एकत्रित करने के लिए साक्षात्कार विधि, अनुसूची अथवा प्रश्नावली का प्रयोग करना है या वैयक्तिक अध्ययन पद्धति या किसी अन्य विधि का। यदि वह साक्षात्कार विधि का प्रयोग कर रहा है तो अध्ययन के उपकरण के रूप में वह साक्षात्कार-निर्देशिका (Interview Guide) भी तैयार करता है।

(6) अब विषय-सामग्री या घटना का **सूक्ष्म एवं सावधानीपूर्ण अवलोकन** किया जाता एवं तथ्य संकलित किये जाते हैं। अवलोकन के अतिरिक्त अध्ययन की किसी अन्य विधि का सहारा भी तथ्य-संकलन हेतु लिया जाता है। संकलित तथ्यों को लिखा जाता है।

(7) तथ्यों का **वर्गीकरण, विश्लेषण एवं व्याख्या** भी वैज्ञानिक पद्धति का प्रमुख चरण है। एकत्रित चरण है। एकत्रित तथ्यों को समानताओं के आधार पर अलग-अलग वर्गों में बांटा जाता है। फिर सारणियां तैयार की जाती हैं एवं तथ्यों का विश्लेषण किया जाता है, कार्य-कारण सम्बन्धों का पता लगाया जाता है।

(8) तत्पश्चात् **सामान्यीकरण** किया जाता है, अर्थात् वर्गीकृत तथ्यों के प्रतिमान के आधार पर निष्कर्ष निकाले एवं सामान्य नियम बनाये जाते हैं। इन्हीं सामान्य नियमों को वैज्ञानिक सिद्धान्त कहा जाता है।

(9) फिर सामान्य नियमों की **जांच एवं पुनर्परीक्षण** किया जाता है। निष्कर्षों

एवं नियमों की जांच की जाती है, यह पता लगाया जाता है कि वे सार्वभौमिक रूप से सही हैं या नहीं अथवा उनमें किसी प्रकार के संशोधन की आवश्यकता है।

(10) तत्पश्चात् एकत्रित तथ्यों से प्राप्त निष्कर्षों के आधार पर भविष्यवाणी की जाती है, भविष्य की घटनाओं के सम्बन्ध में पूर्वानुमान लगाया जाता है।

इस प्रकार जब किसी विषय की अध्ययन-वस्तु इस वैज्ञानिक पद्धति (Scientific Method) को काम में लेते हुए प्राप्त की जाती है, वह विषय विज्ञान कहलाने का अधिकारी है। सही ज्ञान के संचय का आधार वैज्ञानिक पद्धति ही है। **कार्ल पियर्सन** ने लिखा है, "सत्य के लिए लघु (संक्षिप्त) मार्ग नहीं है, विश्व का ज्ञान प्राप्त करने के लिए वैज्ञानिक पद्धति के द्वार से गुजरने के अतिरिक्त कोई अन्य मार्ग नहीं है।"

सामाजिक अनुसन्धान में वैज्ञानिक पद्धति का उपयोग (Use of Scientific Method in Social Research)

कुछ लोगों का कहना है कि सामाजिक अनुसन्धान को वैज्ञानिक नहीं माना जा सकता क्योंकि सामाजिक घटनाओं की प्रकृति बहुत जटिल है, सामाजिक घटनाएं बदलती रहती हैं, सामाजिक घटनाओं में सार्वभौमिकता का अभाव पाया जाता है, सामाजिक घटनाओं को नापा–तोला नहीं जा सकता, सामाजिक घटनाओं के कार्य–कारण सम्बन्धों को ज्ञात नहीं किया जा सकता यह भी कहा जाता है कि सामाजिक विज्ञानों के पास प्रयोगशाला नहीं हैं, वे सार्वभौमिक नियमों का प्रतिपादन नहीं कर सकते, वे भविष्यवाणी करने में असमर्थ हैं। ऐसी स्थिति में सामाजिक विज्ञानों और उनके क्षेत्र में किये जाने वाले सामाजिक अनुसन्धानों को कैसे वैज्ञानिक माना जा सकता है। वास्तविकता यह है कि आज विभिन्न सामाजिक विज्ञानों में वैज्ञानिक पद्धति का प्रयोग किया जाता है। इसकी सहायता से तथ्य एकत्रित किये जाते हैं, उन तथ्यों के आधार पर नियमों का प्रतिपादन किया जाता है और ये नियम सार्वभौमिक होते हैं। ऐसी स्थिति में यह कहा जा सकता है कि सामाजिक विज्ञानों एवं सामाजिक अनुसन्धान की प्रकृति वैज्ञानिक है। समाजशास्त्र और इसके क्षेत्र में होने वाले अनुसन्धानों की प्रकृति भी वैज्ञानिक है क्योंकि इसमें विज्ञान की सभी विशेषताएं पायी जाती हैं। विज्ञान के प्रमुख तत्व या विशेषताएं निम्नलिखित हैं :

(i) अवलोकन,

(ii) सत्यापन तथा वर्गीकरण,

(ii) सामान्यीकरण,

(iv) वैज्ञानिक प्रवृत्ति।

इन पर इसी अध्याय में विज्ञान के प्रमुख तत्व या विशेषताएं शीर्षक के अन्तर्गत विचार किया जा चुका है।

समाजशास्त्रीय अध्ययनों में वैज्ञानिक-पद्धति का प्रयोग किया जाता है। इनमें तथ्य-संकलन के लिए सामाजिक सर्वेक्षण-पद्धति, वैयक्तिक जीवन-अध्ययन पद्धति, समाजमिति, अवलोकन, साक्षात्कार, अनुसूची, प्रश्नावली, आदि का उपयोग किया जाता है। इसमें ऐतिहासिक, तुलनात्मक एवं सरंचनात्मक प्रकार्यात्मक पद्धतियों का सहारा भी लिया जाता है। इनमें से उपयुक्त पद्धतियों का प्रयोग करते हुए तथ्य एकत्रित किये जाते हैं, सामाजिक घटनाओं का अध्ययन किया जाता है,

समाजशास्त्रीय अध्ययनों में 'क्या है' में रुचि ली जाती है, न कि 'क्या होना चाहिए' में। तात्पर्य यह है कि समाजशास्त्र में घटनाओं का वस्तुनिष्ठ तरीके से अध्ययन किया जाता है, उनका यथार्थ चित्रण किया जाता है। उदाहरण के रूप में, जब दहेज-प्रथा पर समाजशास्त्रीय दृष्टिकोण से विचार किया जाता है तो यही बताया जाता है कि दहेज प्रथा का वर्तमान स्वरूप क्या है, इसके लिए उत्तरदायी कारण क्या हैं, किन परिस्थितियों ने इसे प्रोत्साहन दिया, इस प्रथा का लोगों पर क्या प्रभाव पड़ता है, इसके परिणाम क्या हैं, आदि। समाजशास्त्री अपने अध्ययन में दहेज-प्रथा से सम्बन्धित इन बातों की ही विवेचना करता है, वह यह नहीं कहता है कि इस प्रथा का बन्द किया जाना चाहिए अर्थात् वह उपदेशात्मक या आदर्शात्मक बातें नहीं बताता है।

समाजशास्त्रीय अध्ययनों में कार्य-कारण सम्बन्धों की विवेचना की जाती है, प्राप्त तथ्यों के आधार पर सामान्यीकरण किया जाता है, नियम प्रतिपादित किये जाते हैं, उन नियमों का परीक्षण और पुनर्परीक्षण किया जाता हैं समाज-विज्ञानों के क्षेत्र में प्रतिपादित नियमों में सार्वभौमिकता का गुण पाया जाता है। समाजशास्त्रीय अध्ययनों की सहायता से न केवल वर्तमान भविष्य में घटित होने वाली सम्भावित घटनाओं के आधार पर भविष्यवाणी करने की क्षमता का काफी विकास कर लिया है। अतः हम कह सकते हैं कि चूंकि सामाजिक अनुसन्धानों में वैज्ञानिक पद्धति का प्रयोग किया जाता है, अतः इनकी प्रकृति वैज्ञानिक है।

वैज्ञानिक पद्धति के घटक : तथ्य, सिद्धान्त एवं अवधारणा (Constituents of Scientific Method : Fact, Theory and Concept)

समाजशास्त्रीय अनुसन्धान एवं सर्वेक्षण के द्वारा सामाजिक घटनाओं के बारे में वैज्ञानिक जानकारी प्राप्त की जाती है। समाजशास्त्र में सामाजिक घटनाओं का

जानने के लिए वैज्ञानिक पद्धति का प्रयोग किया जाता है। वैज्ञानिक पद्धति का उद्देश्य किसी भी घटना के बारे में वास्तविकता व सत्य की खोज करना होता है। इसके लिए एक वैज्ञानिक को सर्वप्रथम तथ्यों का संकलन करना होता है। तथ्यों के व्यवस्थित विश्लेषण के आधार पर वह सिद्धान्तों व अवधारणाओं का निर्माण करता है। तथ्य और सिद्धान्त सामाजिक शोध के दो प्रमुख आधार हैं। किन्तु किन्हीं भी सिद्धान्तों का प्रतिपादन करना एवं उन्हें समझना तभी सम्भव होता है जब हम इनसे सम्बन्धित अवधारणाओं को जान लें। अवधारणाओं से अध्ययन कार्य में बहुत सुविधा हो जाती है क्योंकि किसी भी घटना, परिस्थिति या प्रक्रिया को हम अवधारणा के माध्यम से एक या दो शब्दों में ही सरलतापूर्वक समझ सकते हैं। अवधारणाएं सिद्धान्तों के प्रतिपादन को सरल बना देती हैं। सामाजिक शोध में वस्तुनिष्ठता अथवा वैज्ञानिकता बनाए रखने के लिए तथ्य, सिद्धान्त और अवधारणाओं को सही अर्थों में जानना आवश्यक होता है। इस सन्दर्भ में **गुडे** तथा **हाट** ने कुछ ऐसी सावधानियों का उल्लेख किया है जो एक शोधकर्ता को ध्यान में रखनी चाहिए, वे हैं :

(1) एक शोधकर्ता को यह ध्यान में रखना चाहिए कि तथ्य और सिद्धान्त परस्पर विरोधी नहीं होते वरन् एक-दूसरे से सम्बन्धित होते हैं।

(2) सिद्धान्त कोई मनमाना विचार अथवा अटकलबाजी नहीं है वरन् यह पूर्णतया तथ्यों पर आधारित होता है।

(3) एक वैज्ञानिक का सम्बन्ध सिद्धान्त एवं तथ्य दोनों से घनिष्ठ रूप से होता है क्योंकि इनकी समुचित जानकारी एवं उपयोग के बिना उसका सारा अध्ययन अर्थहीन हो सकता है।

इस सन्दर्भ में हम यहां तथ्य, सिद्धान्त एवं अवधारणा की परिभाषा, विशेषताओं एवं पारस्परिक सम्बन्धों को जानने का प्रयत्न करेंगे।

तथ्य (Fact)

तथ्य की परिभाषा एवं विशेषताएं
(Definition and Characteristics of Fact)

चूंकि सामाजिक अनुसन्धान का प्रमुख उद्देश्य किसी घटना अथवा विषय से सम्बन्धित तथ्यों का संकलन करना एवं उनके विश्लेषण के आधार पार सार्थक निष्कर्ष निकालना होता है इसलिए वैज्ञानिक अध्ययन का सारा दारोमदार वास्तविक तथ्यों पर ही निर्भर होता है। प्रश्न उठता है कि तथ्य किसे कहते हैं? सामान्यतः तथ्य का अर्थ किसी भी ऐसी घटना के सन्दर्भ से है जो निश्चित और स्पष्ट होने के साथ-साथ वास्तविक रूप में घटित हुई हो तथा जिसकी वास्तविकता में किसी प्रकार की शंका न की जाती हो। विभिन्न समाज वैज्ञानिकों द्वारा तथ्यों की भिन्न-भिन्न

व्याख्या के कारण ही कई बार इसका अर्थ भ्रामक हो जाता है इसलिए **श्रीमती पी. वी. यंग** ने लिखा है– "यह एक ऐसा शब्द है जिसको परिभाषित करना बहुत कठिन है।" हम यहां विभिन्न विद्वानों द्वारा दी गई तथ्य की परिभाषाओं का उल्लेख करेंगे :

अमरेकिन कॉलेज शब्दकोश में तथ्य को परिभाषित करते हुए लिखा गया है–तथ्य वह है 'जो वास्तव में घटित हुआ है।' (What has really happened)। **श्रीमती पी. वी. यंग** के अनुसार तथ्य केवल मूर्त चीजों तक ही सीमित नहीं हैं। वरन् सामाजिक विज्ञान में विचार, अनुभव तथा भावनाएं भी तथ्य हैं। वे तथ्य को परिभाषित करते हुए लिखती हैं–"तथ्यों को ऐसे भौतिक या शारीरिक, मानसिक या उद्वेगात्मक घटनाओं के रूप में देखा जाना चाहिए जिनकी निश्चितता की परीक्षा की जा सके और जिन्हें सत्य के रूप में स्वीकार किया जा सके।"

थॉमस और **जैननकी** ने लिखा है कि "तथ्य स्वयं में एक भाववाचक शब्द है।"

गुडे तथा **हाट** के अनुसार, "तथ्य एक ऐसा अनुभवसिद्ध अवलोकन है जिसकी सत्यता की परीक्षा की जा सके।"

फेयरचाइल्ड के अनुसार, "तथ्य एक ऐसी घटना है जिसके अवलोकन तथा अनुमाप के विषय में सभी के बीच बहुत अधिक सहमति पाई जाती है।"

दुर्खीम सामाजिक तथ्य को एक वस्तु के रूप में देखते हैं और इसी आधार पर उनका वैज्ञानिक अध्ययन करने पर बल देते हैं।

उपर्युक्त परिभाषाओं के आधार पर निष्कर्ष रूप में हम यह कह सकते हैं कि तथ्य एक ऐसी घटना है जो वास्तव में घटित हुई हो तथा जिसका अवलोकन करना व अनुभव करना सम्भव हो। तथ्यों की विशेषताओं व प्रकृति के आधार पर हम उन्हें और अधिक स्पष्ट रूप से समझ सकते हैं।

तथ्य की विशेषताएं

(1) प्रत्येक तथ्य कुछ वास्तविकताओं पर आधारित होता है।

(2) तथ्यों का मानवीय अनुभवों से घनिष्ठ सम्बन्ध होता है।

(3) **थॉमस** तथा **जैननकी** का कथन है कि एक तथ्य किसी विशेष घटना अथवा प्रक्रिया को पूर्णरूप से स्पष्ट नहीं करता बल्कि, उसके किसी पक्ष को ही स्पष्ट करने में सहायक होता है।

(4) तथ्यों के सामाजिक स्वरूप को स्पष्ट करते हुए **दुर्खीम** लिखते हैं– "सामाजिक तथ्य व्यवहार का वह पक्ष है जिसका निरीक्षण वस्तुनिष्ठ रूप में सम्भव है और जो कि एक विशेष ढंग से व्यवहार करने को बाध्य

करता है।" श्री दुर्खीम के अनुसार सामाजिक तथ्य की दो प्रमुख विशेषताएं हैं–एक तो बाह्यता और दूसरी बाध्यता।

(5) तथ्य एक स्थिति या घटना की वास्तविकता है जिसको सभी लोग सच मान सकते हैं। अगर किसी को सन्देह है तो वह उसकी जांच (Verification) कर सकता है।

(6) तथ्य का सम्बन्ध सत्य से है यह एक ऐसी घटना है जिसे अधिकांश अध्ययनकर्ताओं द्वारा एक वास्तविकता के रूप में स्वीकार किया जा सकता है।

(7) तथ्य कोई भी वह घटना है जो वास्तव में घटित हुई हो वास्तविक रूप में विद्यमान हो।

(8) तथ्य सदैव मूर्त ही नहीं होते बल्कि अमूर्त भी हो सकते हैं।

(9) तथ्य एक ऐसी घटना है जिसे कि भाष्य की दुनिया में सच कहकर स्वीकार किया जाता है।

सामाजिक तथ्यों के अन्तर्गत हम उन सभी क्रियाओं, घटनाओं, विचारों तथा अनुभवों को सम्मिलित करते हैं जो व्यक्ति को ढंग से व्यवहार करने के लिए बाध्य करते हैं।

सिद्धान्त क्या है (What is Theory)

सिद्धान्त के अर्थ एवं प्रकृति को भली-भांति समझने की दृष्टि से यह आवश्यक है कि सर्वप्रथम यह जान लिया जाये कि सिद्धान्त क्या है। **पारसी एस. कोहन** (Percy S. Cohen) ने लिखा है कि सिद्धान्त शब्द एक खाली चैक की भांति है जिसका सम्भावित मूल्य उस चैक को काम में लेने वाले व्यक्ति पर निर्भर करता है। किसी कथन को सिद्धान्त कह देने का तात्पर्य कोहन के अनुसार उसके मूल्य को बढ़ा देना है कि वह (कथन) मात्र तथ्यों से अधिक है। यदि तथ्य सिद्धान्त के रूप में स्थापित नहीं हो पाते तो उनका कोई महत्व शेष नहीं रह जाता है। तथ्य तो घटित होने वाली विशिष्ट घटनाओं के बारे में ऐसे कथन मात्र हैं जिनके सत्य होने का विश्वास किया जाता है। सिद्धान्त विशिष्ट घटनाओं से सम्बन्धित नहीं होकर घटनाओं की सम्पूर्ण श्रेणियों या शृंखलाओं से सम्बन्धित होते हैं। यदि कोई यह कहता है कि उसने पेड़ से पत्ती को गिराते हुए देखा, तो वह एक तथ्य (Fact) बता रहा है। यदि कोई यह कहता हैं कि उसने पेड़ों से पत्तियों को गिरते हुए देखा तो उसने विशिष्ट घटनाओं से सम्बन्धित अनेक कथनों को एक साथ जोड़ा है जो कि एक जटिल तथ्य है। लेकिन यदि वह यह कहता है कि सभी

पत्तियों के बारे में जो कुछ कर रहा है, उसने सब कुछ अवलोकित नहीं किया है। कोई भी सब पत्तियों को गिरते हुए देख भी नहीं सकता। क्योंकि गिरने वाली पत्तियां असंख्य हैं, अनन्त हैं।

कोहन ने बताया है कि यह सच है कि सभी सिद्धान्त तथ्यों से परे जाते हैं, उनसे आगे निकल जाते हैं, परन्तु सभी कथन जो तथ्यों से आगे निकल जाते हैं सिद्धान्त नहीं हैं। यह इस कारण कि तथ्यों से परे जाकर व्यक्ति अनुमान लगाता है और ऐसे अनुमान को उपकल्पना (Hypothesis) कहते हैं। इस उपकल्पना को सिद्धान्त नहीं कहा जा सकता क्योंकि यह तो मात्र विशिष्ट घटनाओं या घटनाओं के विशिष्ट संकुलों के बारे में बतलाती है। इस उपकल्पना की निरीक्षण-परीक्षण के आधार पर जांच की जाती है, प्राप्त तथ्यों का वर्गीकरण किया जाता है, फिर आवश्यक अवधारणाओं को निर्मित किया जाता है और तत्पश्चात् सम्बन्धित तथ्यों की व्याख्या की जाती है। ऐसा सब कुछ करने के बाद सम्पूर्ण घटना का आनुभविक सामान्यीकरण किया जाता है। जो इस प्रकार की सभी घटनाओं के लिए सत्य होता है यह सब कुछ करने पर ही एक सिद्धान्त का निर्माण होता है।

मर्टन (Merton) की मान्यता है कि केवल उसी दशा में, जबकि अवधारणाएं एक योजना के रूप में अन्तःसम्बन्धित हो जाती हैं, एक सिद्धान्त पनपना प्रारम्भ होता है। अवधारणा का अर्थ स्पष्ट करते हुए गिब्स (Willard Gibbs) ने लिखा है कि अवधारणाएं वे स्वरूप हैं जिनमें परीक्षण के परिणाम व्यक्त किये जा सकते हैं। इन दोनों को मिलाने या संयुक्त करने पर हम सिद्धान्त तक पहुंच जाते हैं। अतः स्पष्ट है कि किसी परीक्षण का व्यक्त करने वाले कथनों (अवधारणाओं) के एक विशिष्ट सन्दर्भ-सरंचना में अन्तःसम्बन्धित स्वरूप को ही सिद्धान्त कहा जाता है। इस बात को अन्य शब्दों में इस प्रकार भी व्यक्त किया जा सकता है कि सिद्धान्त एक विशिष्ट सन्दर्भ-संरचना में अवधारणाओं का एक सामान्य जोड़ या परिसम्बन्ध है। स्वयं मर्टन ने लिखा है कि समाजशास्त्रीय सिद्धान्त तार्किक रूप से अन्तःसम्बन्धित ऐसे **तर्कवाक्यों के समूह** को कहते हैं जिनसे की आनुभविक या प्रयोगसिद्ध समानताओं का पता लगाया जा सकता है।

लूमिस (Loomis) ने सिद्धान्त को परिभाषित करते हुए बताया है, "तर्कसंगत ढंग से अन्तःसम्बन्धित, वे अवधारणाएं जिन्हें कि वैज्ञानिक के अवलोकनों (निरीक्षणों) द्वारा सुझाये गये तर्कवाक्यों (Propositions) में सम्मिलत किया गया हो, एक सिद्धान्त निर्मित करते हैं।" इस परिभाषा में सिद्धान्त की तीन प्रमुख विशेषताओं पर जोर दिया गया है:

(i) सिद्धान्त की कुछ अवधारणाओं का एक संयुक्तीकरण हैं;

(ii) ये अवधारणाएं तर्कसंगत ढंग से अन्त:सम्बन्धित होती हैं;

(iii) इन अवधारणाओं को वैज्ञानिक द्वारा निरीक्षण एवं सामन्यीकरण के आधार पर सुझाये गये कुछ तर्कवाक्यों में शामिल किया जाता है।

पारसन्स (Parsons) ने बताया है।, "सिद्धान्त कुछ ज्ञात तथ्यों से निकाले गये सामान्यीकरण (Generalization) से बनता है और वह इस अर्थ में कि कौन-से सामान्य कथनों को ज्ञात तथ्यों के समूह द्वारा तर्कसंगत माना जायेगा।" स्पष्ट है कि सिद्धान्त निर्माण हेतु प्रयोगसिद्ध तथ्यों से कुछ सामान्य निष्कर्ष निकाले जाते हैं और उन्हें कुछ सामान्य कथनों के माध्यम से व्यक्त किया जाता है। ज्ञात तथ्य-समूह द्वारा ही इन कथनों का औचित्य प्रमाणित किया जाता है। अत: सिद्धान्त के निर्माण हेतु प्रयोग सिद्ध तथ्यों से सामान्यीकरण किया जाता है। स्वयं पारसन्स ने बताया कि सिद्धान्त को खड़े होने के लिए किसी अनुभववादी आधार की आवश्यकता है। पारसन्स द्वारा प्रस्तुत सिद्धान्त की परिभाषा से स्पष्ट है कि सर्वप्रथम वास्तविक तथ्यों के निरीक्षण परीक्षण के आधार पर कुछ अवधारणाए विकसित की जाती हैं, तत्पश्चात् उन अवधारणाओं को तर्कपूर्ण ढंग से संयुक्त किया जाता है, फिर भी सम्पूर्ण घटना के सम्बन्ध में सामान्यीकरण किया जाता है। इसी सामान्यीकरण के आधार पर एक सिद्धान्त निर्मित किया जाता है।

टिमाशेफ (Timasheff) ने बताया है कि "एक सिद्धान्त कुछ ऐसे तर्कवाक्यों (Propositions) का एक समूह है जो आदर्श रूप में निम्नलिखिति शर्तों को पूरा करते हैं:

प्रथम, तर्कवाकयों को निश्चित परिभषित अवधारणाओं के रूप में प्रस्तुत किया गया हो;

द्वितीय, तर्कवाक्य पारस्पर एक-दूसरे के साथ सामंजस्यपूर्ण हों;

तृतीय, तर्कताक्य ऐसे हों ताकि उनसे मौजूदा सामान्यीकरण निगमनात्मक तौर पर (Deductively) निकाले जा सकें;

चतुर्थ, तर्कवाक्य निश्चित रूप से फलदायक हों अर्थात् वे आगे के अवलोकनों एवं सामान्यीकरणों को मार्ग दिखाने वाले हों ताकि ज्ञान का क्षेत्र आगे बढ़े।"

टिमाशेफ की उपर्युक्त परिभाषा से स्पष्ट है कि सिद्धान्त कुछ सुसंगत तर्कवाक्यों का अन्त:सम्बन्धित समूह हैं, और ये तर्कवाक्य निश्चित अवधारणाओं के रूप में व्यक्त किये जाते हैं, इसे मौजूदा सामान्यीकरण निकाले जाते हैं और ये आगे के अवलोकनों एवं सामान्यीकरणों का मार्ग दिखाते हैं।

यहां हमें यह ध्यान में रखना है कि सिद्धान्त अवलोकनों एवं सामान्यीकारणों से केवल कठोर आगमन (Induction) के माध्यम से निर्मित नहीं किये जा सकते।

सिद्धान्त का निर्माण एक रचनात्मक उपलब्धि है, और क्षेत्र में कार्य कर रहे सभी विद्वान सिद्धान्त निर्मित करने में सफल हो जायें, यह आवश्यक भी नहीं है। निर्मित किये गये प्रत्येक सिद्धान्त का सत्यापन (Verification) भी आवश्यक है। प्रारम्भिक रूप से सिद्धान्त को सत्यापित मान लिया जाता है यदि कोई भी ज्ञात तथ्य या सामान्यीकरण उसको खण्डित करता हुआ मालूम नहीं पड़ता। यदि कोई खण्डन या अंसगति हो, तो अन्तरिम या कामचलाऊ सिद्धान्त को या तो रद्द कर दिया जाता है अथवा उसे संशोधित कर दिया जाता है। आनुभाविक क्षेत्र में कोई भी सिद्धान्त अन्तिम नहीं होता है। अनुभाविक क्षेत्र में कोई भी सिद्धान्त अन्तिम नहीं होता है। परिस्थितियों के बदलने एवं नये तथ्यों के प्राप्त होने पर सिद्धान्त परिवर्तित करना और नया सिद्धान्त निर्मित करना आवश्यक हो जाता है।

सिद्धान्त की कुछ प्रमुख विशेषताएं (Characteristics) इस प्रकार है :

(1) एक सिद्धान्त ठीक से परिभाषित अवधारणाओं तथा तार्किक रूप से अन्त:सम्बन्धित तर्कवाक्यों (Interconnected propositions) द्वारा निर्मित होता है।

(2) एक सिद्धान्त एक व्यवस्थित प्रतीकात्मक रचना है। इसमें तथ्य की अनिवार्यता सम्मिलित नहीं है। सिद्धान्त–निर्माण एक रचनात्मक उपलब्धि है तथा इसमें प्रमाण से परे गुणात्मक छलांग सम्मिलित है।

(3) एक सिद्धान्त अपनी प्रकृति से ही कामचलाऊ या अन्तरिम (Provisional) होता है। वह संशोधन की दृष्टि से सदैव खुला है और यह संशोधन नवीन अन्तर्दृष्टि तथा प्रमाणों पर निर्भर करता है। समाजशास्त्रीय सिद्धान्त के लिए न तो यह सम्भव है और न ही उचित है कि वह अन्तिम प्रतिपादन (Formulation) हो।

(4) सिद्धान्त प्रारम्भिक तरीके से जांच–योग्य है, अर्थात् वह ज्ञात तथ्यों तथा उपलब्ध प्रमाणों के समूह के अनुरूप होता है।

(5) सिद्धान्त ऐसा व्यवस्थित प्रतिपादन (सूत्रीकारण–Formulation) है जिसके अन्तर्गत मानवतावादी परम्परा–Humanistic Tradition (मीमांसात्मक, रचनात्मक, आदि) की आवश्यकतओं का वैज्ञानिक परम्परा–Scientific Tradition [माप, कठोर आगमन (Induction), भविष्यवाणी की शक्ति, आदि] की मांगों से सामंजस्य बैठाया जाता है।

(6) सिद्धान्त सार्वभौमिक भी हो सकते है और नहीं भी। जो सिद्धान्त सार्वभौमिक होते हैं, वे सामान्यत: सभी स्थानों पर लागू होते हैं।

(7) सिद्धान्त समय-सापेक्ष होते हैं। इसका तात्पर्य यह है कि कोई सिद्धान्त सामान्यतः सदैव के लिए प्रभावशाली नहीं होता। 20 वर्ष पूर्व बना कोई सिद्धान्त परिस्थितियों के बदल जाने या नवीन तथ्यों के प्राप्त होने पर अपनी उपयोगिता या प्रभाव खो सकता है। ऐसी स्थिति में उसको परिवर्तित करने की आवश्यकता रहती है।

(8) कई समाजशास्त्रीय सिद्धान्त समाज की प्रकृति या आवश्यकताओं को ध्यान में रख कर बनाये जाते हैं। अतः यह आवश्यक नहीं है कि सभी देशों के सिद्धान्त समान हों। कुछ सिद्धान्त अवश्य ऐसे हो सकते हैं जो सभी समाजों में लागू हों जैसे दुर्खीम का आत्महत्या का सिद्धान्त (Durkheim's Theory of Suicide)।

(9) सभी सिद्धान्त भविष्यवाणी करने योग्य नहीं होते। जिन सिद्धान्तों के माध्यम से भविष्यवाणी की जाती है, वह (भविष्यवाणी) सही सिद्ध हो, यह आवश्यक नहीं है।

(10) सभी सिद्धान्त व्यावहारिक दृष्टि से उपयोगी नहीं होते। कुछ सिद्धान्तों का निर्माण तो ज्ञान-कोष की वृद्धि की दृष्टि से किया जाता है जबकि कई सिद्धान्त सामाजिक समस्याओं के समाधान हेतु निर्मित किये जाते हैं।

(11) सिद्धान्त स्वयं में अमूर्त होते हैं। अनुसन्धानकर्ता जाति, विवाह, नातेदारी, धर्म, परिवार, नगर, गांव, व्यवसाय, आदि अनेक सामाजिक-सांस्कृतिक प्रसंगों को देखता है। इन प्रसंगों के साथ व्यक्तियों, स्थानों, आदि का जो उल्लेख होता है, उससे परे या मुक्त होकर अमूर्तिकरण किया जाता है, यही सिद्धान्त है।

(12) सिद्धान्त इस प्रकार के हों कि उन्हें आनुभविक स्तर पर गलत सिद्ध किया जा सके। कुछ लोग मानते हैं कि एक बार जब सिद्धान्त निर्मित हो जाता है तो वह सदैव सत्य होता है, वह कभी गलत नहीं होता। किन्तु यह विचार त्रुटिपूर्ण है। आनुभविक परीक्षण के आधार पर उसे गलत भी सिद्ध किया जा सकता है। सिद्धान्त में संशोधन, परिमार्जन एवं परिवर्तन सम्भव है। परमाणु सिद्धान्त में पहले पमाणु को अविभाज्य माना गया बाद में इसे विभाज्य माना गया।

(13) सिद्धान्त में आनुभविकाता होनी चाहिए।

(14) सिद्धान्त में प्रयुक्त अवधारणाओं में तार्किक सम्बन्ध पाया जाता है। ऐसा न होने पर वे केवल कथन मात्र रह जाएंगे।

(15) सिद्धान्त परीक्षण योग्य होने चाहिए। व्यावहारिक जीवन में परीक्षण के बाद खरा उतरने पर ही सिद्धान्त, सिद्धान्त का दर्जा प्राप्त करता है।

(16) सिद्धान्त कामचलाऊ (Provisional) होते हैं। कोई भी सिद्धान्त सनातन नहीं होता, उसमें परिवर्तन होता रहता है। सिद्धान्त का निर्माण तथ्यों और अवधारणाओं से होता है। जब इनमें परिवर्तन आता है तो सिद्धान्त भी परिवर्तित होते हैं।

वर्तमान आवश्यकता इस बात की है कि समाजशास्त्रीय सिद्धान्तों को वैज्ञानिक विधियों के अनुरूप सत्य प्रमाणित होना है। इसके साथ ही वर्तमान समय की गम्भीर समस्याओं जैसे, सामाजिक तनाव, कुंठा, हिंसा, छात्र असन्तोष, अलगाव, सामाजिक तनाव, कुंठा, हिंसा, छात्र असन्तोष, अलगाव, सामाजिक व्यवहार के प्रेरक कारकों तथा राष्ट्रीय एवं अन्तर्राष्ट्रीय परिस्थितियों को ध्यान में रखकर समाजशास्त्रीय सिद्धान्तों का निर्माण समय की मांग है।

सिद्धान्तों के प्रकार (वर्गीकरण)
(Types of Theories (Classification)

समाजशास्त्र में जिन सिद्धान्तों का विकास हुआ है, वे सभी पूर्णतः समान या समरूप नहीं माने जा सकते। कुछ सिद्धान्तों में परिशुद्धता की मात्रा अन्य की तुलना में अधिक होती है।

कुछ सिद्धान्त काफी शुद्ध होते हैं जबकि कुछ अन्य परीक्षण-योग्य। तात्पर्य यह है कि सभी सिद्धान्तों की प्रकृति एक जैसी नहीं होती। सिद्धान्तों की प्रकृति एवं प्रवृत्ति को ध्यान में रखकर **परसी एस. कोहन** ने सिद्धान्तों के चार प्रकार बताये है :

(1) **तात्विक सिद्धान्त** (Metaphysical Theories) : तात्विक सिद्धान्तों की मुख्य विशेषता यह है कि ये वस्तुतः परीक्षण-योग्य नहीं होते, यद्यपि, उनका मूल्यांकन किया जा सकता है। कुछ तात्विक सिद्धान्तों का विज्ञान से कुछ भी लेना-देना या मतलब नहीं होता जबकि कुछ अन्य स्पष्टतः विज्ञान के अंग होते हैं। तात्विक सिद्धान्त ऐसी उपयोगी मान्यताएं निर्मित करते हैं जो सुझावात्मक भूमिका अदा करती हैं। इससे वैज्ञानिक सिद्धान्तों के विकास में सहायता मिलती है। ऐसे तात्विक सिद्धान्तों में 'प्राकृतिक प्रवरण का सिद्धान्त (Theory of Natural Selection) प्रमुख हैं।

(2) **विश्लेषणात्मक सिद्धान्त** (Analytic Therories) : इस प्रकार के सिद्धान्त एसे कई स्वयंसिद्ध कथनों (Axiomatic Statements) से बनते

हैं जो परिभाषा की दृष्टि से सत्य होते हैं तथा जिनसे अन्य कथन निकाले जाते हैं। ये सिद्धान्त वास्तविक संसार के बारे में शायद ही कुछ बताते हैं। इस प्रकार के सिद्धान्त तर्कशास्त्र एवं गणित में पाये जाते हैं।

(3) **आदर्शात्मक** (Normative Theories) इस प्रकार के सिद्धान्त ऐसी आदर्श स्थितियों के समूह को विस्तृत करते हैं जिनकी हम आकांक्षा (Aesthetics) में पाये जाते हैं। ये सिद्धान्त गैर–आदर्शात्मक प्रकृति के सिद्धान्तों के साथ अक्सर जुड़ जाते हैं और तब इनसे वैचारिकीयों (Ideologies) तथा कलात्मक सिद्धान्तों (Artistic Priniples) का निर्माण होता है।

(4) **वैज्ञानिक सिद्धान्त** (Scientific Theories) : एक वैज्ञानिक सिद्धान्त आदर्श रूप में एक सर्वव्यापी एवं आनुभविक कथन होता है जो दो या अधिक प्रकार की घटनाओं के बीच कारणात्मक सम्बन्ध पर जोर देता है। सरलम रूप में यह कहा जा सकता है कि जब 'अ' नामक घटना घटित होती है, तब 'ब' नामक घटना भी घटित होगी। वैज्ञानिक सिद्धान्त की प्रमुख विशेषताएं इस प्रकार हैं:

प्रथम, वैज्ञानिक सिद्धान्त सार्वभौमिक (Universal) होता है क्योंकि वह ऐसी दशाओं के बारे में बतलाता है जिनमें कोई घटना या घटना का कोई प्रकार घटित होता है।

द्वितीय, वैज्ञानिक सिद्धान्त आनुभविक (Empirical) या प्रयोगसिद्ध होता है। इसका यह तात्पर्य नही है कि वैज्ञानिक सिद्धान्त केवल आनुभविक अवलोकनों की ही उपज (Product) है। आनुभविक अवलोकन कुछ विशिष्ट घटनाओं से सम्बन्धित होते हैं जबकि सिद्धान्त सार्वभौमिक रूप से लागू होते हैं।

अत: सिद्धान्त केवल कुछ घटनाओं के बारे में कथन मात्र नहीं हो सकते। वैज्ञानिक सिद्धान्त इस अर्थ में आनुभाविक होते हैं कि उनसे ऐसे कथनों को निकाला जा सकता है जो विशिष्ट घटनाओं के बारे में है और जिनकी जांच अवलोकन द्वारा की जा सकती है।

एक सिद्धान्त को आनुभविक तभी माना जाता है यदि उसका परीक्षण किया जा सके। सिद्धान्त के परीक्षण योग्य होने क लिए आवश्यक है कि उसने ऐसे कथन निकाले जा सकें। जिनकी सत्यता की जांच अवलोकनों द्वारा की जरा सके। यदि वे कथन अवलोकनों के अनुरूप नहीं है अर्थात् उनके विपरीत हैं तो ऐसी दशा में सिद्धान्त को परिवर्तन अथवा रद्द कर दिया जाता है। **के. आर. पोपर** (K. R. Popper) ने ठीक ही कहा है कि "एक

सिद्धान्त आनुभविक है यदि यह सिद्धान्त रूप में, आनुभविक अवलोकन द्वारा खण्डित किया जा सके।"

तृतीय, एक वैज्ञानिक सिद्धान्त कारणात्मक (Causal) होना चाहिए। इसका तात्पर्य यह है कि वैज्ञानिक सिद्धान्त को यह स्पष्ट: बताना चाहिए कि घटना के कुछ प्रकारों के घटित होने के लिए कुछ दशाएं पर्याप्त हैं, या कि इसके लिए कुछ दशाएं अनिवार्य हैं। वैज्ञानिक सिद्धान्त की इस कारणात्मक विशेषता के सम्बन्ध में विद्वानों में मत-भिन्नता है:

(i) कुछ विद्वानों का कहना है कि सभी वैज्ञानिक सिद्धान्तों का कारणात्मक स्वरूप होता है;

(ii) अन्य का कहना है कि वैज्ञानिक सिद्धान्तों का कोई कारणात्मक स्वरूप नहीं होता;

(iii) कुछ का मानना है कि सभी वैज्ञानिक सिद्धान्तों का कारणात्मक स्वरूप होता है क्योंकि विज्ञान इस बात की विशेषत: व्याख्या करता है कि घटनाएं क्यों कैसे घटित होती हैं।

सिद्धातों के प्रकार्य (महत्व)
(Functions of Importance of Theories)

सिद्धान्तों के प्रकार्य (Functions) निम्नलिखित हैं :

(1) **सिद्धान्त सम्भावित समस्याओं की ओर इंगित करते हैं तथा नवीन अन्वेषणात्मक अध्ययन सुझाते हैं** (Theory suggests potential problems and produces new investigative studies) : फ्रान्सिस अब्राहम (Francis Abraham) ने ठीक ही कहा है कि एक फलदायक सिद्धान्त उपकल्पनाओं का भण्डार है तथा समाजशास्त्रीय अन्वेषण की प्रक्रिया के लिए प्रेरणा का निरन्तर स्रोत है बहुत से आनुभविक अन्वेषणों से सिद्धान्त निर्माण (Throry-building) में सहायता मिलती है।

(2) **सिद्धान्त तथ्यों की भविष्यवाणी करते हैं** (Theory paredicts facts) अन्तदृष्टि संबंधी ज्ञान, ऐतिहासिक विश्लेषण तथा सामाजिक समानताओं के अवलोकन पर आधारित एक सैद्धान्तिक व्यवस्था भविष्यवाणी के लिए आधार प्रदान करती है। प्रवृत्ति-कथन (Tendency-statements) शोध की उपयोगिता को और अधिक बढ़ा देते हैं क्योंकि इनसे अन्वेषण की दिशा में आगे बढ़ने में मदद मिलती है।

(3) **सिद्धान्त सामग्री को तथा उनके संबंधों को सुविधाजनक अवधारणत्मक-योजना में व्यवस्थित करता है** (Theory systematizes matters and their relationships into convenient conceptual scheme) : सिद्धान्त

अवलोकित नियमितताओं तथा सामाजिक समानताओं की व्याख्या ही नहीं करता, बल्कि, वह नियमों को भी सरल बनाता है और तथ्यों के ढेर को व्यवस्थित करता है। अन्य शब्दों में सिद्धान्त चरों (Variables) के बीच संबधों को एक अवधारणात्मक सन्दर्भ-ढांचे (Conceptual framework) में प्रस्तुत करता है।

(4) **सिद्धान्त विशिष्ट आनुभविक निष्कर्षों तथा सामान्य समाजशास्त्रीय उन्मुखताओं के बीच एक संबंध स्थापित करता है और ऐसा करके शोध की अर्थपूर्णता (उपयोगिता) को बढ़ाता है** (Theory establishes a linkage between specific emirical findings and general sociological orientations, thus, enhancing the meaningfulness of research) : एकाकी अध्ययनों के असम्बन्धित निष्कर्ष उस समय नवीन अर्थ ग्रहण कर लेते हैं जब उन्हें सही समाजशास्त्रीय परिप्रेक्ष्य में रखा जाता है। सिद्धान्त विशिष्ट आनुभविक सामान्यीकरणों तथा वृहद् समाजशास्त्रीय उन्मुखताओं (Orientaions) के बीच मध्यस्थ के रूप में काम करता है।

(5) **अर्थ प्रदान करने में, सिद्धान्त सत्य को प्रमाणित करता है** (In providing meaning, the theory also attests to truth) उपकल्पना की जांच उसे सिद्धान्त में ठीक बैठाने से भी उसी रूप में होती है जिस रूप में उसे तथ्यों मं ठीक से बैठाने में होती है। इसी प्रकार सिद्धान्त न केवल स्थापित नियमों द्वारा समर्थित होता है बल्कि, उनकी स्थापना में भी महत्वपूर्ण भूमिका निभाता है।

(6) **सिद्धान्त शोध का मार्गदर्शन करता है तथा अध्ययन किये जाने वाले तथ्यों के क्षेत्र को सीमित कर देता है** (Theory giudes research and narrows down the range of facts of be studied) : सिद्धान्त उपकल्पनाएं प्रदान करता है, अन्वेषण को दिशा देता है तथा शोधनकर्ता की कुछ चरों (Variables) की ओर ध्यान देने में मदद करता है।

प्रत्येक सिद्धान्त के वैज्ञानिक नियम होते हैं, इन नियमों से ही उपकल्पनाएं बनायी जाती हैं। प्रत्येक सिद्धान्त उपकल्पनाओं के निर्माण में सहायक होता है। इसे हम उदाहरण द्वारा प्रकट कर सकते हैं। दुर्खीम ने सामाजिक दृढ़ता के सिद्धान्त का प्रतिपादन करते हुए कहा कि समाज में सावयवी और यान्त्रिक दो प्रकार की दृढ़ताएं पायी जाती है। सावयी दृढ़ता का उदाहरण आधुनिक नगरीय एवं औद्योगिक समाज हैं जबकि यान्त्रिक दृढ़ता आदिम एवं ग्रामीण समाजों में पायी जाती है उसमें आत्महत्याएं कम होती हैं। इसी आधार पर यह निष्कर्ष निकाला कि नगरीय समाजों की तुलना में ग्रामीण एवं आदिम समाजों में आत्महत्याएं कत पायी जाती हैं क्योंकि ये समाज नगरीय समाजों की तुलना में अधिक सुदृढ़ हैं।

(7) **सिद्धान्त अन्वेषण या जांच के यन्त्र के रूप में काम करते हैं** (Theories serve as tools of inquiry) : वे शोध-प्रारूप (Research design) के प्रतिपादन में, प्रयोग करने में एवं तथ्यों के मापन तथा परिणाम निर्धारित करने में मदद करते हैं। यह सिद्धान्त का साधन के रूप में प्रयुक्त होने संबंधी प्रकार्य है।

(8) **सिद्धान्त हमारे ज्ञान में अन्तरालों (खाली जगह–Gaps) को बताता है और उन्हें भरने की दृष्टि से विस्तृत सामान्यीकरण प्रस्तुत करता है** ('Theory points to gaps in our knowledge and seeks to fill them with extensional generalizations') अब्राहम कापलैन (Abraham Kaplan) ने लिखा है, "महत्वपूर्ण क्या है कि नियम प्रचारित करते हैं जब वे एक सिद्धान्त में संयुक्त हो जाते है: सिद्धान्त घटक, धाय तथा धर्मपिता एक में सब कुछ समाहित करता है। सिद्धान्त की इस सेवा को 'सिद्धान्त का स्वत: शोध प्रकार्य (Heuristic function of theory) के रूप में जाना जाता है।"

(9) **सिद्धान्त के आधार पर मॉडल बनाए जाते हैं** (Models are constructe on the basis of theroy) : समाजशास्त्र में सिद्धान्त को आधार मानकर उसके मौलिक तत्वों के आधार पर मॉडल बनाए जाते हैं और मॉडल को वास्तविक जीवन के अध्ययन पर लागू किया जाता है। मर्टन में प्रकार्यवादी सिद्धान्त के आधार पर प्रकार्यात्मक मॉडल बनाया जिसमें ग्यारह मद (Items) रखे गए। कई विद्वान मॉडल एवं सिद्धान्त में कोई वास्तविकता नहीं हाते वरन् वास्तविकता के सदृश होते हैं, ये वास्तविकता की अनुकृति मात्र होते हैं।

(10) **सिद्धान्त अवधारणाओं के विश्लेषण में सहायक होते हैं** (Therories are helpful in analysing concepts) : उदाहरण के लिए, मर्टन ने प्रकार्य की अवधारणा में इकाई द्वारा सम्पूर्ण को दिया जाने वाले योगदान को प्रकार्य माना है। इससे पूर्व प्रकार्य का प्रयोग कई अर्थों में किया जाता रहा है। इससे पूर्व प्रकार्य का प्रयोग कई अर्थों में किया जाता रहा है, जैसे, उत्सव, समारोह, व्यवसाय, कर्ता तथा गणितीय अर्थ में चरों की पारस्परिक निर्भरता आदि। मर्टन ने प्रकार्य के इन परम्परागत अर्थों को प्रकार्य के सिद्धान्त में नहीं रखा। इस प्रकार से सिद्धान्त अवधारणाओं को स्पष्ट करते हैं।

सारांश के रूप में हम कह सकते हैं किस एक सिद्धान्त का मूल्यांकन इस रूप में नहीं किया जाता कि वह उर्वरक (उत्पादक–Productive) है या इस रूप में वह क्या उत्तर देता है। वास्तव में एक सिद्धान्त का मूल्य या उपयोगिता उन अनेक प्रश्नों में है जो वह उठाता है। एक उर्वरक सिद्धान्त सम्भावित समस्याएं सुझाता है, लाभदायक उपकल्पनाएं उत्पन्न करता है, नवीन परिप्रेक्ष्य प्रस्तुत करता

है तथा समाजशास्त्रीय अन्वेषण का मार्गदर्शन करता है। स्पष्ट है कि सिद्धान्त अपने आप में साध्य (Ends) हैं, और साथ ही अन्य साध्यों की दृष्टि से साधन (means) भी हैं।

तथ्य एवं सिद्धान्त में सम्बन्ध (Relation Between and Theory)

तथ्य एवं सिद्धान्त की अवधारणा को समझने से स्पष्ट होता है कि इन दोनों के बीच घनिष्ठ सम्बन्ध है। सिद्धान्त निर्माण में तथ्यों की भूमिका तथा तथ्यों की उपयोगिता को बनाए रखने में सिद्धान्त की भूमिका को स्पष्ट करने से ही तथ्य व सिद्धान्त के पारस्परिक सम्बन्ध को समझा जा सकता है।

सिद्धान्त निर्माण में तथ्यों की भूमिका

सिद्धान्तों का निर्माण तथ्यों के आधार पर ही होता है। उपयोगी तथा प्रामाणिक तथ्यों के अभाव में सिद्धान्त निर्माण की कल्पना भी नहीं की जा सकती। विभिन्न समाजशास्त्री स्वीकार करते हैं कि तथ्य ही सिद्धान्त के प्राण और रक्त हैं। **गुडे एवं हाट** ने सिद्धान्त निर्माण के क्षेत्र में तथ्यों की तीन महत्वपूर्ण भूमिकाओं का उल्लेख किया है। जिसके आधार पर सिद्धान्त से इनके सम्बन्ध को समझा जा सकता है:

(1) **तथ्य सिद्धान्त के निर्माण में सहायक होते हैं**। इस सन्दर्भ में मर्टन (Merton) ने लिखा है "एक स्वस्थ सिद्धान्त का निर्माण तथ्यों के उत्तम भोजन से ही होता है।" मानव के इर्द-गिर्द घटनाएं घटित होती रहती हैं और मानव इन घटनाओं का नियोजित अथवा अनियोजित रूप से अवलोकन करता रहता है। ऐसे अवलोकन से कई बार ऐसे तथ्य प्राप्त हो जाते हैं जिनके आधार पर सिद्धान्त निर्माण करना सम्भव हो जाता है। इस दशा को हम आविष्कार (Discovery) कहते हैं। मर्टन के अनुसार सिद्धान्त निर्माण का सम्बन्ध उन तथ्यों से है जो अवलोकन कर्ता की जिज्ञासु प्रवृत्ति के फलस्वरूप प्राप्त होते हैं। कोई तथ्य जब सिद्धान्त की पुष्टि करने के लिए एकत्रित किए जाते हैं। तब सामान्यत: वे सिद्धान्त निर्माण में अधिक सहायक होते हैं। **गुडे** एवं **हाट** लिखते हैं कि "तथ्य किसी सिद्धान्त का सूत्रपात तभी कर सकता है जब अध्ययनकर्ता तथ्य और सिद्धान्त के पारस्परिक प्रभाव के बारे में जागरूक हो।"

(2) **तथ्य विद्यमान सिद्धान्त को अस्वीकार करने अथवा उनका पुन: प्रतिपादन करने का आधार है**। सामाजिक शोध निरन्तर चलने वाली प्रक्रिया है और शोध के दौरान नये तथ्य सामने आते हैं। ऐसी स्थिति में

आवश्यक है कि नए तथ्यों के सम्बन्ध में सिद्धान्त को भी नया रूप दिया जाए। उदाहरण के लिए, कार्ल मार्क्स का "सामाजिक परिवर्तन का सिद्धान्त" मार्क्स से पहले कई समाजशास्त्रियों ने यह सिद्धान्त प्रतिपादित किया, किन्तु मार्क्स ने नवीन तथ्यों के आधार पर सामाजिक परिवर्तन प्रक्रिया को एक नया रूप दिया। जो पहले के सभी सिद्धान्तों से भिन्न था। इसी प्रकार दुर्खीम ने "आत्महत्या के सिद्धान्त" को नवीन तथ्यों के आधार पर प्रतिपादित किया। स्पष्ट है कि सिद्धान्तों का परिषकर करने में भी तथ्यों की भूमिका महत्वपूर्ण है।

(3) **सिद्धान्तों को पुनः परिभाषित करने तथा उन्हें स्पष्ट करने में भी तथ्यों की एक महत्वपूर्ण भूमिका है।** उदाहरण के लिए, कुछ समय पहले तक ही यह सिद्धान्त मान्य था कि 'बाल अपराध का प्रमुख कारण टूटे हुए परिवार हैं।'

अनेक शोध कार्यों द्वारा ऐसे तथ्य प्रकाश में आए जिनसे इस सिद्धान्त की प्रामाणिकता संदिग्ध हो गई। ऐसी स्थिति में स्पष्ट करना आवश्यक हो गया कि टूटें परिवार से हमारा क्या तात्पर्य है, किन दशाओं में टूटे परिवार बाल अपराध को प्रोत्साहन देते हैं। स्पष्ट है तथ्य ही वह आधार है जो नई परिकल्पनाओं के निर्माण में सहायक होते हैं तथा अध्ययन को एक अपयोगी दिशा प्रदान करते हैं

तथ्यों के लिए सिद्धान्तों की भूमिका

तथ्य सिद्धान्तों से प्रभावित होते हैं। सिद्धान्तों के अभाव में तथ्य निरर्थक है। **गुडे** एवं **हाट** ने सिद्धान्त की पांच महत्वपूर्ण भूमिकाओं को स्पष्ट करके तथ्य एवं सिद्धान्त की पारस्परिक निर्भरता को स्पष्ट किया है:

(1) **सिद्धान्त ही तथ्यों के विस्तार की सीमा सुनिश्चित करता है:** सिद्धान्त की मुख्य भूमिका यह है कि वह अध्ययन किए जाने वाले तथ्यों की स्थिति का निर्धारण करता है। सिद्धान्त ही यह हैं कि अध्ययनकर्ता को किन-किन तथ्यों पर अपना ध्यान केन्द्रित करना है तथा किस विधि से कुछ विशेष तथ्यों का समुचित अध्ययन किया जा सकता है। सिद्धान्त की सहायता से कम समय व कम धन द्वारा विश्वसनीय सामग्री प्राप्त हो जाती है।

(2) **सिद्धान्त कर दूसरा कार्य तथ्यों का वर्गीकरण करने तथा उनके आधार पर नवीन अवधारणाओं को विकसित करने के लिए** एक दृढ़ आधार प्रदान करना है। अध्ययन के अन्तर्गत शोधकर्ता को यदि पहले से ही किसी सिद्धान्त और उससे सम्बन्धित अवधारणाओं का ज्ञान नहीं

होता तो तथ्यों के सामने आ जाने पर वह उनका समुचित वर्गीकरण तथ विश्लेषण नहीं कर पाता।

(3) **तथ्यों का संक्षिप्तीकरण करने के क्षेत्र में भी** सिद्धान्तों की प्रमुख भूमिका होती है। संक्षिप्तीकरण करते समय कुछ महत्वपूर्ण तथ्यों के छूट जाने का भय रहता है ऐसी स्थिति में सिद्धान्त एक ऐसा आधार प्रदान करता है जिसके द्वारा तथ्यों को व्यवस्थित और संक्षिप्त रूप दिया जाता है। सिद्धान्त अध्ययनकर्ता की सम्पूर्ण चिन्तन–व्यवस्था को प्रभावित करता है।

(4) **सिद्धान्त तथ्यों के बारे में भविष्यवाणी करने में भी सहायक होते हैं**। जब सिद्धान्तों का निर्माण अतीत के अनेक अनुभवों के आधार पर किया जाता है तो उनकी सहायता से भविष्य में प्राप्त होने वाले तथ्यों की प्रकृति को समझना भी सरल हो जाता है। अध्ययन के दौरान नवीन तथ्य सामने आते रहते हैं, उनका वास्तविक बोध तब तक सम्भव नहीं हो सकता जब तक किसी स्थापित सिद्धान्त के सन्दर्भ में उनका मूल्यांकन न किया जाए।

(5) **सिद्धान्त की सहायता से ही ज्ञान के नवीन क्षेत्र की जानकारी प्राप्त की जा सकती है**। **गुडे** तथा **हाट** ने लिखा है कि अपराधी व्यवहार तथा अपराध के कारणों को लेकर पहले जो सिद्धान्त विकसित हुए थे वे मुख्यत: निम्न वर्ग से प्राप्त होने वाले तथ्यों पर ही आधारित थे। इन सिद्धान्तों ने यह दिशा भी दी कि मध्यम वर्ग तथा उच्च वर्गों से प्राप्त होने वाले तथ्य भी नए सिद्धान्त प्रतिपादित करने में सहायक हो सकते हैं। इस आधार पर सदरलैण्ड ने श्वेतसन अपराध के सिद्धान्त को प्रस्तुत किया।

अवधारणा (Concept)

प्रत्येक विज्ञान में कुछ अवधारणाएं अवश्य होती हैं, इन अवधारणाओं के माध्यम से अनुसन्धान में निकाले गए निष्कर्षों को प्रकट किया जाता है। एक अनुसन्धानकर्ता विभिन्न तथ्यों के बीच अन्त:सम्बन्धों का अध्ययन करता है अथवा किसी घटना या व्यवहार के प्रतिमान को वह एक या दो शब्दों की सहायता से दर्शाने का प्रयत्न करता है। तथ्यों का यह वर्ग ही अवधारणा के नाम से जाना जाता है। **सेल्टिज एवं अन्य** ने लिखा है कि अवधारणा अवलोकित घटनाओं की सहायता से उपकल्पनाओं का अवलोकन एवं सिद्धान्तों का निर्माण किया जा सकता है। प्राकृतिक विज्ञानों की अवधारणाएं सामाजिक विज्ञानों की तुलना में अधिक स्पष्ट हैं। सामाजिक विज्ञानों में प्रयुक्त अवधारणाएं अधिकांशत: हमारी बोलचाल की प्रचलित भाषा से ग्रहण की गई हैं अत: यह आवश्यक है कि हम इनके अर्थ और विशेषताओं को

स्पष्ट रूप से परिभाषित करें, व्याख्या करें। इसी सन्दर्भ में हम यहां अवधारणा की परिभाषा पर विचार करेंगे।

अवधारणा का महत्व (Importance of Concept)

वैज्ञानिक अन्वेषण का अन्तिम उद्देश्य सामान्य सिद्धान्तों के निर्माण करना होता है जो वास्तव में एक उच्च-स्तरीय अमूर्तता की अवधारणात्मक योजना होती है। कोई न कोई अनुसन्धानकर्ता जो अनुभव-जन्य अवलोकन करना चाहता है तथा अपने अवलोकन का विश्लेषण करना चाहता है तो उसे अवधारणत्मक संरचना का सहारा लेना पड़ता है। समाजशास्त्र जिसमें कि कई अवधारणात्मक शब्दों को सामान्य बोलचाल की भाषा से लिया गया है, जैसे–परिवार, विवाह, जाति, वर्ग, नातेदारी, आदि उनका अर्थ समाजशास्त्र में सामान्य अर्थों से भिन्न है, इसलिए अवधारणाएं सुस्पष्ट होनी चाहिए।

मर्टन का कथन है कि सिद्धान्त अवधारणाओं से बनते हैं। अवधारणाएं स्वयं में सिद्धान्त नहीं होतीं; जब विभिन्न अवधारणाएं परस्पर तार्किक रूप से जुड़कर उपकल्पनाओं का निर्माण करती हैं तो घटना की व्याख्या एवं विश्लेषण करने में सक्षम होने पर सिद्धान्तों का निर्माण होता है।

अवधारणाएं किसी भी प्रघटना, स्थिति एवं अनुभव का संक्षिप्तीकरण करके एक शब्द अथवा शब्द-समूह के माध्यम से अभिव्यक्त करने का तरीका हैं। उदाहरण के लिए, हम व्यक्तित्व, भीड़ एवं समूह की विभिन्न विशेषताओं को इन अवधारणाओं के माध्यभ से अभिव्यक्त करते हैं, अतः अवधारणाओं के माध्यम से अभिव्यक्ति सम्भव होती है।

अनुसन्धान में अवधारणाओं के माध्यम से प्रघटनाओं को समझने में सहायता मिलती है। अवधारणाएं सिद्धान्त निर्माण में प्रमुख भूमिकाएं निभाती हैं। अवधारणा का प्रत्येक शब्द सामाजिक जगत के एक विशेष पक्ष को व्यक्त करता है जिस किसी विशिष्ट लक्ष्य की दृष्टि से महत्वपूर्ण समझा जाता है।

अवधारणाएं विषय की विशिष्ट भाषा का निर्माण करती हैं जिसके माध्यम से संचार सम्भव हो जाता है। अवधारणाएं का प्रयोग करने वाले एक अवधारणा का अर्थ समान अर्थ में ही समझते हैं। इसी सन्दर्भ में गुडे एवं हाट ने लिखा है, किसी भी विज्ञान से सम्बन्धित अवधारणाओं को अत्यधिक विशिष्ट अर्थ में सम्प्रेषण योग्य होना चाहिए। उन्हें किसी भी प्रकार से अस्पष्ट अथवा सन्देहपूर्ण नहीं होना चाहिए। बल्कि, उनकी रचना इस प्रकार की होनी चाहिए कि उनका निर्माण करने वाली सभी इकाइयों को समझा जा सके।"

इसी अवधारणा के वास्तविक अर्थ के सम्प्रेषण पर ही उसकी उपयोगिता और सफलता निर्भर है।

सिद्धान्त निर्माण की दृष्टि से अवधारणाओं का अमूर्तिकरण आवश्यक है। अमूर्त अवधारणाओं के माध्यम से ही सिद्धान्त निर्मित कर विशिष्ट आनुभाविक प्रघटनाओं के घटित होने को दर्शाया जा सकता है।

अवधारणाओं का महत्व दर्शाते हुए **गुडे** एवं **हाट** ने लिखा है कि अवधारणा को विकसित करने की प्रक्रिया अनुभवजनित ज्ञान को प्राप्त करने व उससे निष्क निकालने में सहायक सिद्ध होती हैं। तथ्यों के एक वर्ग या समूह के गुणों क समझना, उनका अध्ययन करना, उन्हें व्यवस्थित और पृथक करना अवधारणा के माध्यम से सम्भव होता है। अवधारणाएं हमारे विचारों को पनपाने की दृष्टि से आवश्यक हैं।

एक अनुसन्धानकर्ता जब नवीन तथ्य संकलित करता है तो वह यह अनुभव करने लगता है कि तथ्यों के वास्तविक अर्थ को स्पष्ट किए बिना उनका समुचित संचार सम्भव नहीं है और यह कार्य केवल अवधारणाओं के विकास से ही हो सकता है।

इस प्रकार से अवधारणाएं वैज्ञानिक पद्धति का ही एक अंग है जिनके समुचित प्रयोग के बिना सामाजिक शोध को वस्तुनिष्ठ रूप नहीं दिया जा सकता। अन्त में हम **मर्टन** के शब्दों में कह सकते हैं कि "हमारा अवलोकन तथा एकत्रित तथ्य कितने ही महत्वपूर्ण क्यों न हों किन्तु अवधारणाओं के अभाव में किसी भी शोध का कोई महत्त्व नहीं है।"

अवधारणा की परिभाषा (Definition of Concept)

विभिन्न विद्वानों ने अवधारणा को निम्नांकित प्रकारों से परिभाषित किया है

मैक्लीलैण्ड के अनुसार, "एक अवधारणा, विभिन्न प्रकारों के तथ्यों का लघु प्रतिनिधित्व है। इसका उद्देश्य उनेक घटनाओं को एक सामान्य शीर्षक के अन्तर्गत सम्मिलित करके सोच की प्रक्रिया को सरल बनाना है।"

गुडे एवं **हाट के** अनुसार, "अवधारणाएं एक अमूर्त सार है जो यथार्थता के किसी विशेष पक्ष का प्रतिनिधित्व करता है।"

पी. वी. यंग के अनुसार, "तथ्यों के प्रत्येक नए वर्ग को जिसे कि अन्य वर्गों से कुछ निश्चित विशेषताओं के आधार पर पृथक् कर लिया गया हो, को एक नाम या एक लेबल दे दिया जाता है, संक्षेप में हम उसे अवधारणा कहते हैं। वास्तव में एक अवधारणा तथ्यों के एक वर्ग या समूह की एक संक्षिप्त परिभाषा है।"

फेयर चाइल्ड के अनुसार अवधारणाएं वे विशिष्ट मौखिक संकेत है जो कि एक वैज्ञानिक निरीक्षण एवं चिन्तन के आधार पर निकाले गए सामान्यकृत विचारों को स्पष्ट करने के लिए प्रयुक्त किए जाते हैं।"

नेचमियास एवं **नेचमियास** के अनुसार, "एक अवधारणा एक अमूर्त संकेत है जो एक वस्तु, वस्तु के गुणों अथवा एक निश्चित घटना का प्रतिनिधित्व करती है।"

शैरेग क्लेरेन्स के अनुसार, "अवधारणाएं वे शब्द अथवा संकेत हैं जो किसी सिद्धान्त को एक शब्दावली प्रदान करते हैं तथा उसकी विषय-वस्तु का बोध कराते हैं।"

उपर्युक्त परिभाषाओं के आधार पर हम कह सकते हैं कि एक अवधारणा किसी वस्तु, प्रघटना अथवा तथ्य के बारे में किया गया अमूर्त निरीक्षण है। दसूरे शब्दों में जब हम अनेक विशेषताओं को एक शब्द द्वारा व्यक्त करते हैं तो वह शब्द अवधारणा कहलाता है। उदाहरण के लिए, 'जाति' एक अवधारणा है जिसके अन्तर्गत अनेक अवधारणाएं समाहित हैं;

जैसे ये वंशानुगत हैं, इसकी सदस्यता जन्मजात है, एक जाति के सदस्य अपनी ही जाति में विवाह करते हैं, प्रत्येक जाति का परम्परागत व्यवसाय होता है, खान-पान के नियम होते हैं तथा जाति में उच्चता एवं निम्नता का सोपान पाया जाता है आदि। जब एक समाजशास्त्री दूसरे समाजशास्त्री से वार्तालाप करता है और वह जाति शब्द का प्रयोग करता है तो इसका अर्थ दूसरा समाजशास्त्री उसी अर्थ में समझता है। समाजशास्त्र में इस प्रकार से अनेक अवधारणाओं का उदाहरण लिया जा सकता है; जैसे समाज, संस्कृति, प्रस्थिति, भूमिका, समुदाय, संस्था, समूह, वर्ग, नेतृत्व, शक्ति आदि।

अवधारणा की विशेषताएं (Characteristics of Concept)

विभिन्न परिभाषाओं के आधार पर हम अवधारणाओं की निम्नांकित विशेषताओं का उल्लेख कर सकते हैं:

(1) अवधारणाओं के एक समूह की एक ऐसी संक्षिप्त परिभाषा होती है जिसे एक दो शब्दों में व्यक्त किया जाता है।

(2) अवधारणा किसी व्यवहार प्रतिमान की सम्पूर्ण व्याख्या नहीं होती उसका संकेत मात्र होती है।

(3) अवधारणा का निर्माण वैज्ञानिक चिन्तन के आधार पर होता है।

(4) अवधारणा का एक तार्किक आधार होता है और उसका निर्माण प्रत्यक्ष ज्ञान, वास्तविक निरीक्षण व यथार्थ अनुभव के बल पर होता है।

(5) अवधारणा सिद्धान्त का संक्षिप्त रूप नहीं होती वरन् तथ्यों के एक वर्ग की विशेषताओं को संक्षेप में बताने वाला तथ्य होता है।

(6) अवधारणा में आवश्यकतानुसार परिवर्तन भी होता रहता है।

(7) अवधारणा किसी विशेष व्यवहार प्रतिमान को अभिव्यक्त करने वाला एक संक्षिप्त और व्यवस्थित वक्तव्य है।

(8) अवधारणा की प्रकृति परिवर्तनशील होती है क्योंकि समय, स्थान एवं उपकरणों के परिवर्तन तथा नए तथ्यों की प्राप्ति के साथ इसमें अक्सर परिवर्तन करना आवश्यक हो जाता है।

(9) अवधारणा केवल एक सारांश नहीं है बल्कि, यह तथ्यों के किसी एक वर्ग का संक्षेप में स्पष्ट करने वाला प्रतीक हैं।

(10) अवधारणाएं ही वह मुख्य आधार हैं जिनकी सहायता से उपयोगी परिकल्पनाओं का निर्माण किया जा सकता है।

6

ए.आर. रैडक्लिफ-ब्राउन
(A.R. Radcliffe-Brown : 1851-1955)

जीवन-चित्रण तथा कृतियां
(Biographical Sketch and Writings)

एल्फ्रेड रेजिन्लड रैडक्लिफ-ब्राउन का जन्म 17 जनवरी, 1881 को इंग्लैण्ड में बर्मिघम में स्पार्कबुक नामक स्थान पर हुआ। उनका देहान्त अफ्रीका में ग्राहम्सटाउन मे 24 अक्टूबर, 1955 को हुआ। **एल्फ्रेड** केवल पांच वर्श के ही थे उनक पिता का निधन हो गया। परिवार भरण-पोषण करने के लिए मां को नौकरी करनी पड़ी। **रैडक्लिफ-ब्राउन** का बचपन बहुत कठिनाइयों और संघर्ष में बीता। उनकी स्कूली शिक्षा बर्मिघम में हुई और बाद में अपने बड़े भाई का प्रोत्साहन पाकर उन्होंने बर्मिंघम विश्वविद्यालय में प्री-मेडिकल किया। इसके उपरान्त वे कैम्ब्रिज विश्वविद्यालय गए, जहां उन्होंने ट्रिनटी कांलेज में नैतिक विज्ञान का अध्ययन किया। 1909 में उन्होने एम.ए. की डिग्री प्राप्त की।

कैम्ब्रिज में वे दो नृशास्त्रियों **डब्ल्यू.एच.आर. रिवर्स** तथा **ए.डी. हैडन** के सम्पर्क में आए। इन दोनों विद्वानों ने 1898 में टोरेस स्ट्रेटस के ऐतिहासिक अभियान में भाग लिया था। इनसे प्रभावित होकर रैडक्लिफ-ब्राउन भी नृशास्त्र में रुचि लेने लगे। 1906 में उन्हें नृजातिशास्त्र में अध्ययन के लिए एंथनी विल्किन छात्रवृत्ति प्रदान की गई। इस छात्रवृत्ति और रॉयल सोसायटी तथा भारत सरकार की वित्तीय सहायता से वह अण्डमान द्वीप समूह गए।

वहां उन्होंने 1908 तक क्षेत्रीय शोध-कार्य किया। इंग्लैण्ड लौटकर वे लन्दन स्कूल ऑफ इकॉनामिक्स में प्राध्यापक बन गए। किन्तु थोड़े समय बाद ही वे कैम्ब्रिज के ट्रिनिटी कांलेज में लौट गए और वहां तुलनात्मक समाजशास्त्र पढ़ाने लगे। कैम्ब्रिज में उनको काफी ख्याति मिली। उनके क्रान्तिकारी विचारों के कारण उनका नाम

"अनार्की ब्राउन" पड़ गया। उन्होंने अपनी विशिष्ट शैली विकसित कर ली। बातचीत करने के ढ़ग व अपने पहनावे पर वे विशेष ध्यान देते थे। उन्होंने अपना जीवनक्रम इस तरह विकसित किया जिसमें वह अपने समय का अधिकतम उपयोग कर सकें। वे अपनी आदतों तथा बाहरी तौर-तरीकों के प्रति इतना सजग थे कि सोने का भी उनका खास सलीका था।

1910 में **रैडक्लिफ-ब्राउन** पुनः क्षेत्रीय शोधकार्य के लिए निकले। इस बार वे आदिम लोगों का अध्ययन करने के लिए पश्चिमी ऑस्ट्रेलिया गए। वहां का उनका अधिकतर काय्र सर्वेक्षण जैसा था। परन्तु ऑस्ट्रलिया में किसी प्रशिक्षित सामाजिक नृशास्त्री द्वारा किया जाने वाला यह पहला अध्ययन था। प्रथम विश्व युद्ध के दौरान **रैडक्लिफ-ब्राउन** पुनः ऑस्ट्रेलिया गए और वहां उन्होंने मास्टर के रूप में काम किया। 1918 में सेहत बिगड़ जाने के कारण उन्हें दक्षिण अफ्रीका में जोहन्सबर्ग जाना पड़ा। वहां 1920 में उन्हें केपटाउन विश्वविद्यालय में सामाजिक नृशास्त्र की प्रथम पीठ का अध्यक्ष नियुक्त किया गया।

रैडक्लिफ-ब्राउन मानवशास्त्रियों में प्रकार्यवाद के एक प्रमुख प्रवर्तक हैं। परन्तु इनके प्रकार्यवादी दृष्टिकोण को ठीक से समझने के लिए स्वयं 'प्रकार्य' के अर्थ को समझ लेना आवश्यक होगा।

सामाजिक संरचना का सिद्धान्त (Theory of Social Structure)

सामाजिक संरचना के सम्बन्ध में जिन मानवशास्त्रियों ने अपने विचारों को व्यवस्थित रूप में प्रस्तुत किया है उनमें **रैडक्लिफ-ब्राउन** का नाम विशेष रूप से उल्लेखनीय है। इसी सन्दर्भ में **एस.एफ.नैडेल** ने लिखा है कि समाजशास्त्रीय कृतियों में सामाजिक संरचना की कोई भी निश्चित परिभाषा हमें देखने को नहीं मिलती है। इस वाक्यांश का प्रयोग **हरबर्ट स्पेन्सरस** तथा **दुर्खीम** ने किया था और अब तो यह इतना अधिक सामान्य हो गया है कि इसका बहुत प्रयोग समाजशास्त्रीय पुस्तकों में होता है, फिर भी इसे निश्चित ढंग से परिभाषित करने के विषय में विभिन्न विद्वान् अधिक सचेत प्रतीत नहीं होते हैं। विभिन्न समाजशास्त्रीश्य साहित्य में सामाजिक संरचना का प्रयाग विस्तृत अर्थ में तथा अस्पष्ट ढंग से किया जाता है। फलतः सामाजिक संरचना,व्यवस्था, संगठन, संकुल, प्रतिमान, प्ररूप, यहां तक कि 'समग्ररूप में समाज' का पर्यायवाची हो गया है।

सामान्य रूप में यह कहा जा सकता है कि प्रत्येक संरचना का निर्माण एकाधिक अंगों के संयोग से ही होता है, कोई भी संरचना अखंड नहीं हो सकती। इस सम्बन्ध में दूसरी बात यह है कि इन अंगों में परस्पर एक सम्बन्ध होता है और वह सम्बन्ध

अपेक्षाकृत स्थायी भी होता है। अगर अंगों का पारस्परिक सम्बन्ध अत्यधिक अस्थायी है तो संरचना के निर्माण के लिए आवश्यक सहयोग प्रदान करना उन अंगों के लिए सम्भव न होगा। अंगों में अन्त:सम्बन्धों के अभाव का अर्थ होगा अपूर्ण संरचना इस प्रकार यह कहा जा सकता है कि संरचना स्थायी तत्त्वों या अंगों का एक प्रतिमान है और इस कारण इनमें अत्यधिक परिवर्तनशील तत्त्वों या अंगों का एक प्रतिमान है और इसी कारण ही इनमें अत्यधिक परिवर्तनशील तत्वों को सम्मिलित नहीं किया जाता है।

इसीलिए **नैडेल** ने लिखा है कि सामाजिक संरचना के समस्त विद्यार्थी इस बात से सहमत है कि 'सरंचना' के अध्ययन में हम आवश्यक रूप में सम्पूर्ण वस्तु या 'समग्र' के अनतर्गत 'अंगों' के अन्त:सम्बन्ध या क्रमबद्धता का अध्ययन करते हैं। वे इस बात से भी सहमत है कि विशलेषण 'सामाजिक' उस 'समग्र' की प्रकृति या विशेषता को प्रकट करता है जोकि 'समाज' या उसी कोई उपविभाजन, न कि 'संस्कृति' या उसका कोई भाग है।

सामाजिक संरचना की अवधारणा के सम्बन्ध में, जहां तक कि समग्र के अन्तर्गत विभिन्न अंगों के विद्यमान होन का प्रश्न है, कोई भी मतभेद या झगड़ा नहीं है, परन्तु स्वयं इन अंगो या भागों की प्रकृति के सम्बन्ध में विद्वानों के विचारों में अत्यधिक भिन्नता देखने को मिलती है। यह बात निम्नलिखित विवेचना से स्पष्ट हो जाएगी।

रैडक्लिफ के विचार (Views of Radicliffe-Brown)

अपनी एक कृति (1950) में **रैडक्लिफ-ब्राउन** ने स्पष्टत: लिखा है कि "सामाजिक संरचना के अंग मनुष्य ही है और स्वयं संरचना संस्थात्मक रूप में परिभाषित तथा नियमित सम्बन्धों के अन्तर्गत व्यक्तियों का एक व्यवस्थित रूप या क्रमबद्धता है।" आपने यह भी लिखा है कि प्रत्यक्ष निरीक्षण से हमें ज्ञात होता है कि मनुष्य परस्पर सामाजिक सम्बन्धों के जटिल जाल द्वारा एक-दूसरे से सम्बन्धित हैं। वास्तविक रूप में विद्यमान सम्बन्धों के इस जाल को दर्शाने के लिए 'सामाजिक संरचना' वाक्यांश का प्रयोग किया गया है। परन्तु स्मरण रहे कि सम्बन्धों के इस जाल को बनाने वाला स्वय मनुष्य ही है और सम्बन्धों का ताना-बाना उन्हीं मनुष्यो के बीच में होता है। सामाजिक अन्त:क्रियाओं के दौरान ये सम्बन्ध अधिक स्पष्ट तथा नियमित हो जाते है, या यूं कहिए, कि सामाजिक संस्थाओं द्वारा ये सम्बन्ध परिभाषित तथा नियमित हो जाते हैं। इस प्रकार परिभाषित व नियमित सम्बन्ध समाज के सदस्यों का एक निश्चित ढंग से व्यवस्थित कर देता हैं व्यक्तियों या समाज के सदस्यों का यह व्यवस्थित रूप ही सामाजिक संरचना है। इसे एक-दूसरे प्रकार

से भी प्रस्तुत किया जा सकता है। संस्थागत रूप में परिभाषित व नियमित सम्बन्ध व्यक्ति को दूसरे व्यक्तियों से एक निश्चित ढंग संयुक्त करता है। इस संयुक्तीकरण के फलस्वरूप समाज के सदस्य अपनी समाज-व्यवस्था के अन्तर्गत एक निश्चित ढंग से सज जाते हैं। इस प्रकार सजे ढंग से या व्यवस्थित रूप से समाज के सदस्य जिस प्रतिमान को बनाते हैं वही सामाजिक सरंचना है। अपने इस मत का अधिक स्पष्ट रूप में समझाने के लिए **ब्राउन** ने ऑस्ट्रेलिया था अफ्रीका के जनजातीय सम्बन्धों को ही अभिव्यक्ति है। ये सम्बन्ध एक विशिष्ट ढंग से नातेदारों को एक-दूसरे से संयुक्त करते हैं और उन्हें कतिपय निश्चित स्थिति भी प्रदान करते हैं। इन स्थितियों पर विराजमान ये नातेदार सम्मिलित रूप में जिस प्रतिमान का निर्माण करते हैं उसे नातेदारों संरचना कहते हैं। यही ढंग या क्रमबद्धता सामाजिक जीवन के अन्य क्षेत्रों में भी देखने को मिलती है। उदाहरण के लिए विवाह का ही लीजिए। दक्षिण अफ्रीका की **थोंगा** और **बांटू** जनजातियों में बधू-मूल्य के रूप में ढोर, जिसे कि **'लाबोला'** कहा जाता है, देने की प्रथा है। विवाह से सम्बन्धित यह प्रथा अनेक लोगों को एक-दूसरे से संयुक्त करती है और वह इस रूप में कि **'लाबोला'** को एकत्र करने में केवल एक व्यक्ति के अपने ही परिवार के सदस्य नहीं, बल्कि उसके निकट नाते-रिश्तेदार भी सहायता करते हैं। यही लाबोला वधू के भाई के विवाह के लिए या अन्य किसी निकट नाते-रिश्तेदारों के विवाह में सहायता स्वरूप दे दिया जाता है। इस प्रकार विवाह-संस्था के द्वारा दो परिवारों के सदस्य परस्पर सम्बन्धित ही नहीं हो जाते हैं बल्कि उनमें एक का आर्थिक सहयोग भी पनपता है। इस रूप में संस्थागत रूप में परिभाषित व नियमित विवाह सम्बन्ध वह कड़ी बन जाती है जोकि दो परिवारों के सदस्यों को सामाजिक-आर्थिक क्षेत्र में जोड़ती या मिलती है और उन्हें कतिपय निश्चित स्थिति प्रदान करती हुई एक विशिष्ट ढंग से व्यवस्थित भी करती है। यह व्यवस्था जिस प्रतिमान का निर्माण करती है वह सामाजिक संरचना की ही एक उप संरचना होती है जिसकी इकाई या अंग स्वयं सरंचना के अन्तर्गत विभिन्न सामाजिक स्थितियों पर आसीन स्वयं मनुष्य ही है। इसी दृष्टिकोण से लिखी गई अपनी एक कृति Structure and Function in Primitive Society (1952) में **रैडक्लिफ-ब्राउन** ने सामाजिक संरचना की अपनी उपरोक्त परिभाषा को कुछ संशोधित रूप में इस प्रकार प्रस्तुत किया है कि सावयवों के रूप में नही अपितु, सामाजिक संरचना के अन्तर्गत स्थितियों पर आसीन रहनेवालों के रूप विवेचित मनुष्यों से ही सामाजिक संरचना बनती है।

ब्राउन के अनुसार सामाजिक संरचना एक 'गतिशीलता निरन्तरता' है। वह एक मकान की संरचना की तरह स्थिर नहीं अपितु, जीवित मनुष्य के शारीरिक ढांचे की भांति एक गतिशील निरन्तरता है। मनुष्य के सम्पूर्ण जीवनकाल में (अर्थात

जन्म से मृत्यु तक) प्रकृति उसे शारीरिक ढांचे से निरन्तर कुछ-न-कुछ परिवर्तन करती रहती है, उसी प्रकार सामाजिक जीवन में मनुष्य सामाजिक संरचना को भी निरन्तर बदलता रहता है। इस परिवर्तन का तात्पर्य यह नहीं है कि संरचना के आधारीभूत तत्त्व बदल जाते हैं। उदाहरणार्थ, शारीरिक संरचना में जो परिवर्तन होता रहता है उसका तात्पर्य यह नहीं कि दो से चार हाथ बन जाते हैं या पेट बदलकर पैर का रूप धारण कर लेता है। परिवर्तन का अर्थ इन अंगों में होने वाले निरन्तर विकास या विनाश से है। बचपन से लेकर युवावस्था तक हाथ, पैर आदि शरीर के विभिन्न अंगों की कार्यक्षमता का विकास होता है और फिर वृद्धावस्था में वही क्षमता धीरे-धीरे क्षीण होती जाती है। इसका तात्पर्य यह हुआ कि 'संरचना' स्वयं तो स्थायी है, पर उसके अन्तर्गत दूसरी वस्तुओं में परिवर्तन हो सकता है। यही बात सामाजिक संरचना के सम्बन्ध में भी सत्य है। सामाजिक संरचना मनुष्यों से बनती है। यह संरचना स्वयं तो स्थायी है, पर इसके अन्तर्गत मनुष्य भी स्थायी या अमर हैं ऐसी बात नहीं है, उनमें विकास व विनाश या परिवर्तन निरन्तर ही होता रहता है। समाज में नए सदस्य जन्म लेते हैं, दूसरे समाज या समुदाय से नए सदस्य आते हैं और अपने समुदाय को छोड़कर अन्य समुदाय में जा बसने के लिए लोग चले भी जाते हैं। उसी प्रकार विवाह और विवाह-विच्छेद दोनों ही होते हैं। युद्ध में लोग मरते हैं तो कोई नया अविष्कार करके अमर भी बन जाते हैं। राजा भिखारी बन जाता है तो भिखारी शासक की स्थिति को प्राप्त कर सकता है। समाज के सदस्यों या मनुष्यों में होने वाले इन परिवर्तनों का प्रभाव 'संरचना' पर भी पड़ता है। इसके फलस्वरूप 'वास्तविक संरचना' में परिवर्तन हो सकता है और होता भी है परन्तु 'सामान्य सरंचनात्मक स्वरूप' पूर्ववत् ही बहुत-कुछ स्थिर रहता है। यहां 'वास्तविक संरचना' से तात्पर्य स्वयं समाज के सदस्य या मनुष्यों से है जिनसे वास्तविक रूप में संरचना बनती है। इस प्रकार यदि हम तुलनात्मक रूप में स्थिर किसी समुदाय में आज जाएं और दस वर्ष के पश्चात् फिर वहां जाएं तो हम निश्चत ही यह पाएंगे कि उस समुदाय के बहुत-से सदस्य मर चुके हैं और अन्य बहुत-से पैदा हों गए हैं और पुराने जो सदस्य उस समय भी जीवित है वे पहले की अपेक्षा दस बर्ष और बुढ़े हो चुके हैं। अर्थात् दस साल बाद उस समुदाय की वास्तविक संरचना में हमें पर्याप्त परिवर्तन देखने को मिलेंगें। परन्तु उस संरचना के आधारभूत स्वरूप बहुत-कुछ पूर्ववत् ही रहेंगे। परन्तु इसका तात्पर्य यह नहीं है कि सामान्य संरचनात्मक स्वरूप में कोई परिवर्तन होता ही नहीं। कभी-कभी तो युद्ध, विद्रोह या क्रान्ति के फलस्वरूप में भी एकाएक परिवर्तन हो जाता है।

रैडक्लिफ-ब्राउन ने सामाजिक संरचना के स्थानीय पहलू पर भी विचार किया है। उनका कथन है कि ऐसा बहुत ही कम होता है कि कोई समुदाय या समाज

संसार के अन्य सभी समाजों से पूर्णतया पृथक् हो और उसका उन अन्य समाजों से कुछ भी सम्पर्क न हो। वर्तमान समय में सामाजिक सम्बन्धों का जाल समस्त संसार में फैला हुआ है। फिर भी प्रत्येक सामाजिक संरचना का एक स्थानीय पहलू होता ही है। स्मरण रहे कि **हर्षकांविट्स** ने, जैसे कि पहले ही लिखा जा चुका है, सांस्कृतिक क्षेत्र का उल्लेख करके संस्कृति की संरचना के एक स्थानीय पहलू के प्रति हमारा ध्यान आकर्षित किया है। **ब्राउन** ने लिखा है कि अगर हम दो समाजों की सामाजिक संरचना का तुलनात्मक अध्ययन करना चाहते हैं तो यह आवश्यक है कि दोनों ही संरचनाओं के स्थानीय पक्षों पर भी विचार कर लें। जिस प्रकार यह सम्भव नहीं कि हम समाज की विवेचना उस भौगोलिक क्षेत्र से पूर्णतया पृथक् कर दें जहां कि उसके सदस्य बसे हुए हैं क्योंकि यह भौगोलिक क्षेत्र भी उन सदस्यों के व्यवहार व व्यक्तित्व को कुछ-न कुछ प्रभावित करता ही है, उसी प्रकार सामाजिक संरचना के अध्ययन में भी स्थानीय आधारों का अध्ययन आवश्यक है।

प्रकार्यवाद (Functionalism)

मानवशास्त्रियों में प्रकार्यवाद के एक प्रमुख प्रवर्त्तक **रैडक्लिफ-ब्राउन** हैं। परन्तु इसक प्रकार्यवादी दृष्टिकोण को ठीक से समझने के लिए स्वयं 'प्रकार्य' के अर्थ को समझ लेना आवश्यक होगा।

प्रकार्यवाद की अवधारणा (Concept of Function)

प्रकार्य की अवधारणा सामाजिक संगठन व व्यवस्था से सम्बन्धित है। यह अवधारणा 19वीं शताब्दी के अन्तिम चरण में तत्त्वज्ञान-सम्बन्धी तर्क-वितर्क के मध्य प्रकाश में आई एवं क्रमशः स्पष्ट होती गई। इसका सप्ष्टतर रूप डार्विनवाद का परिणाम था जिसे समाजशास्त्रीय साहित्य से आयात करने का श्रेय **हरबर्ट स्पेन्सर** को है। इस अवधारणा को प्रस्तुत करने का उद्देश्य समाज या सामाजिक जीवन में होने वाले निरन्तर परिवर्तन व समाज-व्यवस्था को कतिपय प्राणिशास्त्रीय सत्यताओं के आधार पर परिभाषित करना था। इस अवधारणा के अनुसार साज एक अखंड व्यवस्था उसी भांति नहीं है जिस भांति कि सावयव एक अखंड व्यवस्था नहीं है। सावयव का निर्माण अनेक कोष्ठों के योग में होता है और ये कोष्ठ किस सीमा तक अपने-अपने निर्धारित कार्यों को करते हैं, उसी पर उस सावयव की स्थिरता, निरन्तरता या उसमें पाया जाने वाला संगठन निर्भर करता है। उसी प्रकार समाज भी अनेक इकाइयों के योग से बना है और समाज-व्यवस्था या संगठन भी इन इकाइयों के कार्यों पर निर्भर हैं साथ ही सावयव के विभिन्न अंग व कार्य प्रारम्भ से ही सुस्पष्ट नहीं होते अपितु उनका धीरे-धीरे परन्तु, निरन्तर विकास होता है

और उस विकास के दौरान में कार्यों का विशेषीकरण भी होता जाता है। समाज पर भी यही नियम लागू होता है। इस प्रकार, विशेषत: प्रारम्भ में, सामजिक व्यवस्था या संगठन को एक उद्‌विकासीय प्रकार्यात्मक प्रक्रिया के रूप में देखा गया।

रैअक्लिफ-ब्राउन, जोकि प्रकार्यवाद के एक प्रमुख समर्थक हैं, ने यह स्पष्टत: स्वीकार किया है कि प्रकार्यवाद तथा सावयवीवाद (Organicism) में एक अविच्छिन्न सम्बन्ध है। उन्होंने लिखा है कि "मानव-समाजों पर प्रयोग किए जाने वाले प्रकार्य की अवधारणा सामजिक जीवन पर तथा सावयवी जीवन में पाई जाने वाली समानता या समरूपता पर आधारित है यह समरूपता और उसके कुछ परिणामों को दी जाने वाली मान्यता कोई नई नहीं है। 19वीं शताब्दी में इस प्रकार की समरूपता, प्रकार्य की अवधारणा और स्वयं यह शब्द सामाजिक दर्शनशास्त्र तथा समाजशास्त्र में प्राय: देखने को मिलते थे। जहां तक मैं जानता हूं, समाज के वैज्ञानिक अध्ययन के हेतु प्रयोग में लाने के लिए इस अवधारणा को सर्वप्रथम सन् 1895 में **इमाइल दुर्खीम** ने प्रतिपादित किया था।"

प्रकार्य के अनेक सम्भावित अर्थ हो सकते हैं। उनमें **चार** महत्वपूर्ण हैं :

(1) गणितशास्त्र अर्थ में प्रकार्य

(2) उपयोगी कार्यकलाप के रूप में प्रकार्य,

(3) उपुर्यक्त कार्यकलाप के रूप में प्रकार्य, तथा

(4) व्यवस्था-निर्धारित तथा व्यवस्था-पोषक कार्यकलाप के रूप में प्रकार्य।

इन अर्थों की संक्षेप में विवेचना आवश्यक है।

(1) गणितशास्त्रीय दृष्टिकोण से प्रकार्य का अर्थ उस तत्त्व से होता है जिसका मूल्य-निर्धारण दूसरे एक या एकाधिक तत्त्वों के द्वारा होता है। यदि 'अ' बराबर है 'ब' के तो 'अ' का प्रकार्य है 'ब' का मूल्य-निर्धारण करना। उसी प्रकार यदि 'अ' बराबर है 'ब' 'स' 'द' आदि के तो 'अ' का प्रकार्य इन तीनों का मूल्य निर्धारण करना है। इस अर्थ में प्रकार्य की उपयोगिता समाजशास्त्रीय अध्ययन के लिए वास्तव में अत्यधिक होती यदि समस्त सामाजिक सम्बन्धों को हम गणितशास्त्रीय प्रकार्य के रूप में अभिव्यक्त कर पाते। परन्तु ऐसा होना सम्भव नहीं है क्योंकि सामाजिक सम्बन्ध वास्तव में अमूर्त है और उन्हें गणित के रूप में व्यक्त नहीं किया जा सकता।

(2) उपयोगी कार्यकलाप या केवल 'कार्यकलाप' के रूप में भी प्रकार्य का अर्थ जगाया जा सकता हैं। इस अर्थ में प्रकार्य शब्द का प्रयोग रोज की बोलचाल में होता है। सार्वजनिक तथा संस्थागत उत्सवों तथा कार्यकलापों

का 'प्रकार्य' कहा जाता है। यदि कांलेज की समाजशास्त्रीय समिति ने अपने सदस्यों को आगरा घुमाने की व्यवस्था की तो वह उसका प्रकार्य हो गया और यदि संयुक्त परिवार ने अपने सदस्यो को आर्थिक सुरक्षा प्रदान कर दी तो वह भी उसका प्रकार्य ही हुआ। इस अर्थ में, समाजशास्त्रीय विश्लेषण के लिए 'प्रकार्य' शब्द अर्थ ही है कयोंकि इसके अन्तर्गत तो मनुष्यों द्वारा किए गए सभी कार्यकलाप किसी-न-किसी रूप में समा जाएंगे। इस प्रकार की सामान्यता व अनिश्चितता को सामाजशास्त्र अपने प्रयोग के लिए स्वीकार नहीं कर सकता।

(3) तृतीय अर्थ में प्रकार्य 'उपर्युक्त कार्यकलाप' है। स्मरण रहे कि 'उपर्युक्त कार्यकलाप' किसी भी अर्थ में उपयोगी कार्यकलाप' का पर्यायवाची नहीं है। यह हो सकता है कि किसी उद्देश्य की प्राप्ति के लिए या आवश्यकता की पूर्ति के लिए एक क्रिया बिना उपयुक्त हुए ही उपयोगी हो। उदाहरणार्थ, गरीबी से तंग आकर एक व्यक्ति आत्महत्या कर सकता है, ऐसा उसके लिये उपयोगी होते हुए भी सामाजिक दृष्टिकोण से उसके उस कार्य को उपयुक्त नहीं कहा जा सकता। प्रकार्यवाद की एकाधिक अवधारणाएं प्रकार्य के इसी अर्थ से सम्बन्धित हैं।

(4) अन्त में, प्रकार्य को व्यवस्था-निर्धारित तथा व्यवस्था-पोषक कार्यकलाप के रूप में देखा जा सकता है। इस अर्थ का सारतत्त्व यह है कि सामाजिक जीवन आधारभूत रूप में व्यवस्थाओं में समाविष्ट होता है। इन व्यवस्थाओं में, किसी भी तत्त्व या इकाई के बारे में निर्णय-व्यवस्था द्वारा उसका निर्धारण व्यवस्था द्वारा उसका निर्धारण व्यवस्था को बनाए रखने में उसके स्थान के सन्दर्भ में किया जाना चाहिए। यह अर्थ द्वितीय या तृतीय अर्थ से कहीं अधिक व्यापक है। इसीलिए एकाधिक समाज-शास्त्रियों तथा मानव-शास्त्रियों ने प्रकार्य को इसी अर्थ में प्रयोग किया है। उनके अनुसार सामाजिक-सांस्कृतिक जीवन अनेक व्यवस्थाओं का एक योग है, जैसे कि आर्थिक व्यवस्था, राजनीतिक व्यवस्था, धार्मिक व्यवस्था, सांस्कृतिक व्यवस्था आदि। इनके सुयुक्त रूप को प्राय: 'सामाजिक व्यवस्था' की संज्ञा दी जाती है। इनमें से प्रत्येक व्यवस्था के अन्तर्गत एकाधिक तत्त्व या इकाइयां होती हैं। इन इकाइयों का निर्धारण उस व्यवस्था-विशेष के द्वारा ही होता है, अर्थात् सम्पूर्ण व्यवस्था से निकाल फेंक कर उस इकाई, तत्त्व या अंग की विवेचना या कल्पना नहीं की जा सकती। व्यवस्था द्वारा निर्धारित होने पर भी इनमें से प्रत्येक तत्व या इकाई का एक निश्चित स्थान स्वयं व्यवस्था

में ही होता है और उस स्थान पर रहते हुए वे इकाइयां जो अपने-अपने निर्धारित कार्यों को करती हैं वे कार्य ही सम्मिलित रूप में व्यवस्था को बनाए रखते हैं। व्यवस्था द्वारा निर्धारित तथा व्यवस्था के पोषक उसकी इकाई की क्रियाओं को ही प्रकार्य कहते हैं।

रैडक्लिफ-ब्राउन ने 'प्रकार्य' को उपरोक्त चतुर्थ अर्थ में परिभाषित किया है। उनके अनुसार "किसी सामाजिक तत्त्व का प्रकार्य उस तत्त्व का वह योगदान है जोकि वह सामाजिक व्यवस्था की क्रियाशीलता के रूप में सामाजिक जीवन को करता है।" आपने अपने विचारों को और भी स्पष्ट करत हुए यह लिखा है कि जब इस प्रकार्य की अपधारणा को सामाजिक विज्ञान में प्रयोग में लाया जाता है तो यह मान लिया जाता है कि पशु सावयव की भांति मानव-समाजों के अस्तित्व कें लिए भी कुछ आवश्यक दशाएं होती हैं। इन आवश्यक दशाओं या शर्तों में सबसे प्रमुख शर्त यह है कि समाज के विभिन्न अंगों या तत्त्वों को अपने-अपने निर्धारित कार्यों को ढंग से करते रहना चाहिए। इनके इन कार्यों के फलस्वरूप ही सम्पूर्ण सामाजिक जीवन का अस्तित्व होता है क्योंकि समाज या सामाजिक जीवन स्वयं ही एक व्यवस्था है और इस व्यवस्था की क्रियाशीलता ही सामाजिक जीवन की निरन्तरता व अस्तित्व का कारण होता है। सामाजिक व्यवस्था की क्रियाशीलता इस व्यवस्था के अन्तर्गत पाए जाने वाले तत्त्वों की क्रियाओं का एक संयुक्त रूप होता है। इस प्रकार सामाजिक व्यवस्था के विभिन्न तत्त्व अपनी-अपनी क्रियाओं के द्वारा सामाजिक जीवन या स्वयं समाज कमे अस्तित्व को बनाए रखने में अपना योगदान देते हैं। सामाजिक इकाइयों या तत्त्वों का यह योगदान हो, **रैडक्लिफ-ब्राउन** के मतानुसार, उन तत्वों का 'प्रकार्य' है।

रैडक्लिफ-ब्राउन का प्रकार्यवाद (Functionalism of Radcliffe- Brown)

आपके मतानुसार संरचना और प्रकार्य की अवधारणाओं का प्रयोग तभी हो सकता है जब समाज तथा जीवित सावयव को स्वीकार कर लिया जाए। इस समानता को और भी विकसित रूप में प्रस्तुत करते हुए तथा प्रकार्य के अर्थ को अधिक स्पष्ट करते हुए **रैडक्लिफ-ब्राउन** ने लिखा है कि सावयव का जीवन उसकी संरचना के प्रकार्य के रूप में देखा जा सकता है प्रकार्य की निरन्तरता के माध्यम से ही संरचना की निरन्तरनता बनी रहती हैं। यदि हम किसी एक भाग या अंग की विवेचना करे तो उसका प्रकार्य वह भूमिका है जोकि वह अदा करता है या वह योगदान है जोकि वह समग्र रूप में सावयव के जीवन को देता हैं। **रैडक्लिफ-ब्राउन** का विश्वासव है कि सावयवी व्यवस्थाओं द्वारा तीन समस्याओं को खड़ा किया गया है : रचनाशास्त्र अर्थात् संरचना का अध्ययन, शरीर-शास्त्र अर्थात् प्रकार्य का अध्ययन

तथा उद्‌विकास (Evolution or Development)। ये तीन प्रश्न या विषय सामाजिक, जीवन पर भी लागू होते हैं। हम एक सामाजिक संरचना के अस्तित्व को देख सकते है, व्यक्ति, आवश्यक इकाइयों के रूप में, एक सम्बद्ध समग्रता के अन्तर्गत कुछ निश्चित सामाजिक सम्बन्धों द्वारा एक-दूसरे से सम्बन्धित हैं। संरचना की निरन्तरता सामाजिक जीवन की प्रक्रिया द्वारा बनाए रखी जाती है। एक समुदाय का सामाजिक जीवन संरचना को प्रकार्य है।

मैलिनोवस्की तथा **रैडक्लिफ-ब्राउन** के दृष्टिकोण में एक आधारभूत अन्तर हमें देखने को मिलता है। **रैडक्लिफ-ब्राउन** ने भी **मैलिनोवस्की** की भांति सांस्कृतिक तत्वों के कार्यों पर अत्यधिक बल दिया। परन्तु **मैलिनोवस्की** की तरह **रैडक्लिफ-ब्राउन** ने सांस्कृतिक तत्त्वों के इन कार्यों के द्वारा 'व्यक्ति' के अस्तित्व पर अधिक जोर न देकर 'समाज' के अस्तित्व को अधिक प्रधानता दी। आपके मतानुसार सांस्कृतिक तत्त्व जो कार्य करते रहते हैं उससे अन्तिम रूप में समाज का एक अस्तित्व बना रहता है या बना रहना सम्भव होता है। आपने अपने विचार को और भी स्पष्ट करने के लिए सांस्कृतिक संगठन की सावयवी संगठन से तुलना की है। एक सावयव अनेक कोष्ठों की एक संगठित तथा जटिल व्यस्था होती है और इन कोष्ठों से ही सावयव या शरीर के विभिन्न अंग बनते हैं। इन अंगों में से प्रत्येक अंग का सम्पूर्ण सावयवी व्यवस्था में एक या कुछ विशेष कार्य होता है। कोई भी यह नहीं कह सकता कि इनमें से कोई अंग किसी प्रकार का भी कार्य नहीं करता। प्रत्येक अंग का कार्य बंटा हुआ है, फिर भी ये अंग एक-दूसरे से परे नहीं हैं, प्रत्येक अंग अपने कार्यों को उचित ढंग से करने के लिए दूसरे अंगों से सम्बन्धित तथा उन पर आश्रित होता है। इस प्रकार कार्यों के आधार पर शरीर के विभिन्न अंगों में अन्त:सम्बन्ध तथा अन्त:निर्भरता हुआ करती है जिसके फलस्वरूप सम्पूर्ण शरीर या सावयव में एक प्रकार का संगठन पाया जाता है। जब तक सावयव जीवित है तब तक यह संगठन भी अनिवार्य है। साथ ही यह स्मरण रहे कि सम्पूर्ण सावयव या कोष्ठ इनके कार्यों के बिना वास्तव में अर्थहीन ही है। जो बात सावयव और इसके विभिन्न कोष्ठों के सम्बन्ध में सच है, वही बात संस्कृति, उसके तत्त्वों और उनमें पाए जाने वाले संगठन के सम्बन्ध में भी सच है।

प्रकार्यवाद की आलोचना (Criticism of Functionalism)

समाजशास्त्र से प्रकार्यवाद का परिचय कराने का श्रेय जीव-विज्ञान के आविष्कारों विशेषकर **डार्विन** की खोज के आधार पर **हरबर्ट स्पेन्सर** को है। फिर इस कार्य को आगे बढ़ाने का काम मानवशास्त्रियों जैसे **रैडक्लिफ-ब्राउन, मैलिनोवस्की, नैडेल** आदि ने किया। पर आधुनिक समाजशास्त्रियों ने प्रकार्यवाद को उस रूप में

स्वीकार करने से इनकार कर दिया, जिस रूप में कि मानवशास्त्री उसे प्रस्तुत करते हैं क्योंकि, उनके अनुसार, प्रकार्यवाद में अपनी कुछ उल्लेशनीय कमियां हैं।

इसीलिए आधुनिक समाजशास्त्र में जिस प्रकार्यवाद को देखते हैं। वह केवल 'प्रकार्यवाद' न होकर 'संरचनात्मक-प्रकार्यवाद' है अर्थात् इकाइयों के प्रकार्यों का अध्ययन उनके वास्तविक संरचना से पृथक् करके नहीं, अपितु, संरचनात्मक सन्दर्भ में किया जाता है। **मर्टन, पारसन्स, लेवी** आदि इस संरचनात्मक-प्रकार्यात्मक दृष्टिकोण के प्रमुख समर्थक हैं। इन विद्वानों ने प्रकार्यवाद की जो आलोचना की है। वह इस प्रकार है:

(1) **मर्टन** का कथन है कि प्रकार्यवादियों का यह विश्वास गलत है कि सामाजिक संरचना की सभी इकाइयां कोई-न-कोई उपयोगी या सकारात्मक प्रकार्य ही करती हैं। यह हो सकता है कि कुछ इकाइयां प्रकार्य के स्थान पर अकार्य करती हों और इस प्रकार सामाजिक संरचना या व्यवस्था को संगठित करने की दिशा में नहीं बल्कि, विघटित करने की दिशा में क्रियाशील हों। यह हो सकता है कि कुछ इकाइयां कोई भी कार्य (प्रकार्य या अकार्य) न करते हुए भी अर्थात् नाकर्यात्मक स्थिति में होते हुए भी सामाजिक संरचना में बनी हुई हों।

(2) **मर्टन** का कथन है कि प्रकार्यवादियों न एक इकाई कमे एक प्रकार्य को सभी समाजों में लागू करने की गलती की है। एक समाज में विभिन्न इकाइयों के जो प्रकार्यात्मक परिणाम हैं, वे दूसरे समाजों पर लागू नहीं भी हो सकते हैं। अत: **मर्टन** के अनुसार सार्वभौमिक प्रकार्यवाद की धारणा में संशोधन आवश्यक है।

(3) **मर्टन** का कथन है कि प्रकार्यवादियों का यह दृष्टिकोण भी भ्रमपूर्ण है कि एक सामाजिक इकाई के द्वारा एक ही कार्य किया जाता है। वास्तव में, एक इकाई के द्वारा एकाधिक प्रकार्य किए जा सकते हैं और साथ ही एक ही प्रकार क प्रकार्य को करने वाली एकाधिक इकाइयां या विकल्प सामाजिक संरचना के अन्तर्गत विद्यमान हो सकते हैं।

(4) प्रकार्यवाद का एक उल्लेखनीय दोष यह है कि इसके समर्थक इकाइयों के प्रकार्यों का अध्ययन उनके संरचनात्मक सन्दर्भ के बिना इकाइयों के प्रकार्यों की वास्तविकताओं को जाना नहीं जा सकता।

(5) प्रकार्यात्मक दृष्टिकोण तुलनात्मक अध्ययन के लिए खरा नहीं है क्योंकि यदि दो इकाइयों के प्रकार्यों की तुलना संरचनात्मक सन्दर्भ की अवहेलना करके की जाए तो ऐसे अध्ययन के निष्कर्ष कदापि यथार्थ नहीं हो सकते।

नातेदारी व्यवस्था की रीतियां (Usages of Kinship System)

नातेदारी व्यवस्था एवं उसकी रीतियों के सम्बन्ध में **रैडक्लिफ-ब्राउन** के विचार उनकी कृतियों African Systems of Kinship and Marriage (1950) एवं Structure and Function in Primitive Society (1952) में देखनें को मिलती है। हम जानते हैं कि नातेदारी व्यवस्था में समाज द्वारा मान्यता प्राप्त वे नाते-रिश्तेदार सम्मिलित होते हैं जोकि विवाह अथवा रक्त-सम्बन्धों द्वारा एक-दूसरे से सम्बन्धित हों। इसीलिए नाते-रिश्तेदारों को मौटे तौर पर दो श्रेणियों में बांटा जाता है:

(1) **विवाह सम्बन्धी नातेदारी** जिसके अन्तर्गत न केवल विवाह-सम्बन्ध द्वारा सम्बद्ध पति-पत्नी ही आते हैं बल्कि, इन दोनों के परिवारों के अन्य नाते-रिश्तेदार भी आ जाते हैं, जैसे साला-बहनोई, सास-दामाद, साली-जीजा, देवर-भाभी, पति-पत्नी, सास-वधू आदि।

(2) **रक्त-सम्बन्धी नातेदारी** (Consanguineous Kinship) जिसके अन्तर्गत वे लोग आते हैं जो कि समान रक्त के आधार पर एक-दूसरे से सम्बन्धित हों, जैसे माता-पिता और उनके बच्चों के बीच अथवा दो भाइयों के बीच या भाई-बहन के बीच का सम्बन्ध रक्त-सम्बन्ध पर ही आधारित होता है। इस सम्बन्ध में यह भी स्मरणीय है कि रक्त-सम्बन्धी नातेदारों में रक्त-सम्बन्ध वास्तविक भी हो सकता है और काल्पनिक भी। दूसरे शब्दों में रक्त-सम्बन्ध केवल प्राणिशास्त्रीय आधार पर ही नहीं, अपितु समाजशास्त्रीय आधार पर स्थापित हो सकता है। उदाहरणार्थ, जिन समाजों में बहुपति-विवाह प्रथा का प्रचलन है वहां प्राणिशास्त्रीय आधारों पर यह निश्चित करना असम्भव है कि कौन-सा बच्चा किस पति का है। इसलिए वहां पर प्राणिशास्त्रीय पितृत्व को गौण मानकर समाजशास्त्रीय पितृत्व को अधिक मान्यता दी जाती है। नीलगिरि की बहुपति-विवाही टोडा जनजाति में सामाजिक पितृत्व का एक विशेष संस्कार 'पुरसुतपिमी' द्वारा निश्चित किया जाता है। जो व्यक्ति गर्भवती स्त्री को उसे प्रसव के पांचवे महीने में धनुष-बाण भेंट करता है, वही उस स्त्री की होने वाली सभी सन्तानों का पिता तब तक कहलाता रहता है। जब तक दूसरा कोई पति उसी प्रकार का संस्कार न करे।

नातेदारी व्यवस्था में दो रिश्तदारों के बीच का सम्बन्ध या व्यवहार किस प्रकार का होगा, इसके विषय में कुछ निश्चित सामाजिक नियम या रीतियां होती हैं, इसी को नातेदारी की रीतियां कहते हैं। इन रीतियों में जो बहुत ही प्रमुख या विलक्षण हैं, उनके सम्बन्ध में **रैडक्लिफ-ब्राउन** के विचार इस प्रकार हैं :

(1) **परिहार** (Avoidance) : नातेदारी-व्यवस्था में परिहार का नियम या रीति बहुत ही लोकप्रिय है। 'परिहार'का अर्थ है कि कुछ ऐसे रिश्ते हैं जो कि

दो व्यक्तियों के बीच एक निश्चित सम्बन्ध तो स्थापित करते हैं, पर साथ ही इस बात का निर्देश देते हैं कि वे एक-दूसरे से दूर रहे और पारस्परिक अन्त:क्रिया में यथासम्भव प्रत्यक्ष या आमने-सामने रहते हुए सक्रिय भाग न लें। इस प्रकार के सम्बन्ध में पुत्रवधू तथा सास-ससुर का सम्बन्ध बहुत ही सामान्य हैं। उसी प्रकार दामाद तथा सास का पारस्परिक सम्बन्ध भी कुछ समाजों के परिहार के अन्तर्गत ही आता हैं। कुछ उदाहरणों से, इस प्रकार के सम्बन्धों का स्पष्टीकरण सरलता से हो सकेगा।

यूकाघिर जनजाति में यह नियम है कि एक वधू कभी भी अपने ससुर या जेठ के चेहरे को न देखे और न ही दामाद को अपनी सास या ससुर के चेहरे को देखना चाहिए। इन सम्बन्धियों को परस्पर यदि कुछ कहना होता है तो पर्दा करते हुए कहते हैं या किसी दूसरे से कहलवा देते हैं। ओस्ट्याक जनजाति में वधू अपने ससुर के सामने और दामाद अपनी सास के सामने तब तक नहीं आते है जब तक उनके बच्चे पैदा न हो जाएं। वधू को जीवनभर ससुर के सामने घूंघट निकालना पड़ता है। अगर कभी अचानक वे एक-दूसरे के सामने पड़ जाते हैं तो फौरन घूंघट से अपना चेहरा छिपा लेती हैं।

रैडक्लिफ-ब्राउन के मतानुसार नातेदारी में कुछ ऐसे सम्बन्धी होते हैं जिनके कि अत्यधिक घनिष्ठ होने पर परिवार के अन्य सदस्यों में द्वेष या ईर्ष्या की भावना पनप सकती है जो कि स्वस्थ पारिवारिक जीवन के लिए हानिकारक सिद्ध होगी। इसलिए इन सम्बन्धीगण को दूर-दूर ही रखा जाता है। सास, ससुर, दामाद, वधू इसी प्रकार के सम्बन्धीगण हैं। सास को दामाद से और वधू को ससुर से दूर रखना पारिवारिक शान्ति को बनाए रखने के लिए आवश्यक समझा गया।

(2) **परिहास सम्बन्ध** (Joking Relationship) : नातेदारी की रीतियों में परिहास-सम्बन्ध परिहार का बिल्कुल विपरीत रूप है। जहां परिहार दो सम्बन्धियों को एक-दूसरे से दूर जाता है, वहां परिहास-सम्बन्ध दो व्यक्तियों को अति निकट लाता है। निश्चित अर्थ में यह दो व्यक्तियों को 'मधुर-सम्पर्क' या सम्बन्ध-सूत्र में बांधता है और दोनों को एक-दूसरे के साथ हंसी-मजाक करने का अधिकार देता है। **रैडक्लिफ-ब्राउन** के अनुसार, "परिहास-सम्बन्ध दो व्यक्तियों का सम्बन्ध है जिसमें प्रथा द्वारा एक पक्ष को छूट रहती है और कभी-कभी उससे यह मांग की जाती है कि वह दूसरे पक्ष को तंग करे, छेड़ेया उससे हंसी-मजाक करे, पर दूसरा पक्ष इसका कुछ भी बुरा माने।"

जबकि परिहार में यौन-सम्बन्धी विषयों से बचने का भरसक प्रयत्न किया जाता है, पर परिहास-सम्बन्ध में यौन-सम्बन्धी हंसी-मजाक की उतनी ही छूट रहती

है। देवर-भाभी, जीजा-साली, साले-बहनोई आदि का सम्बन्ध केवल आदिम समाजों में ही नहीं, हमारे अपने समाज में भी परिहास-सम्बन्ध के उत्तम उदाहरण हैं। ये एक-दूसरे को छेड़ते हैं, एक-दूसरे की सामान्य त्रुटि पर खिल्ली उड़ाते हैं, सबके सामने एक-दूसरे को नीचा दिखाने का प्रयत्न करते हैं और यौन-सम्बन्धी हंसी मजाक में सम्मिलित होते है। इन सम्बन्धियों में हंसी-मजाक की मात्रा तथा क्षेत्र त्यौहारों के दिनों में बहुत बढ़ जाता है। होली का त्यौहार इस मामले में सबसे उल्लेखनीय है।

रैडक्लिफ-ब्राउन के अनुसार परिहास-सम्बन्धों का एक प्रतीकात्मक अर्थ होता है और वह यह कि इस सम्बन्ध से सम्बन्धित व्यक्ति हंसी-मजाक और यहां तक कि मारपीट क माध्यम से एक-दूसरे क प्रति मित्रता या प्रीति का प्रदर्शन करते हैं और पारिवारिक जीवन को सजीव बनाए रखने में इनके महत्व का अस्वीकार नहीं करना चाहिए, यदि इस प्रकार के सम्बन्धों का दुरुपयोग न किया जाए।

7

पारसन्स : सामाजिक क्रिया एवं प्रतिमानित विकल्प (प्रतिरूप विविधताएं)
(Parsons : Social Action and Pattern Variables)

प्रस्तावना (Introduction)

सामाजिक क्रिया सिद्धान्त प्रमुख रूप से एक प्रकार्यात्मक सिद्धान्त है। सर्वप्रथम **विल्फ्रेडो पैरेटो** ने सामाजिक क्रिया सिद्धान्त की रूपरेखा प्रस्तुत की। बाद में मैक्स वेबर ने सामाजिक क्रिया सिद्धान्त को आदर्श–प्रारूप (Ideal Type) के रूप में प्रस्तुत किया। तत्पश्चात् टालकट पारसन्स ने सामाजिक क्रिया सिद्धान्त को विश्लेषणात्मक ढंग से विकसित किया। बाद में उन्होंने सामाजिक क्रिया सिद्धान्त का सामाजिक व्यवस्था सिद्धान्त के रूप में प्रस्तुत किया। इस अध्याय में प्रमुखतः पारसन्स के सामाजिक क्रिया सिद्धान्त को योगदान पर हम विचार करेंगे।

सामाजिक क्रिया सिद्धान्त का अध्ययन समाजशास्त्रीय साहित्य में महत्वपूर्ण स्थान रखता है। कुछ विद्वान तो समाजशास्त्र को सामाजिक क्रियाओं का अध्ययन करने वाला विज्ञान ही मानते हैं। सामाजिक क्रियाओं के अध्ययन के आधार पर हम किसी समाज की विशद् व्याख्या कर सकते हैं। अतः समाजशास्त्रीय ज्ञान के लिए सामाजिक क्रिया के बारे में जानकारी होना अत्यन्त आवश्यक है। सामाजिक क्रिया किसे कहते हैं, यह जानने से पहले 'क्रिया' शब्द अर्थ को समझ लेना आवश्यक है।

'क्रिया का अर्थ

'क्रिया' शब्द की विभिन्न दृष्टिकोणों से भिन्न–भिन्न व्याखाएं की गयी हैं। 'क्रिया का शब्दिक अर्थ' 'कर्म' या 'कार्य' है। 'कर्म' शब्द संस्कृत भाषा के 'कृ' धातु से बना है जिसका अर्थ है– 'करना' 'व्यापार' या 'हलचल'। भारतीय दर्शन एवं धर्म में भी कर्म शब्द का व्यापक अर्थों में प्रयोग हुआ है। **भारतीय दर्शन** में सम्पूर्ण जीवन को ही कर्म की संज्ञा दी गयी है। इसका अर्थ है कि व्यक्ति द्वारा अपने

कर्तव्यों की पूर्ति करना तथा कर्म करते रहना ही जीवन है। **मनोवैज्ञानिकों** ने क्रिया शब्द का भिन्न अर्थों में प्रयोग किया है। मनोवैज्ञानिकों के अनुसार उत्तेजना के वशीभूत होकर वातावरण के अनुकूलन करने के लिए मानव द्वारा अभिव्यक्त की जाने वाली प्रतिक्रिया ही क्रिया है। **परम्परागत दृष्टि** से क्रिया का अर्थ शारीरिक, मानसिक एवं वचन सम्बन्धी व्यवहार से लिया जाता है, किन्तु समाजशास्त्र में क्रिया शब्द की व्याख्या भिन्न दृष्टि से की गयी है। *समाजशास्त्र में 'किसी उद्देश्यपूर्ण व्यवहार को ही क्रिया माना गया है'* (Action is a goal directed activity) उदाहरण के लिए, एक व्यक्ति बैठा हुआ बिना किसी उद्देश्य के पुस्तक के पन्ने पलट रहा है तो यह उसकी गतिविधि (Activity) या व्यवहार कहा जायेगा, क्रिया नहीं, किन्तु एक छात्र द्वारा पुस्तक का अध्ययन करना 'क्रिया' कहलायेगा क्योंकि इसके पीछे उसका उद्देश्य है। **मैक्स वेबर** ने क्रिया को परिभाषित करते हुए लिखा है कि "क्रिया में हम उन सब मानव व्यवहारों को सम्मिलित करते हैं जब और जिसका कर्ता के लिए कोई अर्थ होता है या जब वह अपने दृष्टिकोण से उसका कोई अर्थ लगाता है।" उदाहरणार्थ, एक अकेले व्यक्ति द्वारा जोर-जोर से भजन बोलने के व्यवहार को कुछ लोग उचित न समझते हों, लेकिन इससे यदि कर्ता को मानसिक सन्तोष मिलता हो और उसका यह व्यवहार उसके लिए अर्थपूर्ण हो तो वह 'क्रिया' कहलायेगा। क्रिया को परिभाषित करते हुए **थियोडोरसन** एवं **थियोडोरसन** लिखते हैं, "क्रिया वह व्यवहार है जिसका व्यक्ति के लिए कुछ अर्थ होता है अर्थात् उसका व्यवहार उद्देश्य निर्देशित होता है।"

उपर्युक्त परिभाषाओं से स्पष्ट है कि *कोई भी व्यवहार जो किसी उद्देश्य प्राप्ति के लिए किया जाता हो, 'क्रिया' कहलाता है।* निरुद्देश्य व्यवहार को क्रियाएं अनेक प्रकार की हो सकती हैं, किन्तु हमारा सम्बन्ध यहां 'सामाजिक क्रिया' से है। अतः हम सामाजिक क्रिया' के विभिन्न पक्षों पर विचार करेंगे।

सामाजिक क्रिया के आवश्यक तत्व
(Essential Elements of Social Action)

किंग्सले डेविस ने सामाजिक क्रिया के चार आवश्यक तत्वों—कर्ता, लक्ष्य, परिस्थिति एवं साधन का उल्लेख किया है। हम यहां क्रमशः उनका वर्णन करेंगे:

(1) **कर्ता** (Actor) : किसी भी सामाजिक क्रिया के लिए कर्ता का होना आवश्यक है उसके अभाव में कोई सामाजिक क्रिया नहीं हो सकती। जब हम किसी क्रिया के कर्ता की बात करते हैं तो हमारा तात्पर्य कर्ता की शारीरिक रचना से नहीं होता वरन् उसके 'अहम' (Ego) या 'स्व' (Self) से होता है। यह किसी वस्तु का नहीं वरन् 'मै' और 'मुझे' का बोध कराता है। 'अहम' एक प्रातीतिक

वस्तु (Subjective Entity) होती है जिसमें जागरूकता एवं अनुभव होता है। अहम् स्वयं निर्णय लेता है और भूतकाल मे लिये गये निर्णयों पर प्रकाश डालता है तथा भविष्य की घटनाओं की कल्पना करता है। शरीर के अभाव में अहम् का अस्तित्व दिखायी नहीं देता, किन्तु शरीर के किसी अंग के नष्ट हो जाने पर ही अहम् में कोई परिवर्तन नहीं आता। 'स्व' के लिए शरीर परिस्थिति का एक अंग मात्र है अथवा लक्ष्य को प्राप्त करने के लिए यह एक साधन अथवा स्थिति है। 'अहम्' ही कोई क्रिया करता है यद्यपि मनुष्य की जीव रचना भी कुछ व्यवहार करती है।

(2) **लक्ष्य** (End) : कर्ता किसी-न-किसी लक्ष्य की प्राप्ति के लिए ही क्रिया करता है। लक्ष्य भविष्य की किसी घटना की ओर संकेत करता है। लक्ष्य भविष्य की किसी घटना की ओर संकेत करता है। लक्ष्य के सन्दर्भ में कर्ता कल्पना शक्ति, प्रयास एवं इच्छा शक्ति का उपयोग करता है।

क्रिया लक्ष्य के चारों ओर चलती है। अत: जब लक्ष्य की प्राप्ति हो जाती है तो क्रिया भी समाप्त हो जाती है। एक लक्ष्य को प्राप्त कर लेने के बाद उसके स्थान पर दूसरा लक्ष्य तय किया जाता है और नयी क्रिया प्रारम्भ होती है। लक्ष्य का चुनाव करते समय सामाजिक मूल्यों को भी ध्यान में रखना होता है। यदि कोई घटना स्वत: घट जाती है जिसमें कर्ता की इच्छा व प्रयत्न शमिल नहीं होते तो उसे हम लक्ष्य नहीं कहेंगे। उदाहरण के लिए, एक किसान यह चाहता है कि कल अच्छी वर्षा हो, किन्तु वर्षा का होना उसके नियन्त्रण में नहीं है, अत: वर्षा किसान का लक्ष्य नहीं हो सकता, किन्तु यदि वह इस आशा से बीज बोता है कि जब वर्षा होगी तो अंकुर निकलेंगे तो अंकुरों के निकलने को उसके लक्ष्यों की प्राप्ति कह सकते हैं क्योंकि इसके लिये उसने हल चलाकर एवं बीज बोकर प्रयत्न किया है।

(3) **स्थितियां** (Conditions) : प्रत्येक क्रिया किसी परिस्थिति या स्थिति में ही की जाती है। स्थितियों में हम उन बाधाओं एवं सुविधाओं दोनों को गिनते हैं। जो क्रिया के समय उपलब्ध होती हैं। लक्ष्य प्राप्ति में केवल प्रयत्न और इच्छा ही सम्मलित नहीं हैं वरन् वे बाधाएं भी हैं जो लक्ष्य पूर्ति में सामने आती हैं। यदि बाधाएं न हों तो कर्ता के प्रयत्न के बिना ही लक्ष्य पूरा हो जायेगा और फिर न तो लक्ष्य की आवश्यकता होगी और न किसी क्रिया की। क्रिया की धारणा में यह बात छिपी होती है कि प्रयत्न द्वारा बाधाओं को दूर किया जा सकता है। यदि सभी बाधाएं अजेय हों तो लक्ष्य प्राप्त करने के सभी प्रयत्न विफल हो जायेंगे तथा व्यक्ति शीघ्र ही प्रयत्न (क्रिया) करना बन्द कर देगा। जो बाधाएं दूर नहीं की जा सकती हैं, उन्हें ही हम स्थितियां कहते हैं। इन स्थितियों में ही क्रिया की जाती है। उदाहरण के लिए, एक व्यक्ति दिल्ली से मुम्बई जाना चाहता है तो वह अपना

हाथ हिलाकर इस दूरी को शून्य में नहीं बदल सकता। इस दूरी को एक विद्यमान स्थिति मानकर कर्ता को मोटर या वायुयान, आदि के द्वारा दूरी को कम करने का प्रयास करना होगा।

स्थितियां सदैव ही बाह्य नहीं होतीं वरन् कुछ स्थितियां कर्ता के शरीर में भी विद्यमान होती है। उदाहरण के लिए, एक व्यक्ति सेना में काम करना चाहता है, किन्तु शारीरिक दृष्टि से वह अक्षम है तो उसका लक्ष्य पूरा नहीं होगा। इसी प्रकार से अन्धा व्यक्ति नेत्र चिकित्सक नहीं बन सकता। कुछ स्थितियां सामाजिक होती हैं, जैसे कई काम हम इसलिए नहीं करते कि ऐसा करने में समाज कानूनन दण्ड देगा। अतः हम उस कार्य के परिणाम के सुख की बजाय दण्ड से अधिक भयभीत रहते हैं। सारांश में हम कह सकते हैं कि लक्ष्य प्राप्ति को सीमित करने वाली स्थितियों की उत्पत्ति तीन स्रोतों जैसे–भौतिक पर्यावरण, कर्ता की आन्तरिक क्षमता तथा समाज से होती है मनुष्य उन लक्ष्यों की आरे नहीं दौड़ता जिनकी प्राप्ति असम्भव है वरन् उन्हीं लक्ष्यों को पाने का प्रयत्न करता है जो प्राप्त किये जा सकते हैं। मानव की सभी क्रियाएं सफल या असफल नहीं होती हैं, यदि ऐसा हो तो उसका व्यक्तित्व विघटित हो जायेगा। कभी वह सफल होता है तो कभी असफल भी।

(4) **साधन** (Means) : लक्ष्यों को प्राप्त करने के लिए साधनों का होना एवं उनका प्रयोग करना आवश्यक है। साधन सरल या जटिल हो सकते हैं। एक लक्ष्य की प्राप्ति अनेक साधनों द्वारा की जा सकती है, जैसे एक स्थान से दूसरे स्थान पर जाने के लिए हम रेल, मोटर, वायुयान, आदि का प्रयोग कर सकते हैं। कर्ता के सामने साधनों का चुनाव करने की छूट होती है, किन्तु इसमें त्रुटि की भी सम्भावना रहती है क्योंकि यह हो सकता है कि जिस साधन का चुनाव हम करें वह अधिक उपयुक्त न भी हो।

ऐसी अनेक त्रुटियां क्रिया में अनिश्चितता उत्पन्न करती हैं। एक कर्ता के लिए जो साधन होता है, वही दूसरे के लिए स्थिति भी स्थिति भी हो सकता है। कोई परिस्थिति साधन होगी या स्थिति, यह बात कर्ता पर निर्भर है। एक परिस्थिति में जो वस्तु साधन है, वहीं दूसरी परिस्थिति में लक्ष्य भी हो सकती है। जैसे एक व्यक्ति बचत करके मकान खरीदता चाहता है तो मकान खरीदना उसका लक्ष्य है। मकान खरीद का उसमें वह अपना लघु उद्योग स्थापित कर पैसा कमाता है तो अब मकान पैसा कमाने में एक साधन का कार्य कर रहा है। मानव लक्ष्य एवं साधनों में तार्किक तालमेल बैठाने का प्रयत्न करता है और यदि स्थितियां अनुकूल हों तो वह लक्ष्य प्राप्ति में सफल हो जाता है।

सामाजिक क्रिया (Social Action)

सामाजिक क्रिया : अर्थ एवं परिभाषा

मानव एक सामाजिक प्राणी हैं। अपने जीवन की सभी आवश्यकताएं वह स्वयं ही पूर्ण नहीं कर लेता हैं वरन् अन्य व्यक्तियों का भी सहारा लेना होता है। आवश्यकता पूर्ति के लिए उसे अन्य व्यक्तियों से सहयोग लेना होता है, साधन जुटाने होते हैं और अन्य व्यक्तियों के सन्दर्भ में व्यवहार करना होता है और यहीं सामाजिक क्रिया अस्तित्व में आती है। *सामाजिक क्रिया के लिए कर्ता, परिस्थिति एवं प्रेरणा का होना आवश्यक है।* सामाजिक क्रिया को परिभाषित करते हुए **मैक्स वेबर** लिखते हैं, "सामाजिक क्रिया वह क्रिया है जिसमें कर्ता या कताओं द्वारा लगाये गये प्रातीतिक अर्थ (Subjective Meaning) के अनुसार दूसरे व्यक्तियों के मनोभाव एवं क्रियाओं का समावेश हो और उन्हीं के अनुसार उनकी गतिविधि तय हो।"

वेबर की इस परिभाषा से स्पष्ट है कि सामाजिक क्रिया केवल उसी क्रिया को कहते हैं जिसे कर्ता अन्य कर्ताओं के मनोभावों एवं क्रियाओं को ध्यान में रखकर करता है और प्रत्येक क्रिया का कर्ता के लिए कोई-न-कोई अर्थ होता है। **वेबर** सामाजिक क्रिया में व्यक्ति की शारीरिक और मानसिक दोनों ही प्रकार की क्रियाओं को सम्मलित करते हैं।

टालकॉट पारसन्स के अनुसार, "सामाजिक क्रिया कर्ता की परिस्थिति व्यवस्था में वह प्रक्रिया है जिसका अकेले कर्ता के लिए अथवा सामूहिक रूप में उस समूह के व्यक्तियों के लिए प्रेरणात्मक महत्व होता है।" पारसन्स ने अपनी परिभाषा में सामाजिक क्रिया के तीन तत्वों **कर्ता, परिस्थिति एवं प्रेरणा** पर जोर दिया है। इसका तात्पर्य यह है कि किसी भी सामाजिक क्रिया के लिए कर्ता या कर्ताओं का होना आवश्यक है, ये कर्ता किसी-न-किसी उद्देश्य या प्रेरणा से प्रेरित होकर किसी-न-किसी परिस्थिति में ही क्रिया करते हैं। यह परिस्थिति उनके अनुकूल या प्रतिकूल हो सकती है। सामाजिक क्रिया को और अधिक स्पष्टतः समझने के लिए हम उसके आवश्यक तत्वों का यहां उल्लेख करेंगे।

सामाजिक क्रिया सिद्धान्त (Social Action Theory)

सामाजिक क्रिया के सन्दर्भ में विभिन्न विद्वानों ने अपने सिद्धान्त या विचार प्रस्तुत किये हैं। उनमें मैक्स वेबर, पैरेटो, दुर्खीम और पारसन्स प्रमुख हैं।

दुर्खीम के विचार : दुर्खीम सदैव ही सामाजिक घटनाओं के सन्दर्भ में सामाजिक व्याख्या देते रहे हैं। वे सामाजिक तथ्यों, घटनाओं, क्रियाओं एवं प्रक्रियाओं के मूल रूप में समाज को ही स्वीकार करते हैं। सामाजिक क्रियाओं का जन्म व्यक्तिगत

उपयोगिता के कारण नहीं वरन् सामूहिक प्रतिनिधानों (Collective Representations) के कारण होता है और वे भी सामाजिक तथ्यों (Social Facts) का ही अंग है। सामूहिक प्रतिनिधान सामूहिक चेतना की उपज है। अनेक व्यक्तियों के सम्मिलन एवं पारस्परिक प्रभाव तथा अन्त:क्रिया करने से व्यक्तिगत विचार के स्थान पर सामूहिक विचार जन्म लेते हैं जिन्हें समूह के सभी व्यक्ति स्वीकार करते हैं। ये विचार, धारणाएं एवं भावनाएं सारे समूह का प्रतिनिधित्व करती हैं, अत: इन्हें 'सामूहिक प्रतिनिधान' कहते हैं। इनके पीछे सारे समूह की स्वीकृति एवं शक्ति होती है। कोई भी उनके उल्लंघन का साहस नहीं करता। ये सामूहिक प्रतिनिधान ही व्यक्ति की क्रियाओं को प्रभावित करते हैं। इस प्रकार सामाजिक क्रिया सामाजिक कारकों का ही प्रतिफल है।

दुर्खीम ने इसे स्पष्ट करने के लिए धार्मिक कार्यों का उल्लेख किया है। धार्मिक क्रिया सामाजिक क्रिया है जिसका जन्म समाज के कारण ही हुआ है। धर्म का अनुभव सामूहिक उत्तेजना के कारण होता है। त्यौहारों, उत्सवों, आदि के समय जब एक समूह या गोत्र एकत्रित होते हैं तब प्रत्येक व्यक्ति को यह महसूस होता है कि समूह की शक्ति उसकी शक्ति से श्रेष्ठ और महान है। इससे व्यक्ति के मन में समूह के प्रति भय, श्रद्धा, प्रेम एवं भक्ति की भावना पैदा होती है। समूह जिसे श्रेष्ठ एवं पवित्र मानता है, व्यक्ति भी उसे श्रेष्ठ एवं पवित्र मानकर उसकी पूजा व आराधना करने लगता है। इससे धर्म का जन्म होता है। इस प्रकार धर्म की उत्पत्ति के लिए समाज ही उत्तरदायी है। अन्य सामाजिक क्रियाओं जैसे–अपराध, आत्महत्या, श्रम-विभाजन, अनुबन्ध, आदि के लिए भी समाज ही उत्तरदायी है। ये सामाजिक तथ्य हैं और इनके निर्धारण में समाज ही मूल रूप से उत्तरदायी है।

पैरेटो का सामाजिक क्रिया सिद्धान्त : पैरेटो ने तार्किक एवं अतार्किक दो प्रकार की क्रियाओं का उल्लेख किया है। उनका मत है कि अतार्किक व्यवहार विशेष रूप से महत्वपूर्ण है। पैरेटो के अनुसार तार्किक क्रियाओं का आधार वैषयिक (Objective) है और अतार्किक क्रियाओं का प्रातीतिक (Subjective) पैरेटो प्रत्येक व्यक्तिगत एवं सामाजिक क्रिया के दो आधार मानते हैं–लक्ष्य और साधन। प्रत्येक लक्ष्य की पूर्ति के लिए कुछ साधन अपनाये जाते हैं। तार्किक क्रिया में कर्ता लक्ष्यों को प्राप्त करने के लिए ऐसे साधन अपनाता है जो अनुभव सिद्ध (Empirical) एवं तर्क की कसौटी पर खरे उतरते हों। तार्किक क्रिया में लक्ष्य एवं साधन में सामंजस्य पाया जाता है। ऐसे तार्किक कार्यों को ही **वैषयिक कार्य** कहते हैं। इसके विपरीत **अतार्किक क्रिया** में लक्ष्य और साधन के बीच सामंजस्य नहीं पाया जाता और न ही उन्हें तर्क के आधार पर प्रमाणित किया जा सकता है। अतार्किक क्रियाएं

प्रातीतिक (Subjective) होती हैं, उनमें भावना का अंश होता है। तार्किक प्रयोग विज्ञान के क्षेत्र में किया जाता हैं। अतार्किक क्रियाएं कल्पना और अनुमान पर आधारित होती हैं, उनमें लक्ष्य व साधन में तालमेल नहीं होता। मानव क्रियाएं तार्किक एवं अतार्किक दोनों ही हो सकती हैं।

तार्किक एवं अतार्किक क्रिया के सम्बन्ध में मानव के सामने निम्न तीन प्रकार की समस्याएं आती हैं:

(1) लक्ष्य व्यक्तिगत एवं सामाजिक दोनों ही हो सकते हैं। लक्ष्यों के ज्ञान के अभाव में साधन को तार्किक एवं अतार्किक समझना एक कठिन कार्य है।

(2) जब लक्ष्य का सम्बन्ध पारलौकिक हो तब तो यह जानना और भी कठिन होता है कि लक्ष्य व साधन के बीच उचित सम्बन्ध है या नहीं।

(3) उचित और अनुचित कार्यों का पता लगाना भी एक कठिन कार्य है क्योंकि एक कार्य जो एक के लिए उचित है वही दूसरे के लिए अनुचित हो सकता है।

इन कठिनाइयों के कारण ही मानव समाज में अतार्किक क्रियाओं की प्रधानता रही है और समाज का अस्तित्व भी उसी पर निर्भर करता है। मानव अतार्किक क्रियाएं क्यों करता है, इसके पैरेटो ने कुछ कारक बताये हैं, वे इस प्रकार से हैं–मूल प्रवृत्तियां (Instincts), चालक (Residues), स्वार्थ (Interests), मनोभाव (Sentiments) और भ्रान्त तर्क (Derivation), आदि, किन्तु इन सब में आप चालकों और भ्रान्त कर्ता को अधिक महत्व देते हैं।

चालक अपेक्षतया स्थायी व्यवहार को जन्म देते हैं। मूल प्रवृत्तियां एवं भावनाएं भी चालक के ही विशेष स्वरूप हैं। चालकों के माध्यम से मूल प्रवृत्तियों एवं भावनाओं की अभिव्यक्ति होती है। भ्रान्त तर्क के द्वारा व्यक्ति अपनी क्रियाओं के औचित्य को सिद्ध करके और अपने व्यवहार को असली प्रयोजन को छुपाने का प्रयास करता है। तार्किक एवं अतार्किक आधार पर ही पैरेटो न सामाजिक घटनाओं को दो भागों में बांटा है–

(i) जैसी घटना वह वास्तव में है, इसे वह **वैषयिक** (Objective) या वैज्ञानिक कहता है।

(ii) जैसी वह व्यक्ति के मस्तिष्क में अंकित है, इसे वह **प्रातीतिक** (Subjective) कहता है। अतार्किक क्रियाओं का प्रमुख स्रोत व्यक्ति की मनोदशा ही है। पैरेटो ने सामाजिक क्रिया के सिद्धान्तीकरण में अतार्किक क्रियाएं समाजशास्त्रीय दोनों हैं।

मैक्स वेबर का सामाजिक क्रिया सिद्धान्त : वेबर के सामाजिक क्रिया सिद्धान्त का सविस्तार उल्लेख पिछले अध्याय में '**मैक्स वेबर : सामाजिक क्रिया**' में किया गया है।

टालकट पारसन्स का सामाजिक क्रिया सिद्धान्त : सन्दर्भ का क्रिया ढांचा (Social Action Theory of Talcott Parsons : Action Frame of Reference)

पारसन्स ने सामाजिक क्रिया के बारे में अपने विचार सर्वप्रथम 1937 में '*The Structure of Social Action*' नामक अपनी पुस्तक में व्यक्त किये। इस पुस्तक में उन्होंने पैरेटो, दुर्खीम, मैक्स वेबर, मिल, आदि के सिद्धान्तों का भी उल्लेख किया और सामाजिक क्रिया की अपनी नवीन व्याख्या प्रस्तुत की। पारसन्स की सिद्धान्त केन्द्रीय स्थिति में है। समाजशास्त्रीय सिद्धान्त निर्माण की प्रक्रिया में पारसन्स ने एकीकरण या संश्लेषण का महत्वपूर्ण कार्य किया है। आपने समाजिक क्रिया है। आपने सामाजिक क्रिया सिद्धान्त में उपयोगितावाद, प्रत्यक्षवाद तथा आदर्शवाद से काफी कुछ ग्रहण किया है। उनका सामाजिक क्रिया सिद्धान्त वास्तव में उपयोगिंतावाद, प्रत्यक्षवाद एवं आदर्शवाद का एकीकृत स्वरूप है।

पारसन्स ने 'द स्ट्रक्चर ऑफ सोशल एक्शन' तथा शिल्स के साथ लिखी पुस्तक 'टुवर्ड्स ए थ्योरी ऑफ सोशल एक्शन' में इस बात पर जोर दिया है कि सामाजिक क्रिया का सिद्धान्त वस्तुतः एक स्वैच्छिक (Voluntaristic) क्रिया का सिद्धान्त है। यह सिद्धान्त स्वैच्छिक इस कारण से है कि कर्ता अपने लक्ष्य को प्राप्त करने के मौजूद विकल्पों में से जो उसे ठीक मालूम पड़ता है, उसे ग्रहण कर लेता है। इस प्रकार सामाजिक क्रिया का स्वैच्छिक सिद्धान्त अपने में उपयोगितावाद, प्रत्यक्षवाद तथा आदर्शवाद को समेटे हुए है।

पारसन्स समाज को सामाजिक क्रिया से जनित मानते हैं। 1952 में पारसन्स ने अपनी एक अन्य कृति '*The Social System*' में अपने पहले के विचारों में कुछ परिवर्तन कर सामाजिक क्रिया की संशोधित व्याख्या प्रस्तुत की। पारसन्स कहते हैं कि समाज सम्बन्धों से निर्मित होता है और सामाजिक सम्बन्ध सामाजिक क्रियाओं के कारण पनपते हैं। किन्तु 'क्रिया' का अर्थ है ? इसी सन्दर्भ में वे क्रिया को परिभाषित करते हुए लिखते हैं। "क्रिया कर्ता-परिस्थिति व्यवस्था (Actor-Situation System) में वह प्रक्रिया है जिसका कि अकेले कर्ता के लिए या सामूहिक रूप में उस समूह के कुछ व्यक्तियों के लिए प्रेरणात्मक महत्व होता है।"

पारसन्स की इस परिभाषा में सामाजिक क्रिया के तीन तत्वों पर जोर दिया

गया है–**कर्ता, परिस्थिति एवं प्रेरणा**। प्रत्येक क्रिया को सम्पन्न करने के लिए किसी-न-किसी कर्ता की आवश्यकता होती है। कर्ता कोई एक व्यक्ति या अनेक व्यक्ति भी हो सकते है। क्रिया का स्वरूप या प्रकृति क्या होगी, यह उस समय की परिस्थिति पर निर्भर है। अलग-अलग परिस्थितियों में कर्ता की क्रियाएं भी भिन्न-भिन्न होंगी। केवल कर्ता एवं परिस्थिति के उपलब्ध हो जाने से ही क्रिया सम्पन्न नहीं हो जाती वरन् उसके लिए प्रेरणा का होना भी आवश्यक है।

कर्ता किसी उद्देश्य की प्राप्ति या प्रेरणा से प्रेरित होकर ही क्रिया करता है। प्रत्येक कर्ता किसी क्रिया को इसलिए करता है कि या तो वह किसी वस्तु से छुटकारा पाना चाहता है या किसी वस्तु को प्राप्त करना चाहता है। व्यक्ति किसे चाहेगा और किसे नहीं अर्थात् कर्ता की पसन्दगी व नापसन्दगी उसके व्यक्तित्व की संरचना पर निर्भर करती है।

क्रिया करने की प्रेरणा व्यक्ति को अपने शरीर से प्राप्त होती है। अपनी शारीरिक आवश्यकताओं की पूर्ति के लिए व्यक्ति क्रिया करता है। शारीरिक आवश्यकताएं भिन्न-भिन्न होने के कारण प्रेरणा-शक्ति और प्रयत्न-शक्ति भी भिन्न-भिन्न होती है। क्रिया का सम्बन्ध सामाजिक परिस्थितियों एवं संस्कृति से भी होता है क्योंकि कोई भी व्यक्ति शून्य में क्रिया नहीं करता हैं। वह किसी-न-किसी समाज व संस्कृति से सम्बन्धित होता है और उनसे प्रभावित होकर ही क्रिया करता है। व्यक्ति की इच्छाएं एवं उद्देश्य सामाजिक परिस्थितियों एवं संस्कृति के अनुसार बदलते रहते हैं।

इस प्रकार पारसन्स के मतानुसार सामाजिक क्रिया व्यवस्था के तीन पक्ष होते हैं–व्यक्तित्व, संस्कृति तथा सामाजिक व्यवस्था।

(1) **व्यक्तित्व** (Personality) : प्रत्येक व्यक्ति की इच्छाएं, भावनाएं एवं आशाएं उसके व्यक्तित्व के अनुसार ही होती हैं। व्यक्तित्व की भिन्नता के कारण प्रयत्न एवं प्रेरणाओं में भी भिन्नता होती है। व्यक्तित्व इच्छाओं एवं भावनाओं को जन्म देता है, उनकी पूर्ति चाहता है। उनकी पूर्ति के लिए ही सामाजिक क्रियाएं की जाती हैं।

(2) **संस्कृति** (Culture) : व्यक्ति की क्रियाएं एक सांस्कृतिक व्यवस्था में ही घटित होती हैं जो कि सामाजिक अन्त:क्रिया के दौरान विकसित होती है। सांस्कृतिक व्यवस्था सामाजिक क्रिया का अर्थ एवं आधार प्रदान करती है।

(3) **सामाजिक व्यवस्था** (Social System) : सामाजिक व्यवस्था तब उत्पन्न होती है जब एक सांस्कृतिक व्यवस्था के अन्तर्गत अनेक कर्ता अपनी इच्छाओं की पूर्ति के लिए सामाजिक अन्त:क्रिया करते हैं। सामाजिक व्यवस्था में भौतिक परिस्थितियों एवं पर्यावरण का भी महत्व होता है।

सामाजिक व्यवस्था में सम्बन्धों का क्या स्वरूप होगा, यह सांस्कृतिक व्यवस्था एवं सांस्कृतिक स्वीकृति पर निर्भर है।

उपर्युक्त विवेचन से स्पष्ट है कि पारसन्स सामाजिक क्रिया व्यवस्था को व्यक्तित्व संरचना, सांस्कृतिक व्यवस्था एवं सामाजिक व्यवस्था से संयुक्त रूप से निर्मित मानते हैं। ये तीनों ही व्यवस्थाएं सामाजिक क्रिया-व्यवस्था की अंग है।

ये तीनों ही एक-दूसरे से सम्बन्धित हैं, एक-दूसरे को प्रभावित करती हैं और एक-दूसरे से प्रभावित होती हैं। इनमें से किसी एक के अभाव में सामाजिक क्रिया व्यवस्था का अस्तित्व, सम्भव नहीं है।

पारसन्स ने सामाजिक क्रिया सिद्धान्त की निम्न रूपरेखा प्रस्तुत की है:

1. कर्ता/सामूहिकता (Actors—Collectivity),
2. लक्ष्य (Goal),
3. स्थिति/दशा (Situation) :
   (i) भौतिक (Physical), (ii) अभौतिक (Non-Physical)
4. कर्ता का स्थिति के बारे में अभिमुखन (Actor's Orientation to Situation) : मानक (मानदण्ड) एवं मूल्य (Norms and Values)
5. कर्ता के अभिप्रेरण (Actor's Motivation) :
   (i) संज्ञानात्मक अभिप्रेरण (Cognitive Motivation),
   (ii) संवेगात्मक अभिप्रेरण (Cathetive Maturation),
   (iii) मूल्यांकनात्मक अभिप्रेरण (Evaluation Motivation)।
6. मूल्य अभिमुखन (Value Orientation) :
   (i) संज्ञानात्मक (Cognitive),
   (ii) प्रशंसात्मक (Appreciative),
   (iii) नैतिक (Moral)।

स्पष्ट है कि कर्ता जब क्रिया करता है तो उसके लिए अभिप्रेरक अभिमुखन (Motivational Orientation) एवं मूल्य अभिमुखन (Value Orientation) दोनों का होना आवश्यक है। इन दोनों के संयुक्त होने पर ही उद्देश्य की प्राप्ति होती है। अन्य शब्दों में, बिना अभिप्रेरणा और मूल्यों के कर्ता (Actor) अपना लक्ष्य (Goal) प्राप्त नहीं कर सकता।

साथ ही हमें यह भी ध्यान में रखना है कि यह सब क्रिया किन्हीं निश्चित परिस्थितियों तथा दशाओं में होती है।

प्रतिमानित विकल्प (Pattern Variables)

पारसन्स ने अपनी प्रसिद्ध पुस्तक '*The Social System*' में प्रतिमान विकल्प' (Pattern Variabes) की अवधारणा प्रस्तुत की है। आपने सामाजिक व्यवस्था के दो मुख्य प्रकारों का उल्लेख किया है :

(i) परम्परागत सामाजिक व्यवस्था,

(ii) आधुनिक सामाजिक व्यवस्था।

इन दोनों ही प्रकार कह व्यवस्थाओं में स्थायित्व एवं सन्तुलन बनाये रखने की दृष्टि से कुछ निश्चित प्रतिमान विकसित हो जाते हैं। समाज में लोगों से यह अपेक्षा की जाती है कि वे इन प्रतिमानों के अनुरूप ही व्यवहार करें। जब तक लोग ऐसा करते रहते हैं तब तक समाज में स्थायित्व एवं सन्तुलन बना रहता है, लेकिन लोग सदैव इन प्रतिमानों के अनुरूप ही व्यवहार करें, यह आवश्यक नहीं है। कुछ ऐसे प्रतिमान होते हैं जो व्यक्ति के वास्तविक व्यवहार को प्रभावित करते हैं। इन्हें ही पारसन्स ने 'प्रतिमानित विकल्प' नाम दिया है।

व्यक्ति अपनी आवश्यकताओं की पूर्ति हेतु जब लक्ष्यों एवं साधनों का चुनाव करता है तो उसके सामने दुविधा की स्थिति उत्पन्न हो जाती है। उसके सम्मुख विकल्पों की दुविधा पैदा हो जाती है। उसे क्रिया करते समय विकल्पों में से चुनाव करना पड़ता है। चूंकि ये विकल्प जोड़े के रूप में पाये जाते हैं, अत: कर्ता को दो में से एक का चुनाव करना पड़ता है। कर्ता किस विकल्प का चुनाव करता है, यह उसके अभिमुखन (Orientation), आन्तरीकृत की गयी मूल्य-व्यवस्था तथा परिस्थिति पर निर्भर करता है। इसी आधार पर वह दो विकल्पों में से एक को प्राथमिकता देता है। ये प्रतिमानित विकल्प सभी समाजों में पाये जाते हैं। चूंकि ये प्रतिमानित विकल्प दो विरोधी अवस्थाओं से सम्बन्धित होते हैं, जो कर्ता के रुझान व झुकाव को बताते हैं, अत: पारसन्स ने इन्हें युग्मों या जोड़ों (Pairs) के रूप में व्यक्त किया है। ये पांच जोड़े निम्न प्रकार हैं :

(1) रागात्मकता बनाम रागात्मक तटस्थता (Affectivity vs. Affective Neutrality)

इस प्रकार के विकल्प का सम्बन्ध कर्ता की आन्तरिक प्रेरणाओं या आवश्यकताओं की सन्तुष्टि से होता हैं। कर्ता की आन्तरिक प्रेरणाएं ही उसी क्रिया को रागात्मक बनाती हैं। वेबर ने पैतृक शासक का उदाहरण देते हुए बताया है कि यदि वह अधिकारयों का चुनाव करते समय इस बात का विशेषत: ध्यान रखता है कि कौन उसके ज्यादा निकट है, कौन उसके प्रति निष्ठा एवं आदर का भाव

रखता है और इस बात की ओर ध्यान देता है कि कौन कितनी योग्यता या क्षमता रखता है तो उसकी इस क्रिया या निर्णय को रागात्मक कहा जायेगा। इसके विपरीत, यदि वह अधिकारियों का चुनाव करते समय उनकी क्षमता या योग्यता पर ही प्रमुखत: ध्यान देता है तो उसकी क्रिया को रागात्मक तटस्थता के अन्तर्गत रखा जायेगा। सैनिकों से यह आशा की जाती है कि वे रागात्मक लगाव से ऊपर उठकर यहां तक कि अपने स्वयं के जीवन को भी खतरे में डालकर युद्ध के मैदान में शत्रु का डटकर मुकाबला करें, अपनी कर्तव्य-परायणता का परिचय दें। उनका ऐसा करना रागात्मक तटस्थता के अन्तर्गत आयेगा। रागात्मक तटस्थता की स्थिति कर्ता को स्वयं की सन्तुष्टि के बजाय सामाजिक नियमों का प्रमुखत: ध्यान रखने पर बल देती है। आधुनिक समाज व्यवस्था में रागात्मक तटस्थता पर विशेष जोर दिया जाता है।

(2) **स्व-केन्द्रित बनाम समूह-केन्द्रित (Self-Orientation vs. Collecivity)**

विकल्प सम्बन्धी यह दुविधा उन सामाजिक प्रतिमानों या पारस्परिक अपेक्षाओं पर निर्भर करती है जो कर्ता के निजी (स्वयं के)हितों की पूर्ति के लिए प्रयत्नों को बैध परिभाषित करते हैं या उसे समूह के हित में कार्य करने को बाध्य करते है। उदाहरण के लिए, दुकानदार अपनी वस्तुओं के गुणों को बढ़ा-चढ़ा कर व्यक्त करता है ताकि उसकी वस्तुएं बिक जाएं। उसका ऐसा करना स्व-केन्द्रित विकल्प के अनुरूप है। लेकिन एक डॉक्टर से यह अपेक्षा की जाती है कि वह अपने मरीज को यह बताये कि उसके लिए सर्वोत्तम क्या है, यद्यपि वह उसका ऑपरेशन करके काफी अतिरिक्त रुपया कमा सकता है। यदि वह मरीज को सही बात बताता है तो उसका यह व्यवहार समूह-केन्द्रित है।

स्पष्ट है कि एक ओर व्यक्ति या कर्ता की क्रियाएं स्वयं को केन्द्र मानकर या स्वयं का हित देखकर की जा सकती हैं, अथवा समूह या दूसरों के हित को ध्यान में रखकर की जा सकती हैं। पहले प्रकार की क्रियाओं को स्व-केन्द्रित (आत्म केन्द्रित) क्रियाएं और दूसरे प्रकार की क्रियाओं को समूह-केन्द्रित क्रियाएं कहा जाता है।

पारसन्स ने बताया कि यदि अधिकारी तन्त्र के अन्तर्गत अधिकतर अधिकारी, अधिकारी तन्त्र का उपयोग अपने हितों को प्रधानता देते हुए करते हों तो यह अधिकारी तन्त्र का आत्म-केन्द्रित स्वरूप है। यदि अधिकांश अधिकारी अपने अधिकारों का उपयोग करते समय समूह, सामूहिकता या समाज के हित को प्रधानता देते हों तो यह अधिकारी तन्त्र का समूह केन्द्रित होगा।

(3) विशेषता बनाम सार्वभौमिकता (Particularism vs. Universalism)

विशेषता विकल्प के अन्तर्गत कर्ता व्यक्तिवादी तरीके से सोचता है। ऐसी स्थिति में वह स्वयं के या अपने परिवार, जाति, नातेदारी, आदि के सम्बन्ध में ही विचारता है। परम्परागत सामाजिक व्यवस्था में इस प्रकार की स्थिति पायी जाती है जिसके विपरीत यदि अधिकतर कर्ता विशेषता से सम्बन्धित प्रतिमान के बजाय सार्वभौमिकता के प्रतिमान से प्रेरित होकर व्यवहार करते हैं तो वे अपने स्वयं के या अपने समूह के हित से ऊपर उठकर सम्पूर्ण समाज के हितों को प्रधानता देते हुए कार्य करते हैं तब इसे सार्वभौमिक विकल्प की संज्ञा दी जाती है। इस प्रकार की स्थिति आधुनिक सामाजिक व्यवस्था में देखने को मिलती है। एक अध्यापक से यह अपेक्षा की जाती है कि वह निष्पक्ष रहता हुआ विद्यार्थियों को श्रेणी (Grade) प्रदान करे, यदि वह ऐसा ही करता है तो उसका यक कार्य अमूर्त, सामान्य, सार्वभौमिक सिद्धान्तों के अनुरूप है। लेकिन श्रेणी प्रदान करते समय यदि वह कक्षा में पढ़ रहे अपने लड़के या अपने मित्र के लड़के के प्रति पक्षपातपूर्ण रवैया अपनाता है या उनके साथ अपने सम्बन्धों को ध्यान में रखकर ऐसा करता है तो वह विशेषता विकल्प को ध्यान में रखकर व्यवहार करता है अर्थात् यहां वह अलग-अलग विद्यार्थियों से उनके साथ अपने सम्बन्धों के आधार पर क्रिया करता है। यदि एक महिला न्यायाधीश के पद पर कार्य कर रही है तो उसे मुकदमे का फैसला देते समय सार्वभौमिकता विकल्प के अनुरूप क्रिया करनी होगी। लेकिन इस स्त्री को घर में पत्नी के रूप में अपने पति के प्रति विशेषता विकल्प के अनुरूप व्यवहार करना होगा वरना वह विश्वासघाती होगी।

(4) गुण बनाम उपलब्धि (Quality vs. Performance)

इस विकल्प को पहले प्रदत्त बनाम अर्जित के नाम से पुकारा गया परन्तु अब इसे गुण (Quality) बनाम उपलब्धि (Performance) के नाम से जाना जाता है। परम्परागत सामाजिक व्यवस्था में गुण (जन्मजात) का विशेष महत्व था अर्थात् व्यक्तियों में गुण (जन्मजात) का विशेष महत्व था अर्थात् व्यक्तियों को कुछ गुणों या विशेषताओं, जैसे आयु, लिंग, रंग, वंश, जाति, राष्ट्रीयता, आदि के आधार पर परिभाषित किया जाता था। उदाहरण के रूप में उस समय राजो का लड़का ही राजा बनता था। उसका पद वंशानुगत था। भारतीय समाज में सामाजिक स्तरीकरण का मुख्य आधार जन्म अथवा जाति ही रहा है। उपलब्धि विकल्प के अन्तर्गत व्यक्तियों को उनकी क्षमताओं या योग्यता के आधार पर परिभाषित किया जाता है। आधुनिक नौकरशाही-तन्त्र में अधिकारियों का चुनाव लोगों की योग्यताओं एवं प्रमाणित परीक्षा अर्थात! उपलब्धि के आधार पर किया जाता है। आधुनिक सामाजिक व्यवस्था में

उपलब्धि विकल्प का ही विशेष महत्व है। आज प्रोफेसर, डॉक्टर, इंजीनियर, प्रशासक, आदि बनना व्यक्ति की योग्यता एवं प्रयत्न पर निर्भर करता है, न कि उसके जन्म या जाति पर। इसी विकल्प के आधार पर व्यक्ति को प्रदत्त एवं अर्जित प्रस्थितियां प्राप्त होती हैं।

(5) व्यापकता बनाम विशिष्टता (Diffuseness vs. Specificity)

यह वस्तु के कर्ता के साथ सम्बन्ध को परिभाषित करने सम्बन्धी दुविधा है। इसमें यह बताया गया है कि एक ओर कर्ता का वस्तु के साथ सम्बन्ध क्षेत्र की दृष्टि से अनिश्चित रूप से काफी व्यापक है, तथा अनेकतावादी परिस्थितियों में महत्वपूर्ण है। दूसरी ओर यह सम्बन्ध क्षेत्र तथा आवेष्टन (सम्मिलित होने) की दृष्टि से विशिष्ट रूप से सीमित है। उदाहरण के रूप में, आधुनिक फैक्टरी में उद्योगपति एवं श्रमिक के बीच सम्बन्ध विशिष्ट है क्योंकि सेवा-समझौते में विशिष्ट रूप से वर्णित बातों के अतिरिक्त दोनों का एक-दूसरे के प्रति कोई दायित्व नहीं हैं। लेकिन भूमि सम्बन्धी जमींदारी व्यवस्था के अन्तर्गत काश्तकार के अपने जमींदार या मालिक के प्रति असीमित दायित्व हैं। इसी प्रकार दो मित्रों तथा पति-पत्नी के बीच सम्बन्धों के दायरे में अनेक या सीमारहित दायित्व आते हैं। इसी विकल्प को पारसन्स ने उदाहरण देते हुए बताया है कि परम्परागत सामाजिक व्यवस्था में अधिकारी तन्त्र के ढांचे में कोई स्पष्ट श्रम-विभाजन नहीं पाया जाता। एक अधिकारी या कर्ता एक-दूसरे से भिन्न प्रकृति के कार्य कई बार साथ-साथ करता है; जैसे प्रशासकीय, न्यायिक, धार्मिक, सामाजिक, आदि। यह व्यापकता विकल्प से सम्बन्धित कार्य है। दूसरी ओर आधुनिक सामाजिक व्यवस्था में अधिकारी तन्त्र में स्पष्ट श्रम-विभाजन देखने को मिलता है, इसका झुकाव विशिष्टता की ओर है। आज प्रत्येक व्यक्ति के पद और उससे सम्बन्धित कार्यों में पृथकता दिखायी पड़ती है जो कि विशिष्टता के विकल्प के अनुरूप है।

पारसन्स की प्रतिमानित विकल्पों की उपर्युक्त योजना सामाजिक व्यवस्था से प्रमुखतः सम्बन्धित है। व्यक्ति या कर्ता क्रिया करते समय विकल्पों के जोड़े में से किसी एक का चुनाव करते हुए क्रिया करता है या अपनी भूमिका निभाता है। यह सामाजिक व्यवस्था के प्रकार पर निर्भर करता है कि वह क्रिया करते समय दो विकल्पों में से किस विकल्प को चुनेगा। यदि सामाजिक व्यवस्था का ढांचा परम्परागत है तो कर्ता का झुकाव रागात्मक, स्व-केन्द्रितता, विशेषता (व्यक्तिवादिता), गुण या प्रदत्त प्रस्थिति तथा व्यापकता की ओर होगा। यदि सामाजिक व्यवस्था का ढांचा आधुनिक है तो क्रिया करते समय कर्ता का झुकाव तटस्थता, समूह-केन्द्रितता, सार्वभौमिकता, उपलब्धि या अर्जित प्रस्थिति तथा विशिष्टता की ओर होगा। प्रतिमानित

विकल्पों की इस विवेचना के आधार पर पारसन्स ने सामाजिक क्रिया एवं सामाजिक व्यवस्था के विभिन्न पक्षों को स्पष्ट किया है।

वैज्ञानिक अध्ययन की आवश्यकता एवं वस्तुनिष्ठता की समस्या (Need of Scientific Study and the Problem of Objectivity)

प्रत्येक विज्ञान का, चाहे वह प्राकृतिक विज्ञान हो या सामाजिक विज्ञान, प्रमुख उद्देश्य यथार्थ ज्ञान कही प्राप्ति है, वास्तविकता का पता लगाना है, सत्य तक पहुंचना है। इसके लिए आवश्यक है कि तथ्यों का उसी रूप में पता लगाया जाए जिस रूप में वे वास्तव में हैं। कोई घटना जिस रूप में घटित होती है, ठीक उसी रूप में उसे ग्रहण करना ही वस्तुनिष्ठ अध्ययन (Objective Study) है। इसके विपरीत, जहां अध्ययनकर्ता किसी घटना को अपने विचारों, भावनाओं, पूर्वाग्रहों, कल्पना, व्यक्तिगत पक्षपात, आदि से प्रभावित होकर उन्हीं के अनुरूप ग्रहण करता है, वहां उसे व्यक्तिनिष्ठ अध्ययन (Subjective Study) कहते हैं। इस प्रकार के अध्ययन के आधार पर वैज्ञानिक निष्कर्ष नहीं निकाले जा सकते क्योंकि वैज्ञानिक निष्कर्ष तो वस्तुनिष्ठ या यथार्थ तथ्यों व घटनाओं पर आधारित होते हैं। वैज्ञानिक या वस्तुनिष्ठ अध्ययन व्यक्ति-प्रधान नहीं होकर तथ्य-प्रधान होते हैं। ये तथ्य वास्तविक अवलोकन, परीक्षण एवं विश्लेषण पर निर्भर करते हैं। विज्ञान चूंकि सत्य की खोज का एक माध्यम हैं, अतः वह सदैव वस्तुनिष्ठ अध्ययनों पर ही जोर देता है। लेकिन घटनाओं या तथ्यों के अध्ययन में वस्तुनिष्ठता की प्राप्ति उतनी आसान हीं है जितनी साधारणतः सोची जाती है। इसका कारण यह है कि अध्ययनकर्ता स्वयं उस समाज, समूह, घटना या समस्या का एक अंग होता है जिसका कि वह अध्ययन कर रहा होता है। अतः अध्ययन में व्यक्तिगत पक्षपात क समाविष्ट होने की सम्भावना रहती है। इसके अलावा, उत्तरदाता भी एक ही घटना या समान तथ्यों के सम्बन्ध में अलग-अलग प्रतिक्रयाएं व्यक्त करते हैं क्योंकि प्रत्येक के सोचने-विचारने एवं कार्य करने का अपना-अपना ढंग होता है जो उनके व्यक्तित्व से सम्बन्धित होता है। ऐसी स्थिति में एक ही समस्या या घटना के सम्बन्ध में वे भिन्न-भिन्न सूचनाएं देते हैं। इनमें व्यक्तिगत अभिनिति (Bias) या पक्षपात के आने की काफी सम्भावना रहती है। इसका कारण यह मान्यता है कि व्यक्ति वर्तमान का अध्ययन अपनी भूतकाल की आंखों से निरीक्षण द्वारा करता है। तात्पर्य यह है कि व्यक्ति के भूतकाल के अनुभव, उसका प्रशिक्षण, उसकी मानसिक व शारीरिक दशा, तापक्रम आदि उसे किसी घटना को एक विशेष रूप में देखने, समझने और व्यकत करने को प्रेरित करते हैं। ऐसी दशा में अध्ययन वस्तुनिष्ठ नहीं होकर व्यक्तिनिष्ठ हो जाता है और इस प्रकार के अध्ययन को वैज्ञानिक नहीं कहा जा सकता। अतः स्पष्ट है कि *सत्य*

तक पहुंचने के लिए वैज्ञानिक अध्ययन आवश्यक है और वैज्ञानिक अध्ययन के लिए वस्तुनिष्ठता की प्राप्ति अत्यन्त आवश्यक है।

प्राकृतिक विज्ञानों में वस्तुनिष्ठता प्राप्त करना सरल है क्योंकि उसकी विषय-वस्तु ऐसी होती है जिसे अध्ययनकर्ता के विचार, भावनाएं, आदि प्रभावित नहीं कर सकते। उसकी अभिनति या पक्षपात अध्ययन के परिणामों को प्रभावित नहीं कर पाते। इसके विपरीत, सामाजिक घटनाओं के अध्ययन में वस्तुनिष्ठ दृष्टिकोण अपनाना अर्थात् तटस्थ भाव से अवलोकन, परीक्षण व विश्लेषण करना बहुत कठिन है यद्यपि, सामाजिक घटनाएं जटिल, अर्मूत व परिवर्तनशील हैं परन्तु, इन सबके उपरान्त भी अध्ययनकर्ता वस्तुनिष्ठ दृष्टिकोण अपनाकर उनका अध्ययन कर सकता है। इसके लिए आवश्यकता इस बात की है कि वह व्यक्तिगत पक्षपात एवं पूर्वाग्रहों को अध्ययन से पूर्णतः पृथक रखे। मैक्स वेबर का कहना है कि यदि समाजशास्त्र को विज्ञान के रूप में प्रतिष्ठित करना है तो हमें प्राकृतिक विज्ञानों के समान सामाजिक विज्ञानों में वस्तुनिष्ठ दृष्टिकोण अपनाकर आगे बढ़ना होगा। इस हेतु तटस्थ दृष्टिकोण अपनाना पड़ेगा; व्यक्तिगत विचारों, अभिवृत्तियों, धारणाओं, पूर्वाग्रहों, मूल्यों, आदि से पूर्णतः मुक्त होना पड़ेगा। ऐसा करने पर ही हम सामाजिक घटनाओं का उनके वास्तविक या यथार्थ रूप में अध्ययन कर सकेंगे। अतः *वैज्ञानिक अध्ययन के लिए मूल आवश्यकता वस्तुनिष्ठता है।* अतः यहां हम यह समझने का प्रयत्न करेंगे कि वस्तुनिष्ठता का अर्थ एवं महत्व क्या है, वस्तुनिष्ठता की प्राप्ति में प्रमुख बाधाएं क्या हैं तथा किन साधनों से अध्ययन में वस्तुनिष्ठता प्राप्त की जा सकती और अध्ययन का वैज्ञानिक बनाया जा सकता है।

वस्तुनिष्ठता का अर्थ (Meaning of Objectivity)

तथ्यों का उनके वास्तविक रूप में अवलोकन, संकलन एवं विश्लेषण ही वस्तुनिष्ठता है। सामाजिक घटना का यथार्थ रूप में देखना और उसी रूप में व्यक्त कर देना ही वस्तुनिष्ठता है तात्पर्य यह है कि जहां अध्ययनकर्ता स्वयं के विचारों, भावनाओं, अभिवृत्तियों, मूल्यों, पूर्वाग्रहों, आदि से मुक्त रहकर घटनाओं का सूक्ष्म अवलोकन करता है, तथ्य संकलित करता है और उनके आधार पर निष्कर्ष निकालता है तो हम कह सकते हैं कि अध्ययन में वस्तुनिष्ठता है। चाहे अध्ययन के आधार पर प्राप्त निष्कर्ष अच्छे हों या बुरे, उचित हों या अनुचित, मन को प्रसन्नता देने वाले हों या कष्ट पहुंचाने वाले, परन्तु अनुसन्धानकर्ता उन्हें उसी रूप में प्रस्तुत कर देता है जिस रूप में वे हैं। वह उनमें न तो अपनी ओर से कुछ जोड़ता है, न कुछ घटाता है और न ही कुछ छिपाता है। वह तो सत्य की खोज करता है और उसे सत्य रूप में ही प्रकट कर देता है। अन्य शब्दों में हम कह सकते है कि

वस्तुनिष्ठता सत्य की खोज से सम्बन्धित है और घटनाओं को उनके वास्तविक रूप में प्रकट करना ही वस्तुनिष्ठता है।

वस्तुनिष्ठता का अर्थ स्पष्ट करते हुए **प्रो. ग्रीन** ने लिखा है, "प्रमाणों या तथ्यों का निष्पक्ष रूप से परीक्षण करने की इच्छा और योग्यता ही वस्तुनिष्ठता है।" इस परिभाषा में दो बातों पर जोर दिया गया है, वह एक तो निष्पक्ष अध्ययन की इच्छा पर और दूसरा योग्यता पर। इसका तात्पर्य यह है कि घटनाओं को उनके यथार्थ रूप में देखने और व्यक्त करने की अनुसंन्धानकर्ता में दृढ़ इच्छा होनी चाहिए। योग्यता का तात्पर्य तटस्थ दृष्टिकोण अपनाकर यानि स्वयं के विचारों, भावनाओं, मूल्यों, संस्कारों, पूर्व-धारणाओं, आदि से पूर्णत: मुक्त होकर वैज्ञानिक दृष्टिकोण बनाये रखते हुए अध्ययन करने से है।

लावेल जे. कार ने लिखा है, "वस्तुनिष्ठता का अर्थ है कि विभिन्न प्रकार की घटनाओं से युक्त संसार किसी व्यक्ति के विश्वासों, आशाओं अथवा भयों से स्वतन्त्र एक वास्तविकता है जिसका सब कुछ हम अन्तर्दृष्टि एवं कल्पना से नहीं, बल्कि, वास्तविक अवलोकन के द्वारा ही समझ सकते हैं।" इस परिभाषा से स्पष्ट है कि घटनामय संसार का अध्ययन निष्पक्ष अवलोकन द्वारा ही सम्भव है जिसमें अध्ययनकर्ता के स्वयं के विचारों, मूल्यों, विश्वासों, आशाओं, इच्छाओं व कल्पनाओं का कोई महत्व नहीं है।

फेयरचाइल्ड के अनुसार, "वस्तुनिष्ठता का तात्पर्य एक ऐसी योग्यता से है जिसके द्वारा अध्ययनकर्ता या अनुसन्धानकर्ता अपने को उन स्थितियों से अलग रख सके जिनका वह स्वयं एक भाग है एवं किसी भी प्रकार की प्रतिबद्धता (लगाव) या भावना के बजाय निष्पक्ष एवं पूर्वाग्रहों से स्वतन्त्र होकर तर्कों के आधार पर विभिन्न तथ्यों को उनके स्वाभाविक रूप में अवलोकित कर सके।"

उपर्युक्त परिभाषाओं के आधार पर हम कह सकते हैं कि *निष्पक्ष रहकर घटनाओं को उनके यथार्थ रूप में देखना और ठीक उसी रूप में उनका चित्रण कर देना ही वस्तुनिष्ठता* (Objectivity) है। अध्ययनकर्ता को पक्षपात-रहित दृष्टिकोण, यथार्थ अवलोकन एवं प्रस्तुतीकरण वस्तुनिष्ठता के मूल आधार हैं।

वस्तुनिष्ठता प्राप्त करने में कठिनाइयां
(Difficulties in Achieving Objectivity)

सामाजिक अनुसन्धानों में वस्तुनिष्ठता की प्राप्ति आवश्यक है परन्तु, इसके मार्ग में कुछ बाधाएं हैं। सामाजिक अनुसन्धानों का विषस सामाजिक घटनाएं ही हैं और ये घटनाएं अमूर्त, परिवर्तनशील, गुणात्मक, विभिन्नतापूर्ण एवं जटिल होती हैं। इसके विपरीत, भौतिक विज्ञानों की अध्ययन-वस्तु इस प्रकार की होती है कि

उनके साथ अध्ययनकर्ता का किसी प्रकार का कोई व्यक्तिगत लगाव या राग-द्वेष नहीं होता है। अत: उनका वस्तुनिष्ठता के साथ अध्ययन करना सम्भव होता है। सामाजिक अनुसन्धान में अध्ययनकर्ता के लिए अपने स्वंय के समाज, समूह, जाति, धर्म, परम्पराओं व मूल्यों का पक्षपात-रहित होकर अध्ययन करना कठिन रहता है क्योंकि वह स्वयं भी इनसे किसी न किसी रूप में सम्बन्धित होता है। यहां हम वस्तुनिष्ठता की प्राप्ति के मार्ग में आने वाली कठिनाइयों पर विचार करेंगे जो निम्न प्रकार है :

(1) **भावात्मक प्रवृत्तियों का प्रभाव** (Effect of emotional) **:** प्रत्येक व्यक्ति के अपने कुछ सामाजिक एवं सांस्कृतिक मूल्य होते हैं, नैतिकता सम्बन्धी धारणाएं होती हैं। वह प्रारम्भ से ही कुछ बातों का अच्छा और कुछ को बुरा मानने लग जाता है। व्यक्तित्व-निर्माण की प्रक्रिया के दौरान उसकी जो भावात्मक प्रवृत्तियां बन जाती हैं, वे उसके व्यवहार-प्रतिमानों के प्रभावित करती हैं। ऐसी स्थिति यदि कोई अध्ययनकर्ता संयुक्त परिवार, जाति-व्यवस्था, अस्पृश्यता, वेश्यावृत्ति, छात्रों मे अनुशासनहीनता, आदि का अध्ययन करता है तो उसकी भावात्मक प्रवृत्तियां उसके वस्तुनिष्ठ तरीके से अध्ययन करने कठिनाई उत्पन्न करती हैं।

(2) **असत्य प्रतिमाएं** (False idols) **: फ्रांसिस बेकन** का कहना है कि अनुसन्धान कर्ता कई असत्य प्रतिमाओं से प्रभावित होकर अध्ययन के दौरान कुछ त्रुटियां कर बैठता है। आपने ऐसी चार प्रतिमाओं का उल्लेख किया है : गुफा की प्रतिमाएं, न्यायालय की प्रतिमाएं, बाजार की प्रतिमाएं एवं जनजाति की प्रतिमाएं। गुफा की प्रतिमाओं के अन्तर्गत उन त्रुटियों को लिया गया है जो अनुसन्धानकर्ता अपने संकीर्ण या एकाकी विचारों के कारण किसी वस्तु या घटना को समझने के सम्बन्ध में कर बैठता है। न्यायालयों की प्रतिमाओं के अन्तर्गत वे गलतियां आती हैं जो एक अनुसन्धानकर्ता केवल शब्दों पर बहुत अधिक भरोसा करने के कारण कर बैठता है। बाजार की प्रतिमाओं में वे त्रुटियां आती हैं जो एक अनुसन्धानकर्ता प्रथा, परम्परा, रुढ़ि, आदि पर जरूरत से ज्यादा जोर देने एवं उन्हीं के आधार पर निष्कर्ष निकालने के कारण कर बैठता है। जनजाति की प्रतिमाओं के अन्तर्गत वे त्रुटियां आती हैं जो एक अनुसन्धानकर्ता अपने विशेष प्रकार से सोचन-विचारने एवं देखने के तरीके के कारण कर बैठता है। इन सब परिस्थितियों में अपने एकाकी दृष्टिकोण एवं सीमित ज्ञान के क्षेत्र से बाहर निकलकर वस्तुनिष्ठता के साथ कुछ निष्कर्ष निकालना अनुसन्धानकर्ता के लिए कठिन हो जाता है।

असत्य प्रतिमाओं के अलावा समाज में प्रचलित कुछ ऐसी धारणाएं भी होती हैं जिनका कोई तार्किक आधार तो नहीं होता, परन्तु जो अनुसन्धान-कर्ता के अध्ययन को प्रतिकूल रूप से प्रभावित करती हैं। उदाहरण के रूप में, यदि अनुसन्धानकर्ता इस धारणा पर विश्वास करके आगे बढ़ता है कि अस्पृश्य समझी जाने वाली जातियों का बौद्धिक-स्तर निम्न होता है तो इसके फलस्वरूप, उसके द्वारा प्राप्त निष्कर्षों में वस्तुनिष्ठता की निश्चित् रूप से कमी पायी जाएगी।

(3) **सामान्य ज्ञान का प्रभाव** (Influence of general knowledge) : हार्ट का कथन पूर्णत: सही है कि वस्तुनिष्ठता का सम्बन्ध वास्तविक ज्ञान से है, न कि सामान्य ज्ञान से। लेकिन कई बार अनुसन्धानकर्ता सामान्य ज्ञान को ही वास्तविक ज्ञान समझने की गलती कर बैठता है। ऐसी स्थिति में अध्ययन में वस्तुनिष्ठता नहीं आ सकती। उदाहरण के रूप में, यदि कोई अनुसन्धानकर्ता अपने सामान्य ज्ञान के आधार पर कोई प्राक्कल्पना बना लेता है तो परिणामस्वरूप, वह जाने-अनजाने ऐसे तथ्यों के संकलन पर जोर देता है जो उसकी प्राक्कल्पना को ही प्रमाणित करने में योग दें और वह अन्य तथ्यों को जान-बूझकर छोड़ देता है। ऐसी स्थिति में वस्तुनिष्ठता की प्राप्ति बहुत कठिन है।

(4) **विशिष्टतामूलक भ्रान्ति** (Particularistic fallacy) : अध्ययन में वस्तु-निष्ठता की कमी का एक मुख्य कारण विशिष्टतामूलक भ्रान्ति है। इसका तात्पर्य यह है कि अध्ययनकर्ता किसी सामाजिक घटना के पक्ष या कारक को ही महत्वपूर्ण, एवं निर्णायक मानकर उसी पर जोर देता है। यही विशष्टतामूलक भ्रान्ति है। इसके परिणामस्वरूप, अध्ययन में वस्तुनिष्ठता नहीं आ सकती और उसके आधार पर प्राप्त निष्कर्ष वैज्ञानिक नहीं हो सकते। उदाहरण के रूप में, यदि अनुसन्धानकर्ता यह कहे कि 'बाल-अपराध' के लिए बुरी संगति ही उत्तरदायी है, अथवा यह कहे कि धर्म-परिवर्तन का एकमात्र कारण निर्धनता है, तो ऐसी स्थिति में वह अन्य पक्षों या कारकों की अवहेलना करेगा, परिणामस्वरूप अध्ययन में वस्तुनिष्ठता नहीं आ पाएगी।

(5) **अध्ययन में अति जल्दबाजी** (Overhurry in research work) : जल्दबाजी में सफलतापूर्वक अनुसन्धान कार्य सम्पन्न करना तो दूर रहा, सामान्य कार्य भी बिगड़ जाता है। सामाजिक घटनाओं की प्रकृति ही कुछ ऐसी होती है कि उनका धैर्यपूर्वक लम्बे समय तक अध्ययन करना होता

है, तभी कहीं प्रमाणिक तथ्य प्राप्त किए और सही निष्कर्ष निकाले जा सकते है। इसके विपरीत जहां किसी अनुसन्धान को इसलिए जल्दबाजी में पूरा किया जाता है कि अनुसन्धानकर्ता के पास समय की कमी है या अध्ययन के निष्कर्ष शीघ्र ही किसी सरकारी या गैर-सरकारी एजेन्सी के सम्मुख प्रस्तुत करने हैं, वहां ऐसी दशा में अध्ययन में वस्तुनिष्ठता नहीं आ पाती। यही कारण है कि अनेक विकास-कार्यक्रमों का मूल्यांकन वस्तुनिष्ठ तरीके से नहीं हो पाता।

(6) **अनुसन्धानकर्ता का व्यक्तिगत स्वार्थ** (Vested interest of the researcher) : व्यक्तिगत स्वार्थ व्यक्ति को अन्धा बना देता है। यह स्वार्थ ही वस्तुनिष्ठता का सबसे बड़ा शत्रु है। स्वार्थ के आगे व्यक्ति असत्य को भी आंख मूंदकर स्वीकार कर लेता है। ऐसी स्थिति में अनुसन्धानकर्ता तटस्थ होकर न तो तथ्यों का संकलन कर सकता और न ही वैज्ञानिक निष्कर्ष निकाल सकता है। वह या तो ऐसे तथ्यों का संकलन करता है जो उसके स्वार्थों के अनुरूप हों या वह तथ्यों को इस प्रकार से तोड़-मरोड़कर प्रस्तुत करता है कि उनसे ऐसे निष्कर्ष निकल सकें जो उसके स्वार्थों की पूर्ति में सहायक हों। ये दोनों ही स्थितियां वस्तुनिष्ठता के मार्ग में बाधक हैं। जब अनुसन्धानकर्ता अध्ययन में अपने स्वार्थ को सर्वोपरि मान बैठता है तो वह वस्तुनिष्ठ ढंग से अध्ययन कर ही नहीं सकता।

(7) **स्वार्थ-समूह का दबाव** (Pressure of interest groups) : स्वार्थ-समूहों का दबाव या हस्तक्षेप भी वस्तुनिष्ठता की प्राप्ति में कठिनाई पैदा करता है। स्वार्थ-समूहों के अन्तर्गत प्रथम, आर्थिक दृष्टि से सम्पन्न व्यक्ति और द्वितीय, सत्ताधारी या राजनीतिक-रूप से शक्तिशाली व्यक्ति आते हैं। यदि किसी अनुसन्धान के निष्कर्षों को बदलवा देने में समर्थ हो जाते हैं या ऐसे निष्कर्षों को प्रकाश में ही नहीं आने देते। कभी-कभी अनुसन्धानकर्ता ऐसे सम्पन्न लोगों के दबाव में आकर तथ्यों को इस प्रकार प्रस्तुत करते हैं कि उनके हितों को किसी प्रकार की कोई चोट नहीं पहुंचे। श्रमिकों से सम्बन्धित अध्ययनों में स्वार्थ-समूहों के दबाव के कारण ही वस्तुनिष्ठता नहीं आ पाती।

(8) **सजातिवाद** (Ethnocentrism) : इसका तात्पर्य यह है कि व्यक्ति अपने समूह, समाज, जाति, प्रजाति, भाषा, क्षेत्र, धर्म, संस्कृति, आदि को सर्वश्रेष्ठ मानकर चलता है। इसी धारणा के वशीभूत होकर जब अनुसन्धानकर्ता कोई अध्ययन करता है तो वह अपने समाज की परम्पराओं, मूल्यों, आदर्शों,

संस्थाओं, धर्म, संस्कृति, आदि को सर्वोत्तम प्रमाणित करने का और अन्य लोगों के सामाजिक एवं सांस्कृतिक जीवन को अपने से नीचा दिखाने का प्रयत्न करता है। इस प्रकार के प्रयत्न का तात्पर्य यही है कि अध्ययन में वस्तुनिष्ठता नहीं आ पायेगी, अनुसन्धानकर्ता निष्पक्ष दृष्टिकोण अपनाकर अध्ययन नहीं कर सकेगा।

किसी एक राजनीतिक विचारधारा से प्रतिबद्धता और उसे ही सर्वश्रेष्ठ मानने की भूल वस्तुनिष्ठता के मार्ग में बहुत बड़ी बाधा है। ऐसा अध्ययनकर्ता विषय का पक्षपातरहित होकर अध्ययन नहीं कर सकता। स्पष्ट है कि सजातिवाद वस्तुनिष्ठता की प्राप्ति में बाधक है।

(9) **सामाजिक घटनाओं की जटिल प्रकृति** (Complex nature of social Phenomena): सामाजिक घटनाओं की जटिल प्रकृति के कारण सामाजिक अनुसन्धान में वस्तुनिष्ठता की प्राप्ति कई बार कठिन हो जाती है। सामाजिक घटनाएं परिवर्तनशील हैं। इनमें समय के साथ-साथ परिवर्तन आते रहते हैं। इसका कारण यह है कि सामाजिक घटनाओं से सम्बन्धित विभिन्न व्यक्तियों में अनेक भिन्नताएं, पायी जाती हैं; उनके व्यक्तित्व, विचार, भावनाएं, मूल्य, परिस्थितियां एवं भूमिकाएं, आदि भिन्न-भिन्न होते हैं। ऐसी स्थिति में विभिन्न व्यक्तियों के बीच पनपने वाले सामाजिक सम्बन्ध भी जटिल हो जाते हैं। ऐसी दशा में अध्ययनकर्ता कई बार स्वयं के विचारों, विश्वासों, भावनाओं एवं मूल्यों के आधार पर सामाजिक घटनाओं के सम्बन्ध में निष्कर्ष निकालता है। परिणामस्वरूप, अध्ययन में वस्तुनिष्ठता नहीं आ पाती।

(10) **प्रशिक्षण का अभाव** (Lack of training) : अनुसन्धानकर्ता के लिए सम्पूर्ण अनुसन्धान प्रक्रिया से भली-भांति परिचित होना आवश्यक है, अन्यथा, अनुसन्धान में किसी भी स्तर पर अभिनिति आ सकती है। अध्ययन की वस्तुनिष्ठता समाप्त हो सकती है। अतः अनुसन्धानकर्ता के लिए पूर्णतः प्रशिक्षित होना आवश्यक है उसे इस दृष्टि से प्रशिक्षित होना चाहिए कि समग्र का निर्धारण कैसे किया जाए, इकाइयों को कैसे चुना जाए, तथ्य-संकलन हेतु कौन-सी प्रविधि अपनायी जाए, प्राप्त तथ्यों का विश्लेषण कैसे किया जाए, विभिन्न तथ्यों में सह-सम्बन्ध कैसे बताया जाए। साधारणतः देखा यह जाता है कि अधिकांश अनुसन्धानों में कार्यकर्ताओं के प्रशिक्षण पर पूरा ध्यान नहीं दिया जाता, फलस्वरूप अध्ययनों में वस्तुनिष्ठता नहीं आ पाती।

(11) **नैतिक आदर्श व मूल्य** (Moral ideals and values) : अनुसन्धान-कार्य में अनुसन्धानकर्ता के स्वयं के नैतिक मूल्यों का कोई स्थान नहीं होना चाहिए अन्यथा, वह तथ्यों को तोड़-मरोड़कर प्रस्तुत कर सकता है और ऐसी स्थिति में अध्ययन की वस्तुनिष्ठता समाप्त हो सकती है। लुण्डबर्ग ने इस स्थिति के सम्बन्ध में लिखा है कि अध्ययन में गलतियों का एक अधिक सामान्य और कम सचेत स्रोत वैज्ञानिक की, और विशेषकर समाज वैज्ञानिकों की, यह प्रवृत्ति है कि वे समुदाय की प्रचलित नैतिक संहिता (Code of Morals) या नैतिकता सम्बन्धी स्वयं के विचारों को तथ्यों के संकलन एवं उन्हें तोड़-मरोड़कर रखने हेतु प्रभावित होने की छूट दे देते हैं। स्पष्ट है कि अनुसन्धानकर्ता के स्वयं के नैतिक आदर्श एवं मूल्य वस्तुनिष्ठता की प्राप्ति में बाधक हैं।

(12) **मिथ्या-झुकाव (अभिनिति) एवं पूर्वाग्रह** (Bias and predudices): लुण्डबर्ग ने लिखा है कि मिथ्या-झुकाव (अभिनिति) तथा पूर्वाग्रह सभी विज्ञानों में जटिलता पैदा करने वाले कारक हैं, लेकिन सामाजिक विज्ञानों की तुलना में भौतिक विज्ञानों में उनका महत्व काफी कम हैं। इसका मुख्य कारण यह है कि भौतिक विज्ञानों की विषय-वस्तु सामान्य उद्वेगात्मक भाव-ग्रन्थियों (Common Emotional Complexes) के प्रभाव से काफी मुक्त होती है जबकि सामाजिक घटनाएं प्राय: इससे प्रभावित होती हैं और इसी कारण सामान्य इन्द्रियों द्वारा भौतिक तथ्यों का प्रत्यक्ष ज्ञान बहुत कुछ एक-समान या समरूप होता है। लुण्डबर्ग के इस कथन से स्पष्ट है कि सामाजिक विज्ञानों में भौतिक विज्ञानों की तुलना में मिथ्या-झुकाव एवं पूर्वाग्रहों का प्रभाव काफी अधिक होता है और इसी वजह से सामाजिक अध्ययनों में वस्तुनिष्ठता की प्राप्ति बहुत कठिन हैं। भौतिक घटनाओं का अध्ययन बिना किसी प्रकार के मिथ्या-झुकाव व पूर्वाग्रहों के सुगमता से किया जा सकता है क्योंकि इनके साथ अध्ययनकर्ता का न तो कोई भावात्मक लगाव या राग-द्वेष होता है और न ही ऐसे अध्ययन से प्राप्त निष्कर्ष अध्ययनकर्ता क विचारों, भावनाओं, मूल्यों, परम्पराओं, धर्म, संस्कृति, आदि को किसी भी रूप में ठेस पहुंचाते हैं। इसके विपरीत, सामाजिक घटनाओं सें अध्ययनकर्ता भी सम्बन्धित होता है। अपने मिथ्या झुकाव के कारण या तो वह कुछ सामाजिक घटनाओं व समस्याओं के पक्ष में हो सकता है या विपक्ष में। परिणामस्वरूप, वस्तुनिष्ठता की प्राप्ति में बाधा उत्पन्न हो जाती है। पूर्वाग्रहों का तात्पर्य यह है कि अध्ययनकर्ता किसी घटना, विषय-वस्तु, व्यक्ति, समस्या, आदि के सम्बन्ध में पहले

से ही किसी पूर्ण-धारणा से ग्रसित होता है। पूर्व-धारणाएं उसे निष्पक्ष रूप से अध्ययन करने, सोचने-विचारने और निष्कर्ष निकालने में बाधा उत्पन्न करती हैं। यदि एक अनुसन्धानकर्ता संयुक्त परिवार को अच्छा समझता है तो संयुक्त परिवार के अध्ययन के दौरान अपने इस पूर्वाग्रह या पूर्व-धारणा के आधार पर वह ऐसे तथ्यों की अवहेलना कर सकता है जिनसे ऐसे निष्कर्ष निकलते हों कि संयुक्त परिवार की बजाय एकाकी परिवार अधिक अच्छे हैं। यहां वह तटस्थ होकर या वस्तुनिष्ठता के साथ अपने पूर्वाग्रहों के कारण अध्ययन नहीं कर पाता है।

मिथ्या-झुकाव या पक्षपात में उद्वेगों या भावनाओं का काफी प्रभाव होता है और इसी कारण किसी के भी पक्ष या विपक्ष में बिना सोचे-विचारे राय व्यक्त कर दी जाती है जिसमें तार्किकता का अभाव होता है। दूसरी ओर जब किसी व्यक्ति, वस्तु, समस्या, घटना, सिद्धान्त, आदि के सम्बन्ध में हम अपने मन में पहले से ही कोई धारणा बना लेते हैं और उसी के परिप्रेक्ष्य में तथ्यों का मूल्यांकन करते हैं तो इसे पूर्वाग्रह (Prejudice) के नाम से पुकारते हैं। मिथ्या-झुकाव तथा पूर्वाग्रह दोनों के अर्थ से स्पष्ट है कि ये वस्तुनिष्ठ अध्ययन के मार्ग में बाधक हैं। इसके प्रभाव से व्यक्ति खुले दिल और दिमाग से काम नहीं कर सकता। यहां हमें यह भी विचार करना है कि *मिथ्या-झुकाव (पक्षपात) एवं पूर्वाग्रहों के आधार क्या हैं, इनके स्रोत कहां हैं? ये स्रोत निम्नलिखित हैं :*

(1) **अनुसन्धानकर्ता का मिथ्या-झुकाव** (Bias of Researcher) : कई बार स्वयं अनुसन्धानकर्ता अभिनिति का स्रोत बन जाता है। उसकी पूर्व-धारणाएं या पक्षपातपूर्ण विचार उसके वस्तुनिष्ठ तरीके से सोचने-विचारने और निष्कर्ष प्रस्तुत करने में बाधक बन जाते हैं। ऐसी स्थिति में वह कुछ महत्वपूर्ण तथ्यों को छोड़ देता है और अपने विचारों एवं भावनाओं के अनुरूप निष्कर्ष निकाल लेता है। अध्ययनकर्ता की स्वयं की रुचि-अरुचि, विषय से जरुरत से ज्यादा भावात्मक लगाव, उसकी नैतिक धारणाएं, आदर्श, मूल्य, धार्मिक एवं सांस्कृतिक मान्यताएं, आदि उसमें मिथ्या-झुकाव का स्रोत बन जाते हैं।

(2) **सूचनादाताओं के पूर्वाग्रह** (Prejudices of Informants) : अनुसन्धानकर्ता तथ्य-संकलन के लिए केवल अवलोकन का सहारा नहीं ले सकता। उसे सूचनादाताओं से मिलकर उनके प्रश्न पूछकर भी कई सूचनाएं या तथ्य एकत्रित करने होते है। सूचनादाता भी सामाजिक प्राणी ही होते हैं। उनके भी हित-अहित, रुचि-अरुचि, राग-द्वेष, विचार, अनुभव, मूल्य, परम्पराएं,

पूर्वाग्रह, आदि होते हैं। ऐसी स्थिति में अध्ययन से सम्बन्धित सूचना-प्राप्ति हेतु उनसे जो कुछ पूछा जाता है, उसका उत्तर वे पूर्णतः सत्य नहीं हों, जिनमें सच या झूठ का मिश्रण हो या जिन्हें बढ़ा-चढ़ाकर प्रस्तुत किया गया हो। ऐसी स्थिति में इस प्रकार की सूचनाओं पर आधारित निष्कर्ष वस्तुनिष्ठ नहीं हो सकते। पिडिंगटन ने निम्न बातों के आधार पर यह समझाने का प्रयत्न किया है कि सूचनादाता स्वयं मिथ्या-झुकाव या अभिनति का स्रोत कैसे होते हैं :

(अ) सूचनादाता जिन बातों को नहीं बताना चाहते, उनके सम्बन्ध में या तो वे झूठ बोल सकते हैं या यह बहाना बना सकते हैं कि इस सम्बन्ध में वे कुछ भी नहीं जानते।

(ब) कभी-कभी अपने किसी स्वार्थ के कारण सूचनादाता कुछ तथ्यों को बढ़ा-चढ़ाकर प्रस्तुत कर सकते हैं या कुछ बातों को जान-बूझकर छिपा सकते हैं।

(स) कई बार शिष्टाचार के कारण सूचनादाता ऐसी सूचनाएं ही देते हैं जो अनुसन्धानकर्ता की मजाक उड़ाने के उद्देश्य से भी सूचनादाता कुछ बातों को नहीं जानते हुए भी यह प्रदर्शित करने के लिए कि वह सब कुछ जानता है, गलत सूचनाएं भी देता है।

(य) कई उत्तरदाता संकोच या लज्जा के कारण कुछ प्रश्नों का उत्तर जानते हुए भी नहीं देते हैं।

वैज्ञानिक अध्ययन की आवश्यकता : वस्तुनिष्ठता का महत्व (Need of Scientific Study : Importance of Objectivity)

अध्ययन या अनुसन्धान का मुख्य उद्देश्य प्रामाणिक निष्कर्षों अर्थात् ज्ञान की प्राप्ति है। यह उसी समय सम्भव है जब अध्ययन पूर्णतः वैषयिक या वस्तुनिष्ठ हो। यदि निष्पक्ष रूप से अवलोकन नहीं किया गया है, तथ्यों का संकलन सही रूप में नही किया गया है, यदि उन तथ्यों के विश्लेषण मं कहीं भी व्यक्तिगत अभिनिति या पक्षपात आ गया है तो ऐसी स्थिति में जो निष्कर्ष निकाले जाएंगे, वे वैज्ञानिक, प्रमाणिक या वस्तुनिष्ठ नहीं हो सकते। जब निष्कर्षों में वस्तुनिष्ठता का अभाव होगा तो यथार्थ ज्ञान प्राप्त नहीं किया जा सकेगा, सत्य तक नहीं पहुंचा जा सकेगा। अतः घटनाओं की सत्यता का पता लगाने के लिए अध्ययनों में, विशेषकर सामाजिक अनुसन्धानों में वस्तुनिष्ठता का होना अत्यन्त आवश्यक है। इसका कारण यह है कि व्यक्ति जिस घटना, समाज, समूह अथवा समस्या का अध्ययन करना चाहता है, वह स्वयं भी उसे किसी न किसी रूप में जुड़ा होता है, उसका अंग

होता है। उसके स्वयं के भावनाएं, संस्कार, मूल्य एवं अभिवृत्तियां उसे सामाजिक घटनाओं का निष्पक्ष होकर अध्ययन करने में बाधा पहुंचाते हैं। इस स्थिति पर काबू पाना ही वस्तुनिष्ठता को प्राप्त करना है। वस्तुनिष्ठता के अभाव में कोई भी अध्ययन वैज्ञानिक नहीं हो सकता। वास्तविकता यह है कि अध्ययन या अनुसन्धान की सफलता उसकी वैज्ञानिकता पर ही निर्भर करती है और वैज्ञानिकता का आधार वस्तुनिष्ठता ही है। *वस्तुनिष्ठता का महत्व एवं वैज्ञानिक अध्ययन की आवश्यकता निम्नलिखित विवेचना से स्वत: ही स्पष्ट हो जाएगी :*

(1) **समाजशास्त्रीय अध्ययनों को वैज्ञानिक बनाने हेतु** (To make sociological studies scientific) : कुछ लोगों का मानना है कि समाजशास्त्रीय अध्ययन वैज्ञानिक नहीं होते एवं समाजशास्त्र विज्ञान नहीं है। उनकी इस प्रकार की मान्यता का प्रमुख कारण सामाजिक घटनाओं की जटिल प्रकृति एवं अध्ययनकर्ता का व्यक्तिनिष्ठ दृष्टिकोण है। सामाजिक घटनाओं के अध्ययन में वस्तुनिष्ठ दृष्टिकोण अपनाना कठिन अवश्य है क्योंकि अध्ययनकर्ता के व्यक्तिगत विचार, पूर्वाग्रह, अभिवृत्तियां एवं पसन्द-नापसन्द अध्ययन की यथार्थता या वैज्ञानिकता को समाप्त कर देते है। लेकिन यदि अनुसन्धानकर्ता में वस्तुनिष्ठता बनाये रखने का दृढ़ संकल्प हो तो सामाजिक घटनाओं का वस्तुनिष्ठ तरीके से अध्ययन किया जा सकता है। यदि अध्ययनकर्ता में सामाजिक घटनाओं की वास्तविकताओं को खोज निकालने की बलवती इच्छा है और वह निरन्तर इस दिशा में प्रयत्नशील है तो समाजशास्त्रीय अध्ययनों को वैज्ञानिक बनाया जा सकता है। इस हेतु आवश्यक है कि तथ्यों का यथार्थ चित्रण किया जाए, वैज्ञानिक पद्धति व नियमों का पूर्णत: पालन किया जाए। यदि अध्ययन में तटस्थ भाव को बनाये रखते हुए घटनाओं सहित चित्रण किया जाए तो किसी भी अध्ययन को वैज्ञानिक बनाया जा सकता है।

(2) **वैज्ञानिक पद्धति के सफल प्रयोग हेतु** (For scessful use of scientific method) : सत्य तक पहुंचने के लिए वैज्ञानिक पद्धति का प्रयोग आवश्यक है। परन्तु केवल इस पद्धति के प्रयोग से प्रामाणिक या वैज्ञानिक निष्कर्ष प्राप्त नहीं किए जा सकते हैं। यदि वस्तुनिष्ठता के साथ इस पद्धति का प्रयोग किया जाता है तो यथार्थ ज्ञान प्राप्त किया जा सकता है और अध्ययन में वैज्ञानिकता लायी जा सकती है। वास्तव में देखा जाए तो वैज्ञानिक पद्धति और वस्तुनिष्ठता एक ही सिक्के के दो पहलू हैं। वैज्ञानिक पद्धति में सामाजिक घटनाओं का अवलोकन, वर्गीकरण, विश्लेषण तथा सत्यापन आता है, परन्तु यदि इनमें से किसी भी स्तर पर वस्तुनिष्ठता की कमी

है तो वैज्ञानिक निष्कर्ष नहीं निकाले जा सकेंगे, अध्ययन में वैज्ञानिक पद्धति के सफल प्रयोग के लिए वस्तुनिष्ठता अत्यन्त आवश्यक है।

(3) **प्रतिनिधित्वपूर्ण तथ्यों को प्राप्त करने हेतु** (To get adequate reresentative data) सामाजिक घटनाओं के सम्बन्ध में प्रतिनिधि तथ्य प्राप्त करने के लिए निदर्शन प्रणाली (Sampling Method) की सहायता से अध्ययन हेतु इकाइयों का चुनाव किया जाता है। यह चुनाव पक्षपात-रहित होना चाहिए, पूर्ण वस्तुनिष्ठता के साथ होना चाहिए, अन्यथा समग्र का प्रतिनिधत्व करने वाली इकाइयों का चुनाव नहीं किया जा सकेगा। इसके अलावा, ऐसे तथ्यों का संकलन किया जाना चाहिए जो समग्र (Universe) की सभी विशेषताओं का पूरी तरह प्रतिनिधत्व करते हों। तथ्य संकलन हेतु प्रश्नावली, अनुसूची, साक्षात्कार, अवलोकन, वैयक्तिक अध्ययन-पद्धति आदि में से किसी एक का चुनाव कर प्रतिनिधि तथ्यों को एकत्रित किया जाना चाहिए। इसके लिए आवश्यक है कि तथ्य-संकलन की प्रविधियों का चुनाव एवं प्रयोग सुविधानुसार नहीं बल्कि वस्तुनिष्ठता के साथ किया जाए अन्यथा प्रतिनिधि तथ्यों को प्राप्त नहीं किया जा सकेगा।

(4) **तथ्यों के सत्यापन हेतु** (For getting data verified) : पुनः परीक्षा या सत्यापनशीलता वैज्ञानिकता की एक महत्वपूर्ण कसौटी है और इस कसौटी पर कोई भी अध्ययन तभी खरा उतरता है जब अनुसन्धान प्रत्येक चरण पर वस्तुनिष्ठता का सहारा लिया गया हो। अध्ययन में वस्तुनिष्ठता का तात्पर्य यही है कि वह पूर्णतः तथ्यों पर आधारित है, न कि अध्ययनकर्ता के स्वयं के पक्षपातपूर्ण विचारों, भावनाओं या पूर्व-धारणाओं पर। जहां किसी अध्ययन में इस बातों का समावेश हो जाता है, वहां उस अध्ययन के निष्कर्ष वैज्ञानिक या प्रामाणिक नहीं रह जाते। ऐसे निष्कर्षों की पुनः परीक्षा और सत्यापन नहीं किया जा सकता। अतः तथ्यों के सत्यापन एवं वैज्ञानिक निष्कर्षों की प्राप्ति हेतु वस्तुनिष्ठता अत्यन्त आवश्यक है।

(5) **निष्पक्ष निष्कर्षों की प्राप्ति हेतु** (To get unprejudiced conclusions): सामाजिक अनुसन्धान की सार्थकता इसी बात में है कि प्राप्त निष्कर्ष निर्भर-योग्य हों। यदि अनुसन्धान के आधार पर प्राप्त निष्कर्ष प्रामाणिक नहीं हैं, यदि उनकी सत्यता की जांच नहीं की जा सकती है, यदि उनके आधार पर नियमों एवं सिद्धान्तों का प्रतिपादन नहीं किया जा सकता है तो ऐसे अनुसन्धान की कोई उपयोगिता नहीं है। किसी अध्ययन या

अनुसन्धान के माध्यम से प्रामाणिक एवं निष्पक्ष निष्कर्षों की प्राप्ति हेतु प्रारम्भ से अन्त तक वस्तुनिष्ठता को बनाये रखना आवश्यक है। इसके अभाव में अनुसन्धान निरर्थक हो जाएगा। अत: अध्ययनकर्ता वस्तुनिष्ठ दृष्टिकोण अपनाकर ही निष्पक्ष निष्कर्ष प्राप्त कर सकता है और ऐसे निष्कर्ष ही किसी विषय को विज्ञान की श्रेणी में ला खड़ा करते हैं।

(6) **वास्तविक ज्ञान की वृद्धि हेतु** (To enrich real knowledge) : अज्ञानता रूपी अन्धकार को दूर करना विज्ञान का प्रमुख काम है और यह काम उसी समय उत्तमता के साथ पूरा किया जा सकता है जब वस्तुनिष्ठ दृष्टिकोण अपनाकर सामाजिक घटनाओं के सम्बन्ध में अधिक से अधिक मात्रा में यथार्थ जानकारी प्राप्त की जाए। जब इस प्रकार की जानकारी बढ़ेगी तो परिणामस्वरूप सामाजिक जीवन के सम्बन्ध में हमारे ज्ञान में दिनोंदिन वृद्धि होती जाएगी। इससे लोगों को कुरीतियों एवं भ्रान्त धारणाओं से छुटकारा मिल सकेगा। अत: वास्तविक ज्ञान की प्राप्ति हेतु अध्ययनकर्ता को सजग रहते हुए अपने स्वयं के विचारों और पूर्व-धारणाओं पर नियन्त्रण रखना होगा। इसके लिए उसे वस्तुनिष्ठ दृष्टिकोण अपनाना होगा।

(7) **अनुसन्धान के नये क्षेत्रों का पता लगाने हेतु** (To explore new fields of investigation) : जब कोई अध्ययनकर्ता वैज्ञानिक अध्ययन की दिशा में आगे बढ़ता है तो तथ्यों का पता लगाने या सामाजिक घटनाओं को सही परिप्रेक्ष्य में समझने के लिए उसे वस्तुनिष्ठ दृष्टिकोण अपनाना होता है। जब अध्ययनकर्ता निष्पक्ष होकर किसी घटना या समस्या का अध्ययन करता है तो उसके सम्बन्ध में अनेक अज्ञात तथ्यों का पता चलता है, उससे सम्बन्धित कई रहस्यों की जानकारी मिलती है, कई नवीन पक्ष प्रकाश में आते हैं जिनके सम्बन्ध में अनुसन्धानकर्ता ने पहले कभी सोचा भी नहीं था। सामाजिक घटनाओं या समस्याओं के सम्बन्ध में नवीन पक्षों की जानकारी अनुसन्धान के नये क्षेत्रों को विकसित करने में योग देती है। भविष्य में अध्ययनकर्ता इन नवीन पक्षों को लेकर अनुसन्धान की नयी योजनाएं बना सकता है। यह सब कुछ उसी समय सम्भव है जब अध्ययन पूर्णत: वस्तुनिष्ठ एवं वैज्ञानिक हो।

(8) **अनुसन्धानकर्ता पर नियन्त्रण बनाये रखने हेतु** (To maintain control over the investigator) : अनुसन्धानकर्ता जिस समाज, समूह, सामाजिक घटना या समस्या का अध्ययन करता है, उससे किसी न किसी रूप में सामान्यत: सम्बन्धित होता है। ऐसी स्थिति में उसके स्वयं के विचार,

भावनाएं अभिवृत्तियां, पूर्वाग्रह, आदि अध्ययन में बाधक बन सकते हैं। इस स्थिति से छुटकारा प्राप्त करने के लिए यह आवश्यक है कि अध्ययन में सर्वत्र वैज्ञानिकता बनाये रखी जाए। यह वैज्ञानिकता ही अध्ययनकर्ता पर नियन्त्रण रखकर उसे वस्तुनिष्ठ दृष्टिकोण अपनाकर अध्ययन-कार्य करने के लिए प्रेरित कर सकती है। वस्तुनिष्ठता के आधार पर ही वह सत्य का पता लग सकता और वैज्ञानिक निष्कर्ष प्राप्त कर सकता है।

(9) **भ्रान्तियों की समाप्ति हेतु** (To get rid of fallacies) : भ्रान्त धारणाएं अनेक व्यक्तियों व समूहों के बीच कई वार तनाव एवं संघर्ष उत्पन्न कर देती हैं। इस प्रकार की धारणाएं जाति, प्रजाति, धर्म, भाषा, सम्प्रदाय, संस्कृति, प्रान्त या क्षेत्र, आदि से सम्बन्धित होती हैं। सामान्य ज्ञान के आधार पर व्यक्ति भ्रान्त धारणाओं को सही मान बैठता है क्योंकि उसके पास सत्यता को जानने का कोई आधार नहीं होता। वैज्ञानिक अध्ययनों के आधार पर प्राप्त निष्कर्षों की सहायता से ही भ्रान्त धाारणाओं को दूर किया जा सकता है। विश्व मे काफी लम्बे समय तक एक भ्रान्त धारण यह प्रचलित रही है कि श्वेत प्रजाति ही सर्वश्रेष्ठ प्रजाति हो तथा लोगों को सभ्य बनाने और उन पर शासन करने का उसी प्रजाति को अधिकार है। अब वैज्ञानिक अध्ययनों के आधार पर यह प्रमाणित हो चुका है कि कोई भी प्रजाति अन्य की तुलना मं श्रेष्ठ या हीन नहीं है। अत: भ्रान्त धारणाओं से छुटकारा प्राप्त करने के लिए वैज्ञानिक अध्ययन आवश्यक है।

(10) **सामाजिक समस्याओं के समाधान हेतु** (To get social problems solved) : आज के आधुनिक जटिल समाजों में अनेक सामाजिक समस्याएं व्याप्त हैं। ये समाजरूपी शरीर में रोग के समान हैं। जब तक इनसे छुटकारा प्राप्त नहीं किया जाता, तब तक समाज को स्वस्थ नहीं बनाया जा सकता, उसे प्रगति की ओर आगे नहीं बढ़ाया जा सकता, विभिन्न प्रकार की समस्याओं की यथार्थ जानकारी वैज्ञानिक अध्ययनों की सहायता से ही प्राप्त हो सकती है। ऐसे अध्ययनों में वस्तुनिष्ठता का होना नितान्त आवश्यक है।

वस्तुनिष्ठता प्राप्त करने के साधन एवं विधियां
(Means and Methods for Achieving Objectivity)

उपर्युक्त विवरण से स्पष्ट है कि सामाजिक घटनाओं से सम्बन्धित अध्ययनों में वस्तुनिष्ठता बनाये रखना काफी कठिन है। परन्तु, इसका यह तात्पर्य नहीं है कि वस्तुनिष्ठता प्राप्त करना असम्भव है। इसके लिए सर्वाधिक आवश्यक यह है

कि अनुसन्धानकर्ता स्वयं पर नियन्त्रण रखे, अपने को पूर्वाग्रहों से मुक्त रखे और वैज्ञानिक दृष्टिकोण सर्वत्र बनाये रखे।

आज अनुभव व अनुसन्धान के आधार पर ऐसी विधियां व साधनों का विकास हो चुका है जो सामाजिक घटनाओं के अध्ययन में वस्तुनिष्ठता प्राप्त करने में योग देते हैं। यहां हम उन्ही का संक्षेप में उल्लेख करेंगे।

(1) **पारिभाषिक शब्दों एवं आवधारणाओं का मानकीकरण** (Standardization of terms and concepts) : समाजशास्त्र में सामान्यत: बोलचाल के शब्दों का प्रयोग किया जाता है जिनका कई बार समान अर्थ नहीं लगाया जाता है। परिणामस्वरूप, समाजशास्त्रीय अध्ययनों के आधार पर प्राप्त निष्कर्ष में स्पष्टता का अभाव पाया जाता है। इस स्थिति से बचने के लिए यह आवश्यक है कि समाजशास्त्र में जिन पारिभाषिक शब्दों एवं अवधारणाओं का प्रयोग किया जाए, उनका मानकीकरण किया जाए, उनका सभी लोगों के द्वारा सभी स्थानों पर समान अर्थों में प्रयोग किया जाए। इससे सामाजिक घटनाओं के अध्ययन में वस्तुनिष्ठता आ सकेगी।

(2) **दैव निदर्शन के उपयोग को प्रधानता** (Priority of the use of random sampling): अध्ययन में वस्तुनिष्ठता लाने की दृष्टि से आवश्यक है कि समग्र में से इकाइयों का चुनाव दैव निदर्शन विधि द्वारा इकायों का चुनाव करने से अध्ययनकर्ता के पक्षपात या मिथ्या-झुकाव के अध्ययन में सम्मिलित होने की सम्भावना समाप्त हो जाती है और साथ ही प्रतिनिधि इकाइयों का चुनाव हो जाता है।

(3) **क्षेत्रीय कार्यकर्ताओं पर कम से कम निर्भरता** (Minimum dependency of field investigators) : जहां वैयक्तिक अनुसन्धान-कार्यों में स्वयं अनुसन्धानकर्ता द्वारा तथ्यों का संकलन किया जाता है, वहां वह अपने को नियन्त्रित करके पूर्वाग्रहों व मिथ्या-झुकाव से बच सकता है। लेकिन जहां अनुसन्धान-कार्य हेतु तथ्यों का संकलन अनेक क्षेत्रीय कार्यकर्ताओं द्वारा एक-साथ किया जाता है, वहां अभिनिति या पक्षपात से बचने के लिए यह आवश्यक है कि उन्हें किसी भी प्रकार की वैयक्तिक स्वतन्त्रता नहीं दी जाए और उन पर पूरा नियन्त्रण रखा जाए।

(4) **प्रश्नावली व अनुसूची का प्रयोग** (Use of questionnaire and schedule): प्रश्नावली व अनुसूची में निर्धारित प्रश्न होते है, मानक शब्दावली का इनमें प्रयोग किया जाता है। परिणमस्वरूप सभी सूचनादाता प्रश्नों के समान अर्थ लगाते हैं और उनके द्वारा उत्तर भी प्रमापीकृत होते हैं। इनके प्रयोग का लाभ यह है कि स्वयं अनुसन्धानकर्ता पर भी नियन्त्रण रहता है, वह मनमाने ढंग से प्रश्न

नहीं पूछ पाता है। इससे अध्ययन में वस्तुनिष्ठता बनी रहती है।

(5) **यान्त्रिक साधनों का प्रयोग** (Application of mechanical devices): तथ्यों के संकलन, सारणीयन एवं विश्लेषण हेतु यान्त्रिक साधनों का उपयोग अध्ययन में वस्तुनिष्ठता के बढ़ाने में योग देता है। तथ्यों के संकलन में फोटोग्राफ व टेप-रिकार्डर काफी सहायक है। तथ्यों के सारणीयन एवं विश्लेषण में पंचिग मशीन, सार्टर, कैल्कुलेटर व कम्प्यूटर, आदि का विशेष उपयोग होता है। इन यान्त्रिक साधनों के प्रयोग का सबसे बड़ा लाभ यह है कि अध्ययन में तथ्यों को तोड़-मरोड़कर प्रस्तुत नहीं किया जा सकता, उनमें कोई परिवर्तन नहीं किया जा सकता। अत: अध्ययनकर्ता पर नियन्त्रण बना रहता है और अध्ययन में वस्तुनिष्ठता आ जाती है।

(6) **प्रयोगात्मक पद्धति का उपयोग** (Use of rxperimental method): सामाजिक घटनाओं के अध्ययन में अधिक से अधिक वस्तुनिष्ठता लाने के उद्देश्य से प्रयोगात्मक पद्धति का प्रयोग दिनोंदिन बढ़ता जा रहा है। जहां इस पद्धति का प्रयोग किया जाता है, वहां दो समान समूहों का चुनाव कर लिया जाता है। इनमें से एक को नियन्त्रित समूह और दूसरे प्रयोगात्मक समूह के रूप में रखा जाता है। नियन्त्रित समूह में किसी भी प्रकार का कोई परिवर्तन नहीं लाया जाता जबकि प्रयोगात्मक समूह में किसी एक कारक के द्वारा परिवर्तन लाने का प्रयास किया जाता है। यहां प्रयोगात्मक समूह में ऐ कारक के प्रभाव को देखा जाता है। तत्पश्चात् नियन्त्रित व प्रयोगात्मक समूहों की एक-दूसरे से तुलना की जाती है। यदि तुलना के आधार पर प्रयोगात्मक समूह में कोई अन्तर पाया जाता है तो इससे स्पष्ट हो जाता है कि यह परिवर्तन अमुक कारक का प्रभाव है। स्पष्ट है कि सामाजिक घटनाओं के अध्ययन में वस्तुनिष्ठता लाने में प्रयोगात्मक पद्धति का काफी योग है।

(7) **सांख्यिकीय अनुमापों का प्रयोग** (Use of statistical measurements): यदि अध्ययन के निष्कर्षों का सामान्य विवरण के रूप में ही प्रस्तुत किया जाए तो अध्ययन में वस्तुनिष्ठता आ सकती है क्योंकि इसमें अध्ययनकर्ता तथ्यों को तोड़-मरोडकर अपनी इच्छानुसार प्रस्तुत कर सकता है। इस कमी को सांख्यिकीय गणनाओं एवं साख्यिकीय अनुमापों द्वारा दूर किया जा सकता है। सांख्यिकीय अनुमापों की सुगमता से जांच भी की जा सकती है। इसी वजह से सामाजिक गणनाओं व सांख्यिकीय अनुमापों का प्रयोग सामाजिक घटनाओं के अध्ययन में दिनोंदिन बढ़ता ही जा रहा है।

(8) **समूह अनुसन्धान पद्धति का प्रयोग** (Use of group research method): पक्षपात, मिथ्या-झुकाव व व्यक्तिनिष्ठता को कम करने या समाप्त करने

की दृष्टि से सामूहिक अनुसन्धान पद्धति का विशेष महत्व है। इस पद्धति का प्रयोग दो रूपों में किया जा सकता है।

प्रथम, एक सामूहिक घटना का अध्ययन अलग-अलग रूप में तथा अलग-अलग समय पर दो या अधिक अनुसन्धानकर्ताओं द्वारा एक ही पद्धति को काम में लेते हुए किया जाता है। फिर सब अनुसन्धानकर्ता मिलकर निष्कर्ष निकालते हैं।

द्वितीय, एक ही अध्ययनकर्ता दो समान क्षेत्रों में एक ही घटना का अध्ययन समान पद्धति को काम में लेता हुआ करता है। फिर वह प्राप्त निष्कर्षों की तुलना करता है तथा यथार्थ स्थिति का पता लगाता है। इससे अध्ययन में वस्तुनिष्ठता आने की सम्भावना अधिक रहती है।

(9) **अन्तर-वैज्ञानिक पद्धति का प्रयोग** (Application of interdisciplinary method) : विभिन्न विज्ञानों के सहयोग पर आधारित अध्ययन को ही अन्तर-वैज्ञानिक अध्ययन करते हैं और समाज विज्ञानों में वर्तमान में इस प्रकार के अध्ययनों का महत्व बढ़ता ही जा रहा है। आजकल यह स्पष्टत: महसूस किये जाने लगा है कि किसी भी घटना के लिए कोई एक ही कारक उत्तरदायी नहीं है। उदाहरणार्थ, अपराध, निर्धनता या भ्रष्टाचार जैसी समस्याओं के लिए सामाजिक, आर्थिक, राजनीतिक, सांस्कृतिक एवं मनोवैज्ञानिक कारक उत्तरदायी है। जब तक इन कारकों को भली-भांति नहीं समझ लिया जाता, तब तक किसी समस्या, घटना या विषय का यथार्थ व वस्तुनिष्ठ ज्ञान प्राप्त नहीं किया जा सकता। यही कारण है कि विभिन्न विज्ञानों के बीच दिनोंदिन सहयोग बढ़ता ही जा रहा है। परिणामस्वरूप सामाजिक घटना सम्बन्धी अध्ययन अधिकाधिक वस्तुनिष्ठ एवं यथार्थ होते जा रहे हैं।

(10) **मिश्रित सांस्कृतिक उपागम का उपयोग** (Use of cross-cultural approach) : जब कभी किसी सांस्कृतिक क्षेत्र से सम्बन्धित किसी घटना या समस्या का अध्ययन विभिन्न सांस्कृतिक क्षेत्र से सम्बन्धित लोग (विशेषज्ञ) करते हैं तो वे यह कार्य अधिक निष्पक्षता एवं वस्तुनिष्ठता के साथ कर सकते है। अध्ययन किये जाने वाले सांस्कृतिक क्षेत्र से सम्बन्धित अनुसन्धानकर्ता में पक्षपात व मिथ्या-झुकाव हो सकता है, लेकिन जब अन्य सांस्कृतिक क्षेत्र से सम्बन्धित अनुसन्धानकर्ता अध्ययन कार्य करते हैं तो वस्तुनिष्ठता की पूरी-पूरी सम्भावना रहती है। यही मिश्रित सांस्कृतिक **उपागम** कहलाता है।

8

फर्डिनेंड टॉनीज़

(Ferdinand Tonnies : 1855-1936)

जीवन-चित्रण तथा कृतियां
(Biographical Sketch and Writings)

फर्डिनेंड टॉनीज़ का जन्म 1855 में ईडरस्टेट के एक फार्म में हुआ था जोकि शलैसविग-हॉल्सटीन के पश्चिमी तट पर बसा है। इनके पूर्वज मूल रूप से डच निवासी थे और दो सौ वर्ष से खेती का ही काम करते थे। इस रूप में **टॉनीज़** एक समृद्ध किसान परिवार के ही सदस्य थे और उनका बचपन ग्रामीण पर्यावरण में ही बीता। सन् 1864 में, जब **टॉनीज़** की आयु नौ वर्ष की थी, उनका परिवार हुसुम के एक छोटे नगर में जाकर बस गया। यहां बालक **टॉनीज़** की दोस्ती उनसे कहीं ज्यादा उम्र वाले एक कवि **थियोडोर स्टॉर्म** से हो गई जिनका महत्त्वपूर्ण प्रभाव **टॉनीज़** के जीवन पर पड़ा। सन् 1872 में आपने जिम्नाज़ियम से स्नातक की डिग्री प्राप्त की। जब उनकी आयु 17 वर्ष की भी नहीं थी, तभी से आपने जेना विश्वविद्यालयों में शास्त्रीय भाषा-शास्त्र तथा दर्शनशास्त्र का अध्ययन आरम्भ कर दिया। इसके बाद आपने लिपज़िग, बोन, बर्लिन तथा ट्यूविनजन विश्वविद्यालयों में भी शिक्षा ग्रहण की और 1877 में केवल 22 वर्ष की आयु में डॉक्टर ऑफ फिलॉसफी की उपाधि प्राप्त की। इसके बाद टॉनीज़ अपनी बौद्धिक रुचि के अनुरूप सामाजिक दर्शन तथा सामाजिक विज्ञानों के अध्ययन में जुट गए। यही कारण है कि आपकी कृतियों में दार्शनिक दृष्टिकोण की छाप प्रचुर मात्रा में देखने को मिलती है।

अपने विद्यार्थी-जीवन में **टॉनीज़** जिन विद्वानों के विचारों से अत्यधिक प्रभावित हुए थे उनमें उनके ही देश के प्रख्यात दार्शनिक **फ्रेडरिच पाल्सेन** अर्थशास्त्री **एडोल्फ वैगनर** एवं समाज-मनोवैज्ञानिक **विलहेम बूट** के नाम उल्लेखनीय हैं। **बैंगनर** के इस विचार की छाप, कि 'राज्य द्वारा सामाजिक जीवन का अधिकाधिक नियन्त्रण

होना चाहिए', **टॉनीज़** द्वारा प्रस्तुत राजकीय समाजवाद की धारणा पर स्पष्ट देखने को मिलती है। सन् 1877 से ही **टॉनीज़** की रुचि **थॉमस हॉब्स** के विचारों में होने लगी थी। **हॉब्स** के विचारों के कारण ही **टॉनीज़** को राजनीतिक दर्शन, प्राकृतिक कानून तथा उस समय के सामाजिक विज्ञानों के अध्ययन की प्रेरणा मिली। आपने जर्मन तथा अंग्रेजी एवं कुछ सीमा तक फ्रेंच साहित्य में पारंगतता प्राप्त कर ली। इन सब व्यक्तिगत अध्ययनों से उन्हें बड़ा लाभ हुआ। फलत: समय प्रचलित सामाजिक सिद्धान्त उनके लिए समाजशास्त्रीय तथ्य बन गए और उन्होंने इस बात को स्पष्ट रूप में समझ लिया कि समाजवाद और साम्यवाद जैसी विचारधाराएं केवल मोह-भ्रम अथवा काल्पनिक आदर्श-लोक नहीं, अपितु, वास्तविक सामाजिक जीवन के स्वरूप हैं मानव-जाति-विज्ञान द्वारा किए गए हाल ही के अध्ययनों से आदिम साम्यवाद का अस्तित्व प्रमाणित हो गया और **टॉनीज़** मानव-इतिहास को मूल सरल साम्यवाद से व्यक्तिवाद के विभिन्न स्तरों से गुजरता हुआ अन्तत: राज्य और अन्तर्राष्ट्रीय समाजवाद तक पहुंचने वाली एक गति के रूप में विचारने लगे। इन सब विचारों को उन्होंने, इस समय प्रसिद्ध अपनी पुस्तक Gemeinschaft and Gesellschaft में प्रस्तुत किया जोकि 1887 में प्रकाशित हुई।

सन् 1881 में **टॉनीज़** की नियुक्ति कील विश्वविद्यालय में प्रवक्ता पद पर हो गई जहां कि वे सन् 1933 तक कार्य करते रहे।

स्वभाव से रूढ़िवादी होते हुए भी **टॉनीज़** को अपने समय के प्रगतिवादी आन्दोलनों के प्रति समस्त सहानुभूति थी। 'उपभोक्ता सहकारिता आन्दोलन' तथा श्रमिकों संघ आन्दोलन'-इन दो संगठित श्रमिक आन्दोलनों के प्रति उन्हें विशेष सहानुभूति रही। आपने इन आन्दोलनों में उस अवस्था की शुरूआत को देखा जिसमें कि एक बेहतर समाज का विकास हो सकता है।

टॉनीज़ 'जर्मन समाजशास्त्रीय परिषद' के संस्थापकों में से एक थे एवं बहुत वर्षों तक इसके अध्यक्ष रहे। आप American Sociological Society के भी अवैतनिक सम्मानित सदस्य रहे। इस रूप में उनका सम्पर्क अपने समय के विभिन्न प्रकार के विद्वानों से रहा। सन् 1936 में प्राय: 81 वर्ष की आयु में आपकी मृत्यु हो गई। आपकी प्रशंसा करते हुए **रुडोल्फ हेबर्ली** ने लिखा है कि *"टॉनीज़ हमारी पीढ़ी के उन आखिरी विचारकों में से एक थे जिनका कि मानव-विज्ञानों तथा सांस्कृतिक व सामाजिक विज्ञानों में एक वास्तविक सर्वव्यापी पाण्डित्य था।"*

टॉनीज़ ने समाजशास्त्र दर्शनशास्त्र, अर्थशास्त्र तथा राजनीतिशास्त्र से सम्बन्धित विषयों पर अपने असंख्य लेख व कृतियों का सृजन किया है। फिर भी आपकी ख्याति मुख्यत: आपकी प्रसिद्ध पुस्तक Gemeinschaft and Gesellschaft

(Commu-nity and Society) के कारण है। इस पुस्तक ने जर्मनी की सामूहिक चेतना को अत्यधिक प्रभावित किया। आपकी अन्य महत्त्वपूर्ण कृतियां 'नैतिकता व जनरीति' (Die Sitte 1990) एवं 'जनमत' (Kritik der offentlichen Meinung, 1922) विषयों से सम्बन्धित हैं। आइए, अब हम **टॉनीज़** के प्रमुख विचारों का विश्लेषण करें।

टॉनीज़ का समाजशास्त्र (Sociology of Tonnies)

फार्डिनेंड टॉनीज़ ने अपनी प्रख्यात पुस्तक Gemeinschaft and Gesellschaft में समाजशास्त्र की अवधारणा को प्रस्तुत किया जोकि वस्तुत: बाद को **जार्ज सिम्मेल** द्वारा प्रतिपादित समाजशास्त्र के ही समरूप थी एक मूल्यवान कृति में **टॉनीज;** ने न केवल 'विशुद्ध' या 'स्वरूपात्मक समाजशास्त्र' की रूपरेखा मात्र को प्रस्तुत किया, अपितु सामाजिक सम्बन्धों के आधारभूत स्वरूपों का तथ्यपूर्ण विश्लेषण प्रस्तुत करते हुए इस प्रकार के समाजशास्त्र की वास्तविक प्रकृति को भी दर्शाया। **सिम्मेल** के विचारों का सारतत्व यह रहा है कि यथार्थ अर्थ में विशुद्ध, समाजशास्त्र तथा अन्य सामाजिक विज्ञानों में यह अन्तर है कि अन्य सामाजिक विज्ञानों का अध्ययन-विषय मानव के सामाजिक जीवन के विशिष्ट पक्ष हैं, जबकि समाजशास्त्र का अध्ययन-विषय सामाजिक अन्त:क्रियाओं या सामाजिंक सम्बन्धों के स्वरूप हैं जोकि समाज का वास्तविक सारतत्त्प है। ठीक इसी प्रकार **टॉनीज़** ने भी विशुद्ध समाजशास्त्र को सामाजिक सम्बन्धों का ही विज्ञान माना है। आपने, जैसाकि पहले ही बताया गया है, समाज या सामाजिक सम्बन्धों के दो स्वरूपों-'समुदाय' और 'समाज'-का उल्लेख किया है। आपक अनुसार समुदाय में सामाजिक सम्बन्धों का स्वरूप 'सावयवी' होता है, जबकि समाज में यह स्वरूप 'यन्त्रवत्' होता है। सावयवी सम्बन्ध सहानुभूति की भावनाओं कसे प्रेरित स्वाभाविक रूप में उत्पन्न सम्बन्ध होते हैं, जबकि यन्त्रवत् सम्बन्ध सचेत रूप में व एक निश्चित उद्देश्य की पूर्ति हेतु स्थापित अनुबन्धाात्मक सम्बन्ध होते हैं। समाजशास्त्र, **टॉनीज़** के मतानुसार, सामाजिक सम्बन्धों के इन्हीं प्रारूपों का अध्ययन है और इसी अर्थ में यह सामाजिक मनोविज्ञान से भिन्न है क्योंकि समाजशास्त्र समाज के सदस्यों के बीच पाए जाने वाले सामाजिक सम्बन्धों के स्वरूपों, जो कि कुछ निश्चित प्रारूपों के रूप में अभिव्यक्त होते हैं, का अध्ययन करता है, न कि समाज में सम्बन्धित व्यक्तियों की विशिष्ट मानसिक मनोवृत्तियों का।

प्रो. टॉनीज़ ने अपनी उपरोक्त कृति Gemeinschaft and Gesellschaft में तीन प्रकार के समाजशास्त्र का उल्लेख किया है-**विशुद्ध, व्यावहारिक** तथा **प्रयोगसिद्ध**। आपने एक सामान्य समाजशास्त्र की भी कल्पना की जिसका कि

अध्ययन-क्षेत्र अधिक विस्तृत होगा और जोकि समस्त समाज के सामाजिक पक्षों का अध्ययन करेगा।

विशुद्ध समाजशास्त्र जैसाकि पहले ही लिखा जा चुका है, सामाजिक सम्बन्धों के उन स्वरूपों का मुख्यत: अध्ययन करता है जोकि समाज या सामाजिक सम्बन्धों की दो अवधारणाओं-'समुदाय' और 'समाज'-में अभिव्यक्त होते हैं। इस रूप में विशुद्ध समाजशास्त्र स्वाभाविक मानव-सम्बन्धों, लक्ष्यों तथा प्रक्रियाओं का अध्ययन है। **व्यावहारकि समाजशास्त्र** विशुद्ध समाजशास्त्र की अवधारणाओं का ऐतिहासिक सामाजिक उद्विकास के क्षेत्र के अन्तर्गत उपयोग है। विशुद्ध सामाजशास्त्र सामाजिक प्रक्रियाओं को एक प्रतिनिधिक अंश प्रस्तुत करता है,जबकि व्यावहारिक समाजशास्त्र क्रियारत समाज का एक अनुलम्ब चित्र पेश करता है। व्यावहारिक समाजशास्त्र में 'समुदाय' से 'समाज' की ओर मनुष्य की गतिशीलता को दर्शाया जाता है। इस सन्दर्भ में यह उल्लेखनीय है कि समाजशास्त्र का विशुद्ध समाजशास्त्र व व्यावहारिक समाजशास्त्र में इसी प्रकार का वर्गीकरण या विभाजन **टॉनीज़** से पहले **लेस्टर एफ. वार्ड** ने प्रस्तुत किया था।

प्रयोगसिद्ध समाजशास्त्र सामाजिक जीवन से सम्बन्धित तथ्यों का प्रत्यक्ष व वस्तुनिष्ठ पद्धतियों द्वारा संकलन है। इन तथ्यों के साथ विशुद्ध विज्ञान की अवधारणाओं का उपयोग अत्यावश्यक है, यदि हमें सामाजिक उद्विकास के सम्बन्ध में वास्तविक ज्ञान प्राप्त करना है।

समुदाय और समाज (Community and Society)

टॉनीज़ के अनुसार समाज या सामाजिक सम्बन्ध के दो आधारभूत स्वरूप हैं-'समदाय' (Gemeischaft) और 'समाज' (Gesellschaft) । **समुदाय** जैसा कि **सारोकिन** ने समझाया है, एक 'सावयवी इच्छा' रखने वाले व्यक्तियों का एक संघ है जिसका संगठन या एकात्मता निश्चय ही सगोत्रता की प्राकृतिक शक्ति के कारण पनपती है। यह प्रकृति की एक उपज है अथवा एक प्रकार का प्राकृतिक सावयव है। उसमें कोई व्यक्तिगत इच्छा नहीं होती। व्यक्ति तो एक आम निकाय के सदस्य मात्र होते हैं जिसमें कि एक स्वाभाविक या प्राकृतिक एकात्मता, सुसंगत अन्त:सम्बन्ध तथा इच्छा की समरूपता होती है क्योंकि व्यक्ति की इच्छा को सामूहिक इच्छा के द्वारा दबा दिया जाता है। इस प्रकार का समुदाय में 'सावयवी संगठन या एकात्मता' देखने को मिलती है। स्पष्ट है कि **टॉनीज़** का 'समुदाय' बाद को **दुर्खीम** द्वारा प्रतिपादित एकात्मकता वाला एक समूह है।"

इसके विपरीत 'समाज' जैसाकि **सोरोकिन** ने आगे लिखा है, व्यक्तियों की एक समग्रता है जोकि अपनी-अपनी वैयक्तिक इच्छानुसार अपने निजी उद्देश्यों की

प्राप्ति हेतु अन्तःक्रिया करते हैं यह एक प्राकृतिक या स्वाभाविक उपज नहीं है और सिकी भी रूप में एक प्राकृतिक सावयव भी नहीं है। वास्तव में यह एक कृत्रिम यान्त्रिकता है। इसी प्रकार के स्वरूप को **दुर्खीम** ने 'सावयवी संगठन या एकात्मता' पर आधारित एक समूह माना है। **सोरोकिन** का विचार है कि सम्भवतः **दुर्खीम** ने जान-बूझकर अपने सामाजिक प्ररूपों का नाम **टॉनीज़** द्वारा दिए गए नामों से उलटा रखा।

सोराकिन ने **टॉनीज़** द्वारा प्रतिपादित 'समुदाय' और 'समाज' की अवधारणाओं में पाए जाने वाले अन्तरों को निम्नलिखित रूप में प्रस्तुत किया है :

समुदाय	समाज
1. सामान्य इच्छा	वैयक्तिक इच्छा
2. सदस्यों का कोई व्यक्तिगत महत्व नहीं	सदस्यों का व्यक्तिगत महत्त्व
3. सामुदायिक स्वार्थों का प्रभुत्व	वैयक्तिक स्वार्थों का प्रभुत्व
4. विश्वास	सिद्धान्त (वाद)
5. धर्म	जनमत
6. रूढ़ियां एवं प्रथाएं	फैशन, धुन, ढंग।
7. सावयवी, प्राकृतिक एकात्मकता	यन्त्रवत्, अनुबन्धात्मक, एकात्मता, वाणिज्य और विनिमय
8. सामान्य या सामुदायिक सम्पत्ति	निजी सम्पत्ति।

स्पष्ट है, जैसा कि **हेबर्ली** ने लिखा है, सामाजिक समूहों की आधारभूत अवधारणाओं के रूप में 'समुदाय' और 'समाज' सावयवी तथा यान्त्रिक सामाजिक तत्त्वों में पाए जाने वाले अन्तरों को स्पष्ट करते हैं अथवा उन भेदों को बताते हैं जोकि सहानुभूति की भावनाओं से प्रेरित स्वाभाविक रूप में उत्पन्न सम्बन्धों एव सचेत रूप में व एक निश्चित उद्देश्य की पूर्ति हेतु स्थापित सम्बन्धों के बीच होते हैं। जब हम समाज या समुदाय के सन्दर्भ में इन अवधारणाओं का प्रयोग करते हैं, तो यह उल्लेखनीय है कि **टॉनीज़** का तात्पर्य उन उद्देश्यों की व्याख्या करना नहीं है जिनके कारण व्यक्ति समुदाय या समाज में प्रवेश करते हैं, अपितु, उन कारणों को स्पष्ट करना है जिनके फलस्वरूप समुदाय या समाज का अस्तित्व बना रहता है। **टॉनीज़** के अनुसार समुदाय का अस्तित्व व उत्पत्ति सामुदायिक या सामान्य इच्छा, जिसे कि आपने Wesenwille की संज्ञा दी है, के कारण होती है जकि समाज का अस्तित्व व उत्पत्ति वैयक्तिक इच्छा अथवा **टॉनीज़** ने लिखा है कि ये दोनों अवधारणाएं एक-दूसरे से सम्बद्ध रहने की मानवीय प्रवृत्तियों के आदर्श गुणों को दर्शाती हैं।

'समुदाय' और 'समाज' के आधार के रूप में उपरोक्त इच्छाओं की प्रकृति को भी **टॉनीज़** ने स्पष्ट किया है। आपका निश्चित मत है कि समस्त सामाजिक सम्बन्ध मानव-इच्छा की ही उपज होते है। इन इच्छाओं के दो मुख्य स्वरूप हो सकते हैं-प्रथम, तो एक समूह या सम्बन्ध को इस इच्छा से स्थापित किया जा सकता है कि उसके द्वारा एक निश्चित लक्ष्य की पूर्ति करनी है जैसे एक व्यापारिक समूह या सम्बन्ध; दसूरे, समूह या सम्बन्धों की इच्छा व्यक्ति इसलिए भी करता है कि उसे अपने सहयोगियों से आन्तरिक सहानुभूति है और वह यह अनुभव करता है कि वह सम्बन्ध अपने-आप में मूल्यवान है, जैसे दोस्ती। **टॉनीज़** ने प्रथम प्रकार की इच्छा को Kurwille एवं द्वितीय प्रकार को Wesenwille की संज्ञा दी है। Kurwille वह तर्कसंगत इच्छा है जोकि लक्ष्य तथा साधन में भेद करती है। इसके विपरीत, Wesenwille से तात्पर्य इच्छा करने की किसी भी ऐसी प्रक्रिया से है जोकि एक व्यक्ति के स्वभाव और चरित्र से उत्पन्न होती है, चाहे उसका मूलस्रोत अभिरुचि में हो या आदत में अथवा दृढ़ विश्वास में। इसीलिए 'समुदाय' की विशिष्टता आधारभूत जीवन-शक्तियों या आवेगों द्वारा उत्पन्न क्रियाएं है, जबकि 'समाज' की विलक्षणता विचार-विमर्श व सचेत पसन्द पर आधारित क्रियाएं हैं, जबकि 'समाज' की विलक्षणता विचार-विमर्श व सचेत पसन्द पर आधारित क्रियाएं हैं।

टॉनीज़ के 'समुदाय' और 'समाज' के बीच के अन्तर को और भी स्पष्ट करते हुए **बोगार्डस** ने आगे और लिखा है कि समुदाय प्राकृतिक या स्वाभाविक प्रक्रियाओं पर बल देता है, जबकि समाज कृत्रिम, सहेतुक प्रक्रियाओं पर। समुदाय प्राथमिक समूहीकरण का एक स्वरूप है जबकि समाज द्वितीयक समूहीकरण का।

सोरोकिन ने **टॉनीज़** के विचारों का उल्लेख करते हुए लिखा है कि ऐतिहासिक दृष्टिकोण से 'समुदाय' का उद्भव 'समाज' से पहले हुआ है क्योंकि आदिकालीन समूह, परिवार ओर जनजातियां 'समुदाय' के ही ठोस उदाहरण हैं। पर कालान्तर में 'समुदाय' का विघटन प्रारम्भ हो गया और उसके स्थान पर 'समाज' प्रकट हुआ। इस प्रकार 'समाज' की प्रगति 'समुदाय' की कीमत पर होती जा रही है। फलत: किसी समुदाय के साथ मनुष्य की घनिष्ठता घटती जा रही है और उसके स्थान पर अस्थायी व अनुबन्धात्मक रूप में अधिकधिक संख्या में बृहत्तर समूहों का सदस्य बनता जा रहा है। इस प्रकार इतिहास से समाज की ओर, 'जनता की संस्कृति से राज्य की सभ्यता' की ओर अग्रसर होता जाता है। **टॉनीज़** का विश्वास है कि प्रक्रिया को पलटा नहीं जा सकता।

टॉनीज़ द्वारा प्रस्तुत 'समुदाय' तथाा 'समाज' की अवधारणाओं के विषय में आलोचकों द्वारा यह आपत्ति उठाई जाती है कि वे अवधारणाएं एक ओर तो परस्पर

विरोधी अवधारणात्मक श्रेणियों का प्रतिनिधित्व करती हैं और दूसरी ओर ऐतिहासिक विकास की अवस्थाओं को दर्शाती हैं एवं वे केवल वर्गीकरण करने वाली अवधारणाएं हैं। लेकिन **हेबर्ली** का मत है कि **टॉनीज़** ने 'समुदाय' और 'समाज' को वर्गीकरण करने वाली अवधारणाओं के रूप में निश्चय ही प्रस्तुत नहीं किया है। यद्यपि, उन्होंने कभी-कभी परिवार या गांव को 'समुदाय' और नगर या राज्य के 'समाज' की संज्ञा दी है, फिर भी वे केवल एक रूप-तालिका (Paradigm) ही हैं। **टॉनीज़** के लिए 'समुदाय' और 'समाज' आदर्श प्रारूप की विशुद्ध अवधारणाएं हैं जिनका कि अस्तित्व अनुभव-सिद्ध दुनिया में है ही नहीं। इसलिए उनका उपयोग वर्गीकरण करने वाली अवधारणाओं के रूप में किया नहीं जा सकता। वस्तुतः उन्हें लक्षण या विशेषताएं ही मानना चाहिए जो कि अनुभव-सिद्ध सामाजिक तत्त्वों में विभिन्न अनुपातों में पाई जाती हैं। यदि हम परिवार को 'समुदाय' कहकर परिभाषित करें, तो निश्चय ही हमारा समाजशास्त्रीय बोध या ज्ञान का रास्ता बन्द हो जाएगा। पर यदि समाजशास्त्री अपने अध्ययनों में यह खोजने का प्रयास करे कि किस प्रकार के परिवार में 'समुदाय' के लक्षण या विशेषताएं अधिक हैं और किस प्रकार के परिवार में 'समाज' के लक्षण अधिक अनुपात में है, तो निश्चय ही तुलनात्मक समाजशास्त्रीय अध्ययन करने में सहायता मिलेगी। **टॉनीज़** द्वारा प्रस्तुत इन अवधारणाओं का महत्त्व भी शायद यही है।

सामाजिक सत्त्व (Social Entities)

टॉनीज़ की सामाजिक विचाधारा का मूल-भाव सामाजिक सत्त्व हैं। सामाजिक सत्त्वों से आपका तात्पर्य मानव-इच्छा से उपजों से है, अथवा और भी स्पष्ट रूप से, इच्छा करने की उन प्रक्रियाओं से है जो कि क्रिया करने की व्यक्ति की प्रवृत्तियों में पनपती हैं। इच्छा करने की ये प्रक्रियाएं, जैसाकि पहले ही लिखा जा चुका है, दो प्रकार की होती हैं-Wesenwille अर्थात् सावयवी या स्वाभाविक इच्छा और Kurwille अर्थात् तर्कसंगत, यन्त्रवत् या अनुबन्धात्मक इच्छा। प्रथम की प्रकृति सामूहिक और दूसरे की वैयक्तिक होती है। सावयवी, सामूहिक या स्वाभाविक इच्छा से उत्पन्न सामाजिक सत्त्वों का सरलतम रूप आदिकालीन समुदायों में देखने को मिलता है जहां कि हम मामले में व्यक्ति का अपना पृथक अस्तित्व नहीं होता, अपितु, वह सामूहिक इच्छा के अधीन ही कार्य करता रहता है। इसीलिए ऐसे समुदायों में सामाजिक सत्त्वों के रूप में जनरीति, प्रथा, परम्परा, गोत्र, नातेदारी आदि के सम्बन्ध में सदस्यों के प्रत्युत्तरों में समरूपता होती है। ये समुदाय आगे चलकर अपने सामाजिक विकास के दौरान सामूहिक इच्छा के फलस्परूप ही अधिक उत्तम प्रकार के सामाजिक सम्बन्धों, आम लोगों द्वारा स्वीकृत प्रतीकों व सामाजिक संगठन

को विकसित कर लेते हैं। ये सब सरल स्तर के सामाजिक सत्त्व हैं। उच्चतर स्तर पर सामाजिक सत्त्वों की उत्पत्ति वैयक्तिक या अनुबन्धात्मक इच्छा के फलस्वरूप होती है। इनमें सामाजिक सम्बन्धों, समूहों और संगठनों की स्थापना बहुत-कुछ तर्कसंगत चुनाव के आधार पर होती है। अत: ऐसे सामाजिक सत्त्वों से सहानुभूति, रक्त-सम्बन्ध, पड़ोस, मित्रता, परिवार, गोत्र आदि का महत्त्व नहीं होता या बहुत कम होता है।

सामाजिक सत्वों का वर्गीकरण **टॉनीज़** ने इस प्रकार किया-सामाजिक समष्टियां, सामाजिक सम्बन्ध एवं सामाजिक निगम। यहां इन तीनों प्रकार के सामाजिक सत्त्वों के विषय में विवेचना कर लेना उपयोगी होगा :

(1) **सामाजिक समष्टियां** (Social Collectives) : समष्टि से **टॉनीज़** का तात्पर्य व्यक्तियों के एक ऐसे समूह से है जोकि अपनी सामान्य प्राकृतिक या मानसिक विलक्षणताओं के कारण एक इकाई के रूप में माने जाते हैं, जैसे प्रजाति या भाषा-समूह। सामाजिक समष्टियां ऐसे प्राकृतिक या मानसिक समूह हैं जोकि स्वयं सम्बन्धित व्यक्तियों द्वारा इकाइयों के रूप में मान्य हैं, उन्हें वे अपनी स्वीकृति प्रदान करते हैं और उन्हें बनाए रखने की इच्छा रखते हैं। एक राष्ट्र सामान्य प्राकृतिक व मानसिक विलक्षणताओं पर आधारित एक समष्टि का सर्वोत्तम उदाहरण है, जबकि राजनीतिक दल पूरे तौर पर मानसिक समष्टि का एक उदाहरण है।

टॉनीज़ का मत है कि समष्टियों का विवेचना हम 'समुदाय' और 'समाज' की अवधारणाओं के सन्दर्भ में भी कर सकते हैं। 'समुदाय' में सामाजिक समष्टि की विशेषता यह है कि लोग सामाजिक समष्टि को प्राकृतिक उपज अथवा अलौकिक इच्छा के फलस्वरूप उत्पन्न मानते हैं। इस प्रकार की समष्टि का उत्तम उदाहरण भारतीय जाति-व्यवस्था है। परम्परागत रूप में जाति की उत्पत्ति को कृत्रिम न मानकर प्राकृतिक माना जाता है, एक जाति की सदस्यता जन्म पर आधारित होती है एवं प्रत्येक जाति का पेशा वंशगत होता है।

यह भी उल्लेखनीय है कि जाति-व्यवस्था में इस जन्मगत या प्राकृतिक आधार के अतिरिक्त मानसिक तौर पर जातीय चेतना भी होती है जोकि जाति-व्यवस्था के रूप में प्रकट होती है। वर्ग की उत्पत्ति वैयक्तिक इच्छा से होती है, अपनी इच्छानुसार एक व्यक्ति वर्ग की सदस्यता को ग्रहण करता या त्यागता है; वर्ग में व्यक्ति का अधिक महत्त्व होता है और यह जाति की तुलना में अधिक अस्थायी समष्टि है। उसी प्रकार राजनीतिक दल 'समाज' में पाई जाने वाली ऐसी समष्टि है जिसकी स्थापना सचेत रूप में कुछ निश्चित राजनीतिक लक्ष्यों की प्राप्ति के लिए की जाती है।

(2) **सामाजिक सम्बन्ध** (Social Relations) : सामाजिक सम्बन्ध समाज या सामाजिक जीवन के सबसे सामान्य, पर सबसे अधिक आधारभूत सामाजिक सत्त्व हैं। सामाजिक सम्बन्धों के बिना समुदाय या समाज के अस्तित्व की कल्पना नहीं की जा सकती। **टॉनीज़** के अनुसार सामाजिक सम्बन्ध का उद्भव एक मानसिक सम्बन्ध से "उस मात्रा तक होता है जिस मात्रा में मानसिक सम्बन्ध को न केवल उसी रूप में अनुभव किया जाता है, अपितु, उसे बनाए रखने व स्थिर रखने की भी इच्छा की जाती है।" इतना ही नहीं, मानसिक तौर सामाजिक सम्बन्धों में सहभागियों में कतिपय सामान्य एवं पारस्परिक अधिकारों व कर्त्तव्यों की भावना भी निहित होती है। एक व्यक्ति दूसरे से सम्बन्ध जोड़ता है-ऐसा करते हुए उसकी इच्छा दूसरे से कुछ अधिकार प्राप्त या भावना उसमें होनी चाहिए, तभी सम्बन्ध बना रह सकता है। विवाह द्वारा पति-पत्नी में अथवा आर्थिक आधार पर मालिक और नौकर में सामाजिक सम्बन्ध स्थापित होता है, पर पति-पत्नी या मालिक-नौकर का यह सम्बन्ध एक-दूसरे के प्रति पारस्परिक अधिकारों व कर्तव्यों की भावना पर टिका होता है। साथ ही, सामाजिक सम्बन्ध केवल उनके द्वारा ही मान्य या वैध नहीं होता जिनके बीच वह सम्बन्ध है, अपतु अन्य लोगों द्वारा भी मान्य होना चाहिए, यदि वह एक गुप्त सम्बन्ध न हो।

परिवार से सम्बन्धित सभी सम्बन्धों, जैसे भाई-भाई के बीच, भाई-बहिन के बीच, पति-पत्नी के बीच आदि, को **टॉनीज़** ने 'पारिवारिक सम्बन्ध' कहा जाता है। परन्तु, परिवार के अन्दर ही मनुष्य की समस्त आवश्यकताओं की पूर्ति नहीं होती। इस कारण उसे परिवार के दायरे के बाहर भी नये सामाजिक सम्बन्ध स्थापित करने पड़ते है। उदाहरणार्थ, व्यक्ति अपनी रोजी-रोटी कमाने के लिए अपनी सेवाओं को बेचने की इच्छा करता है और दूसरा कोई उन सेवाओं को खरीदने की इच्छुक होता है, तो उन सेवाओं को बेचने वाले और उन्हें खरीदने वाले के बीच एक सम्बन्ध स्थापित हो जाता है। पर इस प्रकार के अनुबन्धात्मक सम्बन्ध स्नेह, प्रेम, सहयोग, प्रेम व सहानुभूति वा आधारित दो मित्रों के बीच के सम्बन्ध की अपेक्षा कहीं अधिक अस्थायी होते है।

इस प्रकार **टॉनीज़** ने सामाजिक सम्बन्धों को दो मूल श्रेणियों में बांटा है-प्रथम श्रेणी के अन्तर्गत वे सामाजिक सम्बन्ध आते हैं जोकि पारस्परिक विश्वास, स्नेह, प्रेम, सहानुभूति, रक्त-सम्बन्ध, पड़ोस की भावना आदि पर आधारित होते हैं। इस प्रकार के सामाजिक सम्बन्धों में स्वाभाविक इच्छा कार्य करती है और इसलिए ये सम्बन्ध अपेक्षाकृत स्थायी होते हैं। ये सम्बन्ध **टॉनीज़** के 'समुदाय' की विशेषशताएं होती हैं। **द्वितीय** श्रेणी के अन्तर्गत वे सम्बन्ध आते हैं जोकि मुख्यतः अनुबन्धात्मक

होते हैं और अदला-बदली की भावना पर आधारित होते हैं जैसे एक व्यापारिक संस्थान के भागीदारों के बीच अथवा मालिक और नौकर के बीच या ग्राहक और दुकानदार के बीच का सम्बन्ध। ये सम्बन्ध तर्कसंगत इच्छाओं पर आधारित होते हैं और इसीलिए इनकी प्रकृति अपेक्षाकृत अस्थायी होती है। इस प्रकार के सम्बन्ध **टॉनीज़** के 'समाज' की विशेषताएं हैं।

टॉनीज़ ने 'समुदाय' और 'समाज' में पाए जोने वाले **सहचारी सम्बन्ध** और **सत्तावादी सम्बन्ध** के बीच भी भेद किया है। आपके अनुसार सहचारी या सत्तावादी सम्बन्धों की प्रकृति 'समुदाय' में जिस प्रकार की होती है, वैसी समाज में नहीं। उदाहरणार्थ, **समुदाय में सहचारी सम्बन्ध** समानता, नातेदारी, पड़ोसी की भावना, सम्मान जाति या गोत्र या टोटम के आधार पर रक्त-सम्बन्धी, भाई-चारे या मित्रता के रूप में होता है। पर यही सहचारी सम्बन्ध 'समाज' में अनुबन्ध के आधार पर एक निश्चित उद्देश्य की पूर्ति के लिए स्थापित किए जाते हैं जैसे एक व्यापारिक संस्थान के भागीदारों के बीच का सम्बन्ध या एक क्लब के सदस्यों के बीच का सम्बन्ध। उसी प्रकार, 'समुदाय' में अधिकारवादी या **सत्तावादी सम्बन्ध** भी अपने अत्यन्त सरल-स्वाभाविक रूप में शोषण नीति से परे देखने को मिलते हैं। सत्तावादी सम्बन्ध की यह विशेषता होती है कि ये सम्बन्ध कभी भी समान स्तर के दो व्यक्तियों के बीच स्थापित नहीं होते, इसमें सत्ताधारी पक्ष कुछ-न-कुछ शक्ति या सत्ता का प्रयोग करता है और दूसरे पक्ष को अपने अधीन समझता है। 'समुदाय' में सत्तावादी सम्बन्ध पिता व पुत्र, गांव के मुखिया व ग्रामवासी, जाति-पंचायत के सरपंच और जाति के सदस्यों के बीच होता है। इनमें से प्रत्येक में सम्बन्धित दोनों पक्षों की स्थिति नहीं होती, साथ ही, पिता पुत्र, पर मुखिया ग्रामवासियों पर और सरपंच जाति के सदस्यों पर सत्ता का प्रयोग करता है, उन्हें अपने दबाव में रखता है तथा आवश्यकतानुसार उन्हें दंड भी देता है। पर यह सब बड़े ही सरल-स्वाभाविक रूप में, स्नेह और सम्मान के बीच, सामान्य कल्याण की भावना के आधार पर होता रहता है। 'समुदाय' में सत्ता का स्रोत प्रथा, परम्परा व सामूहिक इच्छा होती है; दूसरी ओर 'समाज' में इसी सत्तावादी सम्बन्ध का स्वरूप ही कुछ दूसरा होता है। वहां इस प्रकार का सम्बन्ध शासक और शासित के बीच, पुलिस और नागरिक के बीच, मालिक और मजदूर के बीच देखने को मिलता है। शासक-पक्ष को कानून और संविधान से सत्ता प्राप्त होती है, जबकि मिल-कारखाने आदि के मालिकों के लिए उनकी निजी धन-सम्पत्ति स्वयं में उनकी शक्ति बन जाती है। दोनों ही बहुधा अपनी-अपनी सत्ता का दुरुपयोग करते हैं। फलतः आर्थिक, सामाजिक तथा राजनीतिक अन्याय, अत्याचार और शोषण के उदाहरण दुर्लभ नहीं होते।

(3) **सामाजिक निगम** (Social Corporation) : **टॉनीज़** द्वारा उल्लेखित सामाजिक सत्त्वों की तीसरी श्रेणी सामाजिक निगम है जिस कि सामाजिक संगठन या सामाजिक संघ भी कहा जा सकता है। इनका अन्य दो श्रेणियों (सामाजिक सम्बन्धों व सामाजिक समष्टियों) से इस रूप में भेद किया जा सकता है इनका एक संगठन होता है अर्थात् इनमें प्रत्येक निश्चित व्यक्ति को केवल उन्हीं निश्चित प्रकार्यों को ही करना होता है जिन्हें कि निगम के सदस्य और बाहर के लोग भी निगम के ही कार्य मानते हैं। निगम को एक ऐसे व्यक्ति के रूप में भी सोचा जाा सकता है। जिसकी कि एक तर्कसंगत इच्छा हो और इस इच्छा को वह अपने कार्यकत्ताओं के माध्यम से मान्यता या वैधता प्रदान कर सके। इस प्रकार की अवधारणा में सामाजिक सत्त्व के विचार की पूर्ण अभिव्यक्ति होती है।

एक निगम एक सामाजिक समष्टि पर आधारित हो सकता है जैसे कि चर्च आस्तिक लोगों के समुदाय पर आश्रित है। उसी प्रकार एक निगम की उत्पत्ति एक सामाजिक समष्टि से हो सकती है जैसे कि एक राजनीतिक पार्टी की उत्पत्ति उस जनसमूह से होती है जिसके सदस्य यह अनुभव करते है कि वे समान राजनीतिक लक्ष्यों द्वारा परस्पर सम्बद्ध हैं।

जनमत (Public Opinion)

जनमत की घटना **टॉनीज़** के लिए विशेष रूप से आकर्षक रही और इस विषय पर एक दशक से भी अधिक समय के सैद्धान्तिक व ऐतिहासिक अध्ययनों के पश्चात् उन्होंने अपने विचारों को अपनी पुस्तक Kritik der Offentlichen Meinung में, जोकि, सन् 1922 में प्रकाशित हुई, प्रस्तुत किया। इस पुस्तक के प्रथम भाग में जनमत के सिद्धान्त, द्वितीय भाग में जनमत की विशेषताओं, अन्तर्वस्तुओं तथा प्रकार्यों की विवेचना और तृतीय भाग में सामाजिक समस्याओं पर जनमत तथा प्रथम विश्वयुद्ध के सम्बन्ध में जनमत के विषय में लिखा है। यहां हम जनमत के केवल सैद्धान्तिक पक्ष पर ही अपना ध्यान केन्द्रित करेंगे जिसे कि स्वयं **टॉनीज़** ने निम्नलिखित रूप में प्रस्तुत किया है :

(1) लोकप्रिय धारणा के अनुसार जनमत विभिन्न असमान तथा विरोधी विचारों का संगुटीकरण (Conglomeration) है, जबकि अवधारणात्मक रूप मं एक देश या राष्ट्र का जनमत सामूहिक इच्छा की एक अभिव्यक्ति है। इन दोनों में भेद करना आवश्यक है।

(2) राजनीतिक रूप में स्वीकृत या वैध मत के रूप में जनमत तथा स्थानीय या गैर-राजनीतिक जनमतों में अन्तर है।

(3) जनमत जिस प्रकार के विषय से सम्बन्धित है, उसी विषय के अनुरूप जनमत ज्यादा या कम स्थिर, अस्थिर या गैसीय प्रकृति का हो सकता है।

(4) जिस प्रकार **गिडिंग्स** ने लोकप्रिय विश्वासों तथा 'विशुद्ध जनमत' में भेद किया है, उसी के अनुरूप **टॉनीज़** ने भी यथार्थ जनमत तथा लोकप्रिय मनोभाव एवं अनुभूतियों में अन्तर बताया है। आपके अनुसार, जनमत आलोचनात्मक अर्थात् बौद्धिक विवेचन या चिन्तन की एक उपज है।

टानीज़ के अनुसार जनमत पर सामाजिक परिस्थितियों और समुदाय या समाज के सदस्यों के जीवन की परिस्थितियों का प्रभाव पड़ता है। यही कारण है कि 'समुदाय' में जिस प्रकार का जनमत पनपता है, वह 'समाज' में पाए जाने वाले जनमत से भिन्न होता है। 'समुदाय' का आकार यदि छोटा है तो उसके सदस्य एक-दूसरे को व्यक्तिगत रूप में जानते-पहचानते हैं और जनमत-निर्माण की प्रक्रिया को व्यक्तिगत सम्पर्क द्वारा प्रभावित भी करते हैं, और भी स्पष्ट रूप में, ऐसे समुदायों में सामुदायिक मामलों या समस्याओं में लोग व्यक्तिगत रुचि लेते हैं, उसके विषय में विचार-विमर्श आमने-सामने बैठकर या एक स्थान पर एकत्रित होकर कर सकते हैं, और समस्या के सम्बन्ध में विभिन्न विचारों की समीक्षा कर 'सामूहिक इच्छा' या जनमत को अभिव्यक्त कर सकते हैं। इसके विपरीत 'समाज' और विशेषकर आधुनिक समाज का आकार बहुत बड़ा और प्रकृति व समस्याएं अत्यन्त जटिल होती हैं। इस कारण 'सामूहिक इच्छा' की अभिव्यक्ति व्यक्तिगत सम्पर्क या आमने-सामने के विचार-विमर्श द्वारा सम्भव नहीं होती। ऐसे समाजों में विचार-विनिमय करने, सूचनाओं को समाज के सदस्यों तक पहुंचाने तथा समस्या या विषय के सम्बन्ध में विचारों को प्रकट करने के लिए समाचार पत्रों, पत्र-पत्रिकाओं, रेडियो, चलचित्रों, इश्तहार, पुस्तक आदि को काम में लाना आवश्यक हो जाता है। इस मामले में राजनीतिक पार्टियां तथा अन्य समितियां व संघ भी अपनी-अपनी भूमिका अदा करते हैं, तब कहीं एक 'सामूहिक इच्छा' या जनमत उभरकर सामने आता है। आधुनिक समय में, **टॉनीज़** के अनुसार, जनमत अपने विशुद्ध रूप में एक आत्मचेतन राष्ट्र की तर्कसंगत और बौद्धिक विवेचन द्वारा उत्पन्न सामूहिक इच्छा की अभिव्यक्ति है। इस प्रकार **टॉनीज़** जनमत की तर्कसंगत या बौद्धिक प्रकृति पर बल देते हैं जबकि इसी विषय के अन्य विद्वान् जनमत के संवेगात्मक पक्ष से अधिक प्रभावित प्रतीत होते हैं। इसी कारण **टॉनीज़** का विचार है कि जनमत के सवेगात्मक पक्ष से अधिक प्रभावित प्रतीत होते हैं। इसी कारण **टॉनीज़** जनमत की तर्कसंगत एक 'वाद' या सिद्धान्त का रूप धारण करने की विशेषताओं से मुक्त होता है, जबकि लोकप्रिय धारणा यह है कि जनमत का अवधारणात्मक बहुरूपिया

प्रकृति का होता है। इस प्रकार **टॉनीज़** द्वारा प्रस्तुत जनमत का अवधारणात्मक विश्लेषण अपनी विशिष्टताओं से भरपूर है और यही उनकी विचारधारा की विलक्षणता है।

सामाजिक आदर्श-नियम (Social Norms)

मानव और पशुओं के सामाजिक जीवन में एक आधारभूत अन्तर यह है कि मनुष्य पशुओं की भांति केवल एक साथ मिलकर रहता ही नहीं, अपितु, एक आदर्शात्मक व्यवस्था के अन्तर्गत भी रहता है। वास्तव में, प्रत्येक मानव-समाज में व्यक्तियों के कार्य या व्यवहार दो विशेष अवस्थाओं से प्रभावित होते हैं-एक तो आदेशात्मक व्यवस्था जिसके अन्तर्गत 'क्या होना चाहिए' का समावेश होता है और दूसरा, सामाजिक वास्तविकताएं जिसमें 'क्या है' की अवस्थाएं सम्मिलित होती हैं। चूंकि मानव पशु नहीं है, पशु से कहीं श्रेष्ठ है, इस कारण वह (मानव) केवल 'क्या है' से ही सन्तुष्ट नहीं होता है, अपितु अपने लिए क्या होना चाहिए' या आदर्शात्मक अवस्था को ढूंढ़ने और उसे बनाए रखने की भी इच्छा करता है, सामाजिक आदर्श-नियम' उसी इच्छा को अभिव्यक्ति है। और भी स्पष्ट रूप मे क्या होना चाहिए' के सिद्धान्त के आधार पर समाज में एक मानक को बनाए रखने की इच्छा की जाती है और व्यक्ति के व्यवहार को नियन्त्रित करने के लिए उसे प्रयोग में लाया जाता है। इस आदर्शात्मक व्यवस्था के अन्तर्गत जिन मानकों या आदर्शों को सम्मिलित किया जाता है, उन्हें सामाजिक आदर्श-नियम कहते हैं। इस प्रकार सामाजिक आदर्श-नियम, वे नियम-अधिनियम हैं जिनकी सहायता से कोई समूह रहता है। यही कारण है कि **टॉनीज़** की विचारधारा में सामाजिक आदर्श-नियम का सिद्धान्त उनके सामाजिक तत्वों के सिद्धान्त का एक आवश्यक पूरक बन जाता है। इस प्रकार कहते है कि टॉनीज़ की विचारधारा में सामाजिक आदर्श-नियम के सिद्धान्त को अधिक महत्व प्रदान किया है

हेबर्ली ने लिखा है कि **टॉनीज़** के विचारानुसार आदर्श-नियम व्यक्तियों के लिए सामान्य रूप से मान्यता प्राप्त वे सभी आदेश और निषेध हैं जोकि एक सामाजिक तत्त्व में परस्पर जुड़े हों और जो व्यक्तियों के एक-दूसरे के प्रति और बाहरी व्यक्तियों के प्रति उनके आचरण को नियमित करे। इन नियमों को आम जनता की सहमति या समझौते से, चाहे वह अभिव्यक्त हो अथवा अनकहा, वैधता प्राप्त होती है; ये आदर्श-नियम स्वायत्त भी हो सकते हैं और परायत्त भी, और उनका अनुसरण उनके न्यायोचित होने के दृढ़ विश्वास के कारण अथवा केवल आज्ञा भंग के हानिकारक परिणामों का टालने के लिए किया गया है।

टॉनीज़ के अनुसार आदर्श-नियमों की उत्पत्ति व अस्तित्व समाज के प्रति अपना कर्तव्य निभाने की इच्छा पर निर्भर होता है। साथ ही, आदर्श-नियमों का सम्बन्ध एक सांस्कृतिक प्रतिमान-विशेष से होता है; इसलिए 'समुदाय' में पाए जाने वाले आदर्श-नियमों की प्रकृति निश्चय ही 'समाज' में पाये जाने वाले आदर्श-नियमों की प्रकृति से भिन्न होगीं इस सम्बन्ध में यह भी स्मरणीय है कि आदर्श-नियमों का विकास रातों-रात या एकदम् नहीं हो जाता। इनका विकास तो धीरे-धीरे सामाजिक अन्त:क्रियाओं के दौरान होता है। वास्तव में किसी भी सामाजिक आदर्श-नियम को जन-स्वीकृति प्राप्त कर लेने में समय लगता हैं। सामाजिक आदर्श-नियमों का पालन करने वालों की समाज प्रशंसा करता है और उनका पालन न करने पर सामाजिक निन्दा या दंड भी भुगतना होता है। अत: प्रशंसा को अधिकाधिक पाने व निन्दा से अधिकाधिक बचने की इच्छा व्यक्ति को सामाजिक आदर्श-नियमों का उल्लंघन करने से रोकती है।

सामाजिक आदर्श-नियमों को **टॉनीज़** ने तीन वर्गों में विभाजित किया है- **आदेश, कानून, सदाचार, आदेश** आदर्श-नियमों का सर्वाधिक सामान्य संकुल (Complex) है। वास्तव में आदेश तथ्यों द्वारा निर्धारित परम्परात्मक नियम हैं। इस रूप में, आदेश समझोता या परम्परा पर आधारित होता है और इसके अन्तर्गत वे आदर्श-नियम आत हैं जो कि तथ्यों की आदर्शात्मक शक्ति के माध्यम से स्वीकृत या वैध होते हैं। **कानून** न्यायाधीशों द्वारा लागू किया गया प्रथा तथा अधिनियम द्वारा नियन्त्रित है और भी स्पष्ट रूप में, कानून आदर्श-नियमों का वह संकुल है जिनकी व्याख्या, उनके भाव के अनुसार न्यायिक निर्णयों द्वारा होती है और उन्हीं के द्वारा लागू किए जाते है। कानून की सृष्टि प्रथा द्वारा अथवा विधिवत् व साभिप्राय अधिनियमों द्वारा होती है। सदाचार वैयक्तिक विवेक अथवा एक उच्चतर शक्ति पर विश्वास द्वारा नियन्त्रण है और भी स्पष्ट रूप में, सदाचार आदर्श-नियमों का वह संकुल है जिसकी व्याख्या कराने और लागू करने का काम एक काल्पनिक न्यायाधीश (ईश्वर या विवेक) का है, यह माना जाता है। सदाचार के आदर्श-नियम बहुत-कुछ धर्म अथवा जनमत द्वारा स्वीकृत होते है।

आदेश, कानून और सदाचार में उपरोक्त भेद, जैसाकि **हेबर्ली** ने लिखा है, विशुद्ध अवधारणात्मक प्रकृति के हैं। वास्तव में, विभिन्न प्रकार के आदर्श-नियमों के बीच पारगमन चलता है और प्रत्येक श्रेणी में दूसरों के तत्त्व मौजूद होते हैं।

9

हरबर्ट स्पेन्सर
(Herbert Spencer : 1820-1902)

जीवन-चित्रण तथा कृतियां
(Biographical Sketch and Writings)

हरबर्ट स्पेन्सर का जन्म इंग्लैंड के डरबी नामक स्थान पर एक अपेक्षाकृत निर्धन परिवार में 27 अप्रैल, 1820 को हुआ। उनके माता-पिता की आर्थिक स्थिति अच्छी न होने के कारण विश्वविद्यालय में शिक्षा प्राप्त करने का सुअवसर **स्पेन्सर** को प्राप्त नहीं हुआ। जीवनशास्त्र में आपकी बचपन से ही रुचि थी और इसीलिए आप कीड़े-मकोड़ों को बाल्यकाल से ही बड़े शौक से पालते थे। यन्त्रशास्त्र में भी आपकी बचपन से ही काफी रुचि थी और 1837 में आप लन्दन व बर्मिंघम रेलमार्ग के प्रमुख इंजीनियर बन गए। पर सन् 1848 में Economist नामक पत्रिका के उप-सम्पादक बनने के लिए आपने अपने पद से त्यागपत्र दे दिया और जिन चार वर्षों तक आपइस पर कार्य करते रहे उसमें सन् 1850 में समाजशास्त्र को अपनी पहली महत्वपूर्ण देन Social Statics दी। इसके बाद के आठ वर्षों में **स्पेन्सर** ने अपनी दर्शन-प्रणाली के बुनियादी सिद्धान्तों का विकसित किया और उन्हें सन् 1863 में First Principles नामक पुस्तक में प्रकाशित किया यद्यपि **स्पेन्सर** ने सम्पादन-कार्य को छोड़कर आना पूरा समय लेखन-कार्य में व्यतीत करना शुरू किया था, फिर भी कुछ वर्षों तक उनकी पुस्तकों की अच्छी बिक्री न होने के कारण उन्हें आर्थि संकटों का सामना करना पड़ा। पर सन् 1868 के बाद **स्पेन्सर** एक प्रमुख विचारक के रूप में विख्यात हो गए और उनकी पुस्तकों की खूब ब्रिकी होने लगी। इससे उनकी आर्थिक परेशानियां दूर हो गई और उनके जीवन का शेष भाग बड़ा सुखपूर्वक बीता। सन् 1902 में **स्पेन्सर** की मृत्यु हो गई। Principles of Sociology, Descriptive Sociology, Principles of Biology , Principles of Psychology, Principles of Ethics, The proper Shpere of Government, The

Political Institutions आदि **स्पेन्सर** की महत्वपूर्ण कृतियां हैं।

समाज एक सावयव के रूप में (Society as an Organism)

स्पेन्सर की सर्वाधिक ख्याति उनके द्वारा प्रतिपादित समाज की प्राणिसावयवी अवधारणा के कारण है। और भी स्पष्ट रूप में प्राणिशास्त्रीय या सावयवी उद्विकासीय सिद्धान्त को आपने समाज पर भी लागू किया और यह निष्कर्ष निकाला कि समांज की एक सावयव इस अर्थ में है कि इन दोनों में अनेक समानताएं है और दोनों के उद्विकास की प्रक्रिया भी एक-सी है।

स्पेन्सर के मतानुसार उद्विकास की प्रक्रिया या नियम समाज पर भी लागू होता है क्योंकि समाज भी एक अनिश्चित असम्बद्ध समानता से निश्चित समबद्ध भिन्नता में बदला है, जैसा कि निम्नलिखित विवेचन से स्पष्ट है :

(1) परन्तु इन विभिन्नताओं (श्रम-विभाजन व विशेषीकरण) के होते हुए भी समाज के विभिन्न अंग एक-दूसरे से पृथक या पूर्णतया पर नहीं होते हैं। उनमें कुछ-न-कुछ अन्त:सम्बन्ध व अन्त:निर्भरता बनी रहती है। परिवार राज्य से सम्बन्धित तथा उस पर निर्भर है और राज्य परित्रार से सम्बन्धित व उस पर निर्भर है। उसी प्रकार शिक्षक, किसान, धोबी, कारीगर-इन सबमें एक अन्त:सम्बन्ध तथ अन्त:निर्भरता होती है। साथ ही समाजिक जीवन, व्यवस्था तथा संगठन में एक निश्चितता पनप जाती है। इस प्रकार समाज एक अनिश्चित असम्बद्ध भिन्नता में बदल जाता है। इसी अर्थ में, **स्पेन्सर** के अनुसार, उद्विकास को नियम समाज पर भी लागू होता है।

(2) परन्तु कालान्तर में धीरे-धीरे मनुष्य के अनुभव, विचार तथा ज्ञान में उन्नति हुई और वह समूहवादी से सामाजिक बन गया। उसके सामाजिक जीवन के विभिन्न अंग स्पष्ट हो गए। उदाहरणार्थ, परिवार, राज्य, कारखाना, धार्मिक संस्था, श्रमिक-संघ, गांव, नगर आदि स्पष्ट रूप में विकसित हुए। इस विकास के दौरान में जैसे-जैसे विभिन्न अंग स्पष्ट होते गए उनके कार्य भी अलग-अलग बंट गए अर्थात् समाज के विभिन्न अंगों के बीच श्रम-विभाजन और विशेषीकरण हो गया। इस प्रकार सामाजिक जीवन में भिन्नता का गुण पनपा।

(3) इतना ही नहीं, प्राणिशास्त्रीय की भांति सामाजिक उद्विकास की प्रक्रिया कुछ निश्चित स्तरों से गुजरकर होती है, जिसे दौरान में समाज का सरल रूप धीर-धीरे जटिल रूप धारण कर लेता है। उदाहरणार्थ, आर्थिक जीवन के प्रारम्भ में अदला-बदली से काम शुरू किया गया, पर अब उस आदी और सरल व्यवस्था ने अन्तर्राष्ट्रीय व्यापार का रूप धारण कर लिया है।

पहले लोग सीधे-सादे तौर पर पैदल चलते थे, पर अब तीव्र गति से हवाई जहाज पर सफर करते हैं। यह विकास एक दिन में नहीं हुआ बल्कि, धीरे-धीरे कुछ निश्चित स्तरों में से होकर गुजरा है। जैसे सावयव या शरीर का उद्विकास जन्म, बचपन, युवावस्था, प्रौढ़त्व और मृत्यु आदि स्तरों में से गुजरता है, उसी प्रकार समाज के विभिन्न पक्षों का उद्विकास कुछ निश्चित स्तरों में से गुजरता हुआ होता है। उदाहरणार्थ, आर्थिक जीवन का उद्विकास शिकार करने की स्थिति, चरागाह की स्थिति, कृषि स्तर तथा औद्योगिक स्तर में से गुजरता हुआ होता है।

(4) प्रारम्भ में या अति आदिम युग में समाज अत्यधिक सादा और सरल था। इसके विभिन्न अंग इस प्रकार घुले-मिले होते थे कि उन्हें अलग नहीं किया जा सकता था। एक परिवार ही सामाजिक, आर्थिक तथा राजनीतिक सभी प्रकार के कार्यों को करता था। समाज केवल एक समूह मात्र था और खानाबदोश झुण्ड के रूप में घुमन्तू जीवन व्यतीत करता था। प्रत्येक व्यक्ति केवल अपने ही परिवार के बारे में जानता और करता था। किसी व्यक्ति का न कोई निश्चित उद्देश्य था और न ही कोई विशेष कार्य। सभी व्यक्तियों का उद्देश्य केवल भोजन, आवास तथा तन ढंकने की जरूरत तक ही सीमित था। एक-दूसरे के किसी भी प्रकार की सामाजिक भावनाएं थीं। इस स्तर पर कुछ भी निश्चित न था-न तो मानव-जीवन, न ही सामाजिक संगठन और संस्कृति। इस प्रकार समाज की यह अवस्था अनिश्चित असम्बद्ध समानता की थी।

स्पेन्सर का कथन है कि समाज को सर्वोतम रूप में समझने के लिए उसकी तुलना सावयव या शरीर-रचना के साथ करनी चाहिए। उनका विश्वास था कि समाज एक प्राणिशास्त्र व्यवस्था की भांति है और दोनों की संरचना और कार्य एक समान हैं। सावयव की भांति समाज का भी क्रमिक विकास सरल से जटिल रूप में होता है और सावयव की भांति समाज में कार्यों का विभाजन और संरचना के विभिन्न अंगों में अन्त:सम्बन्ध व अन्त: निर्भरता देखने का मिलती है। समाज और सावयव (शरीर-रचना) में अनेक बातों में समानता है। *समाज और सावयव के बीच इस प्रकार की आठ बुनियादी समानताओं का उल्लेख स्पेन्सर ने किया है:*

(1) दोनों में ही विभेदीकरण के साथ-साथ विभिन्न अंगों में अन्त: सम्बन्ध और अन्त:निर्भरता देखने को मिलती है।

(2) इसी अन्त:सम्बन्ध के आधार पर दोनों में ही अपने अस्तित्व को बनाए रखने के लिए एक संचार या वितरण व्यवस्था होती है। हम भोजन करत

हैं तो वह मुंह के द्वारा उदर में प्रवेश करता है, उदर में विभिन्न क्रियाओं द्वारा भोजन का पाचन कार्य पूरा होता है और खून बनता है। वह खून हृदय से नसों द्वारा शरीर के विभिन्न अंगों में संचारित होता है। जिससे शरीर का अस्तित्व बना रहता है। ठीक उसी प्रकार समाज के विभिन्न वर्ग आवश्यक वस्तुओं का उत्पादन करते हैं, धन की उत्पत्ति होती है और उन वस्तुओं एवं धन का वितरण यातायात और वाणिज्य अवस्था द्वारा होता है और समाज का अस्तित्व बना रहता है।

(3) दोनों का ही विकास धीरे-धीरे होता है और इस प्रकार आकार में वृद्धि के मामले में दोनों ही जड़ पदार्थ से भिन्न हैं।

(4) दोनों में ही संरचना में विकास के साथ-साथ उसके विभिन्न अंग एक-दूसरे से पृथक होते जाते हैं और प्रत्येक अंग का कार्य भी अलग-अलग हो जाता है। अर्थात् अंगों में विभेदीकरण के साथ तद्रूप कार्यों का भी विभेदीकरण होता है।

(5) जीवित शरीर अनेक कोष्ठों (Cells) से बनता है, उसी प्रकार समाज का निर्माण अनेक व्यक्तियों द्वारा होता है।

(6) शरीर में मस्तिष्क, स्नायुओं के द्वारा, शरीर के विभिन्न अंगों पर नियन्त्रण करता है और शरीर के सभी अंग मस्तिष्क के आदर्शों का पालन करते हैं। समाज में मस्तिष्क का यह काम सरकार करती है और यातायात एवं संचार के साधनों द्वारा अपने आदेशों को जनता तक पहुंचाती है।

(7) शरीर की किसी इकाई के शरीर से पृथक् हो जाने पर जिस प्रकार शरीर समाप्त नहीं होता उसी प्रकार समाज की किसी इकाई (व्यक्ति) के समाज से अलग हो जाने से समाज का अस्तित्व मिट नहीं जाता। उदाहरणार्थ, हाथ या पैर के कट जाने पर शरीर मर नहीं जाता, उसी प्रकार किसी व्यक्ति के मर जाने से समाज का अस्तित्व समाप्त नहीं हो जाता।

(8) दोनों में ही आकार की वृद्धि सरल से क्रमशः जटिल की ओर होती है। दूसरे शब्दों में, जैसे-जैसे दोनों आकार में बढ़ते हैं, उनकी संरचना की जटिलता बढ़ती जाती है।

उपरोक्त समानताएं होते हुए भी समाज और सावयव में कुछ आधारभूत भिन्नताएं भी है। ये भिन्नताएं **स्पेन्सर** के मतानुसार निम्नलिखित हैं :

(अ) सावयवी विकास में प्रकृति का सर्वप्रथम योगदान होता है; प्राकृतिक नियम के अनुसार, एक निश्चित गति से सावयव आप-से-आप बढ़ता या विकसित होता रहता है। इसके विपरीत समाज का विकास प्राकृतिक नियम

के अनुसार आप-से-आप न होकर मनुष्यों के सचेत प्रयत्नों के फलस्वरूप, होता है और मनुष्य द्वारा उस विकास की गति तेज या धीमी की जा सकती है।

(ब) एक सामयव का निर्माण अनेक कोष्ठों से होता है, पर वे सम्पूर्ण सावयव में इस प्रकार घुलमिल जाते हैं कि उनका स्वतन्त्र अस्तित्व सम्भव ही नहीं होता। परन्तु यह बात समाज पर लागू नहीं होती है। समाज के कोष्ठ व्यक्ति हैं पर उनका एक स्वतन्त्र अस्तित्व होता है; वे स्वतन्त्रतापूर्वक सोचने, विचारने, निर्णय लेने तथा कार्य करने की क्षमता रखते हैं।

(स) सावयव में चेतन शक्ति केन्द्रित होती है। स्नायुमण्डल में प्रत्येक अंग की पृथक शक्ति नहीं होती है। इसके विपरीत, समाज में प्रत्येक अंग की पृथक चेतन शक्ति होती है।

(द) जबकि सावयव में इकाइयां सम्पूर्ण की भलाई के लिए जीवित रहती हैं, समाज में सम्पूर्ण सभी सदस्यों की भलाई के लिए जीवित हैं।

इस प्रकार **स्पेन्सर** जीवित शरीर की जब समाज से तुलना करते हैं तो उनका उद्देश्य ऐसी एक व्यवस्था की ओर संकेत करना होता है जिसमें समाजवादी व्यवस्था की भांति चेतन शक्ति केन्द्रित हो। इसके साथ ही समाज के प्रत्येक सदस्य के अन्दर पृथक् चेतन शक्ति के अस्तित्व को स्वीकार कर आप वैयक्तिक स्वतन्त्रता का समर्थन करते हैं और यह निष्कर्ष निकालते हैं कि व्यक्ति का कल्याण राजकीय नियन्त्रणों के अभाव में सम्भव है। **बार्कर** के शब्दों में, "सावयवी विकास की धारणा से शुरू करके **स्पेन्सर** ने व्यक्तिवाद के औचित्य को दर्शाना चाहा और सावयवी एकता की धारणा में समाप्ति करके समाजवाद को उचित ठहराया।"

उद्विकास का नियम (Law of Evolution)

हरबर्ट स्पेन्सर का उद्विकास का नियम एक उल्लेखनीय सिद्धान्त कहा जा सकता है। यह कहा जाता है कि इस नियम को प्रस्तुत करने में आप पर **चार्ल्स डार्विन** द्वारा प्रतिपादित प्राणिशास्त्रीय उद्विकासीय सिद्धान्त का अत्यधिक प्रभाव पड़ा है। इस सम्बन्ध में **डार्विन** की कृति Origin of Species में व्यक्त विचार ही **स्पेन्सर** के विचारों का आधार है। **डार्विन** के अनुसार प्रारम्भ में प्रत्येक जीवित वस्तु सरल होती है और उसके विभिन्न अंग इस प्रकार एक-दूसरे के साथ घुले-मिले होते हैं कि उन्हें अलग नहीं किया जा सकता और न उसका कोई निश्चित स्वरूप होता है। पर धीरे-धीरे उस वस्तु के विभिन्न अंग स्पष्ट हो तथा पृथक हो जाते हैं और साथ-ही-साथ उसका स्वरूप भी निश्चित हो जाता है। उदाहरण के लिए प्रारम्भ में एक बीज बहुत सरल होता है और उसके विभिन्न अंग (जैसे जड़, तना,

फल, फूल आदि) अलग-अलग नहीं होते अर्थात् उनमें अभिन्न समानता होती है। पर धीरे-धीरे वे अंग स्पष्ट हो जाते हैं और उसमें भिन्नता उत्पन्न होती है और साथ-ही-साथ प्रत्येक अंग का अलग-अलग काम बंट जाता है। उदाहरणार्थ, जीव निर्माण का आरम्भ एक कोष्ठ से होता है, पर धीरे-धीरे इसी कोष्ठ से हाथ, पैर, आंख, मुंह, नाक, पेट आदि विभिन्न अंगों का न केवल विकास होता है, अपितु प्रत्येक अंग का एक विशेष कार्य भी होता है, जैसे पैर चलने का काम करता है तो आंख देखने का मुंह खाने का तो कान सुनने का। पर इस विभिन्नता या श्रम-विभाजन का यह अर्थ नहीं कि कोई भी अंग दूसरे से पूर्णतया या पृथक् या उनसे परे होता है। वास्तव में, विभिन्न अंगों में सदैव अन्त: सम्बन्ध और अन्त: निर्भरता बनी रहती है। उद्विकास की यह प्रक्रिया निरन्तर जारी रहने वाली एक प्रक्रिया है और इस प्रक्रिया के दौरान प्राणी में कुछ-न-कुछ परिवर्तन हो जाना स्वाभाविक है। **डार्विन** ने यह भी लिखा है कि प्रत्येक प्रकार का प्राणी अपने अस्तित्व के लिए संघर्ष निरन्तर रूप में करता रहता है और जो भी इस संघर्ष के लिए दुर्बल या अयोग्य होते हैं, उन्हें प्रकृति मार डालने के लिए चुन लेती है। अर्थात् उन पर प्राकृतिक प्रवरण का नियम लागू होता है। इस प्रकार के चुनाव या प्रवरण के द्वारा समस्त अयोग्य प्राणी नष्ट हो जाते हैं और केवल सबसे योग्य प्राणी का ही अस्तित्व सम्भव होता है।

उपरोक्त सिद्धान्त के आधार पर ही **स्पेन्सर** ने अपने उद्विकासीय नियम को प्रतिपादित किया था। आपके अनुसार भैतिक जगत् दृश्य जगत् पदार्थ और शक्ति के सम्मिलन से बना है। ये दोनों अपने अस्तित्व के लिए एक-दूसरे पर आधारित हैं। शक्ति की उल्लेखनीय विशेषता यह है कि यह सदैव गतिमान रहती है। इस विशेषता में कभी कोई अन्तर नहीं आता और न कभी इसका विनाश होता है। अर्थात् शक्ति गतिमान होने के साथ-साथ शाश्वत् भी है; केवल शक्ति के स्वरूप में अन्तर आ सकता है। उसी प्रकार पदार्थ का भी विनाश नहीं होता; केवल उसका रूप बदल जाता है। जैसे कोयले को जलाने पर उसका रूप बदल जताा है और वह राख बन जाता है। इसी प्रकार **स्पेन्सर** के अनुसार उद्विकास के *तीन प्रमुख सिद्धान्त हैं–प्रथम तो यह है कि शक्ति शाश्वत् है, द्वितीय यह है कि पदार्थ का विनाश नहीं होता और तृतीय यह है कि प्रत्येक चीज में एक गति होती है।* इन्हीं सिद्धान्तों के अनुसार **स्पेन्सर** का कहना है कि प्रारम्भ में प्रत्येक पदार्थ एक अनिश्चित असम्बद्ध समानता की स्थिति में होता है अर्थात् उसके विभिन्न अंग इस प्रकार एक-दूसरे से घुले-मिले होते हैं कि उन्हें अलग नहीं किया जा सकता और न ही उसका कोई निश्चित स्वरूप होता है। संक्षेप में सभी पदार्थ आरम्भ में एक स्वरूपहीन ढेर मात्र होता था, पर यह ढेर शक्तिमान था और उसमें गति भी थी

जिसके कारण समय बीतने के साथ-साथ धीरे-धीरे पदार्थ का स्वरूप बदलता गया और उसके विभिन्न अंग स्पष्ट व पृथक् रूप में प्रकट होते गए। पर इस पृथक्ता या भिन्नता के होते हुए भी विभिन्न अंगों में सम्बद्धता या अन्त:सम्बन्ध व अन्त:निर्भरता बनी रही। अर्थात् उद्‌विकास के दौरान में पदार्थ एक अनिश्चित असम्बद्ध समानता से निश्चित सम्बद्ध भिन्नता में बदल जाता है। इसी प्रक्रिया से सितारे और नक्षत्र बने, भौतिक दुनिया के विभिन्न अंग स्पष्ट हुए, उनके कार्यों का विभाजन हुआ, जल और मिट्टी ने भौतिक जगत् में हरियाली उत्पन्न की। इसी भांति दृश्य जगत् की बहुत-सी वस्तुएं पैदा हुई और नष्ट होती चली गई।

उपरोक्त आधार पर ही **स्पेन्सर** ने उद्‌विकास को इस प्रकार परिभाषित किया है : "उद्‌विकास पदार्थ का समन्वय तथा उससे सम्बन्धित गति है जिसके दौरान पदार्थ एक अनिश्चित असम्बद्ध समानता से निश्चित सम्बद्ध भिन्नता में बदलता है।"

स्पेन्सर के मतानुसार विकास के आरम्भ में जो जीव था, उसमें जीवन के अतिरिक्त किसी प्रकार का रूप या आकार नहीं था। लेकिन धीरे-धीरे उसमें रूप उत्पन्न हुआ और उसी के विकसित रूप में आज हम विभिन्न पकार के जीव और वनस्पतियों को देख रहे हैं। दूसरे शब्दों में उद्‌विकास की प्रक्रिया के फलस्वरूप ही कालान्तर में जीवन-जगत् और वनस्पति-जगत् एक-दूसरे से पृथक् हो गए और उसी प्रक्रिया के कारण ही मनुष्य-जाति का उद्‌विकास बन्दर जैसे पशुओं से हुआ-पशु मानव बना उद्‌विकास की प्रक्रिया के कारण ही।

स्पेन्सर ने प्राकृतिक प्रवरण के नियम को मानव-समाज पर भी लागू किया और यह निष्कर्ष निकाला कि अस्तित्व के लिए संघर्ष मनुष्य तथा अन्य जीवित प्राणी के बीच तथा स्वयं मनुष्य व मनुष्य के बीच निरन्तर होता रहता है और इस संघर्ष में केवल सबसे उपयुक्त या योग्यता प्राणी ही जीवित रहते हैं। **टी. डब्ल्यू. हिल** ने लिखा है कि उद्‌विकास की प्रक्रिया को चेतन-जगत् पर लागू करके **स्पेन्सर** ने योग्यतम के जीवित रहने के सिद्धान्त को प्रस्तुत किया। उनके अनुसार चेतन-जगत् में अस्तित्व की रक्षा के लिए जीवित प्राणियों में निरन्तर संघर्ष होता रहता है। जीवित प्राणियों की अलग-अलग जातियां होती हैं एक जाति का जीव दूसरी जाति के जीव का आहार होता है। इस प्रकार प्राकृतिक नियम के अनुसार केवल वही जीव जीवित रह सकते हैं जिनमें अपने अस्तित्व को बनाए रखने की शक्ति होती है। इसके अतिरिक्त, प्रकृति यह मांग करती है कि प्रत्येक जीव अपना अनुकूलन प्रकृति के साथ करे। जो प्राणी अपने कुछ दोषों के कारण प्रकृति के साथ सफलतापूर्वक अनुकूलन नहीं कर पाते हैं, प्रकृति उन्हें मार डालने के लिए चुन लेती है अर्थात्

प्राकृतिक नियम के अनुसार उनका अस्तित्व समाप्त हो जाता है। इस प्रकार **स्पेन्सर** ने प्राकृतिक विवरण के सिद्धान्त को भी प्रस्तुत किया और इसे मानव-समाज पर लागू किया।

सामाजिक नियन्त्रण के साधन (Agencies of Social Control)

मनुष्य समाज में रहता है, समाज के साथ उसे अपना सम्बन्ध बनाए रखना पड़ता है क्योंकि इसके बिना जीवित रहने के संघर्ष में वह विजयी नहीं हो सकता। समाज मनुष्यों का समष्टिकृत या सामूहिक रूप है और इस रूप में ही वह प्रकृति के साथ संघर्ष कर सकता और जीवित रह सकता है। इसीलिए प्रकृति के विरुद्ध संघर्ष करके अपनी जाति की सुरक्षा के लिए समाज एक उपयोगी साधन है। अत: समाज का अस्तित्व बना रहे यह आवश्यक है और इसके लिए यह जरूरी है कि व्यक्ति के व्यवहारों पर कुछ-न-कुछ नियन्त्रण रखा जाए। इसी उद्देश्य की पूर्ति के लिए समाज सामाजिक नियन्त्रण के कुछ साधनों को विकसित करता है। **स्पेन्सर** के अनुसार ये साधन चार हैं-सरकार, धर्म, सामाजिक प्रथाएं तथा नैतिकता। सामाजिक नियन्त्रण के इन साधनों अन्तर्निहित आधारों का विश्लेषण करते हुए **स्पेन्सर** ने यह निष्कर्ष निकाला कि इनका आधार या तो बल है अथवा भय है। उदाहरणार्थ, धार्मिक नियमों का पालन मनुष्य ईश्वर-भय के कारण और प्रथाओं का पालन समाज-भय के कारण करता है जबकि सरकारी कानूनों का पालन बल और भय दोनों के कारण होता है। सरकार अपने नियमों को मनवाने के लिए बल का भी प्रयोग करती है और लोगों का दण्ड का भी भय होता है।

स्पेन्सर के मतानुसार समाज की भांति व्यक्ति का भी निरन्तर विकास होता जा रहा है। इस विकास का एक अर्थ भी है कि मनुष्य की नैतिकता भी दिन-प्रतिदिन उत्तरोत्तर उन्नति करती जाएगी। अत: वह एक ऐसा समय भी आएगा जबकि व्यक्ति को नैतिकता का पूर्ण विकास हो जाएगा और फिर उसके ऊपर सरकार द्वारा लगाये गए बाहरी नियन्त्रणों की आवश्यकता नहीं रहेगी। सरकारी नियन्त्रण व्यक्ति के स्वतन्त्र विकास के पथ पर एक प्रमुख बाधा है। पर जब तक उसकी नैतिकता का पूर्ण विकास नहीं हो जाता है तब तक इस प्रकार के बाहरी नियन्त्रण की आवश्यकता बनी रहेगी क्योंकि इसके बिना मनुष्य के लिए गलत रास्ते पर चले जाने की सम्भावना अत्यधिक होगी। पर जब उसके आन्तरिक नियन्त्रण के साधन पूर्ण रूप मे विकसित व रचनात्मक रूप में क्रियाशील हो जाएंगे तो बाह्य नियन्त्रण उसक लिए स्वत: ही अनाश्यक सिद्ध हो जाएंगे। इस कथन की पुष्टि के लिए **स्पेन्सर** ने **डार्विन** द्वारा प्रस्तुत मानवीय उद्‌विकास सम्बन्धी विचारों का सहारा लिया है। जिसके अनुसार मनुष्य पहले बन्दर था, बन्दर को अपने शरीर में सन्तुलन बनाए रखने के लिए

पूंछ की आवश्यकता पड़ती थी। इसी कारण बन्दर की पूंछ थी परन्तु जब मनुष्य उद्‌विकासीय प्रक्रिया के अन्तर्गत अधिक विकसित हो गया तो उसे पूंछ की आवश्यकता नहीं रही। अत: उस स्तर पर मनुष्य की पूंछ स्वत: ही लुप्त हो गई। इसी प्रकार जब मनुष्य नैतिक दृष्टिकोण से पूर्ण विकसित हो जाएगा तोा उसे राजकीय नियन्त्रणों की, यहां तक कि राज्य की भी आवश्यकता नहीं रहेगी और राज्य स्वत: ही लुप्त हो जाएगा। अब तक राज्य और राजकीय नियन्त्रणों का अस्तित्व इसी कारण बना है कि मनुष्य नैतिक रूप में अब भी स्वयं पूर्ण नहीं है। यही बात धर्म एवं प्रथा के सम्बन्ध में भी कही जा सकती है। इन सबसे छुटकारा पाने के लिए नैतिकता का विकास आवश्यक है। इस अर्थ में मानव की परमगति व्यक्ति की नैतिकता के चरम उत्कर्ष पर ही निर्भर है।

सैनिक और औद्योगिक समाज
(Militant and Industrial Societies)

समाज की जटिलता के बढ़ने के साथ-साथ कालान्तर में युद्ध की अधिक अवधियों और सैनिक क्रियाओं के बेहतर संगठन ने इस स्थायी युद्ध-नेता को एक मुखिया या राजा के रूप में विकसित किया जोकि अपने जीवनकाल में शक्ति को संचालित करता था। इसके कारण संगठन में स्थायीपन आया; किन्तु इससे समस्या का पूर्ण समाधान नहीं हुआ। युद्ध-नेता की मृत्यु के पश्चात् दूसरे युद्ध-नेता के चुनाव की समस्या उत्पन्न होती थी। इस समस्या के हल के रूप में वंशानुगत नेतृत्व के सिद्धान्त को विकसित किया गया। इस वंशानुगत नेता, मुखिया, या राजा को शासन-प्रबन्ध के मामले में सलाह देने के लिए परामर्शदात्री और प्रतिनिधि समितियों का समान्तर उद्‌विकास हुआ जिन्होंने बाद में औपचारिक परिषदों और विधानसभाओं का समानान्तर उद्‌विकास हुआ जिन्होंने बाद में औपचारिक परिषदों और विधान सभाओं का रूप धारण किया।

स्पेन्सर के अनुसार सैनिक क्रियाओं के विकास के कारण विभिन्न समुदायों में विभक्त व्यक्तियों का एकीकरण हुआ। छोटे-छोटे खानाबदोशी झुंडों ने एक-साथ मिलकर एक बड़े समूह का निर्माण किया। इसके फलस्वरूप, समाज का एकीकरण हुआ और एक व्यवस्थित राजभक्ति का विस्तार हुआ। इस प्रकार सामाजिक विकास के साथ-साथ समाज में विभेदीकरण की प्रक्रिया भी क्रियाशील हुई। इस विभेदीकरण के फलस्वरूप समाज में धनी शासकों, सामान्य स्वाधीन लोगों, भूमिदासों और दासों का निर्माण हुआ।

जब राजशक्ति किसी शासक वर्ग के हाथ में केन्द्रित हो जाती है और उसका क्षेत्र बढ़ जाता है तथा वह अधिक बड़े भू-भाग पर लागू होती है तो उसे कुशलतापूर्वक

प्रसारित करने के लिए राजकीय मशीनरी का विकास होता है, जैसे मन्त्रिमण्डल, स्थानीय शासक संस्थाएं, राजस्व और सैनिक संगठन आदि।

आरम्भ में राज्य अपना समस्त ध्यान सैनिक संगठन, विजय और प्रादेशिक विस्तार के ऊपर केन्द्रित करता है। किन्तु जैसे-जैसे समय बीतता जाता है उसका ध्यान अधिकाधिक उद्योग के विकास की ओर जाता है। उस अवस्था में राजनीतिक विकासवाद की प्रक्रिया सैनिक राज्य से औद्योगिक राज्य में रूपान्तरित हो जाती है।

स्पेन्सर के अनुसार सैनिक समाज की अपेक्षा औद्योगिक समाज अधिक अच्छा है, क्योंकि इसके अन्तर्गत मनुष्य को नैतिक विकास का अवसर प्राप्त होता है। आदर्श स्थिति तो वह होगी जबकि उद्योगवाद के साधनों को मानव-चरित्र में सामाजिकता के गुण विकसित हो जायेंगे तथा उसके ऊपर बाहरी नियन्त्रण की आवश्यकता नहीं रहेगी। यही उसके समाज की आदर्श अवस्था होगी जिसे **स्पेन्सर** ने 'औद्योगिक समाज' कहा है।

इस प्रकार से **स्पेन्सर** ने सैनिक समाज और औद्योगिक समाज के दो रूपों की कल्पना की है। इन दो प्रकार के समाजों में कोई अन्तिम भेद नहीं है। विभिन्न समाज व समय मे यह भेद अलग-अलग हो सकता है। सैनिक समाज में क्रियात्मक शक्तियों को सैनिकों के लिए सुख-सुविधाओं को जुटाने के उद्देश्य से नियोजित किया जाता है और समाज में क्रिया-कलापों का बोलबाला होता है। दूसरी ओर औद्योगिक समाज में सैनिक शक्ति का प्रयोग केवल आन्तरिक शान्ति व सुव्यवस्था को बनाए रखने तथा बाहरी आक्रमणों से रक्षा करने के लिए किया जाता है।

इसके अलावा सैनिक समाज में सेनाध्यक्ष राज्य का शासक होता है और इसीलिए अनुशासन की व्यवस्था लागू की जाती है। व्यक्तिगत सम्पत्ति उत्पादनों के साधनों पर व्यक्तिगत अधिकार को सहन नहीं किया जाता है, जनता को पूर्ण स्वतन्त्रता प्राप्त नहीं होती है, धर्म की भी एक सैनिक प्रवृत्ति होती है और व्यक्ति को स्वयं के लिए नहीं अपितु समाज के लिए जीवित रहना पड़ता है। दूसरी ओर औद्योगिक समाज में व्यवस्था तथा न्याय के अन्तर्गत व्यक्तिगत स्वतन्त्रता के सिद्धान्त को पूर्णतया मान्यता प्रदान की जाती है।

सरकारी हस्तक्षेप घटता है। स्थानीय सरकार को अधिकाधिक शक्ति मिलने के लिए राजनीतिक सत्ता का विकेन्द्रीकरण होता है, जनता द्वारा चुने गए प्रतिनिधियों द्वारा सरकार का संगठन होता है, धार्मिक स्वतन्त्रता होती है, व्यापार और उद्योगों के क्षेत्र में प्रतियोगिता व्याप्त होती है तथा राजकीय क्रियाकलापों के आलोचकों का सहन किया जाता है। राजकीय नियन्त्रण केवल निषेधात्मक रूप में होता है। इसका उद्देश्य व्यक्तिगत स्वतन्त्रता में अनावश्यक हस्तक्षेप को दूर करना होता है।

अत: ऐसा समाज परिवर्तन के लिए अधिक अनुकूल होता है और नैतिकता के विकास का पूरा अवसर प्राप्त होता है।

उपरोक्त विवेचना से यह स्पष्ट होता है कि सामाजिक विचारधारा के क्षेत्र में **स्पेन्सर** की देन महत्त्वपूर्ण है। उनके विचारों में कमियां अवश्य हैं, पर फिर भी जिन सिद्धान्तों को **स्पेन्सर** ने प्रस्तुत किया है। वे सिद्धान्त तर्कपूर्ण हैं, इसीलिए उनके विचारों का प्रभाव उनके बाद के अनेक सामाजिक विचारकों के ऊपर पड़ा हैं, इस अर्थ में **स्पेन्सर** के विचारों ने सामाजिक विचारधारा को एक निश्चित दिशा प्रदान की है और यही उनकी सबसे महत्त्वपूर्ण देन कही जा सकती है।

10

रॉबर्ट के. मर्टन : प्रकार्यवाद (अव्यक्त तथा अभिव्यक्त) प्रकार्य एवं क्रियाएं, अनुरूपता और विसामान्यता (Robert K. Merton : Functinalism) (Latent and Manifest Functions, Confirmity and Deviance)

प्रस्तावना (Introduction)

समकालीन समाजशास्त्रियों में अमरीकी समाजशास्त्री रॉबर्ट के. मर्टन एक प्रतिष्ठित समाजशास्त्री हैं। आपके विद्वत्तपूर्ण विचारों एवं रचनाओं से समाजशास्त्रीय साहित्य समृद्ध हुआ है। आप मैक्स वेबर के समाजशास्त्रीय विचारों से बहुत प्रभावित हुए तथा अपने वेबर के नौकरशाही व धर्म के समाजशास्त्र सम्बन्धी विचारों के और आगे बढ़ाया। आपको टॉलकॉट पारसन्स जैसे समाजशाास्त्री का शिष्य होने का गौरव प्राप्त है तथा उन्हीं से प्रेरित एवं प्रभावित होकर आपने प्रकार्यवाद को नवीन दिशा एवं स्पष्टता प्रदान करने का प्रयत्न किया है।

प्रकार्यवाद (Functionalism)

संरचना एवं प्रकार्य समाजशास्त्र में महत्वपूर्ण अवधारणएं हैं। इन्हें समझे बिना अनेक महत्वपूर्ण अवधाारणओं जैसे–सामाजिक परिवर्तन, सामाजिक विघटन, सामाजिक व्यवस्था एवं सामाजिक संगठन को हम नहं समझ पायेंगे। समाजशास्त्र में संरचना एवं प्रकार्य नामक अवधारणओं का प्रयोग सर्वप्रथम हरबर्ट स्पेन्सर नामक विद्वान ने किया। दुर्खीम ने भी अपनी दो प्रसिद्ध पुस्तकों *'The Rule of Sociological Method'* तथा *'The Division of Labour in Society'* में इन अवधारणाओं पर गम्भीरता से विचार किया है।

प्रकार्यवादी विद्वानों में रैडक्लिफ ब्राउन, मानहीम, नेडल, मर्टन, पारसन्स, जॉनसन, मैकाइवर, डेविस, मूर एवं मेरियन जे. लेवी, आदि प्रमुख हैं। *प्रकार्य के क्षेत्र में मर्टन का नाम विशेष रूप से उल्लेखनीय है क्योंकि उन्होंने प्रकार्य से सम्बन्धित*

कई नयी अवधारणाओं को जन्म दिया तथा उनका सैद्धान्तिक एवं व्यावहारिक विश्लेषण एवं उपयोग बताया। अब हम यहां प्रकार्य की अवधारणा पर विचार करेंगे तत्पश्चात मर्टन के प्रकार्यवाद पर।

प्रकार्यवाद की अवधारणा (Concept of Function)

सामान्यतः प्रकार्य का अर्थ हम समाज या समूह द्वारा किये जाने वाले कार्य या उसके योगदान से लगाते हैं। किन्तु समाज में प्रकार्य का अर्थ सम्पूर्ण सामाजिक संरचना को व्यवस्थित बनाये रखने एवं अनुकूलन करने में उनकी इकाइयों द्वारा जो सकारात्मक योगदान दिया जाता है, से लगाया जाता है। प्रकार्य की अवधारणा को हम शरीर के उदाहरण से स्पष्टतः समझ सकते हैं। शरीर की संरचना का निर्माण विभिन्न इकाइयों या अंगों जैसे—हाथ, पांव, नाक, कान, पेट, हृदय, फेफड़े, आदि से मिलकर होता है। शरीर के विभिन्न अंग शरीर-व्यवस्था को बनाये रखने और अनुकूलन में अपना योगदान देते हैं, जो कार्य करते है। उसे ही इन इकाइयों का प्रकार्य कहा जायेगा।

अमरीकन समाजशास्त्री **रॉबर्ट मर्टन** ने अपनी पुस्तक '*Social Theory and Social Structure*' में प्रकार्यवाद को एक सुनिश्चित एवं सुपरिभाषित रूप प्रदान किया है। मर्टन ने सर्वप्रथम प्रकार्य शब्द की व्याख्या की है। उनका मत है कि अंग्रेजी के फंक्शन (Function) शब्द का प्रयोग पांच भिन्न अर्थों में किया जाता है। वे अग्र प्रकार हैं :

(1) **उत्सव के रूप में :** *फंक्शन* शब्द का प्रयोग सामान्यतः किसी सार्वजनिक उत्सव के लिए किया जाता है। उदाहरण के लिए, हम कहते हैं— हमारा महाविद्यालय वार्षिक उत्सव (Annual Function) मानने जा रहा है, आज श्याम के जन्म दिन का उत्सव (Function) है, रवीन्द्र रंगमंच पर आज सांस्कृतिक उत्सव (Cultural Function) हैं, आदि।

(2) **व्यवसाय के अर्थ में :** फंक्शन शब्द का प्रयोग व्यवसाय के लिए भी किया गया है, जैसे—हम कहते हैं कि आप क्या व्यवसाय (Function) कर रहे हैं?

ब्लण्ट ने जातियों के विभिन्न व्यवसायों के लिए फंक्शन शब्द का प्रयोग किया है। नेसफील्ड ने जाति की उत्पत्ति के व्यावसायिक सिद्धान्त के लिए फंक्शन शब्द का ही प्रयोग किया है। इस अर्थ में फंक्शन शब्द का प्रयोग इस प्रकार किया गया है: Function of the Castes: Function Theory of the origin of Caste systyem.

(3) **पद पर आसीन व्यक्ति के कार्यकलाप के रूप में :** अंग्रेजी के फंक्शन शब्द का प्रयोग एक सामाजिक पद पर आसीन व्यक्ति के कार्यकलाप के रूप

में भी किया गया है। उदाहरण के लिए, यह कहा जाता है–राष्ट्रपति के क्या प्रकार्य हैं ? (What are the functions of the President), एक महाविद्यालय में प्राचार्य के या विश्वविद्यालय में वाइस चान्सलर के क्या प्रकार्य (Functions) हैं।

(4) **गणितशास्त्रीय अर्थ में :** गणित में फंक्शन शब्द का प्रयोग एक चर का दूसरे चर (Variable) से सम्बन्ध बताने के अर्थ में किया जाता है। उदाहरण के लिए हम कहते हैं A=B। इसका तात्पर्य है A का फंक्शन है B, का मूल्य-निर्धारण करना।

(5) **जीवविज्ञान के अर्थ में :** जीवविज्ञान में शरीर के संचालन में उसके अंगों द्वारा दिये जाने वाले योगदान को फंक्शन कहा जाता है। उदाहरण के लिए, जीवविज्ञानी ऐसे शब्दों का प्रयोग करते है– Function of the heart, Functions of the Lungs, आदि। समाजशास्त्र में फंक्शन शब्द का प्रयोग जीवविज्ञान के अर्थ में ही किया जाता है। समाजशास्त्री प्रकार्य को इसी अर्थ में ही किया जाता है। समाजशास्त्री प्रकार्य को इसी अर्थ में प्रयुक्त करते हैं। एक सामाजिक व्यवस्था का निर्माण कई अंगों या तत्वों से होता है। प्रत्येक अंग या तत्व सम्पूर्ण सामाजिक व्यवस्था के अनुकूलन या पोषण के लिए जो योगदान देता है, वही उसका प्रकार्य कहलाता है।

मर्टन कहते हैं कि केवल प्रकार्य शब्द का ही विभिन्न अर्थों में प्रयोग नहीं हुआ है वरन् प्रकार्य को प्रकट करने के लिए भी कई अन्य शब्दों का प्रयोग किया गया है जैसे–उपयोगिता (Utility), प्रयोजन (Purpose), प्रेरणा (Motive), लक्ष्य (Aim) तथा परिणाम (Consequence) आदि।

प्रकार्य को परिभाषित करते हुए **रैडक्लिफ ब्राउन** लिखते हैं, किसी सामाजिक इकाई का प्रकार्य उस इकाई का वह योगदान है जो वह सामाजिक जीवन को देती है।" वे पुनः लिखते हैं, "प्रकार्य आंशिक क्रिया द्वारा उस सम्पूर्ण क्रिया को दिया जाने वाला योगदान है जिसका कि वह एक भाग है।"

जॉनसन (Johnson) के अनुसार, "किसी भी आंशिक संरचना जैसे एक उपसमूह, एक भूमिका, एक सामाजिक नियम अथवा सांस्कृतिक मूल्य का वह योगदान, जो वह एक सामाजिक व्यवस्था या उप-व्यवस्था की एक या अधिक आवश्यकताओं की पूर्ति हेतु करे, "प्रकार्य कहा जाता है।" इस परिभाषा से स्पष्ट है कि प्रकार्य सामाजिक संरचना की इकाई का वह योगदान है जो सामाजिक व्यवस्था को आवश्यकताओं की पूर्ति के लिए दिया जाता है।

क्लूखौन (Kluckhohn) लिखते हैं, "संस्कृति का कोई भी भाग तभी प्रकार्यात्मक होता है जब वह इस प्रकार की अनुक्रिया (Response) करे कि उसे

सामाजिक रूप से ग्रहण किया जा सके तथा व्यक्ति समाज से अपना अनुकूलन करने के लिए उसे सुविधापूर्ण समझे" इस परिभाषा से स्पष्ट है कि प्रकार्य इकाई का वह कार्य है जो व्यक्ति के सामाजिक अनुकूलन में सहयोग दे और जिसे समाज के अन्य व्यक्ति भी ग्रहण कर सकते हों।

मर्टन (Merton) के अनुसार, "प्रकार्य वे अवलोकित परिणाम हैं जो कि सामाजिक व्यवस्था के अनुकूलन या सामंजस्य को बढ़ाते हैं।"

विभिन्न परिभाषाओं में प्रकार्य को विभिन्न रूप से प्रकट किया गया है, किन्तु समग्र रूप में हम यह कह सकते हैं कि *प्रकार्य समाज व संस्कृति की इकाई का वह योगदान है। जो इनकी निरन्तरता और व्यवस्था बनाये रखने में सहायक होती है। प्रकार्य द्वारा सामाजिक इकाई समाज की आवश्यकताओं को पूरा करने तथा उसमें सामंजस्य एवं अनुकूलन करने में सहायक होती है।*

प्रकार्य की विशेषताएं (Charateristics of Function)

विभिन्न परिभाषाओं के आधार पर प्रकार्य की निम्नांकित विशेषताएं प्रकट होती हैं :

(1) प्रकार्य की अपधारणा सामाजिक मूल्यों से सम्बन्धित है, समाज जिन कार्यों का अपने लिए उचित व हितकर मानता है, वे ही कार्य प्रकार्य कहलोयेंगे, दूसरे नहीं।

(2) समाज में प्रकार्यों की संख्या तय नहीं है। इनकी गणना करना और सूची बनाना असम्भव है फिर भी मोटे तौर पर उन्हें बड़े शीर्षकों जैसे–धार्मिक, आर्थिक, सामाजिक, राजनीतिक, आदि के अन्तर्गत रखा जा सकता है।

(3) प्रकार्य एक गतिशील अवधारणा है। एक समय में जो कार्य समाज के लिए उपयोगी हो सकता है वही प्रकार्य कहलाता है, किन्तु वही कार्य किसी अन्य समय में अनुपयोगी होने पर प्रकार्य की श्रेणी में नहीं आयेगा।

(4) प्रत्येक प्रकार्य का कोई–न–कोई उद्देश्य अवश्य होता है। प्रकार्य का प्रमुख उद्देश्य सामाजिक एवं मानवीय आवश्यकताओं की पूर्ति करना।

(5) प्रकार्य इस बात को स्पष्ट करते हैं कि समाज के सभी कार्यों का समाज की विभिन्न इकाईयों में विभाजन कर दिया जाता है। ये सभी इकाइयां अपना–अपना कार्य करती हुई परस्पर सहयोग करती हैं एवं सम्बन्धित रहती हैं जिससे समाज में एकता व संगठन बना रहता है। प्रकार्यों से इकाइयों में परस्पर प्रकार्यात्मक सम्बन्ध एवं प्रकार्यात्मक एकता (Functional Unity) पैदा होती है।

(6) प्रकार्य का सम्बन्ध सामाजिक संरचना का निर्माण करने वाली इकाइयों से होता है।

(7) सामाजिक संरचना की इकाइयों द्वारा किये जाने वाले सभी कार्यों को प्रकार्य नहीं कहते हैं वरन् केवल उन्हीं कार्यों को जो समाज द्वारा अपेक्षित होते हैं। उदाहरण के लिए, हम शिक्षण संस्थाओं से यह अपेक्षा करते हैं कि वे शिक्षा प्रदान करें तथा समाजीकरण में योग दें। इस अपेक्षा के अनुसार किया गया कार्य ही शिक्षण संस्था का प्रकार्य कहलायेगा।

(8) सामाजिक संरचना की इकाइयों द्वारा किये जाने वाले सभी प्रकार्य समाज के लिए पूरी तरह लाभदायक नहीं होते। कुछ पूर्णतः लाभदायक होते हैं, कुछ आंशिक, तो कुछ कभी-कभी समाज की उन्नत्रि में गतिरोध भी पैदा कर देते हैं।

(9) कुछ विद्वान यह मानते हैं कि सामाजिक संरचना की इकाइयो के प्रकार्यों पर ही समाज का अस्तित्व टिका हुआ है। यदि ये इकाइयां अपना योगदान देना बन्द कर दें तो समाज नष्ट हो जायेगा। उदाहरण के लिए, शरीर के विभित्र अंग अपना-अपना कार्य बन्द कर दें तो शरीर का बने रहना सम्भव नहीं होगा।

(10) प्रकार्य सामाजिक संगठन एवं व्यवस्था को बनाये रखने में सहायक होते हैं। ये समाज में अनुकूलन और सामंजस्य में योग देते हैं।

(11) प्रकार्य का सम्बन्ध इकाइयों द्वारा समाज को दिये जाने वाले सकारात्मक योगदान से है। सकारात्मक योगदान का तात्पर्य है कि इकाइयों के कार्यों द्वारा समाज की आवश्यकताओं की पूर्ति होती है, इन प्रकार्यों से समाज में व्यवस्था और संगठन बना रहता है तथा ये पूर्ति प्रकार्य सामाजिक हित एवं प्रगति में सहायक होते हैं।

(12) प्रकार्य कभी-कभी तो स्पष्ट और प्रकट होते हैं, किन्तु कभी-कभी अप्रकट भी। जब समाज द्वारा मान्य और इच्छित उद्देश्यों को प्राप्त किया जाता है तो उन्हें प्रकट प्रकार्य कहते हैं। किन्तु कभी-कभी ऐसे परिणाम भी अस्तित्व में आते हैं जिनके बारे मे।कभी सोचा ही नहीं गया था, इन्हें अप्रकट प्रकार्य कहते हैं।

(13) प्रकार्य इकाईयों द्वारा किये जाने वाले उन्हीं कार्यों को कहेंगे जो समाज द्वारा स्वीकृत और मान्य हों।

प्रकार्य एवं प्रकार्यवाद की अवधारणा के समाजशास्त्र में महत्वपूर्ण स्थान है। **डेविस** कहते हैं कि समाजशास्त्र में आज जो भी कुछ है, उसका तीन-चौथाई भाग

प्रकार्यवाद है। समाजशास्त्र के प्रकार्य की अवधारणा का प्रयोग दुर्खीम ने ही सर्वप्रथम 1895 में किया था। इस सन्दर्भ में रैडक्लिफ ब्राउन लिखते हैं, "जहां तक मैं जानता हूं, समाज के वैज्ञानिक अध्ययन हेतु प्रयोग में लाने के लिए इस अवधारणा का प्रयोग सर्वप्रथम 1895 में इमाइल दुर्खीम ने किया था।"

मर्टन का प्रकार्यवाद (Merton's Functionalism)

सामाजिक प्रकार्य की अवधारणा और विशेषताओं को जान जेने के बाद अब हम प्रकार्यवाद के बार में मर्टन के विचारों का उल्लेख करेंगे। मर्टन ने प्रकार्य के साथ-साथ अकार्य या अपकार्य (अप्रकार्य, प्रकट तथा अप्रकट प्रकार्य, आदि अवधारणाओं को विकसित किया।

प्रकार्य एवं अकार्य (अप्रकार्य) (Function and Dysfunction)

प्रकार्य शब्द का विभिन्न अर्थों में प्रयोग हुआ है। उत्सव, व्यवसाय, सामाजिक पद पर आसीन व्यक्ति के कर्तव्य, चर (Variable) एवं शरीर के अंगों का शरीर को चलाने में योगदान आदि के लिए प्रकार्य शब्द का प्रयोग किया जाता है। किन्तु समाजशास्त्र में प्रकार्य एवं अकार्य (अप्रकार्य या अपकार्य)शब्द का प्रयोग एक विशिष्ट अर्थ में हुआ है। इसे परिभाषित करते हुए **मर्टन** लिखते हैं, "*प्रकार्य वे अवलोकित परिणाम हैं जो कि सामाजिक व्यवस्था के अनुकूलन या सामंजस्य को बढ़ाते हैं।" अकार्य वे अवलोकिन परिणाम हैं जो कि व्यवस्था के अनुकूलन या सामंजस्य को कम करते हैं।* **जॉनसन** ने प्रकार्य व अकार्य को परिभाषित करते हुए लिखा है, "*यदि कोई भी आंशिक ढांचा, कोई उप-समूह, भूमिका, सामाजिक मानदण्ड अथवा सांस्कृतिक मूल्य, सामाजिक प्रणाली या उप-प्रणाली की एक या अधिक सामाजिक आवश्यकताओं की पूर्ति में योग दे तो यह कहा जाता है कि यह प्रकार्यमय है, यदि वह इन से एक में या अधिक आवश्यकताओं को पूरा होने में बाधा उपस्थित करे तो उसे अकार्य कहा जाता है।*"

मर्टन ने गैर-प्रकार्य का भी उल्लेख किया है। इसे परिभाषित करते हुए आपने लिखा है, "गैर-प्रकार्य (Non-function) वे अवलोकित परिणाम हैं जो सामाजिक व्यवस्था में अब अनुद्देश्यपूर्ण या असंगत हो गये।"

इन परिभाषाओं से स्पष्ट है कि यदि सामाजिक संरचना की कोई भी इकाई भूमिका, मूल्य, आदि उस संरचना की आवश्यकताओं की पूर्ति एवं उसके अनुकूलन तथा सामंजस्य में योग देते हैं तो उसे हम उस इकाई, भूमिका एवं मूल्य का प्रकार्य कहेंगे। लेकिन यदि वह इकाई समाजिक संरचना की आवश्यकता पूर्ति, अनुकूलन एवं सामंजस्य में बाधक होती है तो उसे उसका अकार्य कहेंगे। जब हम किसी आंशिक

ढांचे के प्रकार्यों की बात करते हैं तो हम यह कहना चाहते हैं कि उस आंशिक ढांचे से सम्बन्धित कार्य (क्रिया) के सामाजिक प्रणाली के लिए कुछ प्रतिफल होते हैं। प्रकार्य और अकार्य को हम यहां उदाहरण द्वारा स्पष्ट करेंगे।

भारत में **सयुक्त परिवार प्रणाली** पायी जाती है। इसमें लड़कियां विवाह के बाद परिवार छोड़कर चली जाती हैं लड़के उसी घर में रहते हैं और उनकी बहुएं भी उस घर मे रहती हैं। इस प्रकार तीन या अधिक पीढ़ी के लोग संयुक्त परिवार में निवास करते हैं। संयुक्त परिवार में सत्ता कर्ता या मुखिया के हाथ में होती है। सभी सदस्य धन कमाकर उसे ही देते हैं। संयुक्त परिवार के ये नियम परिवार के लिए प्रकार्यात्मक हैं। इससे भूमि के टुकड़े नहीं होते, संयुक्त परिवार की शक्ति बढ़ती है, परिवार में एक-दूसरे के सहयोग से कार्य सरलता से सम्पन्न हो जाता हैं, बच्चों का लालन-पालन सरलता से हो जाता है, समाजीकरण एवं संस्कृति का पीढ़ी दर-पीढ़ी हस्तान्तरण आसान हो जाता है बूढ़े, बीमार एवं असमर्थ सदस्यों के जीवन की सुरक्षा बनी रहती है आदि। किन्तु दूसरी ओर इस व्यवस्था के कुछ अकार्य भी हैं। यदि कोई कर्ता परिवार के सदस्यों के साथ भेदभाव बरतता है या कोई सदस्य परिवार की सम्पत्ति को नष्ट कर देता हैं; परिवार के सदस्य कलह करते हैं तो उनकी यह भूमिका अकार्य कहलायेगी।

प्रकार्य और अकार्य का अभिप्राय अच्छे व बुरे से नहीं है। इसका मूल्यों से प्रत्यक्ष सम्बन्ध नहीं हैं। प्रकार्य और अकार्य की धारणा गतिशील है। एक व्यवस्था के लिए जो नियम प्रकार्यात्मक हैं, वे ही दूसरी व्यवस्था के लिए अपकार्यात्मक हो सकते हैं और दूसरे समय में उसी के लिए प्रकार्यात्मक भी। प्रकार्यों एवं अकार्यों का तात्पर्य तो विभिन्न इकाइयों द्वारा सम्पूर्ण व्यवस्था के अनुकूलन एवं सामंजस्य के लिए दिये जाने वाले योगदान से है। यदि इकाइयों द्वारा निभायी जाने वाली भूमिका का परिणाम व्यवस्था के लिए लाभप्रद है तो वह प्रकार्य कहलायेगा और यदि परिणाम हानिकारक है तो अकार्य।

प्रकार्य एवं अकार्य में अन्तर

(Distinction Between Function and Dysfunction)

(1) प्रकार्य इकाई द्वारा किये जाने वाले वे कार्य हैं। जो सम्पूर्ण संगठन अथवा व्यवस्था को बनाये रखने तथा अनुकूलन में सहायक होते हैं। इसके विपरीत, अकार्य वे कार्य या परिणाम हैं जो व्यवस्था या संगठन के लिए हानिकारक होते हैं। उसके संचालन में बाधा उपस्थित करते हैं।

(2) प्रकार्य लाभकारी होते हैं जबकि अकार्य हानिकारक।

(3) प्रकार्यों द्वारा समाज व्यवस्था व संगठन की आवश्यकताओं की पूर्ति होती है, किन्तु अकार्यों द्वारा सामाजिक हितों को ठेस पहुंचती है।

(4) प्रकार्य वे कार्य हैं जिन्हें समाजिक मान्यता प्राप्त होती है जबकि अकार्यों को सामाजिक मान्यता प्राप्त रहीं होती है इसका कारण यह है कि वे समाज-विरोधी एवं संगठन के लिए हानिकारक होते हैं।

(5) प्रकार्य सामाजिक हित में होते हैं, अत: प्रकार्य करने वाले की प्रशंसा की जाती है उसे पुरस्कृत किया जाता है जबकि अकार्य करने वाले की समाज आलोचना करता है, कानून एवं नियमों द्वारा उन्हें रोकने का प्रयत्न किया जाता है तथा अकार्य करने वाले को दण्डित किया जाता है।

(6) प्रकार्य सकारात्मक प्रकृति के होते हैं, उन्हें समाज में उचित माना जाता है जबकि अकार्य नकारात्मक प्रकृति के होने के कारण अनुचित माने जाते हैं।

(7) प्रकार्य सामाजिक नियमों के अनुकूल होते हैं जबकि अकार्य सामाजिक नियमों के विरोधी।

प्रकट तथा अप्रकट प्रकार्य (Manifest and Latent Functions)

मर्टन ने प्रकट प्रकार्य में भेद किया है। इन्हें परिभाषित करते हुए **मर्टन** लिखते हैं, "*प्रकट प्रकार्य प्रत्यक्ष दृष्टिगोचर होने वाले वे परिणाम हैं किन्तु व्यवस्था क सदस्यों द्वारा न तो मान्य होते हैं और न इच्छित ही।*" **जॉनसन** लिखते हैं, "*प्रकट प्रकार्य वे होते हैं जो अभीष्ट और अभिज्ञात होते हैं, अप्रकट प्रकार्य न तो अभीष्ट होते हैं और न अभिज्ञात ही।*"

जब कई प्रकार्यों के परिणाम पहले से ही **निश्चित एवं स्वीकृत** होते हैं तो ऐसे प्रकार्य प्रकट प्रकार्य कहलाते हैं। किन्तु कई बार प्रकार के ऐसे परिणाम भी मिलते हैं जिनके बारे में कभी सोचा ही नहीं गया था उन्हें हम अप्रकट प्रकार्य कहते हैं। इसे हम एक उदाहरण द्वारा स्पष्ट कर सकते हैं। लगभग सभी समाजों में निकटाभिगमन निषेधर (Incest Taboo) पाया जाता है। इस नियम के अनुसार निकट के रिश्तेदारों जैसे भाई-बहन, पिता-पुत्री, माता-पुत्र, आदि में यौन सम्बन्धों की मनाही होती है। कुछ विद्वान इस नियम के प्रकट प्रकार्य यह बताते हैं कि यदि ऐसी छूट दी जाएं तो बदसूरत व अपंग बच्चे पैदा होंगे। कुछ लोग कहते हैं कि यह मानव की मूल प्रवृत्ति है कि वह ऐसे सम्बन्ध स्थापित नहीं करता है। इस नियम के प्रकट प्रकार्यों की तुलना में अप्रकट प्रकार्य अधिक महत्वपूर्ण हैं। यदि इस प्रकार के सम्बन्धों कह छूट दी गयी तो परिवार में यौन सम्बन्धों को लेकर

पिता-पुत्र, माता-पुत्र, भाई-भाई व अन्य सदस्यों में तनाव और संघर्ष पैदा हो जायेगा। अन्य परिवारों में विवाह करने से लोगों के सामाजिक-सांस्कृतिक सम्बन्धों एवं सहयोग का भी विस्तार होता है। साथ ही परिवार में प्रेम एवं सहयोग का भी विस्तार होता है। साथ ही परिवार में प्रेम एवं सहयोग का वातावरण बना रहता है। निकटाभिगमन निषेध का एक अप्रकट प्रकार्य परिवार और समाज के लिए यह है कि इससे पति-पत्नी के बीच यौन सम्बन्ध होते हैं। दृढ़ यौन सम्बन्धों के कारण माता-पिता मिल-जुलकर बच्चों की देखभाल कर सकते हैं उनके समाजीकरण के कार्य न निर्वाह अच्छी तरह से कर पाते हैं।

प्रकट तथा अप्रकट को हम एक उदाहरण द्वारा आसानी से समझ सकते है: एक व्यक्ति इंजीनियर बनने के लिए इंजीनियरिंग की पढ़ाई पढ़ रहा है। उसका प्रकट प्रकार्य इंजीनियर बनकर पैसा कमाना एवं सामाजिक प्रतिष्ठा प्राप्त करना है। किन्तु उसका अप्रकट प्रकार्य भी हो सकता है जैसे इंजीनियर बनने के बाद उसका विवाह किसी सम्पन्न परिवार की पढ़ी-लिखी एवं सुन्दर लड़की से हो जाता है। साथ ही उसे दहेज में कार, आभूषण एवं नकद धनराशि भी प्राप्त होती है जिसके बारे में उसने कभी सोचा ही नहीं और न ही इस उद्देश्य से वह इंजीनियर बनना चाहता था।

प्रकट तथा अप्रकट प्रकार्य का महत्व
(Importance of Manifest and Latent Functions)

प्रश्न उठता है कि प्रकट और अप्रकट प्रकार्य में भेद करने की उपयोगिता क्या हैं। इसका उत्तर देते हुए मर्टन कहते हैं कि प्रकट और अप्रकट प्रकार्य का भेद कई दृष्टियों से महत्वपूर्ण है :

(i) कई बार हमें ऊपरी दृष्टि से एक व्यवहार अतार्किक लगता है, किन्तु उसका सामाजिक दृष्टि से महत्व होता है। उदाहरण के लिए, **होपी जनजाति** के लोग वर्षा लाने के लिए गांव के बाहर आग जलाकर धुआं करते हैं। उनका विश्वास है कि यह धुआं बादलों के समान है, अत: वर्षा लायेगा। इस उत्सव का प्रकट प्रकार्य महत्वपूर्ण नहीं है, किन्तु अप्रकट प्रकार्य अधिक महत्वपूर्ण है। जब लोग एकत्र होते हैं तो उनमें एक-दूसरे के सुख-दु:ख में एक होने के भाव पनपते हैं तथा सम्बन्धों में घनिष्ठता पैदा होती है।

(ii) वेबलिन का मत है कि मंहगी वस्तुएं खरीदने का प्रकट प्रकार्य यह है कि वे वस्तुएं अच्छी हैं, किन्तु अप्रकट प्रकार्य यह है कि इससे व्यक्ति की सामाजिक प्रतिष्ठा बढ़ती है।

(iii) प्रकट और अप्रकट प्रकार्य का भेद समाजशास्त्रियों के लिए **सामाजिक शोध** की दृष्टि से उपयोगी है। कई रीति-रिवाजों, प्रथाओं, रूढ़ियों, आदि के प्रचलन के प्रकट प्रकार्य तो बहुत कम होते हैं, किन्तु अप्रकट प्रकार्य अधिक होते हैं। प्रकट एवं अप्रकट प्रकार्य सापेक्षिक होते हैं। एक के लिए प्रकट प्रकार्य दूसरे के लिए अप्रकट हो सकता है। समाजशास्त्रियों के लिए किसी भी नियम, मूल्य, सामाजिक संरचना, समूह, संस्था, आदर्श नियम, आदि के प्रकट और प्रकट प्रकार्यों को जानना आवश्यक है। इसके अभाव में कई बार यह मानकर कि एक सामाजिक इकाई का कोई प्रकार्य नहीं है, उसे नष्ट करने की बात सोच लेते हैं या केवल उसके प्रकट प्रकार्यों से ही हम सन्तोष कर लेते हैं। अप्रकट प्रकार्य तो अपने शोध को न ले जा सकता है दुर्भाग्यवश होगा, क्योंकि एक समाजशास्त्री के लिए 'आम जानकारी' से आगे बढ़ने का अवसर अप्रकट प्रकार्यों और अपकार्यों में ही है। **मर्टन** कहते हैं, "*यदि समाज सुधारक ने उन आंशिक ढांचे के जिनमें कि वह परिवर्तन लाना चाहता है, अप्रकट प्रकार्यों और अप्रकार्यों को ध्यान में रखे बिना ही समाज सुधार का सुझाव दिया तो वह अधिक फलदायी नहीं होगा। सामाजिक योजना का ठोस आधार समाज की यथार्थ कार्य-प्रणाली का ज्ञान है, कोरा आदर्शवाद न केवल निष्प्रभावी होता है वरन् हानिप्रद भी।*"

(iv) इसी प्रकार से प्रकट और अप्रकट कार्यों का भेद जानना समाज सुधारकों की दृष्टि से भी आवश्यक है।

मर्टन ने प्रकार्यवादी विश्लेषण में तीन अन्तर्सम्बन्धित अभिस्थापनाओं (Assumptions) का उल्लेख किया है—जिनका प्रयोग अन्य प्रकार्यवादियों ने किया है। **मर्टन** ने इन तीन अनुमानों (मान्यताओं) की उपयोगिता को चुनौती दी है। प्रथम मान्यता को आप समाज की *प्रकार्यात्मक एकता सम्बन्धी स्वयं-सिद्ध कथन मानते हैं* (Posulate of the Functional Unity of Society)। यह मान्यता या कथन यह मानकर चलता है कि सामाजिक व्यवस्था का कोई भी भाग सम्पूर्ण व्यवस्था के लिए प्रकार्यात्मक है। समाज के विभिन्न भागों को इस रूप में देखा जाता है कि वे सम्पूर्ण समाज को एकीकृत बनाये रखने की दृष्टि से कार्य करते हैं। **मर्टन** का कहना है कि विशेषत: आज के जटिल और अत्यधिक विभेदीकृत समाजों मे यह प्रकार्यात्मक एकता संदिग्ध है। आपने एक उदाहरण के माध्यम से समझाया है कि जहां धार्मिक विश्वास पाये जाते हैं, अर्थात् अनेक धर्म, मत-मतान्तर और धार्मिक विश्वास पाये जाते हैं, वहां धर्म समाज को एकीकृत या संगठित करने के बजाय विभाजित कर देता है। **मर्टन** का कहना है कि प्रकार्यात्मक एकता का पता शोध

के आधार पर लगाया जाना चाहिए। इस मान्यता को प्रारम्भ से ही लेकर नहीं चलना चाहिए कि प्रकार्यात्मक एकता मौजूद है। प्रकार्यात्मक एकता का विचार इस बात को मानकर चलता है कि जैसे ही व्यवस्था के सिी भाग में परिवर्तन स्वत: ही हो जायेगा। इस सम्बन्ध में मर्टन ने माना है कि यह भी एक शोध की बात है। इस बात को शुरु से ही मानकर नहीं चलना चाहिए। आपका कहना है कि आज के अत्यधिक विभेदीकृत समाजों की विभिन्न संस्थाओं में काफी मात्रा में प्रकार्यात्मक स्वावलम्बन पाया जाता है। अत: किसी एक विशिष्ट संस्था में परिवर्तन का प्रभाव अन्य संस्थाओं पर भी पड़े, यह आवश्यक नहीं है।

मर्टन की दूसरी मान्यता सर्वव्यापी प्रकार्यवादी स्वयं-सिद्ध कथन (Postulate of Universal Functionalism) के रूप में मानते हैं। इस स्वयं सिद्ध कथन के अनुसार यह मानकर चला जाता है कि सभी प्रमापीकृत सामाजिक या सांस्कृतिक स्वरूपों, संस्थाओं या भागों के सकारात्मक प्रकार्य ही होते हैं। **मर्टन** का इस सन्दर्भ में यह कहना है कि सामाजिक व्यवस्था के प्रत्येक पहलू का सकारात्मक प्रकार्य ही होता है, कहना न केवल अपरिपक्व है बल्कि, साथ ही गलत भी है। आपका सुझाव यह है कि प्रकार्यवादी विश्लेषण में यह देखा जाना चाहिए कि समाज का कोई भी भाग प्रकार्यात्मक है, अपकार्यात्मक है या गैर-प्रकार्यात्मक है। इसके अतिरिक्त वे इकाइयां जिनके लिए कोई विशिष्ट भाग प्रकार्यात्मक, अपकार्यात्मक या गैर प्रकार्यात्मक है, स्पष्टत: बतायी जानी चाहिए। ये इकाइयां व्यक्ति समूह, या सम्पूर्ण समाज हो सकती हैं। उदाहरण के रूप में, निर्धनता को गरीब लोगों के लिए अपकार्यात्मक ही कहा जायेगा लेकिन उसे जो निर्धन नहीं हैं, उनके लिए और सम्पूर्ण समाज के लिए प्रकार्यात्मक कहा जायेगा। मर्टन का कहना है कि सर्वव्यापी प्रकार्यवाद के स्थान पर इस मान्यता को लेकर आगे बढ़ा जाना चाहिए कि विभिन्न इकाइयों की दृष्टि से शुद्ध सन्तुलन प्रकार्यात्मक परिणामों के रूप में ही होता है और इन्हीं की वजह से इन सांस्कृतिक स्वरूपों का अस्तित्व बना रहता है।

मर्टन की तीसरी आलोचना प्रकार्यवाद के अनिवार्यता के स्वयं सिद्ध कथन (Postulate of Indispensability) की ओर निर्देशित है। यह मान्यता बताती है कि कुछ प्रकार्य समाज के लिए अनिवार्य हैं। प्रकार्यवादी धर्म, परिवार तथा सामाजिक स्तरीकरण को इस प्रकार की अनिवार्यताओं के रूप में देखते हैं। **डेविस** तथा **मूर** का कहना है कि धर्म की समाज में विशिष्ट और अत्यन्त महत्वपूर्ण भूमिका है। धर्म की इस अनिवार्यता को मर्टन चुनौती देते हैं और यह कहते हैं कि इस प्रकार्यात्मक पूर्व-आवश्यकता की पूर्ति अनेक वैकल्पिक संस्थाओं द्वारा भी की जा

सकती है। अतः यह कहना तर्कसंगत नहीं है कि परिवार, धर्म तथा सामाजिक स्तरीकरण नामक संस्थाएं सभी मानव समाजों का अनिवार्य अंग है। इस अनिवार्यता के विचार के स्थान पर मर्टन ने **प्रकार्यात्मक विकल्पों** (Functional Alternatives) की अवधारणा का सुझाव दिया है। इस दृष्टिकोण से एक राजनीतिक विचारधारा जैसे–साम्यवाद (Communism) धर्म का प्रकार्यात्मक विकल्प प्रस्तुत करता है। साम्यवाद उन प्रकार्यात्मक पूर्व-उन आवश्यकताओं की पूर्ति करता है, जिनके लिए धर्म को आवश्यक माना गया है।

मर्टन ने समाज को प्रकार्यात्मक एकता, सर्वव्यापी प्रकार्यवाद तथा अनिवार्यता सम्बन्धी स्वयं-सिद्ध कथनों को विश्वास की वस्तु के अतिरिक्त और कुछ नहीं माना है। मर्टन का कहना तो यह है कि पूर्व मान्यताएं बनाकर आगे बढ़ने की बजाय जांच की जानी चाहिए और वास्तविकता का पता लगाया जाना चाहिए। मर्टन का कहना है कि प्रर्कायवादी विश्लेषण के लिए मैंने जो सन्दर्भ-ढांचा प्रस्तुत किया है वह इस दोष से भी मुक्त है कि प्रकार्यवाद का आधार वैचारिक है। मर्टन ने सुझाव दिया है कि समाज के विभिन्न भागों का विश्लेषण सम्पूर्ण समाज, व्यक्तियों तथा समाज के समूहों पर प्रभावों या परिणामों के रूप में किया जाना चाहिए।

उपर्युक्त विवेचन से स्पष्ट है कि प्रकार्यवादी विश्लेषण में जितना योगदान मर्टन का रहा है, उतना किसी अन्य आधुनिक समाजशास्त्री का नहीं। आपने प्रकार्यात्मक विश्लेषण की अध्ययन विधि को नियमबद्ध किया है। इस दृष्टि से आपने समाजशास्त्रीय अध्ययन विधि की एक विस्तृत **रूपरेखा** (Paradigm) प्रस्तुत की हैं। इसमें अध्ययन किये जाने चाहिए। इस पैराडाइम या विस्तृत रूपरेखा में मर्टन ने प्रकार्यात्मक विश्लेषण के विभिन्न चरणों की वैधानिक व्याख्या की है। *इस पैराडाइम के मर्टन ने 11 चरण बताये हैं, जो इस प्रकार हैं :*

(1) **प्रकार्यात्मक विकल्पों की अवधारणाएं** (Concepts of functional alternatives) : जब हम यह मानकर चलते हैं कि किसी भी समाज या सामाजिक व्यवस्था के लिए किसी सामाजिक या सांस्कृतिक इकाई के प्रकार्यों की अनिवार्यता नहीं है तो ऐसी स्थिति में प्रकार्यात्मक विकल्पों की अवधारणाओं की आवश्यकता पड़ती है। उदाहरण के लिए, मर्टन ने साम्यवाद को धर्म के प्रकार्यात्मक विकल्प के रूप में प्रस्तुत किया है।

(2) **सामाजिक प्रकार्यात्मक विश्लेषण में विचारधाराओं के समावेश की समस्या** (Problem of ideological implications in functional analysis) : प्रकार्यवादी विश्लेषण की किसी विचारधारा के प्रति कोई प्रतिबद्धता नहीं है। विशिष्ट समाजशास्त्रियों द्वारा प्रस्तुत अनेक प्रकार्यात्मक

अध्ययनों में वैचारिक स्तर पर सम्बद्धता अवश्य दिखलायी पड़ती है लेकिन इन दोनों को एक ही नहीं मान लिया जाना चाहिए।

(3) **प्रकार्यात्मक विश्लेषण में प्रमाणिकता की समस्या** (The problem of validation in functional analysis) : मर्टन का कहना है कि विभिन्न प्रकार्यात्मक मान्यताओं तथा स्वयं-सिद्ध कथनों (Postulates) का अर्थ स्पष्ट किया जाना चाहिए और इन अवधारणाओं को प्रमापीकृत (Standardized) भी किया जाना चाहिए। इस हेतु यह आवश्यक है कि समाजशास्त्रीय अध्ययन विधि को कठोरतापूर्वक लागू किया जाये अर्थात् विश्लेषण के समाजशास्त्रीय तरीके की स्पष्टत: व्याख्या की जानी चाहिए।

(4) **स्तरित इकाई का समुचित चयन** (Selection of a standardized pattern or repetive item) : मर्टन के अनुसार अध्ययन के लिए जिस किसी इकाई का चयन किया जाय वह निश्चित तथा प्रतिमानित होनी चाहिए, जैसे सामाजिक संरचनाएं, सामाजिक प्रक्रियाएं, आदि।

(5) **संरचना प्रतिबन्ध** (Structural constraint) : प्रत्येक समाज में कुछ सामाजिक प्रकार्यों के लिए विशिष्ट संस्थाएं होती हैं। किसी एक प्रकार्य को सब संस्थाएं न करके एक या दो संस्थाएं ही करती हैं। यही कारण है कि संस्थाओं की अन्तनिर्भरता विकल्पों को सीमित कर देती है और परिणामस्वरूप प्रकार्यों की दृष्टि से एक नियन्त्रित व्यवस्था उत्पन्न हो जाती है।

(6) **सामाजिक परिवर्तन और गतिशीलता की अवधारणाएं** (Concepts of social change and dynamics) : प्रकार्यवाद की एक प्रमुख आलोचना यह की जाती है कि इसमें सामाजिक परिवर्तन से सम्बन्धित अवधारणाओं के लिए कोई स्थान नहीं है। यहां अपकार्य की अवधारणा का प्रयोग सामाजिक परिवर्तन के अध्ययन तनाव, संघर्ष एवं सामाजिक दबाव की प्रक्रियाओं को प्रकट करती है।

(7) **व्यक्तिपरक प्रकृति की अवधारणाएं** (Concepts of subjective dispositions): सामाजिक व्यवस्था की दृष्टि से व्यक्ति अत्यन्त महत्वपूर्ण है। मानव के प्रत्येक कार्य के पीछे कोई प्रेरणा भी होती है। इन प्रेरणाओं को ही मानव के विश्वासों एवं व्यवहारों के परिणामों के रूप में समझ लिया जाता है। वास्तव में प्रेरणाओं एवं उद्देश्यों को पृथक अवधारणाओं के रूप में व्यक्त किया जाना चाहिए।

(8) **वास्तविक परिणामों की अवधारणाएं** (Concepts of subjective consequences): यहां मर्टन का कहना है कि प्रकार्य के अर्थ के सम्बन्ध में सभी अस्पष्टताओं को दूर किया जाना चाहिए। मर्टन ने प्रकार्यात्मक विश्लेषण के लिए प्रकार्य (Function), अपकार्य (Dysfunction) तथा गैर-प्रकार्य (Non-function) प्रकट तथा अप्रकट प्रकार्य नामक अवधारणाओं का प्रयोग किया है। इनका अर्थ पूर्व में स्पष्ट किया जा चुका है।

(9) **उन इकाइयों की अवधारणाएं, जिनके प्रति प्रकार्य सम्पन्न होते हैं** (Concepts of units subserved by the function) : इस सम्बन्ध में मर्टन का कहना है कि कोई भी इकाई सम्पूर्ण समाज या व्यवस्था के लिए समान रूप से प्रकार्यात्मक नहीं होती है। अतः किसी इकाई के परिणामों से प्रभावित होने वाली इकाइयों को स्पष्टतः निश्चित करना आवश्यक है।

(10) **प्रकार्यात्मक आवश्यकताओं से सम्बन्धित अवधारणाएं** (Concepts relating to functional requirement, need and purposes), : कई ऐसे समाजशास्त्री हैं जो प्रकार्य, सामाजिक आवश्यकताओं और सामाजिक उद्देश्यों का समान अर्थों में प्रयोग करते हैं। यहां आवश्यकताओं पर जोर दिया गया है जो दो प्रकार की होती हैं–विशिष्ट तथा सर्वव्यापक।

(11) **प्रकार्य और यान्त्रिकियां, जिनके द्वारा प्रकार्य सम्पन्न किये जाते हैं।** (Functions and the mechanisms through are performed) : जब हम प्रकार्यात्मक विश्लेषण करते हैं तो हमें उन संस्थाओं व साधनों का भी अध्ययन करना होता है जिनके द्वारा कुछ प्रकार्य सम्पन्न किये जाते हैं। ये साधन या यान्त्रिकियां मूल्यों के स्तरीकरण, श्रम-विभाजन, भूमिका विभाजन, आदि के रूप में होती हैं।

मर्टन ने तीन उपर्युक्त पेराडाइम के तीन प्रमुख उद्देश्य बताये हैं :

1. यह पैराडाइम अनुसन्धानकर्ताओं के लिए संरचनात्मक प्रकार्यात्मक अध्ययन हेतु अस्थायी, नियमबद्ध मार्गदर्शिका प्रस्तुत करता है।
2. इसमें पूर्वगामी समाजशास्त्रियों एवं मानवशास्त्रियों के कुछ आधारभूत कथनों और मान्यताओं को स्वीकार कर लिया गया है। लेकिन प्रकार्यात्मक विश्लेषण मे इन मान्यताओं की सत्यता की परीक्षा की जानी चाहिए।
3. यह पैराडाइम अध्ययनकर्ताओं को बताता है कि इसका प्रयोग करते समय किन-किन बातों की सावधानी रखी जानी चाहिए। यह अध्ययन में आने वाली कठिनाईयों का भी ज्ञान कराती हैं।

यह पैराडाइम प्रकार्यात्मक विश्लेषण को एक नया रूप प्रदान करती है, जो समाजशास्त्रीय अध्ययनों में प्रामाणिकता और वैज्ञानिकता लाने में निश्चित रूप से योग देती है।

प्रकट और अप्रकट प्रकार्य में अन्तर
(Distinction Between Manifest and Latent Functions)

प्रकट तथा अप्रकट प्रकार्यों में निम्नांकित भेद हैं :

(1) प्रकट प्रकार्य वे होते हैं जो बाह्य रूप से स्पष्ट होते, और जिन्हें पूर्ण करने के लिए कर्ता सजग प्रयास करता है, जबकि अप्रकट प्रकार्य बाह्य रूप से स्पष्ट नहीं होते, परिणाम निकलने पर ही उनका ज्ञान होता है। अप्रकट प्रकार्यों के लिए कर्ता सजग प्रयास नहीं करता है।

(2) प्रकट प्रकार्य सम्भावित परिणाम होते हैं जिनके बारे में कर्ता पहले से ही जागरूक एवं आशान्वित होता है जबकि अप्रकट प्रकार्य ऐसे परिणाम हैं जिनके बारे में व्यक्ति ने पहले कभी सोचा भी नहीं था उसके प्रयत्नों का ऐसा फल मिलेगा।

(3) प्रकट प्रकार्य कर्ता द्वारा पूर्व इच्छित (Intended) होता है अर्थात् किसी परिणाम विशेष को प्राप्त करने क उद्देश्य से ही कर्ता वह कार्य करता है जबकि अप्रकट प्रकार्य कर्ता द्वारा पूर्व इच्छित नहीं होता।

(4) प्रकट प्रकार्य कर्ता द्वारा स्वीकृत एवं मान्य (Recognized)होता है जबकि अप्रकट प्रकार्य कर्ता द्वारा न तो पूर्व स्वीकृत होता है और न ही मान्य।

एक बात उल्लेखनीय है कि प्रकट तथा अप्रकट प्रकार्यों का अन्तर सदैव ही स्पष्ट एवं चरम नहीं होता। कोई एक प्रकार्य विशेष कुछ व्यक्तियों क लिए अप्रकट हो सकता है तो दूसरों के लिए प्रकट। प्रकट और अप्रकट प्रकार्यों का विभेद सापेक्षिक है। किसी भी सामाजिक व्यवस्था में एक प्रकार्य कुछ के लिए प्रकट है तो दूसरों के लिए अप्रकट।

प्रकार्यवाद : एक मूल्यांकन (समालोचना)
(Functionalism : An Evaluation Criticism)

पिछले करीब बीस-पच्चीस वर्षों में प्रकार्यवाद की लोकप्रियता काफी कम हुई है। इसका एक प्रमुख कारण है कि इन वर्षों में समाजशास्त्र में अनेक अन्य उपयोगी पद्धतियों का विकास हुआ है। इसके अतिरिक्त प्रकार्यवादी विश्लेषण अनेक ऐसी मान्यताओं को लेकर चलता है जिनकी यथार्थता की जांच आवश्यक है और जिन्हें किसी भी रूप में स्वयं-सिद्ध कथन (Postulates) नहीं माना जा सकता।

इसके अलावा प्रकार्यवाद में सैद्धान्तिक दृष्टि से अनेक ऐसी कमियां पायी जाती हैं जिनके परिणामस्वरूप अध्ययन के उपागम के रूप में इसका महत्व काफी कम हो गया है। प्रकार्यवाद की प्रमुख आलोचनाएं निम्नांकित है:

(1) प्रकार्यवाद में विभिन्न अवधारणाओं की स्पष्ट व्याख्या नहीं की गई है। उदाहरण के रूप में, प्रकार्य शब्द के ही अनेक अर्थ लगाये गये हैं। इससे अवधारणात्मक भ्रान्ति पैदा होती है। किसी भी समाजशास्त्रीय विश्लेषण में अवधारणाओं की स्पष्ट व्याख्या का न होना उसे वैज्ञानिक स्तर से नीचे गिराना है। यह बात प्रकार्यात्मक उपागम के लिए स्पष्टतः कही जा सकती है।

(2) प्रकार्यवादी विश्लेषण में सरंचना की प्रत्येक इकाई के प्रकार्य की खोज की जाती है। कभी किसी इकाई का प्रकार्य न होने पर कल्पना के आधार पर उसका निर्माण कर लिया जाता है जोकि किसी भी रूप में उचित नहीं है।

(3) कार्यवादी व्याख्या ध्येयवादी व्याख्या है। इसका अर्थ यह है कि प्रकार्य का प्रयोग, उद्देश्य (Purpose) के अर्थ में किया गया है। वास्तविकता यह है कि कारण, उद्देश्य एवं प्रकार्य में काफी अन्तर पाया जाता है। किसी इकाई के सामाजिक व्यवस्था को बनाये रखने की दृष्टि से जो परिणाम निकलते हैं उन्हीं का उस इकाई के उद्देश्य या कारण को नहीं माना जा सकता।

(4) प्रकार्यवादी विश्लेषण को रुढ़िवादी एवं दकियानूसी कहा गया है। यह पूंजीपतियों एवं सत्ताधारियों के हितों की रक्षा करता है। अन्य शब्दों में यह शोषण का समर्थक है। यही कारण है कि पूजीवादी देशों में इसका प्रयोग अधिक हुआ है।

(5) प्रकार्यवादी समाज व्यवस्था को एकीकृत (Integrated) मानते हैं जो कि उचित नहीं है। कई बार समाज व व्यवस्था एक लम्बे समय तक असन्तुलन एवं असंगठन की दशा में भी रह सकती है। मार्क्स ने तो समाज में पाये जाने वाले संघर्ष, विघटन और कुसामायोजन को उजागर किया है।

(6) प्रकार्यवादी विश्लेषण की एक प्रमुख कमी यह है कि यह मूल्य अभिनिति (Value Biased) पर आधारित है। इसमें समाज को स्थिर व्यवस्था मानकर चला मया है। इसमें क्रान्तिकारी परिवर्तनों के लिए कोई स्थान नहीं है। यहां व्यवस्था पर जोर दिया गया है, परिवर्तन और संघर्ष के लाभदायक पक्षों को भुला दिया गया है। कोई भी समाज व्यवस्था समाज के विभिन्न घटकों के लिए समान रूप से सकारात्मक नहीं हो सकती। ऐसी स्थिति

में जिन लोगों को शोषण का शिकार होना पड़ता है उन्हें प्रकार्यवाद किसी प्रकार के परिवर्तन के लिए कोई अवसर प्रदान नहीं करता है।

(7) कुछ प्रकार्यवादी जैसे दुर्खीम, व्यक्ति की तुलना में समाज को अत्यधिक महत्व देते हैं। दुर्खीम ने तो अपन प्रकार्यात्मक विश्लेषण में बताया है कि व्यक्ति जो कुछ करता है वह केवल सामाजिक तथ्यों से प्रेरित होकर ही करता है और उसने सामाजिक तथ्यों को व्यक्ति से पृथक् बाह्य वस्तु माना है। किन्तु वास्तविकता इस बात की पुष्टि नहीं करती।

(8) प्रकार्यवादी विचीरक प्रकार्यवाद को एक सिद्धान्त, एक उपागम एवं एक अध्ययन पद्धति के रूप में मानते हैं, किन्तु होमन्स का कहना है कि प्रकार्यवाद को किसी भी रूप में एक सिद्धान्त नहीं माना जा सकता। क्योंकि प्रत्येक सिद्धान्त में कुछ कथन (Propositions) होते हैं और उन कथनों के आधार पर निष्कर्ष (Deductions) निकाले जाते हैं। प्रकार्यवाद में इन दोनों का अभाव पाया जाता है। प्रकार्यवाद को एक उपागम या अध्ययन विधि के नियमों की किसी भी रूप में कोई व्याख्या नहीं की गई है। वास्तव में देखा जाये तो प्रकार्यवाद एक पैराडाइम (Paradigm) ही है। यह न तो कोई सिद्धान्त है और न ही कोई अध्ययन विधि।

उपर्युक्त कमियों के बावजूद भी प्रकार्यवादी विश्लेषण की कई दृष्टियों से उपयोगिता है जैसे–

(i) यह ज्ञान एवं विधि की ऐसी नींव रखता है जिसके आधार पर हम सामाजिक व्यवहारों पर नियन्त्रण रख सकते हैं।

(ii) यह एक ऐसा अवधारणात्मक ढांचा (Conceptual Framework) प्रदान करता है जिसके आधार पर प्रेक्षण (Observation) एवं सामाजिक घटनाओं का वर्णन हो पाता है।

(iii) यह ऐसे नियमों एवं सिद्धान्तों का निर्माण करता है जिसके द्वारा सामाजिक तथ्यों को स्पष्ट किया जा सकता है।

यद्यपि प्रकार्यवादी विश्लेषण की अनेक आलोचनाएं की गयी हैं फिर भी, एक सिद्धान्त एवं अध्ययन विधि के रूप में यह काफी महत्त्वपूर्ण प्रमाणित हुआ है। प्रकार्यवादी विश्लेषण ने सामाजिक जटिलताओं को समझने में महत्वपूर्ण योग दिया है।

11

लुईस हेनरी मॉर्गन
(Lewis Henry Morgan : 1818-1881)

जीवन-चित्रण तथा कृतियां
(Biographical Sketch and Writings)

लुईस हेनरी मॉर्गन का जन्म 21 नवम्बर, 1818 में न्यूयार्क के समीप एक गांव औरोरा में हुआ था। उनकी शिक्षा-दीक्षा वहीं यूनियन कॉलेज में हुई थी जहां से उन्होंने सन् 1840 में स्नातक की उपाधि प्राप्त की। अरौरा के कॉलेज से ही लॉ (कानून) की उपाधि लेने के बाद वे रोचेस्टर (न्यूयार्क) में वकालत करने चले गए। वे वहीं बस गए, विवाह किया और जीवन के अन्तिम काल तक वही रोचेस्टर में ही रहे।

सन् 1851 मे मॉर्गन की प्रथम उल्लेखनीय कृति Iroquois प्रकाशित हुई। इसके बाद सन् 1868 में उनका गौरवग्रन्थ The American Beaver and His Works प्रकाशित हुआ। दो वर्ष बाद स्मिथसोनियन संस्थान (Smithonian Institution) ने उनके स्मारकीय ग्रन्थ System of Consanguinity and Affinty of the Human Family प्रकाशित किया। इस कृति को **मॉर्गन** की सर्वाधिक मौलिक व प्रतिभाशाली उपलब्धि माना जाता है। फिर भी सन् 1877 में प्रकाशित उनकी पुस्तक Ancient Society के कारण ही मॉर्गन की ख्याति सारे विश्व में फैल गई। इस पुस्तक का अनुवाद यूरोप की सभी भाषाओं के साथ-साथ चीनी व जापानी भाषाओं में भी किया गया।

मॉर्गन 'आरामकुर्सी के दार्शनिक' नहीं थे। उन्होंने अनेक क्षेत्र में कार्य किए जबकि वैसा करना न केवल दु:साध्य, अपतु संकटपूर्ण भी था।

यद्यपि **मॉर्गन** ने कभी किसी विश्वविद्यालय में शिक्षण-कार्य नहीं किया और न ही किसी वैज्ञानिक संस्थान के किसी पद पर रहे, फिर भी वैज्ञानिक व शैक्षिक

क्षेत्र में उनका प्रभाव सदा ही बना रहा। सन् 1873 में उन्हें अपने यूनियन कॉलेज से LL.D. की मानक उपाधि प्राप्त हुई और सन् 1875 में National Academy of Sciences के सदस्य चुने गये । आपका देहावसान 17 दिसम्बर, 1881 को हुआ।

उद्विकास का सिद्धान्त (Theory of Evolution)

डार्विन के प्राणिशास्त्रीय उद्विकास के सिद्धान्त के आधार पर अनेक मानवशास्त्रियों ने, जिसके नेता **हरबर्ट स्पेन्सर** थे, समाज तथा संस्कृति के विकास को भी समझाने का प्रयास किया। स्पेन्सर के मतानुसार, "उद्विकास तत्त्व का समन्वय तथा उससे सम्बन्धित गति है। जिसके दौरान में तत्त्व एक अनिश्चित असम्बद्ध समानता से निश्चित सम्बद्ध भिन्नता में बदलता है **स्पेन्सर** के मतानुसार ही नियम समाज और संस्कृति के सम्बन्ध में भी लागू होता है। उदाहरणार्थ अति आदिम युग में प्रत्येक व्यक्ति केवल अपने बारे में ही जनता ओर करता था। सामाजिक संगठन या संस्कृति के सम्बन्ध में उन्हें कोई ज्ञान भी नहीं था। इस दृष्टिकोण से सभी व्यक्ति बहुत कुछ एक-से थे। साथ ही इस स्तर पर कुछ भी निश्चित न था-न तो जीवन और न ही सामाजिक संगठन और संस्कृति। उन्हें एक साथ मिलकर काम करना तक नहीं आता था। इस प्रकार उनकी यह अवस्था 'अनिश्चित असम्बद्ध समानता' की होती है। परन्तु धीरे-धीरे उनके अनुभव, विचार तथा ज्ञान में उन्नति होती है, उन्हें मिलकर काम करना आ जाता है, सामाजिक तथा सांस्कृतिक जीवन के विभिन्न अंग स्पष्ट और पृथक् हो जाते हैं, श्रम-विभाजन होता है, प्रत्येक व्यक्ति वही काम करता है जिसे वह सबसे अच्छी तरह कर सकता है और इस प्रकार सब मिलकर, संगठित रूप में एक निश्चित लक्ष्य की ओर बढ़ते हैं। यह स्थिति 'निश्चित सम्बद्ध भिन्नता' की होती है।

उपरोक्त उद्विकासीय योजना को प्रत्येक सामाजिक घटना के विकास को समझाने में प्रयोग किया गया। इसका सर्वोतम उदाहरण **मॉर्गन, टायलर, हड्डन** आदि की कृतियों में मिलता है। मानवशास्त्र का कोई भी क्षेत्र इससे अप्रभावित न रहा। इस सम्बन्ध में **लुईस मॉर्गन** का नाम विशेष रूप से उल्लेखनीय है। उन्होंने मानव-समाज के उद्विकास में तीन प्रमुख स्तरों का उल्लेख किया। आपके मतानुसार विकासवाद का 'सरल का धीरे-धीरे जटिल रूप में बदल जाने का सिद्धान्त' मानव-समाज व संस्कृति के विकास में भी सत्य प्रतीत होता है। सर्वप्रथम मानव की संस्कृति जंगली-अवस्था में थी, उसके बाद असभ्य-अवस्था में और अन्त में सभ्य-अवस्था में आई है। इस प्रकार **मॉर्गन** के मतानुसार मानव की संस्कृति जंगली अवस्था से असभ्य-अवस्था में से गुजरती हुई सभ्य-स्तर तक एक क्रम से धीरे-धीरे विकसित हुई है। आपका यह भी कथन है कि इन तीनों स्तर के तीन-तीन उप-स्तर

हैं-प्राचीनकाल, मध्यकाल तथा उत्तरकाल। जंगली-स्तर के प्रथम उप-स्तर में मानव जंगल में मारा-मारा फिरता था और शायद ही किसी प्रकार की उल्लेखनीय संस्कृति का अधिकारी था। इस स्तर के मध्यकाल में लोगों को मछली पकड़ने तथा आग जलाने की कला आ गई और उत्तरकाल में तीर-धनुष को भी प्रयोग में लाना सीखा। इसके पश्चात् मानव ने जब बर्तनों का अविष्कार किया तो उसने असभ्य-अवस्था के प्रथम उपस्तर में कदम रखा। इस अवस्था का मध्यकाल तब आया जबकि मानव को पशु पालने तथा पौधे उगाने की कला आ गई थी। इसके बाद जब तक लोगों को लोहे को गलाकर उससे लोहे के बर्तन तथा औजार बनाना न आया तब तक वे असभ्य-अवस्था के उत्तरकाल में बने रहे। इसके पश्चात् मानव-संस्कृति का **सभ्य-अवस्था** में प्रवेश तब हुआ जबकि, अक्षरों और लिखने की कला का श्रीगणेश हुआ।

मॉर्गन ने विवाह तथा परिवार की उत्पत्ति व विकास को भी उद्‌विकासीय सिद्धान्त के आधार पर समझाने का प्रयत्न किया। आपके मतानुसार प्रारम्भ में मानव-विकास में विवाह नामक कोई भी संस्था न थी; जो भी जिससे चाहे यौन-सम्बन्ध स्थापित कर सकता था। इसके बाद विवाह-सम्बन्धी कुछ अस्पष्ट नियमों का विकास हुआ और एक समूह के समस्त लड़कों के साथ दूसरे समूह की समस्त लड़कियों का विवाह अर्थात् समूह-विवाह की स्थिति आई। इस अवस्था के बाद समान रूधिर-विवाह प्रारम्भ हुआ। और इसी प्रकार धीरे-धीरे आधुनिक युग में पाए जाने वाले एक-विवाह का उद्‌विकास हुआ।

जहां तक परिवार के उद्‌विकास का प्रश्न है, **मॉर्गन** ने ऐसी पांच अवस्थाएं बतलाई हैं जिनको पार कर परिवार अपनी वर्तमान स्थिति पर पहुंचा है। वे पांच स्तर क्रमशः निम्नलिखित हैं-

(अ) **प्रथम** अवस्था रक्त-सम्बन्धी परिवार की थी जिसमें केवल रक्त-सम्बन्धी ही रहे थे और रक्त का कोई भी संकोच किए बिना भाइयों और बहनों तक में परस्पर विवाह होते थे।

(ब) **दूसरी अवस्था समूह-परिवार** की थी। इसमें एक परिवार के भाइयों का विवाह दूसरे परिवार की सब बहनों के साथ हुआ करता था, परन्तु उनमें आपस में यौन-सम्बन्धी अनिश्चित था अर्थात् प्रत्येक पुरुष सभी स्त्रियों का पति होता था और प्रत्यक स्त्री सभी पुरुषों की पत्नी होती थी और इसी के अनुसार उनमें यौन-सम्बन्ध स्थापित किया जाता था।

(स) **तीसरी** अवस्था **सिंडेस्मियन परिवार** की थी। इस प्रकार के परिवार में यद्यपि एक पुरुष का एक-ही स्त्री के साथ विवाह होता था; परन्तु उसी

परिवार में ब्याही हुई अन्य स्त्रियों के साथ यौन–सम्बनध स्थापित करने की प्रत्येक पुरुष को स्वतन्त्रता रहती थी।

(द) **चौथी** अवस्था **पितृसत्तात्मक परिवार** (Partriachal family) की थी। इसमें पुरुष का एकाधिपत्य था। यह एक से अधिक स्त्रियों के साथ विवाह करता था और उन सबके साथ यौन–सम्बन्ध रखता था।

(य) **पांचवी** अवस्था **एक–विवाही परिवार** की है। इसमें एक समय में एक पुरुष की एक पत्नी होती है। यही विवाह और परिवार का वर्तमान रूप है।

यह सच है कि उद्‌विकासीय सिद्धान्त के प्रवर्त्तकों ने अपने सिद्धान्तों द्वारा सांस्कृतिक प्रक्रियाओं को समझने तथा आगे और कुछ छानबीन करने में काफी सहायता की है, फिर भी उनका एकतरफा विश्लेषण ही उनपकी सबसे बड़ी कमजोरी है। इन विद्वानों ने सामाजिक–सांस्कृतिक विकास को जिन निश्चित सीमाओं में बांधा थ, उससे आज के अधिकतर मानवशास्त्री सहमत नहीं हैं। उपरोक्त उद्‌विकासीय सिद्धान्त की प्रमुख दुर्बलताएं निम्नलिखित मानी जाती हैं :

(1) **मॉर्गन** की पद्धति भी दोषपूर्ण थी। वास्तव में आप अपेन अध्ययन में वैज्ञानिक पद्धति को अपनाने के विषय में बहुत–कुछ उदासीन रहे और वह वइस अर्थ में कि उन्होंनें अपने सिद्धान्त व कथनों को वास्तविक तथ्यों की कसौटी पर कसकर नहीं देखा, अर्थात् विभिन्न जनजातीय समुदायों का अध्ययन वास्तविक निरीक्षण के आधार पर करने की आवश्यकता अनुभव नहीं की। उन्हें तो जो कुछ विवरण पर्यटकों तथा मिशनरियों से प्राप्त हो गए उसी पर निर्भर रहकर उन्होंने अपना निष्कर्ष निकाला।

(2) अपनी पूर्वधारणाओं से **मॉर्गन** इतने अधिक प्रभावित रहे कि वे प्रसार (Diffusion) के सिद्धान्त तक को भूल गए, अर्थात् वे यह भी भूल गए कि संस्कृति एक जगह से दूसरी जगह को फैलती है। वास्तव में गतिशीलता, संस्कृति की एक उल्लेखनीय विशेषता है। एक संस्कृति को मानने वाले लोग जैसे–तैसे दूसरी संस्कृति के सम्पर्क में आते हैं वैसे–वैसे संस्कृति का लेन–देन या प्रसार बढ़ता जाता है। वास्तविक निरीक्षण से यही बात स्पष्ट होती है कि अनेक सांस्कृतिक परिवर्तन व विकास इसी प्रकार के सिद्धान्त के आधार पर होते हैं।

(3) **मॉर्गन** आदि उद्‌विकासीय सिंद्धान्तकारों ने यह मान लेने की भूल की कि प्रत्येक समाज में सांस्कृतिक विकास का एकसमान तथा निश्चित स्तर या अवस्था रही होगी। अगर ये विभिन्न समाजों के ऐतिहासिक तथा

प्रागैतिहासिक प्रमाणों का विश्लेषण करते तो उन्हें उनकी गलती स्वयं पता चल जाती। यह मानी हुई बात है कि प्रत्येक समाज की भौगोलिक तथा अन्य परिस्थितियां अलग-अलग होती हैं और इसका प्रभाव सामाजिक सांस्कृतिक विकास-प्रक्रियाओं पर पड़ना स्वाभाविक है। फिर वह कैसे सम्भव हो सकता है कि परिस्थितियां अलग-अलग होते हुए भी प्रत्येक समाज में उद्विकासीय प्रक्रिया एक समान ही रही होगी? वास्तविकता यह है कि प्रत्येक समाज में भौगोलिक तथा अन्य परिस्थितियों के अनुसार उद्विकासीय प्रक्रिया भी अलग-अलग ढंग से होती है।

(4) **गोल्डनज़िर** ने उद्विकासीय सिद्धान्त की एक और दुर्बलता का उल्लेख किया है और वह यह कि इस सिद्धान्त के प्रवर्त्तक 'प्रसार' की भांति आविष्कार के महत्त्व को भी भूल गए हैं। "संस्कृति सामाजिक आवश्यकताओं द्वारा जीवित मानव का आविष्कार है।" ऐतिहासिक प्रमाणों से यह स्पष्ट होता है कि संस्कृति में उस अर्थ में उद्विकास नहीं होता जिस अर्थ में इस शब्द का प्रयोग उद्विकासवादी लेखक करते हैं। समाज की परम्परा संस्कृति को जीवित रखती है और इसके निर्माण में अनेक पीढ़ियों का योग रहता है। प्रत्येक पीढ़ी में नवीन ज्ञान, विचार, आविष्कार आदि निरन्तर संस्कृति को विकसित, परिमार्जित तथा विस्तृत करते रहते हैं। वास्तव में, संस्कृति सामाजिक आविष्कारों की ही उपज है। **गोल्डनविज़र** के अनुसार संस्कृति न तो पृथक-पृथक या असम्बद्ध पक्षों का संकलन है और न ही शरीर की भांति पूर्णतया संगठित एक समग्रता है। वास्तव में, संस्कृति तो एक जटिलता है जिसके विभिन्न पक्ष स्वतन्त्र सत्ता को बनाए रखते हुए एक-दूसरे के साथ सम्बन्धित रहते हैं। परन्तु इस स्वन्त्रता सत्ता या पारस्परिक सम्बन्ध की प्रत्येक समाज में अलग-अलग गति व रूप होता है और प्रत्येक समाज में इसकी पूर्णता भी विभिन्न मात्रा में पाई जाती है।

(5) उद्विकासीय सिद्धान्त का यह दावा भी गलत है कि प्रत्येक समाज में सांस्कृतिक विकास के विभिन्न स्तर एक ही क्रम से आए हैं। उदाहरणार्थ, यह कहना ठीक न होगा कि प्रत्येक समाज में आर्थिक जीवन का उद्विकास शिकार करने की स्थिति से पशुपालन की स्थिति और कृषि-स्थिति इसी क्रम से हुआ है। मानवशास्त्रीय प्रमाणों से इस विचार की पुष्टि नहीं होती।

आदिम समाजों में सरकार (Government in Primitive Societies)

एक निश्चित भू-भाग में बसे हुए मनुष्यों के एक प्रभुता सम्पन्न राजनीतिक संगठन को राज्य (State) कहते हैं। दूसरे शब्दों में, राज्य मनुष्यों का वह राजनीतिक

संगठन है जोकि एक निश्चित भू-भाग में प्रभुता सम्पन्न है। इसी राज्य के संस्थात्मक अंग को सरकार कहते हैं। सरकार राज्य के नाम पर कार्य करती है और राज्य के शासन-प्रबन्ध को चलाती है। यह सरकार किसी-न-किसी रूप में तीन प्रकार के कार्यों को करने के लिए होती है-एक तो कानून बनाने का काम, दूसरे शासन-प्रबन्ध करने और कानूनों को लागू करने का काम, और तीसरे न्याय करने का काम। आदिम समाजों में किसी-न-किसी रूप में सरकार का अस्तित्व होता तो है, परन्तु सरकार के उक्त तीनों कार्य स्पष्ट नहीं होते। इन समाजों में बहुधा सरकार के कानून-सम्बन्धी, कार्यकारिणी तथा न्याय-सम्बन्धी पक्ष आधुनिक समाजों की भांति एक-दूसरे से पृथक न होकर एक-साथ घुले-मिले होते हैं।

आस्ट्रेलिया की जनजातीय परिषद् कानून को बनाती है, उसे लागू करती है और अपराधी को दंडित भी करती है। प्राय: यही अवस्था अन्य जनजातीय समाजों में है। इसके अतिरिक्त एक और विशेषता आदिम समाजों की सरकार की होती है और वह यह कि अधिक सभ्य का विकसित समाजों की तुलना में आदिम समाजों की सरकार कानून बनाने का काम बहुत ही कम करती है। इसका प्रमुख कारण यह है कि आदिम समाजों में सामाजिक, राजनीतिक या आर्थिक जीवन के अधिकतर व्यवहारों का निर्धारण तथा नियमन या नियन्त्रण प्रथागत कानूनों के द्वारा ही होता है। इस कारण सरकार का काम नए कानूनों को बनाना नहीं, बल्कि, अधिकांशत: यह देखना होता है कि व्यक्ति परम्परागत नियमों या प्रथाओं का पालन कर रहे हैं या नहीं। दूसरी बात यह है कि आदिम समाजों में जीवन सादा और सरल होता है जिसके फलस्वरूप उसे नियन्त्रित करने के लिए असंख्य कानूनों की आवश्यकता भी नहीं होती; कुछ प्रथागत कानूनों से ही काम चला जाता है। यही कारण है कि इन समाजों में सरकार को कानून पास करने से सम्बन्धित कार्य बहुत कम करने पड़ते हैं।

कुछ विद्वानों का मत है कि आदिम समाजों में सरकार होती ही नहीं है। उदाहरणार्थ, **मॉर्गन** का कथन है कि आदिम समाजों में व्यक्तिवाद का बोलबाला होता है और वहां का कार्य आप-से-आप चलता रहता है। इसलिए इन समाजों में सरकार न तो सम्भव है और न ही वहां के लोगों को इसकी कोई आवश्यकता होती है। **मॉर्गन** के अनुसार, आदिकालीन समाजों में लोगों को सामाजिक समूहों में बांधने का एकमात्र बन्धन नातेदारी होता है और इसी व्यवस्था के आधार पर सामाजिक जीवन नियन्त्रित तथा व्यवस्थित होता है।

इसी नातेदारी-व्यवस्था को या उसके आधार पर होने वाले कार्यों को सरकार या सरकारी कार्य कहना उचित न होगा। अत: **मॉर्गन** ने आदिम समाजों में सरकार

के अस्तित्व को स्वीकार किया है। आपने अपनी विकासवादी योजना में एकतन्त्रीय सरकार को काफी बाद का स्तर बताया है। परन्तु अधिकतर आधुनिक मानवशास्त्री **मॉर्गन** के मत से सहमत नहीं हैं। इनका कहना है कि आदिकालीन समाजों का गहन अध्ययन करने से ज्ञात होता कि प्रत्येक आदिम समाज में किसी-न-किसी रूप में एक सरकार या एक शासन-व्यवस्था अवश्य ही है।

विवाह व परिवार की उत्पत्ति (Origin of Marriage and Family)

परिवार बसाने क लिए दो या अधिक स्त्री-पुरुष में आवश्यक सम्बन्ध (जिसमें यौन-सम्बन्ध भी सम्मिलित हैं) स्थापित करने और उसे स्थिर रखने की कोई-न-कोई संस्थात्मक व्यवस्था या तरीका प्रत्येक समाज में पाया जाता है जिस कि विवाह कहते हैं। विवाह प्रत्येक समाज, चाहे वह आदिम समाज हो या सभ्य समाज, की संस्कृति का एक आवश्यक अंग होता है क्योंकि यह वह साधन है जिसके आधार पर समाज की प्रारम्भिक इकाई 'परिवार' का निर्माण होता है। प्रत्येक स्वाभाविक जीवन के लिए इसी कारण विवाह एक सामान्य तथा स्वाभाविक घटना है और शायद इसीलिए यह अति प्राचीन जनजातियों से लेकर अति-आधुनिक समाजों, सभी में किसी-न-किसी रूप में पाया जाता है। विवाह अण्डमान प्रायद्वीप या ऑस्ट्रेलिया की जनजातिसयों में जितना लोकप्रिय है उतना ही न्यूयार्क के निवासियों में भी।

हिन्दू-समाज में तो विवाह का महत्त्व और भी अधिक है क्योंकि हिन्दू-विवाह गृहस्थाश्रम या प्रवेश-द्वार है। परन्तु, विवाह और परिवार की उत्पत्ति के सम्बन्ध में सभी विद्वान् एकमत नहीं है। अलग-अलग विद्वानों ने अपने-अपने ढंग से इसे समझाने का प्रयास किया है। हम जानते हैं कि **लुईस मॉर्गन** ने एक उद्‌विकासवादी सिद्धान्तकार हैं और इसीलिए उन्होंने समाज व संस्कृति के विभिन्न पक्षों की उत्पत्ति व विकास को भी उद्‌विकासीय दृष्टिकोण से समझाने का प्रयास किया है। जैसाकि निम्नलिखित विवेचना से स्पष्ट होगा।

मॉर्गन का मत है कि मानव-समाज व संस्कृति क प्रारम्भिक काल में विवाह नामक किसी भी संस्था का अस्तित्व न था, यह तो सामाजिक विकास के कुछ स्तरों के बाद उत्पन्न हुई है। **मॉर्गन** ने यह सिद्धान्त प्रचलित किया कि प्रारम्भ में समाज में कामाचार की दशा पाई जाती थी और इसीलिए यौन-सम्बन्ध स्थापित करने की पूर्ण स्वतन्त्रता थी। परन्तु जनजातीय संसार से एकत्रित आधुनिक प्रमाणों से इस सिद्धान्त की पुष्टि नहीं हाती है। त्यौहारों में यौन-सम्बन्ध स्थापित करने की स्वतन्त्रता या धर्म-पालन के हेतु पत्नी की भेंट यौन-साम्यवाद या कामाचार का प्रमाण नहीं हो सकती। यहां तक कि ब्राजील की काइगन, साइबेरिया की चकची तथा ऑस्ट्रेलिया की डेयरी जनजातियां, जिनमें कि समूह-विवाह की प्रथा पाई जाती

है, वहां भी इस बात का कोई प्रमाण नहीं मिला है कि उन समाजों में भी कभी कामाचार की दशा थी। अति प्राचीन जनजाति, जैसे कादर, पलियन, चचू, बिरहोन (सब भारतवर्ष के) में तथा अण्डमान प्रायद्वीप की जनजातियों में भी कामाचार का कोई प्रमाण नहीं मिल सका। **मॉर्गन** के अनुसार, कामचार की अवस्था के पश्चात् समूह-विवाह का विकास हुआ था।

इस प्रकार के विवाह में एक परिवार के सब भाइयों का विवाह दूसरे परिवार की सब बहनों क साथ हुआ करता था जिसमें प्रत्येक पुरुष सभी स्त्रियों का पति होता था और प्रत्येक स्त्री सभी पुरुषों की स्त्री होती थी। तीसरी अवस्था में एक पुरुष का एक ही स्त्री के साथ विवाह तो होता था, पर उसी परिवार में ब्याही हुई स्त्रियों के साथ यौन-सम्बन्ध स्थापित करने की स्वतन्त्रता प्रत्येक पुरुष को रहती थी।

चौथी अवस्था में, **मॉर्गन** के अनुसार, पुरुष का ही एकाधिपत्य होता था और इसलिए वह अपनी इच्छानुसार एकाधिक स्त्रियों से विवाह करता और उन सबके साथ यौन-सम्बन्ध रखता था। एक विवाह की स्थिति इस अवस्था के बाद आई है।

यदि हम परिवार की उत्पत्ति या क्रम-विकास के सम्बन्ध में **मॉर्गन** के विचारों का विश्लेषण करें तो भी यही उद्विकासीय दृष्टिकोण उजागर होगा जिसका कि उल्लेख उनके 'उद्विकास के सिद्धान्त' में किया गया है। उन्होंने परिवार के उद्विकास में अग्रलिखित पांच स्तरों का उल्लेख किया है। इन अवस्थाओं से गुजरता हुआ परिवार अपनी वर्तमान स्थिति पर पहुंचा है। वे स्तर क्रमशः निम्नवत् हैं :

(क) **सिंडेस्मियन परिवार :** यह उद्विकास की तीसरी अवस्था है। इस प्रकार के परिवार में एक पुरुष का एक ही स्त्री के साथ विवाह होता तो था, पर उसी परिवार में ब्याही हुई स्त्रियों के साथ यौन-सम्बन्ध स्थापित करने की स्वतन्त्रता प्रत्येक पुरुष को रहती थी।

(ख) **एक-विवाही परिवार :** यह अन्तिम और आधुनिक अवस्था है। इसमें यह पुरुष का एक स्त्री से विवाह और यौन-सम्बन्ध होता है।

(ग) **रक्त-सम्बन्धी परिवार :** ये मानव-जीवन के प्रारम्भिक काल में पाए जाते थे जिनमें कि यौन-सम्बन्ध स्थापित करने के विषय में कोई भी प्रतिबन्ध न था और बिना किसी संकोच के भाइयों और बहनों तक में विवाह होते थे।

(घ) **पितृसत्तात्मक परिवार :** यह चौथी अवस्था है। ऐसे परिवारों में पुरुष का ही एकाधिपत्य था और इसीलिए वह अपनी इच्छानुसार एकाधिक स्त्रियों से विवाह करता था और उन सबके साथ यौन-सम्बन्ध रखता था।

(ड़) **समूह-विवाह** : परिवार के उद्विकास में यह दूसरी अवस्था है। इस अवस्था में एक परिवार के सब भाइयों का विवाह दूसरे परिवार की सब बहनों के साथ हुआ करता था जिसमें प्रत्येक पुरुष सभी स्त्रियों का पति होता था कि बहुत-से पुरुषों का संयुक्त विवाह बहुत-सी स्त्रियों के साथ हो, पर यह आवश्यक नहीं था कि ये पुरुष आपस में भाई-भाई या रिश्तेदार हों या ये स्त्रियां आपस में बहनें या रिश्तेदार हों। परन्तु अधिकतर या व्यावहारिक रूप में ये सब भाई-भाई और बहन-बहन ही होते थे। कुछ भी हो, इस अवस्था में भी यौन-सम्बन्ध अत्यधिक अनिश्चित और अनियन्त्रित था।